◉ 丁香花园（见177页；
华山路849号；✕）

武康路
周边区域

19世纪末

◉ 上海交通大学（校园；
见228页；华山路1954号）

徐家汇
区域

1898

◉ 华胜大楼（历史建筑，
见68页；外滩15号）

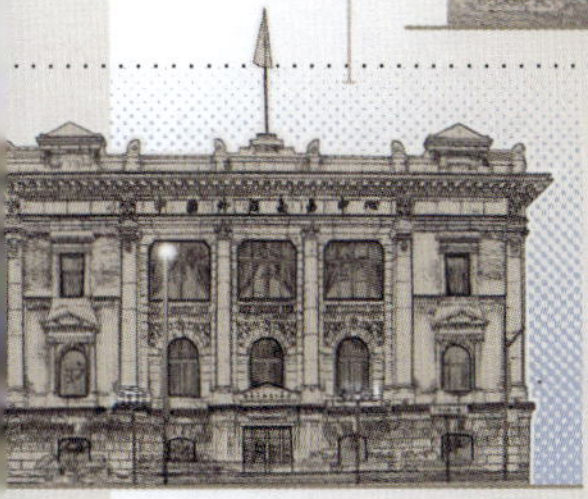

外滩
区域

番禺路
区域

复兴中路
周边区域

◉ 圣三一堂（历史建筑，
见87页；九江路211号）

人民广场
区域

1869

淮海中路
区域

从渔村到

U0532494

南京西路
周边区域

陆家嘴
区域

1900　　　　1890 **1870**

目 录

计划你的行程
你好，上海 6
9顶级旅行体验 9
最佳行程 18
每月热门 30
新线报 34
获得灵感 36
省钱妙计 38
行前参考 40
带孩子旅行 42
享乐主义在上海 ... 46

外滩和人民广场 50
和平饭店（北楼）..... 60
上海博物馆 62
外滩及周边 64
外滩 64
景点 64
活动 72
就餐 73
饮品 76
娱乐 78
实用信息 79
外滩周边 79
景点 79
餐饮 84
人民广场及周边 84
景点 85

就餐 88
饮品和夜生活 90
娱乐 91
购物 92

老城厢和浦东 102
豫园 112
陆家嘴"三件套" 114
老城厢 116
景点 116
节日和活动 123
餐饮 124
购物 125
浦东新区 126
景点 126
活动 131
就餐 132
饮品 135
娱乐 136
购物 136

黄浦和静安核心区 .. 142
武康路 152
新天地 154
淮海中路 156
静安寺广场 158
景点 160
就餐 183
饮品 194
娱乐 200
购物 201

市区其他区域 214
上海西岸 224

享乐主义上海，见46页

市区西部............**226**	购物......................246	**生存指南**
景点.....................226	**市郊**....................**254**	住宿...............287
就餐.....................235	上海迪士尼度假区...264	出行指南...........296
饮品和娱乐.............237	松江....................266	交通指南...........301
购物.....................238	朱家角.................269	幕后...............305
市区北部............**239**	青浦....................273	索引...............306
景点.....................239	嘉定....................275	如何使用本书.....310
餐饮.....................244	崇明....................279	我们的作者........311
娱乐.....................246	临港新城..............281	

特别呈现

走一条江，
见一座城...............74

南京路，
超过一个世纪的
商场风云录..........92

上海往事 118

浦东三十年的
华丽蜕变............132

走弄堂，看房子，
见上海...............160

上海人的上海事..186

逃亡战俘书写的
建筑传奇...........230

市郊 254页

市郊 254页

市区其他区域 214页

外滩和人民广场 50页

黄浦和静安核心区 142页

老城厢和浦东 102页

你好，上海

上海开始大放异彩不过一百多年，大概是无须背负太厚重的历史，令它得以轻装上阵，在东西方的碰撞与交融中一路速进。它一边展示着求新求快的速度与激情，一边让老上海的底色得以凝固，它是这个时代的"顶流"，并已经从"离世界最近的中国城市"，成为走在世界前沿的城市。

魔性之都

昔日的浦西从籍籍无名的小渔村，一跃成为"东方巴黎"。如今浦东只用了短短30年，从荒地脱胎换骨成为摩天大楼林立的金融中心。"魔都"常年在各项榜单上称霸：GDP第一，中国最高建筑，世界最高速的电梯……全世界一切奢侈的、艺术的、新奇好玩的，进入中国的第一站总是选在上海，它也不孚众望，永远能玩出新花样。它开创的新天地模式，被各地纷纷效仿。自然风光不占优势，就将人力发挥到极致，大量演出场所和艺术展馆满足着人们的精神所需。陆家嘴一味"蹿高"；郊外废弃的采石场从低处着手，变成了睡在"深坑"里的酒店。

海派风情

成长于开埠的上海，华洋并存的气质已经沉淀了百余年，它浑身散发的时髦感向来有迹可循。和平饭店里的老年爵士乐队已兢兢业业演到了80岁，百乐门里的舞步依旧，淮海路上的橱窗一直都是

外滩的清晨。

时尚的风向标。梧桐树下有64条永不拓宽的马路,它们不但不落伍,还紧跟时代节拍,转型为一条条腔调十足的"网红"马路。一座座老洋房深藏功与名,过去是传奇,如今是底蕴。海派到底是哪一派?它是十里洋场里的纸醉金迷,也是梧桐叶剪影下的文艺情怀;它既有马路上的风姿绰约,也有弄堂里的市井况味;它是打扮入时的潮男美女,也是派头十足的老克勒。

新旧移民

上海人一早就知道,正是八方来客成就了繁荣气象。从拎着一只破皮箱在十六铺码头上岸的冒险家,到将"西学东渐"带到此处的旧租界洋人,再到战时一度作为"挪亚方舟"接收的犹太难民,他们中有人成了金融大王,有人成了青帮大亨,有人贡献了百余幢风格各异的历史建筑。今天的上海无论经济、文化、艺术都领跑中国,会聚了全国乃至全世界各领域的精英。见惯了大世面的上海人,保持与世界接轨的生活节奏和前卫理念,也拥有兼收并蓄和海纳百川的胸怀,作为一座"移民"城市,沪语、普通话和英语和谐共生。谁不愿走进这座国际化大都市?

> 上海是马路上行走的摩登范,
> 是浦江两岸流光溢彩的百年传奇。

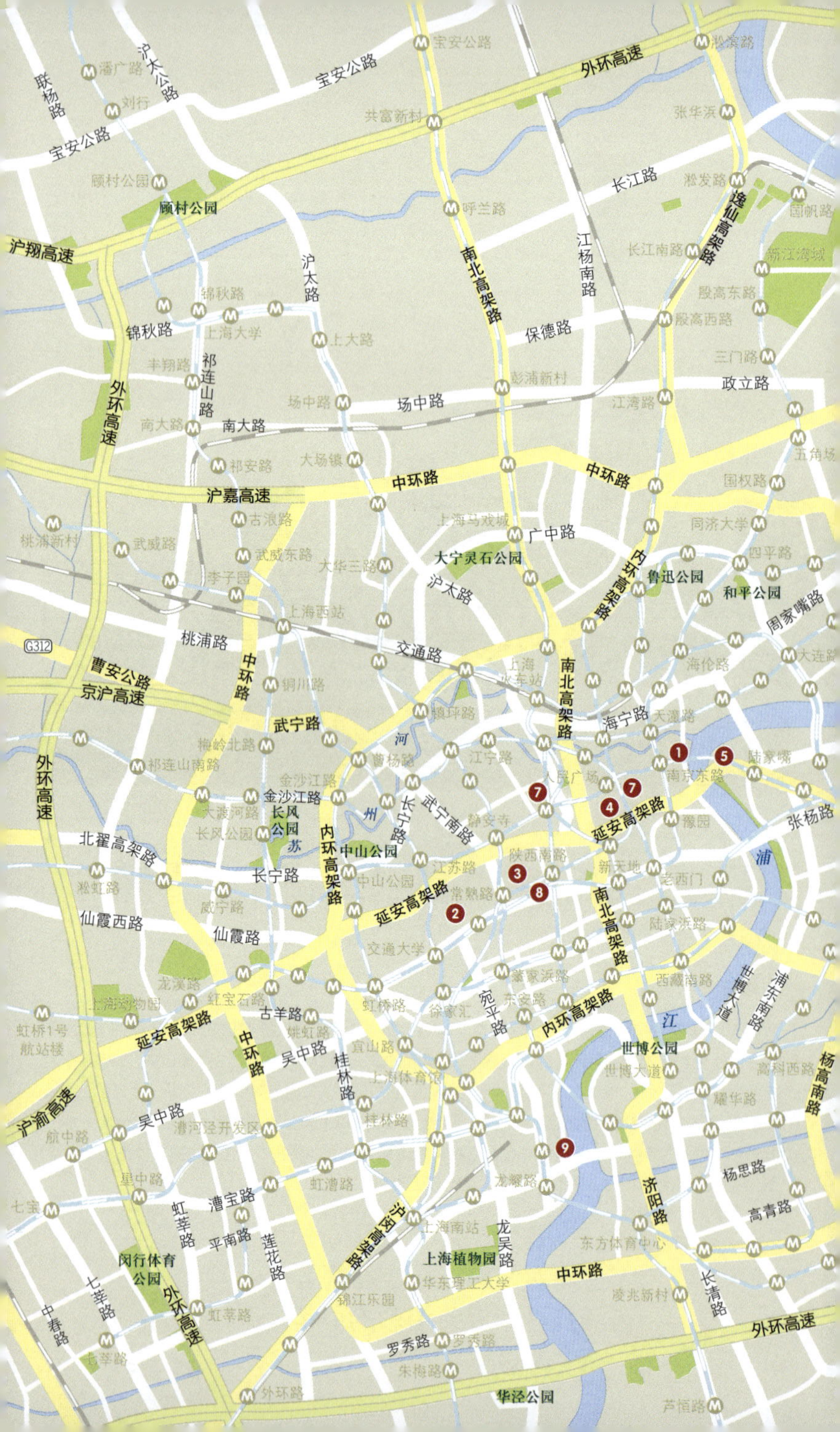

宝安公路
淞滨路
外环高速
联杨路
沪太公路
潘广路
刘行
宝安公路
共富新村
张华浜
长江路
淞发路
顾村公园
顾村公园
呼兰路
逸仙高架路
国帆路
沪翔高速
长江南路
新江湾城
江杨南路
南北高架路
沪太路
殷高东路
锦秋路
殷高西路
锦秋路
上海大学
上大路
保德路
三门路
丰翔路
祁连山路
彭浦新村
政立路
外环高速
场中路
场中路
江湾路
南大路
南大路
祁安路
大场镇
五角场
中环路
中环路
国权路
沪嘉高速
古浪路
上海马戏城
同济大学
桃浦新村
武威路
武威东路
广中路
大华三路
大宁灵石公园
内环高架路
四平路
李子园
沪太路
鲁迅公园
和平公园
上海西站
周家嘴路
桃浦路
交通路
G312
上海火车站
海伦路
大连路
曹安公路
京沪高速
中环路
铜川路
南北高架路
镇坪路
海宁路
天潼路
武宁路
梅岭北路
河
江宁路
南京东路
陆家嘴
祁连山南路
曹杨路
人民广场
金沙江路
金沙江路
武宁南路
外环高速
大渡河路
长风公园
州
长宁路
静安寺
延安高架路
豫园
张杨路
长风公园
苏
内环高架路
中山公园
北翟高架路
陕西南路
新天地
浦
江苏路
淞虹路
长宁路
中山公园
老西门
常熟路
延安高架路
威宁路
南北高架路
仙霞西路
仙霞路
陆家浜路
交通大学
世博大道
浦东南路
龙溪路
嘉善浜路
西藏南路
上海动物园
红宝石路
虹桥路
东安路
虹桥1号航站楼
古羊路
徐家汇
宛平路
内环高架路
江
姚虹路
延安高架路
中环路
吴中路
桂林路
宜山路
世博公园
世博大道
高科西路
杨高南路
上海体育馆
耀华路
沪渝高速
吴中路
漕河泾开发区
桂林路
航中路
星中路
虹漕路
龙耀路
杨思路
七宝
漕宝路
济阳路
虹莘路
沪闵高架路
上海南站
高青路
平南路
莲花路
龙吴路
东方体育中心
闵行体育公园
上海植物园
中环路
七莘路
华东理工大学
锦江乐园
凌兆新村
中春路
外环高速
虹莘路
长清路
七莘路
罗秀路
罗秀路
外环高速
朱梅路
外环路
华泾公园
芦恒路

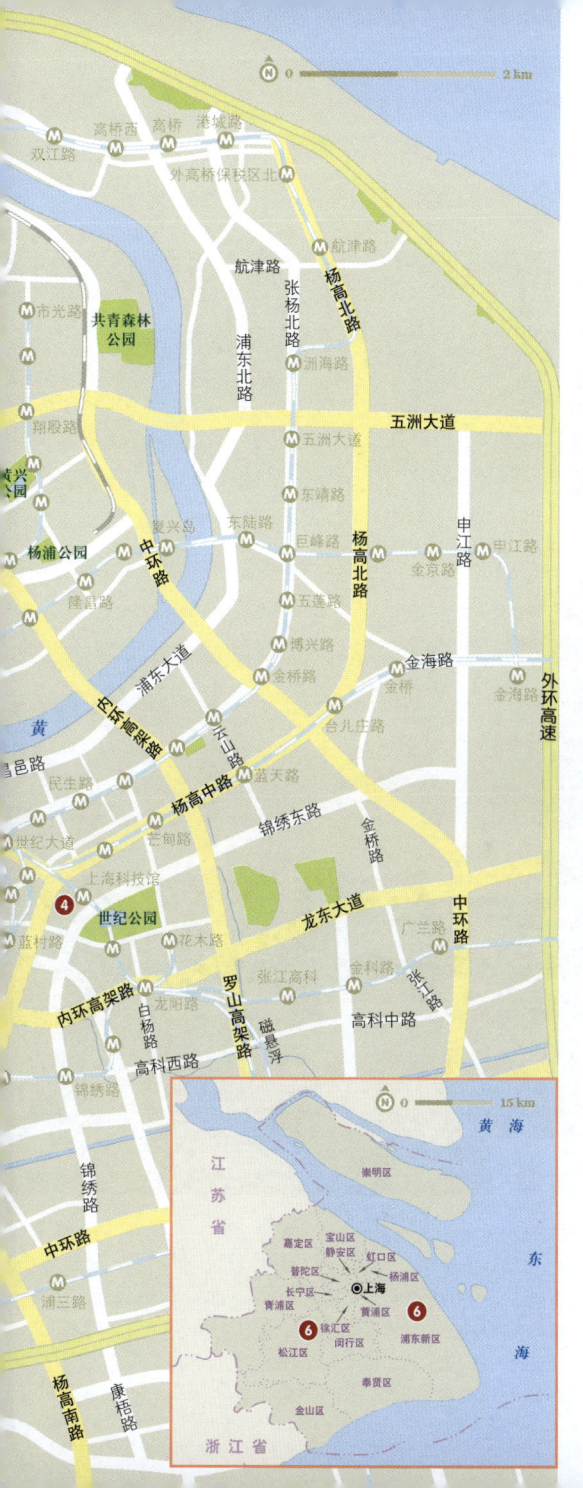

9 顶级旅行体验

1. 从外滩到滨江的传奇
2. 荡马路，赏建筑
3. 打卡魔都咖啡馆
4. 博物馆里奇妙多
5. 浦江之东
6. 孩子们的游乐场
7. 现场演出扣人心弦
8. 不一样的购物体验
9. 全年无间断的艺术展

计划你的行程
9顶级旅行体验

从外滩到滨江的传奇

黄浦江不仅见证了小渔村如何成为大都市,它也有自己的故事,"黄浦夺淞"造就了它独特的地位,万国建筑群将外滩(见64页)推到了世界面前,今天滨江的崛起,让黄浦江又一次成为焦点。

跨过外白渡桥,北外滩上的摩天大楼气势十足,杨浦滨江(见243页)坐拥世界最大滨江工业遗存;走过十六铺、南外滩和世博园区,领略上海西岸(见224页)强烈的艺术氛围和人工智能生态圈。沿江跑一跑,感受上海速度。左图:外滩,晨练的当地人;右图:杨浦滨江,渔人码头开放的鲜花。

9顶级旅行体验 计划你的行程 11

1

12 计划你的行程 **9顶级旅行体验**

2

荡马路,赏建筑

从苏州河到外滩,从黄浦到静安的历史核心区,从老城厢到浦江之东,上海的灵魂、上海的腔调都藏在城市的各条马路中,以及各类中式的、西式的、中西合璧的建筑中。犹太人生活过的街区"小维也纳"遗风犹存,昔日的"哥伦比亚生活圈"有了新身份,石库门弄堂里不改市井生活的烟火气,藏在梧桐剪影下的小洋房封存着上海的百年风华,即便看似平平淡淡的小楼也可能发生过不平凡的往事。沿着我们为你规划的步行路线,一条一条逛下来吧。历史核心区的老建筑。

9顶级旅行体验 **计划你的行程** 13

打卡魔都咖啡馆

拥有八千多家咖啡馆的上海，喝咖啡早已是城市日常生活方式之一。这座城市不乏优质的咖啡馆，星巴克开起了全球最大的沉浸式体验门店，美国的"咖啡祖师爷"短短3年间遍地开花。连锁品牌在此做大做强，独立咖啡馆就走起了小而精的特色路线，Rumors鲁马滋咖啡（见196页）的日式烘焙手冲，有容乃大（见135页）的丰富"豆单"，O.P.S（见196页）的创意特调，YEAST（见196页）的冠军拉花……甚至连老字号也玩起了西式咖啡与中式点心的跨界。在这个爱喝咖啡、懂喝咖啡的城市，不愁找不到属于你的那一杯。

上海，咖啡馆内的虹吸壶。

博物馆里奇妙多

在上海超过130间的博物馆里,收藏了11.9万件国家宝藏级的藏品。上海博物馆(见62页)的青铜器典藏享誉海内外,上海历史博物馆(见86页)里的近代史展品带你瞬间穿越历史,上海自然博物馆(见177页)中的"生命长河"令人心潮澎湃,上海天文馆(见282页)将宇宙拉得很近。主题博物馆也毫不逊色,在上海工艺美术博物馆(见170页)亲见工艺大师的手作之美,在上海玻璃博物馆里(见244页)自己吹一件玻璃制品,奇妙滋味自己体会。上海自然博物馆内的展品。

4

9顶级旅行体验 计划你的行程 **15**

浦江之东

如果说上海是走在发展的快车道上,那么浦东便是一路超车,30年前的荒地如今已是亚太金融中心。在坐拥中国城市第一高的陆家嘴,你可以站在100层以上俯瞰"魔都",也可以在58层的露台喝一杯;胆大者应该去88层、340多米高的建筑外廊体验云中漫步;著名的东方明珠,拥有层出不穷的娱乐项目。约22公里长的滨江大道沿线,既有百年工业遗存,也有当代建筑大师的作品,还有更多博物馆、美术馆、演艺中心值得你走入其中。浦东,上海中心52层的书店内的顾客。

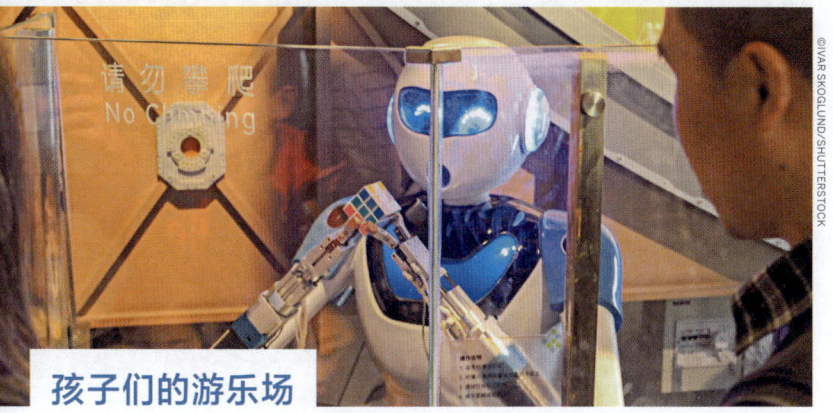

5

孩子们的游乐场

奇妙的上海迪士尼度假区(见264页)让孩子们又多了一个吵吵嚷嚷要去上海玩的理由,然而那些耳熟能详的动画人物又何尝不是承载着大人们满满的童年回忆呢?在园区留一个晚上,能让童话变得更美。想要更刺激,欢乐谷(见268页)里五花八门的过山车和东方明珠的VR过山车之中,总有几款能让你的肾上腺素突破新高。未来,乐高乐园会在上海落户,Discovery旗舰主题公园也会让"荒野大道"变得更真实,是不是应该在行程里多加几天呢?上海科技馆内的机器人。

6

16 计划你的行程 **9顶级旅行体验**

©扎瓦豪夫/图虫创意

©视觉中国

现场演出扣人心弦

　　各类艺术节为上海塑造了浓郁的文化氛围,这里的现场表演不但数量傲视全国,且种类丰富多元。焕然一新的上海天蟾逸夫舞台(见92页)和凯迪拉克·上海音乐厅(见92页),一中一西各有千秋。上海大剧院、上海话剧艺术中心、梅赛德斯-奔驰文化中心、文化广场里上演着品质精良的戏剧,兰心和美琪两大戏院频繁上演传统戏曲,乡音书苑里可听到传统评弹和相声。脱口秀场在年轻人中极受欢迎,酒吧里的live show也从未停歇。上图:上海,音乐节上的乐队演出;下图:上海国际科普产品博览会上的多媒体戏剧。

7

9顶级旅行体验 计划你的行程 **17**

不一样的购物体验

淮海路上的橱窗总能撩动人的购物欲,黄浦核心区各条小马路上的小店令人越逛越沦陷其中。世界一线品牌纷纷抢占着时尚之都最好的地段,旗舰店、概念店、快闪店层出不穷,购物中心打出了艺术或潮牌的主题。那些看似不张扬的设计师店、买手店,则为时髦人士带来最先锋、最个性之选。可别轻视各类布料市场、服装批发市场,"老外"来上海参加时装周时可爱扎堆去淘货的。如此美妙的购物天堂,不信你能管住钱包! TX淮海内的快闪店。

全年无间断的艺术展

在这座商业都市,艺术的比重同样不容小觑。各类艺术展馆、私人画廊,大到世博会展馆改建,小到石库门弄堂里的一个民居,它或许开在百年老建筑中,或许开在地下,甚至还开进了新锐艺术家打造的商场内,它们或张扬或低调地深入了从外滩、苏州河边、滨江沿岸到城市的东南西北。外滩美术馆、浦东美术馆、teamLab无界美术馆等常年有着不俗的展览,别忘了出发前检索最近的展览,挑一个感兴趣的去看吧。
浦东美术馆,蔡国强作品展。

计划你的行程
最佳行程

第1天

从南市到十里洋场，老上海与新天地

初涉上海滩，先去"魔都"的新老"名片"打个卡。去老城厢和新天地对比石库门的昨天与今天，走一走十里洋场，看看万国建筑群和璀璨夜色所展示的外滩百年演进史。既不要放过市井美味，也别忘了在外滩历史建筑的露台饮一杯。

❶ 老城厢

老城厢——上海人口中的老南市有着最真实的老上海烟火气。早上先去参观**豫园**（见112页），然后在城隍庙附近吃吃传统小吃，再去看看建在元代城墙上的**大境阁**（见117页）。**文庙**（见118页）相对清静，适合慢慢闲逛。半圆形的中华路是从前民国初年拆城填濠而成，至今保留了不少老物件，这里的**火警钟楼**（见118页）曾经是20世纪初上海老城厢的制高点。

➡ **实用信息**

城隍庙旅游咨询中心（📞6355 5032；豫园老街华宝楼1层）在豫园老街里，有免费地图和各种实用资料可以索取。

➡ **吃喝落脚点**

南翔馒头店（见124页）、**大富贵酒楼**（见125页）、**孔乙己酒家**（见124页）。

❷ 新天地

下午转投新天地，看看经海派文化"妙手演绎"后的新石库门。去屋里厢石库门博物馆了解"螺蛳壳里做道场"的上海人家，还可以参观中共一大会址纪念馆。相隔不远的**思南公馆**（见160页）和**周公馆**（见160页）是新天地的延续，但幽静得多。

也可以去淮海路逛逛，除了购物中心和品牌店之外，**K11购物艺术中心**（见203页）里艺术展览抢尽风头，旁边的全球第5座**爱马仕之家**（见157页）也如博物馆一般内涵丰富。

最佳行程 计划你的行程 **19**

➜ 实用信息

新天地为开放式景点，如果不参观中共一大会址纪念馆的话，你也可以选择晚上来，找家酒吧或咖啡馆喝一杯。

❸ 外滩

华灯初上时走一遍外滩，从延安东路路口的外滩信号塔开始，一路往北细看23幢历史建筑，包括**汇丰银行大楼**（见67页）、**海关大楼**（见68页）、**和平饭店（北楼）**（见60页）等，然后漫步**外滩源**（见71页方框），走到**外白渡桥**（见79页）结束，苏州河在此与黄浦江交汇。此时的夜上海非常迷人，坐一次**浦江游览**（见72页），哪怕只在滨江平台上走一走都很惬意。

外滩许多高端餐饮，值得一拼；但如果你想精打细算就往西走，福州路和云南路上都有很多平价美食。

你可以回住处换套更适合夜店的行头，看好时间，在浦江夜景落幕前从南京东路走去外滩，顺便逛逛这条著名的旅游步行街，尤其是河南中路以东。

在外滩历史建筑中选一家有露台的酒吧，看浦江两岸建筑共同点亮的"魔都"夜空。你还可以去和平饭店欣赏老年爵士乐队的演奏，感受上海老克勒的风采。

➜ 吃喝落脚点

大壶春（见73页）、**老正兴菜馆**（见89页）、**米氏西餐厅M on the Bound**（见76页）、**罗斯福色戒酒吧**（见78页）、**Hakkasan**（见76页）。

➜ 住宿推荐

和平饭店（见290页）、**锦江都城经典上海外滩酒店**（见290页）、**多园国际青年旅舍**（见290页）、**上海艾迪逊酒店**（见290页）

左图：新天地街区内的行人；
右图：豫园外九曲桥上的游人。

计划你的行程
最佳行程

第2天

从徐家汇到"哥伦比亚圈",慢游旧时街区

只有深入探访旧时街区,才能体验上海的宁静时光。梧桐掩映下的弄堂与老洋房,有着时间发酵后的浪漫与文艺。这一天没有人挤人的景点,却是你上海之行的重头戏。这种气氛一直延续到了西区,从徐家汇开始,看看走红的"哥伦比亚圈",然后走进武康路继续向东探索,区域跨度不大,可以结合步行和共享单车完成(建于民国时期的新华路历史建筑群)行程。切忌走马观花,慢行才能品出上海的美。

❶ 徐家汇源

去**徐家汇天主堂**(见226页)欣赏这座漂亮的哥特式建筑。**土山湾博物馆**(见226页)可以了解徐家汇"西学东渐"的历史,布展华丽的**上海电影博物馆**(见228页)则会带你回顾上海电影的百年历史。然后向南穿过热闹的徐家汇商业中心,华山路上有座飞檐翘角的大门,从此进入**上海交通大学**(见228页),按照校园里的古建导览图走即可。

➡ **实用信息**

徐家汇源游客中心(见250页地图;漕溪北路451号,地铁2号口旁;⏰9:00~17:00)有免费的上海地图和徐汇、长宁的演出信息。

❷ "哥伦比亚圈"

从交通大学西门出来就是番禺路,向北到新华路左拐,在211弄、329弄里找到**外国弄堂**(见226页方框),这里都是昔日"哥伦比亚圈"的核心住宅。回到番禺路继续北行,进入**邬达克旧居**(见232页),了解这位著名建筑师与上海的渊源。对面就是**上生·新所**(见230页)的东入口,逛一逛**茑屋书店**(见232页),在海军俱乐部的游泳池边待一会儿,再到**孙科别墅**(见232页)里看一场展览。

➡️ **吃喝落脚点**

Luneurs（见237页）、啤酒阿姨（见237页）、朵艾萌动物泡芙（见232页）、定西路（见235页）美食街都在附近，上生·新所和附近幸福里（见237页）也有不少餐饮选择。

❸ 武康路和衡山路

从上生·新所西门出来，从平武路走到华山路右拐，在淮海中路左拐，进入旧时街区的精华路段。形如战舰的**武康大楼**（见168页）矗立在五路交会处，这是上海最著名的建筑之一。花一两个小时环绕**武康路步行游览**（见174页方框），细细欣赏两边的老洋房，这一带也是名人故居的集中地。紧挨着**安福路**（见173页）和**五原路**的地方也有很多看点。

接下来去衡山路看建筑。普希金雕像附近的东平路、汾阳路和桃江路上有很多好看的老洋房。**上海工艺美术博物馆**（见170页）被称为"上海小白宫"，爬满青藤的**国际礼拜堂**（见176页）也很养眼，**东方乐器博物馆**（见176页）的所在地是荣德生旧居，这里发生过轰动上海滩的"绑票奇案"。

➡️ **实用信息**

武康路旅游咨询中心（见175页地图；武康路393号；⏰9:00~17:00）在黄兴故居中，同时也是老房子艺术中心，可以在这里获得不少周边旅行信息。

➡️ **吃喝落脚点**

老吉士（见189页）、**Green & Safe**（见190页）、**Rumurs鲁马滋咖啡**（见196页）、**E.P.I.C.**（见196页）都是这一带不错的选择。

➡️ **住宿推荐**

有一些老房子改造的民宿，屋外环境很接地气，屋内有现代化的装修和设施，你可以通过Airbnb找到心仪的选择。

左图：武康大楼；
右图：上海工艺美术博物馆。

计划你的行程
最佳行程
第3天

人民广场向西，看大都会百年跃进

昔日的跑马地，早已旧貌换新颜。3座有意思的博物馆都在附近，各有千秋，容易让你陷入选择困难，不妨选一座深入探访。从人民广场出发向西，从南京西路一路进入愚园路，不只是繁华在外，还有挖掘不尽的上海往事和不可限量的明天。继续向西，仿佛进入了另一个时空，最新潮的日韩料理等着你光临。

❶ 人民广场

在上海博物馆开馆前，先欣赏一下周边建筑，**国际饭店**（见87页）、**大光明电影院**（见86页方框）等都曾是旧上海滩的显赫地标，或在人民广场上找一找"上海公路零公里"标志。然后挑一座博物馆参观：位于广场中心的**上海博物馆**（见62页）馆藏非常丰富，特展也很精彩；位于广场西边的跑马厅大楼旧址现在是**上海历史博物馆**（见86页），上海的前世今生都在这里；2公里之外，在**上海自然博物馆**（见177页）体验大自然的生命长河，孩子们会很喜欢。

➡ **实用信息**

人民广场是真正的交通枢纽，交会于此的3条地铁线通达2个机场、3个火车站，衔接起淮海路、南京路、徐家汇、陆家嘴、豫园等重要景点或商业圈，出行非常方便。

❷ 南京西路到愚园路

南京东路游人如织，南京西路却是上海人心中的私藏。如果还没吃午饭，**吴江路休闲街**（见180页）上选择颇多。附近的**张园**（见180页）被称为"海上第一名园"，接下来一路向西，去往如今已是酒店的**马勒别墅**（见164页），可以在"童话城堡"里享受下午茶。之后去看看俄罗斯古典主义建筑——**上海展览中心**（见159页）。**静安寺**（见158页）是这一段行

程的尽头,其历史久远,如今却很"酷炫",常出现在老上海影视里的百乐门舞厅也在附近。

然后转入**愚园路**(见182页),这条不到3公里长的小路很有韵味。路两边的巷弄里聚集了很多20世纪二三十年代不同风格的老洋房。漫步在此,你可以重温王安忆笔下的《长恨歌》,或脑补一下战争剧里地下工作者接头的场景。这一段步行最适宜在**中山公园**(见228页方框)结束行程。

➡ **吃喝落脚点**

巨鹿路、富民路、吴江路休闲街都聚集了很多餐馆,各种价位、菜系都有,例如**龙凤楼**(见192页)、**More than eat**(见184页)、**JZ Club爵士上海**(见200页)、**福和慧**(见236页)等。

❸ **古北夜生活**

连赏了3天的海派风情,今晚不如去古北追一追日韩风。多年前此地的美食文化便由日韩外商带动起来,这一带的日本料理堪称沪上最正宗。另外,"**韩国街**"(见235页)上集中了诸如啤酒配炸鸡这样的韩国料理,"**老外街**"(见235页)以西餐居多,整条街打造得很"洋气",适合晚上来喝一杯。

➡ **住宿推荐**

人民广场附近有很多连锁酒店,性价比也不错,可以考虑住在上海原点**国际饭店**(见87页)。**上海静安CitiGO酒店**(见292页)、**一间森林青年旅舍**(见294页)等地,以及位于静安寺、愚园路附近的住宿,能让你方便安排一天的行程。

左图:马勒别墅;
右图:上海历史博物馆内的展览。

计划你的行程
最佳行程
第4天

玩透迪士尼，站上上海之巅

如果说浦江之西沉淀着开埠后上海滩的百年风云，浦东则是上海近30年来腾飞的新大陆。在职场精英出没的陆家嘴登上上海的云端，感受从摩天大楼高处俯瞰"魔都"繁华的别样角度。中国大陆独一无二的迪士尼乐园童叟皆爱，值得去好好放纵，这将是好玩有趣也惊险刺激的一天，且特别适合家庭游。

❶ 上海迪士尼度假区

要在迪士尼乐园花掉一整个白天，合理安排行程很重要，行前做足功课、入园时拿足资料可使你不至于沦陷在迪士尼的人山人海中无所适从。创极速光轮、翱翔·飞越地平线、加勒比海盗都是必玩项目，迪士尼卡通粉不要错过"米奇童话专列"花车巡游等演出，惊险程度适中的各种过山车项目也适合带孩子游玩，闭园前的"点亮奇梦"盛大烟花秀可是表白的最佳时机！

➡ **实用信息**

避开周末前往迪士尼。上海迪士尼官方App和领取快速通行证都可助你提高游玩效率。省不下门票钱，就省饭钱，自备水杯和未开封的食品入园吧。毗邻乐园的迪士尼小镇内餐饮选择比园内多，价格也没那么离谱。

❷ 陆家嘴

如果你的迪士尼行程结束得早（虽然不太可能），还可以快马加鞭赶往上海的空中地标——陆家嘴。若是晴空万里，就在"三大神器"里择一幢楼登高俯瞰上海滩，它们虽高度不等，但各有不同的花样来刺激你的肾上腺素。**上海中心大厦**（见114页）118层的"上海之巅"以546米的高度"踏破天际"，浦东浦西一览无遗；位于**金茂大厦**（见115页）88层的全透明空中走廊让你体验在340米的高空"云中漫

最佳行程 计划你的行程 25

步";而站在**环球金融中心**(见115页)100层的悬空观光长廊,你将与**东方明珠**(见126页)齐高。当然,周边也有**上海海洋水族馆**(见127页)这样让孩子们喜欢的主题场馆。

附近的**滨江大道**(见127页)是享用晚餐、散步的好地方,这里也有不俗的夜色,且可以换个角度看浦江与外滩,一路可以走到陆家嘴北段,对面北外滩的夜色也不错。

➡ 吃喝落脚点

浦东的就餐选择不如浦西丰富,陆家嘴、滨江路是高大上或连锁之选,美食主要分布在IFC国金中心、正大广场等商场内。

❸ 后世博园区

如果迪士尼乐园和陆家嘴都还没耗尽你的体力(和时间),晚上可以去后世博园区逛逛。**世博源**(见130页)和**中华艺术宫**(见130页)的夜景同样华丽,前者还有一座很适合小朋友的泰迪之家博物馆。

➡ 住宿推荐

浦东的住宿选择相对少一些,**禧玥酒店**(见291页)和**逸扉酒店**(见291页)都不错,迪士尼乐园附近的**迪士尼玩具总动员酒店**(见295页)适合家庭游客入住。

左图:上海海洋水族馆;
右图:陆家嘴"三件套"。

计划你的行程
最佳行程

第5天

沿着苏州河走，追问百年虹口

苏州河再现旧日繁荣，似乎指日可待，沿着河岸行走到外白渡桥，在新旧建筑中继续看上海的另一面。向北进入北外滩，不经意间它已经变得高大上起来，沿着滨江可以一路走到提篮桥历史风貌区。在风云际会的年代，犹太难民登陆上海，鲁迅率领众文学巨匠发出"呐喊"。无论是中西合璧的石库门，还是废弃的工厂，抑或名人旧居，都有着浓浓的历史遗风。

❶ 从苏州河到黄浦江

从"黄浦夺淞"到"黑化年代"再到今日悄然崛起，**沿着苏州河到外滩**（见82页步行游览）可以好好感受这条河。你不仅可以欣赏到桥上几座风格近代史关系密切的桥梁，也可以参观**四行仓库**（见88页）这样令人肃然起敬之地。**河滨大楼**（见83页）和**上海邮政博物馆**（见81页）保留了老建筑，**上海市总商会旧址**（见83页）则是高端的宝格丽酒店所在。在**乍浦路桥**（见79页方框）拍完地标，可以顺便过桥逛逛**外滩源**（见71页）。

➡ **实用信息**

外滩周边禁行自行车，徒步行走是最好的方式。在四川路与北苏州路交会处的栈道开始变宽，也有一些休憩场所。乍浦路桥是拍摄外白渡桥和陆家嘴天际线同框的绝佳之地。

❷ 感受北外滩的风

跨过**外白渡桥**（见79页），可以在**浦江饭店**（见80页）怀古，然后进入**北外滩**（见81页）。上海港国际客运中心以"一滴水"的造型闻名，岸边常有大型邮轮停靠，白玉兰广场、W酒店拔高了这里的天际线，也丰富了购物和餐饮环境。滨江步道的视线始终围绕着陆家嘴，你可以在这里尽览浦江另一面。走累了，可以到如殿堂一般的**建投书局**坐一坐。

➡ 吃喝落脚点

苏州河北岸的小餐馆不少，接近外滩处可以去上海大厦的**英国吧**（见84页）感受旧时气氛，外滩茂悦酒店、外滩W酒店和白玉兰广场周边商圈和滨江绿化带都有众多选择，露台观景点也不输于外滩。

➡ 住宿推荐

外滩W酒店、**外滩悦榕庄**（见294页）这两家精品酒店拥有北外滩的完美江景。

❸ 从"小维也纳"到多伦路

第二次世界大战时，上海曾为2.3万余名犹太难民提供庇护，他们在此营造了一个"小维也纳"。犹太人做礼拜的摩西会堂旧址现为**上海犹太难民纪念馆**（见239页），这里详细介绍了犹太人在上海的那段历史。附近的舟山路、霍山路上还有多处相关旧址，包括即将搬迁的"远东第一监狱"，路口有详细导览图，值得你花点时间探访。

相隔约1公里的**1933老场坊**（见240页），有着流线型的廊桥空间和古罗马建筑风格，而这么漂亮的建筑前身竟是一座屠宰场，简直不可思议。也别忘了到它对面的河畔继续探访一下老街区。

一路往北，20世纪30年代，鲁迅、茅盾等文学巨匠和左联（中国左翼作家联盟）作家在**多伦路文化街**（见240页）集结。这条不长的街区有多栋好看的建筑，而附近的**山阴路**、**溧阳路**、**四川北路**也会有惊喜（见244页步行游览）。

➡ 吃喝落脚点

虹口有不少当地人喜欢的小店，**万寿斋**（见246页）的小笼包和冷面很有名，**白马咖啡馆**（见246页）适合感受历史。

左图：1933老场坊；
右图：上海邮政博物馆的外墙雕塑。

计划你的行程
最佳行程
第6天

走远一点，魔都另一面

走出高楼遍布的市区，上海广阔的外围被东海与长江环绕，上海滩的"滩"字得以完美呈现。江浙小桥流水的水乡格局延续至上海西边。作为上海历史发源地的松江景致多元，天然山峰与城市山林并存，游乐园与植物园会让孩子们"嗨翻天"，而英伦范的小镇与民国风的影视基地都是自拍胜地，你不妨根据兴趣，从我们列出的三个目的地中，选择一处前往。

❶ 朱家角

江浙一带的水乡名声在外，紧挨着这两省的上海也有多处江南古镇，朱家角规模最大、开发最久、配套设施最完善，也最有代表性，你可以花上一天时间漫游这座古镇。逛遍古镇，走走各座有意思的古桥，游览课植园和大清邮局等。也可以在这里住一晚，夜游古镇和实景表演都很精彩。

➤ **食宿推荐**

朱家角安麓酒店（见269页方框）和**朱家角井亭民宿**（见272页）非常热门，**上海青白瓦宿**（见272页）则是经济之选。记得到**阿婆茶楼**（见272页）或**江南第一茶楼**里和当地人一起喝一杯很水乡的"阿婆茶"。

❷ 松江

松江被视为上海历史文化的发源地，这里的看点很多，如果你选择游览松江，这一天的行程会很丰富。先登上上海陆地最高点**佘山**（见266页），赏巍峨漂亮的佘山圣母大殿，然后去辰山植物园（见267页）看遍各大洲的植物和奇花异草，下午去**广富林遗址公园**（见268页）阅读上海的史前文化，最后去洋气的**泰晤士小镇**（见269页）逛逛钟书阁。

➤ **实用信息**

地铁9号线通往松江，不过以上景点都

还需要在邻近地铁站换乘公交，最好赶早出发。

❸ 南翔老街

为了正宗的小笼包，走远一点问题也不大，何况搭上地铁就行了。南翔老街是各色小笼包角逐的战场，你可以去**老街小笼馆**（见278页）和**长兴楼**（见278页）两家尝尝，也可以在逛**古猗园**（见275页）的时候，去**上海古猗园餐厅**（见278页）试试。

当然，南翔不只有小笼包。建于南宋年间的砖制双塔和古井，以及边上的云翔寺构成了老街中心，檀园里藏着不错的园林，南翔小笼馒头文化体验馆比隔壁的餐厅更好玩，开在名士居的**我嘉书房**（见277页）很有书香气。

如果有时间，就去嘉定孔庙看看，嘉定博物馆、秋霞圃也都在附近，也可以去**嘉定图书馆新馆**（见277页）打卡，毕竟那是"全球最美"。

➡ 实用信息

嘉定在地铁11号线沿线，从南翔站下车走10分钟就能到古猗园和老街；嘉定北站下车后换乘嘉定12路公交在博乐广场下，秋霞圃、嘉定博物馆、州桥老街都在附近；白银路站下车转乘嘉定15路公交在裕民南路塔秀路下，便是嘉定图书馆新馆。

左图：正在制作小笼包的厨师；
右图：广富林遗址公园。

计划你的行程
每月热门

1月至2月

冬季的上海阴冷潮湿,北方人会很不适应。春运期间离开上海的火车票很难买,也意味着城里的人气相对没那么旺。

◉ 豫园灯会

春节期间,豫园、城隍庙一带的年味最浓。大年初一到正月十八,城隍庙张灯结彩,本地家庭纷纷前来赏花灯、猜灯谜。

🙏 初一烧头香

静安寺、玉佛寺等都有大年初一烧头香的习俗,不过,各寺院为了限流,门票比平日贵。

3月至4月

春花烂漫的时节,也是春雨纷纷的日子,可谓名副其实的花瓣雨。

◉ 樱花开了

清明前后,是踏青赏花的好时候。顾村公园是沪上面积最大的赏樱地,不过最好避开周末前往,同济大学和辰山植物园各有一条樱花大道,市内多个公园或街道也都能让你淋一场不期而遇的樱花雨。

✈ 上海时装周

上海时装周是"一年二度"潮人云集的节日,分别在春季和秋季各有一次。主秀场的首场秀演完全由本土原创品牌担纲。新天地、复兴公园等秀场附近,随便一拍都是街拍大片。

🍴 上海餐厅周

确切地说是"中国餐厅周",每年3月和9月在北京、上海、广州和深圳同时举办,有超过200家顶级餐厅参与。你能以近乎半价的优惠吃到顶级料理。

F1上海站

每年4月世界一级方程式锦标赛（F1）上海站在嘉定的上海国际赛车场开赛，此时不仅能看到世界顶尖车手的精彩对决，还有各类汽车主题的节庆和嘉年华。

龙华庙会

农历三月初三是龙华寺一年一度的庙会，可以前去烧香祈福、聆听梵乐、观赏桃花、逛集市、吃小吃、看民俗表演等。

上海国际汽车工业展览会

简称"上海车展"，每两年的4月在上海举办，各大品牌的首发车和靓丽的车模都是焦点。2021年4月21日至4月28日，第十九届上海车展在国家会展中心举办。

最佳节会

- 城隍庙灯会 农历正月初一至十八
- F1上海站 4月
- 上海国际电影节 6月
- 上海时装周 4月和9月
- 上海旅游节 9月

5月至6月

两个小长假会掀起一阵旅游高峰。5月气候常反复，行囊里春装、夏装都得备着。6月进入江南的梅雨季，周边古镇意境很浓。

☆ 草莓音乐节

国内最火爆的户外音乐节之一，自2012年

左图：上海时装周；右图：F1上海站。

引入上海，通常在4月底至"五一"假期，在世博公园内连续举办3天。音乐节吸引了摇滚、电子乐、民谣等各种风格的国内外音乐人和独立乐队，音乐之外，还有各路潮人来抢镜。

✩ 上海之春国际音乐节

这个中国历史最悠久的音乐节，已经走过了半个多世纪，它也是上海音乐舞蹈文化的标志。每年4月28日至5月18日，上海大剧院、上海音乐厅等场所会有来自世界各地高质量的传统音乐演出。

⊙ 博物馆公众开放日

5月18日是国际博物馆日，当天上海市各大博物馆实行免费或半价票的优惠。

✩ 上海国际电影节

中国唯一的国际A类电影节，每年6月举办，为期10天。届时，中外电影人会聚上海，红毯上星光璀璨，向金爵奖发起角逐，国内外参展影片也在各大院线轮番上映。

7月至8月

黄梅季节过后，上海正式进入"蒸笼天"，户外活动久了会感觉非常闷热，迪士尼乐园等备受孩子们欢迎的景点人满为患，做好准备，预防中暑。

✖ "六月黄"上市

离"秋风起"还远着呢，上海人已经按捺不住大开蟹宴了，不妨跟着尝一尝鲜。

✈ 上海书展

每年8月在上海展览中心举办，"魔都"文化气氛最浓郁的一周。除了购书，也有不少文化论坛、作者见面会、新书发布会等活动。

9月至10月

9月尚有"秋老虎"，10月气候宜人，节日也多，"十一"黄金周是旅游高峰。

✈ 上海旅游节

每年9月至10月举办。开幕日的亮点是盛大的花车巡游，来自世界各地、载歌载舞的花车沿着淮海路一路行进。旅游节期间有各种主题的美食活动，而对旅行者来说，最大福利是沪上几乎所有热门景点的门票都半价优惠。

✩ 上海西岸音乐节

上海首个本土大型户外音乐节，9月在黄浦江畔的徐汇滨江举行，是黄浦江边最high的露天派对。

✩ 上海国际艺术节

这个高规格的艺术节在每年10月至11月举办，从国粹戏曲到现代舞，从大学校园到高雅的演艺殿堂，涵盖了国内外音乐、美术、舞蹈、戏剧等各种艺术形式的演出和展览，还有很多"节中节"，令人目不暇接。

上海书展。

11月至12月

上海的冬天要比北方来得晚一些,但湿冷的感觉并不比北方的严寒更让人好受。

中国国际进口博览会

2018年开始举办的"进博会"于每年11月5日至11月10日在国家会展中心举行,大量的国际产品开阔了人们的眼界,贸易成交量也逐年上升。

上海国际马拉松赛

每年11月举行,一签难求。比赛包括全程、10公里和迷你马拉松三个项目,大部分赛程在徐汇滨江完成,一路风景迷人。

湿地观鸟

11月,候鸟陆续飞抵"上海滩"越冬,长江入海口和上海东端的湿地成了观鸟胜地。

上海双年展

上海双年展对中国当代艺术界有非常大的影响力,逢偶数年的秋季开幕,一直持续到次年春天。

上海艺术博览会

来自30多个国家与地区的1000多家画廊或艺术经纪机构参展,荟萃国内外优秀艺术作品,规模常居亚洲首位。

龙华寺听钟声

12月31日,到龙华寺聆听祈祷平安吉祥的108响新年钟声,是沪上善男信女的固定节目。

上海双年展。

计划你的行程
新线报

我们的作者收集目的地新潮流，总结了上海最新景点和活动资讯，以及为旅行者带来便利的基础设施建设的新动向，保证信息足够新鲜、热辣、实用。

世界最大天文馆落成

位于临港新城滴水湖畔的上海天文馆于2021年7月18日对外开放，新颖外观如行星运行轨道。4层建筑三大展区、沉浸式体验、超先进的天文器材，都为天文爱好者提供更多角度和方式来探索宇宙的奥秘。

魔都冰雪场降临

预计2022年开幕的上海"冰雪之星"室内滑雪场以阿尔卑斯山为主题，有三类不同梯度的滑雪道、超过25个雪地游乐场项目以及雪地游戏和滑雪体验，足不出"沪"即可享受冰雪乐趣。这是围绕滴水湖的又一个地标，未来临港新城也会成为热门之地。

主题乐园，将添新伙伴

全球三大主题乐园之一的乐高乐园选址在金山区，预计2023年建成，离市区约1小时车程，也将成为全球最大的乐高乐园之一。全球首家Discovery旗舰主题公园即将落户宝山区大场镇，50万平方米的超大面积，还原了《荒野求生》里的场景，没准还真能遇上贝爷。"东有迪士尼，北有Discovery，南有乐高"的上海主题乐园格局即将形成。

两大东馆，亮相浦东

外观是全白长方体的上海博物馆东馆，面积几乎是目前上海博物馆的3倍。颜值超高的上海图书馆东馆，以玻璃和木条作为整座建筑使用的主要材料，如同一块璞玉镶嵌在绿地之中。内部宽敞的空间更是让读书人有了一方安歌剧院将于2023年建成。

虹口百年监狱搬迁

1903年建成的提篮桥监狱曾经被称为"远东第一监狱"。随着北外滩的开放,这里连同周边的犹太难民纪念馆、下海庙一起被列入"海上方舟"开发项目。2年后提篮桥监狱将搬迁至青浦,原址将打造成监狱主题博物馆、法制教育基地、特色酒店等文化旅游目的地。

MUJI的"魔都"新动向

MUJIcom 上海宝杨宝龙广场店和宝龙公寓Designed by MUJI于2020年底正式开业,便利店和公寓的形式令人耳目一新。继东京和大阪后,MUJI在上海瑞虹天地太阳宫打造的中国首家生鲜菜市场于2021年11月11日开业,这里不仅售卖蔬菜、肉、鱼等生鲜食品,还包含服饰、家居百货用品等。

上海地铁15号线运营

2021年1月上海地铁15号线贯通,它是国内一次性开通公里数最长且开通运营即具备最高等级(UTO)全自动无人驾驶的轨道交通线路。到驾驶室看列车运行成为15号线的一大看点,连华春莹都为它点赞。同时,采用无柱拱顶设计的15号线吴中路站被人们誉为"上海最美地铁站"。

心之地。两馆都在世纪公园和上海科技馆附近,交通十分方便,于2021年对外开放。

中共一大会址纪念馆全新开放

就在新天地太平湖边,与中共一大会址隔湖相望,中共一大会址纪念馆于2021年中国共产党建党百年之时对外开放。同为石库门房屋的延续,新的纪念馆有了更大的空间来展示中共发展历史和党建故事。

世博园区,焕发新颜

曾经的世博园区,即将变身城市绿洲,在寸土寸金的上海实属不易。园内保留了法国馆、俄罗斯馆、意大利馆、卢森堡馆4个世博场馆,同时种植来自世界各地的植物。世博花园、江南园林、双子山、温室花园、世界花艺园以及大歌剧院、国际马术中心,形成7大标志性景观。其中,以折扇为灵感而设计的上海大

左图:上海地铁15号线吴中路站;
右图:上海天文馆内的展品。

计划你的行程
获得灵感

书籍

《长恨歌》（王安忆著）以一个上海弄堂中走出的女子横跨半个世纪的命运起伏，反映上海在20世纪40年代至20世纪90年代的变化。

《繁花》（金宇澄著）上海话写就的上海市井故事，以20世纪60年代和20世纪90年代两条时间线索交替展开，上海百姓在不同历史背景下的众生百态就如同散落在岁月中的"繁花"。

《上海的风花雪月》（陈丹燕著）陈丹燕的"上海三部曲"之一，作家在张爱玲、张学良等名人住过的老房子回顾上海历史，在咖啡馆、酒吧捕捉当代人的生活。

《上海老房子的故事》（杨嘉祐著）以翔实的史料，讲述了上海100幢老房子的沧桑故事。除了配上这些老房子的早期照片，还附有简明地图，方便按图索骥。

《上海邬达克建筑地图》（华霞虹、乔争月著）同济大学出版社出版的"城市行走书系"系列之一。你可以带着这本书，去上海的街头寻找建筑大师邬达克的作品。

《上海外滩建筑地图》（乔争月、张雪飞著）同为"城市行走书系"系列，这本书能让你更好地了解十里洋场的建筑。同系列里的《上海教堂建筑地图》《上海里弄文化地图》也都是不错的城市导览。

影视

《八佰》（管虎导演）淞沪会战后期，上海濒临沦陷前的惨烈一役，四百壮士冲进四行仓库，为壮声势对外声称八百人，鏖战四天死守上海。如今，四行仓库依然屹立在苏州河北岸，西墙上也仍保留着3个巨大的炮弹洞和430个枪弹孔。

《天堂口》（陈奕利导演）三个同甘共苦的好兄弟到上海寻找天堂，却在纸醉金迷中迷失。

《半生缘》（许鞍华导演）改编自张爱玲的小说，讲述了特殊时代背景下几个年轻人的悲欢离合、姻缘聚散。

《苏州河》（娄烨导演）曾

没时间?

没有那么多时间?就从下列作品了解上海吧。

《永不拓宽的街道》(陈丹燕著)书中精选了上海64条永不拓宽的街道中的18条进行介绍,包括武康路、圆明园路、五原路等。

《老上海,旧时光》(程乃珊、贺友直著)两位老上海,一文一绘,图文并茂描绘了上海开埠150年以来的风物与人情。

《上海百年物语》(NHK出品)通过三个家庭的悲欢离合,讲述上海百年的故事,透过细腻的小情感,绘就城市变迁的大画卷。

经又脏又臭的苏州河,泛滥着腐朽气息。娄烨借用了它的气质,留下了不少苏州河绝无仅有的影像纪念。

《色·戒》(李安导演)影片最后王佳芝放走了易先生,叫了辆黄包车到福开森路去。福开森已改名,但路尤在。

《流金岁月》(电视剧)改编自亦舒小说,故事背景从20世纪80年代的香港变成了上海石库门弄堂。上海中心大厦、K11、黑石公寓、瑞金酒店等经典地标都是剧中的取景地,你还可以按剧索骥,找到不少酒吧、餐厅、老洋房等。

《三十而已》(电视剧)2020年的热播剧,以上海为背景,讲述了三位性格迥异的30岁女性的不同人生。

《上海犹太人》(纪录片)讲述了"二战"期间犹太难民在上海生活的往事。

音乐

《我在人民广场吃炸鸡》(阿肆)轻松、略带幽默又接地气,歌词中也透露了上海都市新女性的态度。

《上海三月》(戴荃)诗词念白的风格,跟着歌者的低吟浅唱回味旧上海的意境。

《上海之夜》(罗大佑)中国台湾音乐教父所唱的上海印象,有都市里的豪情,也有纠缠暧昧的柔情。

《夜上海》(周旋)旋律响起,百乐门和胶片唱机的老上海画面浮现眼前。

《上海滩》(叶丽仪)关于上海滩最经典的粤语金曲。

《上海市经典流行摇滚金曲十三首》(顶楼马戏团)土生土长的上海摇滚人用这张专辑串起了城市记忆的不同碎片。

左图:由邬达克设计的孙科别墅内部;右图:百乐门。

计划你的行程
省钱妙计

景点

➡ 提前一天在团购网站先行购买门票,有时能获得较少的折扣。有些景点在网上预订还可以免去排队之苦,时间不也是金钱吗?

➡ 别光为收费景点主动掏腰包,魔都真正的魔力都在街头,外滩万国建筑群、衡复风貌区里的老弄堂、老洋房和多片历史文化保护区,都不需要花半毛钱。

➡ 如果打算在陆家嘴游玩不止一个项目,可以研究下联票、套票方案,两三个景点组合起来购票,能比单独购票划算得多。

➡ 每年5月18日的国际博物馆日,也是上海各个博物馆的公众开放日,大多数博物馆免费,不过记得早点去,这一天会有大量上海市民加入参观队列。

➡ 如果你是学生、记者、军人,别忘了带上证件。

住宿

➡ 通过订房网站预订,通常比直接在前台订房要便宜些,也可避免到店无房、拖着行李满大街找酒店的尴尬。订房网站之间也可多比价,多看看携程、美团、去哪儿等平台。

➡ 常住连锁酒店的旅行者,不妨办张相应的会员卡,价格或许和网上差不多,不过一般会赠送早餐,还可以延时退房。

➡ 尽量避开周末前往,工作日的住宿价格会便宜很多,尤其是周边的古镇。

➡ 上海的青年旅舍,若将"正规军""无牌军"都算上,数量超过三位数,基本上都很干净。

餐饮

➡ 不少西餐吧、酒吧下午都有"欢乐时光",酒水、饮料的折扣力度很大。

➡ 外滩历史建筑和陆家嘴摩天大楼里的餐厅,价格很贵,不如摒弃正餐,改为下午茶,或晚上来点一杯酒,钱省下不少,体验不少半分。

➡ 工作日的午市,很多高级餐厅、日料店会推出套

餐，是品尝美味的性价比之选。

➡ 点餐前先上大众点评或团购网站扫一遍，查查有没有团购券或其他优惠。关注餐馆微博、微信有时也能获得折扣。

交通

➡ 坐公交地铁不必揣一堆硬币在兜里，地铁可使用"大都会"App支付，公交可以使用支付宝、微信、云闪付支付，而且这些乘车软件常有优惠。你也可以买张交通卡，地铁、公交、出租车一卡通用。

➡ 只要不是从西部偏远省份出发，一般来说，若非节假日出行，机票常有较低折扣。上海是商务出行的热门城市，双休日的机票价格可能比工作日更便宜些。

➡ 别在街头死等出租车，街头扬招在这座城市早就不流行了，打车软件用起来。不过，上下班高峰、下雨天几乎必堵无疑，最好改换其他交通方式。

➡ 18条地铁线路组成的地下交通网络几乎四通八达，地铁+共享单车是市区游览最高效的交通组合。不过上海有124条禁止骑行的道路，千万要留意，否则，惩罚措施也毫不留情。

➡ 上海的公共交通网络极其方便，即使前往周边景点也都可以靠公交+地铁搞定。

购物

➡ 想在七浦路、城隍庙小商品市场等地方淘到便宜的服饰或纪念品，砍价是必备技能，可以先从砍半价开始。

➡ 圣诞节、元旦、妇女节等节日商场折扣力度很大。入驻"魔都"的品牌比大多数城市都多，即使同一品牌，款式也比其他城市多。只不过折扣季时商场里几乎人山人海，购物体验可能好不到哪里去。

左图：梧桐树下街道上骑车路过的人；右图：田子坊。

计划你的行程
行前参考

何时去

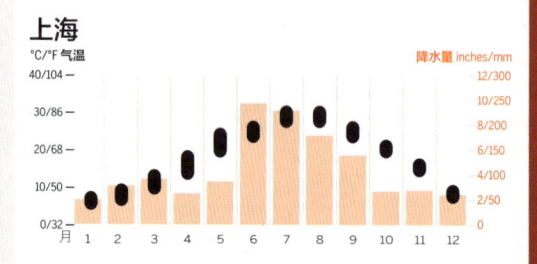

上海

°C/°F 气温 / 降水量 inches/mm

3月至5月
➡ 气温回暖，赏花季随之而来，世纪公园和城郊的鲜花开得烂漫。绵绵春雨也带来纷飞的樱花雨，清明前后坐一趟公交都能有不期而遇的美丽。除了小长假之外游客不会太多。

6月
➡ 恼人的黄梅天，蓝天白云的晴朗日很少见，记得携带雨具出行。天气对于摄影爱好者也不太友好。江南潮湿，这个季节衣服不容易干，选择酒店时可留意下是否有烘干设备。

7月至8月
➡ 一年中游客量最多的季节，也是亲子游的高峰季，迪士尼乐园等适合带孩子游玩的景点尤其拥挤。天气又闷又热，高温天在户外游玩要额外当心，注意随身带上防暑降温的必要用具。

9月至11月
➡ 除了"十一"黄金周客流量很大，其他时候都是游玩的好时节。先有桂花飘香，后有银杏飘飞和梧桐落叶，此季在衡复风貌区逛马路最有味道。9月尚有"秋老虎"，10月秋高气爽，11月气温变化幅度可能会很大。

12月至次年2月
➡ 上海的冬季潮湿阴冷，也是一年中游客量最少的季节，部分景点门票会有折扣。春节期间，城隍庙、豫园老街会有民俗表演、灯会等，是全城年味最浓的地方。

电话区号
021

人口
2487.09万常住人口

简称
申、沪

语言
普通话通行，上了年纪的人可能带些口音，但不会影响交流。

现金
银行和ATM随处可见，取现非常方便。不过手机是目前最通用的支付方式，包括购物、就餐、交通，多多利用支付宝、微信、云闪付等手机支付软件。保持手机不断电，再随身备上两三百元现金，就可以畅行无阻了。

网络
4G和5G网络覆盖全城，甚至连地铁内信号也不差。绝大多数酒店、餐饮机构都提供免费Wi-Fi，不少公共空间和历史街区也已有免费热点覆盖。

每日预算

经济 350元以下

➡ 青年旅舍床位50~100元;

➡ 不去昂贵的餐厅,以小吃、面食、快餐为主,适当体验人均百元左右的本帮菜馆子。

➡ 不打车,全部依赖地铁、公交、共享单车和步行。

➡ 不去收费景点,浦西的街巷、老建筑和浦江两岸的夜景皆是免费的一流景观。

➡ 避开暑假和黄金周前来。

中档 350~800元

➡ 住宿选择200元出头的快捷连锁酒店。

➡ 就餐可以放宽标准,品尝人均250元以下的本帮菜和各国料理,早午餐、下午茶可自由选择,咖啡馆、酒吧也应体验一番。

➡ 依然以公共交通为主。

➡ 收费景点随意选择。

高档 800元以上

➡ 豪华酒店、设计酒店、民宿等随意选择。

➡ 去米其林餐厅、景观好的高级餐厅消费,但也不舍弃价格亲民的好味道。

➡ 可以租车或包车出行。

➡ 出入夜店,看现场演出,大上海的娱乐项目随心选。

➡ 尽情购物。

抵达上海后

上海浦东国际机场(见301页)

➡ **机场大巴** 至市区15~25分钟一班,当日航班结束前都有车,根据各条线路18~34元不等。

➡ **地铁** 2号线通往陆家嘴、人民广场、静安寺、虹桥火车站等,机场出发的首末班车时间为6:00和22:30。

➡ **磁悬浮列车** 至龙阳路单程50元,凭当日机票40元。车程约8分钟,机场出发的首末班车时间为7:02和21:42。

➡ **出租车** 至市区约1小时,打表约180元。

上海虹桥国际机场(见301页)

➡ **机场大巴** 至市区20~40分钟一班,当日航班结束前都有车,根据各条线路10~34元不等。

➡ **地铁** 2号线连接浦东机场,10号线通往陕西南路、新天地、豫园等,2号线机场出发的首末班车时间为6:00和21:30,10号线机场出发的首末班车时间为5:25和22:30。

➡ **出租车** 至市区约40分钟,打表约80元。

➡ **火车站**

➡ **上海站** 地铁1号线、3号线、4号线。

➡ **上海虹桥火车站** 地铁2号线、10号线。

➡ **上海南站** 地铁1号线、3号线。

网络资源

➡ 微信公众号"上海市民生活指南" 从历史风云到街巷里弄、菜场灶间、吃喝玩乐,内容都很有趣。

➡ 微信公众号"外滩TheBund""Shanghai-WOW"吃喝玩乐购信息很全,永不拓宽的马路一条一条带你逛过来。

简单易学的上海话

尽管普通话畅行,不过上海人依然会在聊天中不时蹦出几句本地话,以下一些常用语你很容易听到。

➡ 吾、侬、伊、阿拉——我、你、他/她、我们

➡ 侬好——你好

➡ 辖辖侬——谢谢你

➡ 再会(发音:再为)——再见

➡ 几钿——多少钱

➡ 切——吃、喝

➡ 差头——出租车

➡ 交关——很多的意思

➡ 轧闹忙——凑热闹

➡ 哪能——怎么样?

更多信息,请参见286页"生存指南"。

带孩子旅行

上海为什么能在亲子游排行榜上高居前列?因为这里有精彩而多元的博物馆和美术馆、每到暑假总是大排长龙的自然史展览、传奇的民间艺术、"与鲨同眠"的海底隧道、高速过山车、清幽而静美的湿地公园,以及结合杂技、音乐和多媒体的国际级马戏表演,每个孩子都梦寐以求的迪士尼乐园……大朋友看到这些也都直呼过瘾,陪着孩子们一道享受其中,仿佛自己也回到童年,这才是亲子游的真谛。

主题乐园和游乐园

带孩子前往上海,怎么能不到迪士尼?**上海迪士尼度假区**(见264页)总是有把你和孩子一起逗乐的本事。和小飞侠一起坐过山车冒险,看《冰雪奇缘》舞台剧演出,还有卡通主题的餐厅,对于迪士尼的粉丝而言,选择在园内住上一晚,才有充裕的时间在精华体验项目之外再多看几场演出。

喜欢追求刺激的话,在**欢乐谷**(见268页)疯上一回吧!这里光是过山车就有木质过山车、悬挂过山车、60米跌落式过山车等多种选择,其他演出和秀场也能让小朋友玩上整整一天。另一知名游乐场锦江乐园也是游乐设施众多,**东方明珠**(见126页)的VR过山车则会

带孩子旅行 计划你的行程 43

左图：锦江乐园。
右图：上海自然博物馆内的展品。

给你带来全新的高科技视觉体验。

如果意犹未尽，可以去杨浦的安徒生童话乐园重温一下"皇帝的新装""拇指姑娘""丑小鸭"等经典，去乐高探索中心看看390万块积木如何打造上海风景。未来，上海还会建成乐高乐园和Discovery旗舰主题公园，对孩子们来说真是福利。

文博艺术一把抓

自然风景也许不多，但上海众多的博物馆、美术馆、图书馆完全可以让孩子们有沉浸式体验，多数场馆对未成年人都免费，也会推出一些科普和教育类的活动，记得避开周一。

上海博物馆（见62页）为孩子提供了游历华夏5000年的机会，**上海历史博物馆**（见86页）里呈现的是上海如何从古海岸线"冈身"变成了国际化大都市。**上海自然博物馆**（见177页）一开就受到了各界喜爱，将曾经显赫一时的过客和现存的生物明星都汇聚在同一时空。**上海科技馆**（见129页）一直是非常热门的亲子游目的地，包罗万象的展区内有各种互动性的科学小项目和游戏。

上海的主题博物馆更是五花八门。位于上海老北站的**上海铁路博物馆**（见244页）展出了百来年的铁路发展历程，从吴淞铁路的第一台蒸汽机车到和谐号，可谓内容丰富；位于宝山的**上海玻璃博物馆**（见244页）用玻璃打造出千变万化的世界，甚至可以动手DIY；临港新城的**中国航海博物馆**（见282页）里1:1复刻的明代大船一定会让孩子们惊叹。

陶冶艺术情操，当然也要从小做起。**中华艺术宫**（见130页）、**外滩美术馆**（见71页）、**上海当代艺术馆**（见86页）、**上海工艺美术博物馆**（见170页）能让孩子们从不同层面了解当代

大、小朋友的上海之旅

第一天 在上海的第一站，当然是穿上球鞋，背着水壶，轻装直奔上海迪士尼度假区。人潮涌动，用好App和快速通行证，玩起来会更畅快。

第二天 在浦东度过一天。光是东方明珠就可以玩上大半天，搭一回超刺激的VR过山车，和孩子一起惊声尖叫。推荐到8号门附近的Coca-Cola欢乐餐厅用餐，以可口可乐为主题的海洋球池和旋转木马会让孩子玩疯。下午到邻近的上海海洋水族馆来趟充实的生态之旅，夜宿预订的海底隧道，度过难忘的"与鲨同眠"之夜。

第三天 博物馆日，上午可以在上海科技馆和上海自然博物馆里挑一个参观，下午在上海博物馆或者上海历史博物馆选一个。晚上去城隍庙逛逛，也可以去上海马戏城看演出。

第四天 有多种选择：可以在上海动物园、辰山植物园或野生动物园之中选一而行；或者去朱家角、南翔等古镇游玩；上海西岸看看黄浦江，逛逛美术馆也能耗上大半天。晚上从人民广场走到外滩，欣赏璀璨夜景后完美收官。

艺术和传统工艺。如果有时间，索性去**上海西岸**（见224页）打卡一下美术馆群，顺便在滨江广阔的天地里撒个欢。

上海拥有数个颜值很高、内容也很好的图书馆。**上海图书馆东馆**（见130页方框）在浦东崭新开幕，坐拥空中花园的**浦东图书馆**（见130页方框）也很有人气。被称为"小故宫"的**杨浦区图书馆**（见242页）修缮之后更具东方神韵，被评为"全球最佳公共图书馆"的嘉定图书馆堪称现代与古风融合的典范，"水上图书馆"青浦图书馆如同横卧于湖中。

传统文化和民俗

上海的老城厢不大，但城隍庙和**豫园**（见112页）是体验传统文化的宝地，除古色古香的建筑和知名小吃之外，上海的城隍爷到底是谁，豫园里的龙到底有几爪，都是有趣的小课题。如果你在春节时到来，**豫园灯会**（见30页）就是第一道盛宴。

走远一点，上海的几个古镇也很有特色，在这里可以看到市区少见的民风民俗，也可以吃到像麦芽糖之类20世纪七八十年代才有的儿时零食。在**七宝古镇**（见234页）吃个汤圆，在**朱家角**（见269页）看一场实景演出，在**南翔老街**（见276页）发现小笼包背后的故事……传统文化的熏陶往往就在一点一滴的生活中。

和孩子一起看戏

精彩绝伦、丰富多元的现场表演是在上海旅行的另一亮点。坐落于中国福利会儿童艺术剧院院内的**马兰花剧场**（见177页）以"周周演"的形式在双休日上演各类童话剧、儿童音乐剧、人偶剧和木偶剧。中国福利会少年宫内的**小伙伴剧场**（见159页）也会不定时推出各种亲子影片和演出。由世博会浦西园区的通用汽车馆改建的上海儿童艺术剧场，活动主要集中在周末，包括舞蹈表演、音乐会、木偶秀等。小不点大视界亲子微剧场虽然不大，但已持续引进了不少国外优质戏剧。徐家汇美罗城5楼的**上剧场**（见238页）每年春夏亲子季都会上演奇幻童话亲子剧《蓝马》，同时推出一系列儿童教育讲座和活动。**上海马戏城**（见246页）每晚都有融合杂技、舞蹈、音乐、戏剧和多媒体技术的精彩表演，也会不定期邀请国内外杂技团前来演出。

动物世界

爱动物的孩子在上海永远不会无聊。陆家嘴的**上海海洋水族馆**（见127页）营造出如梦似幻的海底世界，里面亚洲最长的155米海底隧道不但是精彩的深海展区，还是一个睡袋夜宿地，一个"与鲨同眠"的特别夜晚绝对会成为小朋友之间值得炫耀的谈资。长风海底世界和海昌海洋公园也是孩子们了解海洋的去处。

同样在浦东，**大自然野生昆虫馆**（见128

页）是国内首家以活体昆虫和两栖爬行动物为主的科普展示馆，馆内数以百计的活体和标本展示了生存于多种不同环境中的昆虫和爬行动物，并在周末不定期举办昆虫和生物讲座，适合亲子共游。

当然不能不提老牌的上海动物园。园内拥有各大洲的代表性动物，如非洲的大猩猩、长颈鹿，大洋洲的袋鼠，还有极地的北极熊、企鹅等，"国宝"则有大熊猫、金丝猴和华南虎。值得一提的是，园内种植了大片树林，葱翠蓊郁，还有个名为"天鹅湖"的湖泊，随时都能看到林鸟和涉禽。远离市区的**上海野生动物园**（见283页）规模更大。

大自然——湿地与森林

别以为上海只有高楼大厦，离开市区，多的是踏青好去处。在绿意盎然的**辰山植物园**（见267页），四季皆有不同植物可赏。园内收集了各大洲的代表性植物，同时介绍濒危植物的现状，可以作为孩子环保的入门课。市内大大小小的公园和湿地都可以成为观察自然之地，**世纪公园**（见129页）、共青森林公园、滨江森林公园、后滩湿地公园等都离市中心不算太远。

如果计划走更远一点，上海市郊便能寻得都市人梦寐以求的清幽气息。松江佘山山系的几个山头都适合攀登，青浦则以水系发达著称。距离上海市区约1.5小时车程的崇明岛上，多片湿地以及森林公园可以逛上大半天。秋冬两季是前往**东滩湿地公园**（见280页）的好时机，这个长江口规模最大、保护最完善的河口型潮汐滩涂湿地是东方白鹳、黑鹳等国家一级保护鸟类的栖息地；岛屿中部**东平国家森林公园**（见280页）是华东地区最大的平原人工森林，漫步园内，心旷神怡；再往西，**西沙湿地公园**（见280页）里建起了7公里长的木栈桥，周边围绕着芦苇和丛林，这里既是上海唯一具有自然潮汐现象和成片滩涂林地的自然湿地，也是带孩子认识生态环境的好地方。

上海中心大厦内瞭望城市景观的人。

享乐主义在上海

上海的魅力在于其自开埠以来受舶来文化影响而衍生出的独特生活方式。它可以具体到和平饭店里的老年爵士乐队，武康路上的brunch，外滩观景阳台上的下午茶，街头小店里飘出的咖啡香，淮海中路上提着购物袋的摇曳女子，吧台上调制出的一杯鸡尾酒……没错，半个多世纪前《夜上海》里所唱的享乐主义，在这个城市从未消逝，它还愈演愈烈，越发的精致。你也不妨投入其中，放松心情与节奏，过几天享乐主义的生活，你大概便能明白"魔都"的魔力在哪里。

海派生活方式从一杯咖啡开始

咖啡在上海并不是新事物，要说每一个上海人都是喝着咖啡长大的，也不为过。别看年轻人把手冲、冷萃、深烘、浅烘、美式、意式挂在嘴上头头是道，老克勒们也都有着几十年"咖龄"，腔调十足。

自开埠起，这座城市就种下了咖啡文化的种子。相传，咖啡最早由英国药剂师J.Lewellyn带入上海，他在如今的南京东路开了一家老德记药店，兼营咖啡，"奇怪"的味道加上药店环境，令上海人对咖啡的最初印象等同于"咳嗽药水"。1886年，当时的公共租界南京路繁华的夜景。

出现了第一家独立运营的咖啡馆——虹口咖啡馆,主要面向航海人员。20世纪20年代,淮海中路和四川北路一带出现了公啡咖啡馆、卡尔顿咖啡、皇家咖啡、特卡琴科兄弟咖啡馆等较有名的咖啡馆,多由法、俄、意、日侨民经营。那个时代喝咖啡仅是上流社会和知识分子才有的生活乐趣,有些咖啡馆还是革命的酝酿地,例如公啡咖啡馆就是鲁迅和左联的活动基地。抗战胜利后,上海滩的咖啡馆数量剧增,光是从外滩到南京路上就有30多家,到1946年时咖啡馆已经很成气候。1935年创办的德胜咖啡行,从国外进口咖啡生豆,焙炒加工,以"C.P.C"注册商标销售给上海的西餐厅、饭店和咖啡馆。1958年,"C.P.C"改为"上海牌"商标,次年,德胜咖啡行更名为上海咖啡厂,成为全国唯一以咖啡命名的企业。20世纪60年代至20世纪80年代,全国各地的人喝的咖啡几乎都来自"上海牌"。而在经济最困难的时候,上海咖啡厂还发明了"咖啡茶"(用最差的咖啡豆磨粉和糖粉一起压制成小方块)来供上海市民解馋。

南京西路铜仁路口的上海咖啡厂门市部开设的上海咖啡馆,曾经是上海的体面去处,老克勒和新小开都愿意"孵"在里面。同样在南京路上,战时由犹太人开设的马尔斯咖啡馆,战后老板回国,咖啡馆先是改为饭店,后又于1988年改为"东海咖啡馆",它们选用海南岛、云南的咖啡豆,现磨现煮。当时一杯清咖1角8分,一杯奶咖2角3分,冰激凌咖啡也才5角1分,直到2007年,咖啡也才卖10块一杯,由于价格便宜,将上海的工薪阶层也带入了喝咖啡的行列,这家店如今已在外滩重开。

21世纪初,随着星巴克、Costa等连锁咖啡在上海开设门店,人们知道了除速溶咖啡外,还有更高端的存在。上海人开始去咖啡馆谈商务、约会、看书,甚至办公,咖啡馆不只是喝咖啡的地方,也是社交场所,手持一杯印有Logo的咖啡匆匆赶路,也成了马路上的时髦身影。近十年,以讲求咖啡豆产地、品种、烘焙工艺和咖啡师技艺的独立咖啡馆,深入年轻人群体。那些看起来不过十平方米左右,小得甚至无法容纳超过5位客人的店内,却出品了独一无二的"精品咖啡"。据统计,2020年上海拥有近7000家咖啡馆,居中国各城市之首,这其中独立咖啡馆占了64%,超过了大型连锁咖啡馆,可以说,上海的独立咖啡馆已经从市场的清流成为主流。

在如此爱喝、懂喝咖啡的城市,连锁店也从未懈怠,星巴克开起了酒坊,玩起了集装箱概念店,还开了全球最大的沉浸式体验店。星巴克也不是连锁类的一家独大。1966年在美国加州掀起"咖啡革命"的Peet's Coffee皮爷咖啡,被誉为"咖啡祖师爷",2017年其首家海外旗舰店选址在上海东湖路,如今在上海已经有23家分店。从京都火遍全球的%Arabica,也能在上海看到,这家咖啡馆采用阿拉比卡豆,并且只卖咖啡。2020年,意大利百年品牌LAVAZZA的亚洲首家旗舰店也落户上海。

上海街头的咖啡馆随处可见，它开进了写字楼、博物馆、书店，成为其他产业的附属文化，连服装与生活品牌也跨界组起了咖啡，好喝的、便宜的、讲究氛围的、有冠军咖啡师坐镇的，林林总总。城市最具网红效应的领域非咖啡馆莫属，沪上各大媒体公众号，对咖啡馆的推荐也总是及时更新。

小而精的独立咖啡馆，似乎都有种默契，不会太早营业，也不会开到很晚，一般华灯初上时，便要打烊了，入夜后便轮到酒吧登场了。

最佳咖啡体验地

➡ **月球咖啡**（见196页）"平衡"二字是很多咖啡客对月球出品的总结，很少采用特殊处理的豆子，更多考虑咖啡整体的平衡和干净度。

➡ **Blacksheep Espresso**（见194页）很多人的S.O.E启蒙，自创的烘焙品牌"启程拓植"被不少咖啡馆使用。

➡ **O.P.S**（见196页）没有经典咖啡，只做创意特调，很多人因O.P.S对特调改观，并彻底沦陷其中。

➡ **有容乃大**（见135页）豆单更换频率之高，全上海数一数二，一年起码供应上百支豆子，想尝新来这里就对了。

➡ **Rumors鲁马滋咖啡**（见196页）日式烘焙的手冲咖啡，成立于2011年，是沪上最早的一批精品咖啡馆之一。

➡ **YEAST**（见196页）有冠军拉花师坐镇。

夜色撩人记

"夜上海，夜上海，你是个不夜城，华灯起，乐声响，歌舞升平。"金嗓子周璇绝不会想到这首歌会传唱至今，也不会想到几十年后歌里描绘的样子依然存在。新天地、158坊、集社是酒吧派对的集合地；衡复风貌区的法国梧桐后都能找到或明显或隐匿的酒馆；外滩和陆家嘴带露台的酒吧，可以让你与浦江夜景干杯；长乐路上的马路牙子酒吧，让喝酒这件事变得简单又接地气……

这个城市早过了碰杯豪饮的阶段，各种酒的出品皆不俗。如今工业啤酒或许只能去夜宵摊上找了，老牌德国啤酒品牌宝来纳，最早教

陈思玮，o.p.s café主理人

1. 一家好的咖啡馆的评判标准是什么？

首先，得在综合实力上过关，也就是咖啡品质、服务、环境、氛围等，它得能让进店的客人有欲望点一杯，并觉得好喝，还愿意再次光临。其次，好的咖啡馆至少应有一个鲜明的特点，上海大多数咖啡馆，无论规模大小，基本上什么都能做，包括美式、意式、拿铁、手冲等和一两款特调、非咖啡饮品，也有不同产地的咖啡豆，但具体哪一项是特别突出的亮点，是否能让客人产生记忆点，这就能区别一家优秀的咖啡馆和普通咖啡馆。上海的咖啡馆非常多，但淘汰率也高，能开满七八年的咖啡馆一定是有过人之处，并能将好品质坚持下来的。有一个公众号"企鹅吃喝指南"，每年都会做一个咖啡馆测评，很值得旅行者参考。

2. 咖啡师很重要吗？

如今咖啡师这个职业开始慢慢被大家重视了，它的职业性质有点类似发型师、调酒师，好的咖啡师如果跳槽，客人也会跟着他转移阵地。好的咖啡师有过硬的专业技术，能保证咖啡出品的稳定，或者有特长，能研发一些新的出品。他也应该具备食品安全知识等职业素养，这可以说是咖啡师的软实力。另外，好的咖啡师通常能通过交流加深客人的体验度，对于连产地、烘焙法都不太懂的客人，咖啡师能用简单直白的话与客人进行有效的沟通很重要。

会了上海人白啤、黑啤的不同，以便利店起家的啤酒阿姨，用3000多个瓶子让上海人遍尝了各国、各种风味的精酿啤酒，当上海人喝懂了艾尔（Ale）与拉格（Lager）两种发酵方式，又从瓶啤转移到了对水龙头的追求。鸡尾酒是最近几年魔都更流行的酒类饮品，比精酿更百花齐放些，也更受时髦女子喜爱。沪上的鸡尾酒基本分美式和日式两种，一般都能喝到古典鸡尾酒（例如Dry Martini）和改良鸡尾酒。有些酒吧还能喝到更先锋、更酷炫的创意，基础的如应季水果鸡尾酒，还有将几种看似八竿子打不着的食物风味组合到一起（比如往酒里加辣椒水），甚至还能接触过桶酒（预调后的成品鸡尾酒放在橡木桶中陈酿而成）、分子鸡尾酒（源于分子料理的调酒方式，利用了物理和化学方法）这类很先锋的名词。

除了这些主流酒吧，你还可以去体验下入口机关不好找的Speakeasy式酒吧，跟着西装革履的商务男士泡绅士忌吧，怀旧之人可以去外滩附近的爵士乐酒吧，在慵懒、复古的氛围中梦回《夜上海》。

时尚之都怎么逛？

身处中国的时尚之都，当然要逛一逛。一线品牌和高街品牌争相抢占魔都的黄金地段，人民广场、静安寺、徐家汇、中山公园、陆家嘴汇集了多个购物中心，淮海中路上更是商场、专卖店、旗舰店、潮牌店、生活美学方式小店等排满整条街。也别以为高消费的魔都，买衣服一定很贵，由于竞争激烈，淘汰也快，打折频率常常比其他城市高，折扣力度也大得多。

不过，对于时尚弄潮儿来说，上海真正的魅力在大商场背后的小马路上，那些无一雷同的独立设计师店、买手店、集成空间等，还有追"旧"的古着风，是凸显个性的不撞衫之选。早在1996年，上海就开了中国第一家买手店，如今上海的买手店数量也是全国最多。上海人会穿衣当然与这满大街的"衣帽间"脱不了干系。推广中国设计师品牌的LABELHOOD、主打首饰的ooak、来自美国的Canal St.坚尼街、vintage买手店WoLee……衡复风貌区的每一条马路几乎都能给你惊喜，每家店都好看又好逛，每家店都在刺激你的购物欲，让你不逛到腿酸、不买到手软不罢休。

---

3. 为什么手冲咖啡比机器出品要贵？

主要是时间成本决定的，做一杯意式咖啡1分半到2分钟就可以完成了，而制作一杯手冲咖啡通常需要5分钟，细心一点的咖啡师可能需要花8分钟至10分钟。喝手冲咖啡会有点像品茶的感觉，它更关注于咖啡本身的味道，追求咖啡的干净、清澈度。其实意式也可以仔细雕琢咖啡豆、和牛奶的搭配、呈现方式等，用更多的心思和时间，让它达到非常好喝的层次，专业的意式咖啡也会是一杯高价位的咖啡。

4. 好喝的特调咖啡应该具备哪些元素？

特调就好比咖啡中的鸡尾酒，它重在创意。制作特调首先得有一个好的概念，然后再寻找相应的食材来体现，绝非简单地将不同食材随意堆叠。例如我们之前做过一款日式的特调，我们用了梅子酒、日式威士忌和日本柚子、茉莉花茶，搭配一支全水洗的埃塞俄比亚豆子。选用日式威士忌并非是为了迎合日式的概念，而是我们对比了苏格兰的威士忌后，发现日式威士忌口感更清爽、轻盈，能令这杯咖啡更加顺滑，而这款咖啡是在春夏季供应，所以更符合我们想要传递的风味。

5. 对于咖啡门外汉，该如何找到一款适合自己的咖啡？

多与咖啡师交流。最简单的办法，就是告诉咖啡师自己的口味偏好，喜欢酸一点还是苦一点，喜欢重口一些还是清爽一些……无论你点意式、手冲、特调，都可以与咖啡师聊聊。

在路上
本书作者 钱晓艳

漫步于上海的心脏，回顾翻天覆地的昨日，触碰动感十足的今天，畅想不可限量的未来，心潮不澎湃也难。

进一步了解我们的作者，见311页。

夜色中的外滩建筑。

外滩和人民广场

外滩和人民广场

嗨,欢迎来到纸醉金迷的上海C位。

浪奔,浪流。黄浦江上的风,见证了殖民者把外滩从泥水滩涂变成了远东金融中心和西方人眼中的东方巴黎;无数冒险家拎着破皮箱而来,满载真金白银而归,演绎着传奇的上海往事。一百多年之后,原本被用来调侃风格杂乱的"万国建筑博览会"化身外滩甚至上海最拿得出手的门面,不得不说也是一种传奇。近距离观赏每一个建筑细节,推开每扇门寻找旧时痕迹,在滨江平台上感受宁谧的晨曦和璀璨的夜景,外滩之美近在眼前。如果你荷包够满,最奢侈的豪华酒店和米其林餐厅都会为你献上最好的服务。当然,好天气时的顶楼露台值得你拼一个下午茶或是饮上一杯莫吉托。

向西一公里就是人民广场。南京路步行街是通向它的灵魂之路,但你不妨在南京路步行街和延安东路之间任意选一条东西向的马路走走,避开嘈杂的商业路段,找寻昔日"大马路"到"六马路"的遗迹。在道路尽头找到上海博物馆,静静地看一场展览。

貌似弹丸之地,逛起来也很费时间。百年建筑随时闯入镜头,无处不在的商店和各具功能的商业街将你的"血拼"之路无限延展。至于美食,请问你准备了几个胃?

☑ 精彩呈现

和平饭店(北楼) 60
上海博物馆 62
北外滩 81
沿着苏州河到外滩 82
上海历史博物馆
(上海革命历史博物馆) 86
老城味道,这里尝遍 88

交通

➡ 地铁2号线、10号线南京东路站下车,步行到外滩约15分钟。

➡ 黄浦江的轮渡是从浦东到外滩最快和最近的方式。

➡ 人民广场是上海重要的交通枢纽,地铁1号线、2号线、8号线均在此停靠。

➡ 近50条公交车路线经过人民广场,建议用搭乘公共交通和步行结合的方式,领略这片区域的美好。

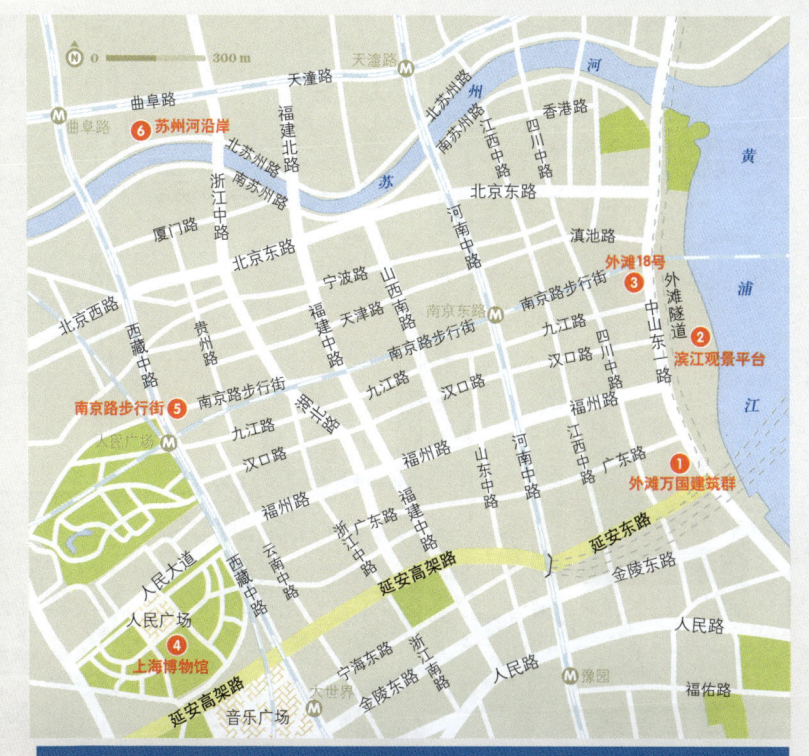

外滩和人民广场 53

★外滩和人民广场亮点（见56页）

① 从万国建筑到动感滨江　② 黄浦江畔的晨曦和夜生活　③ 享受米其林星级高端料理
④ 畅游博物馆，看上海千年　⑤ 南京路步行街　⑥ 沿着苏州河，必有新发现

餐饮

➡ 外滩集中了全国顶级餐厅，所有热门餐厅都需预先订位——临窗座位最好提前一两周，通常还会收取服务费。

➡ 务必在黄浦江边的露台酒吧喝上一杯，居高临下尽收上海风景之精华。

➡ 云南南路、黄河路、浙江中路是能让你连吃好几家的美食高能区。

➡ 人民广场一带多家本帮菜餐厅藏在小巷弄里，貌不惊人，却是品尝当地特色的好地方。

危险和麻烦

➡ 南京路步行街、福州路等地不少人以"创业"等名义攀谈，背后原因不明，出门在外小心为上。

➡ 南京路步行街一带人流量极大，是盗窃案高发区域，骑共享单车时避免将钱包、手机放在外套口袋里，小偷绝对有在移动中将你的贵重物品洗劫于无形的高超本领。

➡ 骑共享单车到人民广场、南京路步行街相当方便，但需留意晚上9点以后景区周围的单车会大量消失，以及周边禁行路段也不少，需注意路线。

🔍 当地人推荐
文艺青年眼中的
上海最中心

张解之,视频号
VisitSH阁上海
主理人。

外滩到人民广场最大的变化是什么？

南京路东拓段终于作为步行街开放了，老房子摇身一变成为时尚之地，老字号也在求新求变，对此我很期待。我曾经在清晨到达外滩，站在中山东一路面对南京路步行街，真的有一种站在世界的十字路口的感觉。

外滩有什么私藏的酒店和餐厅？

我最喜欢南京路步行街上的艾迪逊酒店，这里充满了设计感。它的整体氛围很摩登也很温馨，可以在任何楼层都喝到饮料，也能在任何空间找到一条毛毯。很多人觉得这里高大上不敢进门，但不住店也可以找到喝一杯的地方和有趣的空间，比如日餐厅里三角形的窗，5楼居然还有一个小小影院——那是我的私藏。

我偏爱和平饭店龙凤厅，它现在的天花板是十几年整体修缮时的意外发现，有一次我去吃饭，还偶遇了著名的老年爵士乐队上来"快闪"。另外，北外滩悦榕庄顶楼的TOPS有三间玻璃房，在那里用餐，视野太好了。

外滩观景餐厅。

有没有拍到什么有趣的镜头?

乍浦路桥是我很喜欢拍摄的地方,我视频号的第一条最后的落点就是在乍浦路桥。这里可以拍到外白渡桥和浦东天际线,也可以拍到更多苏州河畔的老房子。外滩亮灯前半小时到亮灯的这段时间,我认为是最棒的拍摄时间。

有没有适合文艺青年的路线推荐?

我个人很喜欢外滩1号艺术博物馆,除了建筑本身很有看点之外,2020年我在这里参加了给莫奈的作品《日出·印象》庆祝148岁生日的活动,滇池路虽然很短,但老房子不少,一直走到圆明园路,甚至苏州河畔,都是很文艺的路线。上海有很多老房子都可以扫码阅读。其实,我觉得最简单的就是拿一杯啤酒在乍浦路桥上吹着风发呆,就很文艺了。

☑ 不要错过

🍴 最佳餐饮

➡ **Hakkasan** 中餐西做的创意粤菜,不但好吃,摆盘更是艺术。(见76页)

➡ **意难忘私房菜** 融合了粤菜的鲜和西餐的多变,坚持创意的同时还能保有美味,令人惊喜连连。(见90页)

➡ **%Arabica烘焙工坊** 著名的咖啡品牌开出了全球最大门店,值得去打卡。(见77页)

➡ **Salon de Thé de Joël Robuchon** 看着甜品就会让你挪不动脚步,来个下午茶就更美了。(见77页)

◎ 最佳露台

➡ **和平饭店华懋阁** 享受周末露台上的早午餐,颇有些沙逊视角。(见61页)

➡ **罗斯福色戒酒吧** 露台上视野极佳,浦江两岸风光尽收眼底。(见78页)

➡ **Bar Rouge** 被红色包围的露台,是潮男潮女的聚集地。(见78页)

➡ **Roof 325 Restaurant & Bar** 在超大的顶楼露台上,俯瞰整个人民广场。(见90页)

◎ 最佳建筑

➡ **汇丰银行大楼** 外滩占地最广的建筑,气势磅礴,大厅八角形穹顶的马赛克图案美不胜收。(见67页)

➡ **和平饭店(北楼)** 摩登时代诞生的老贵族,见证了黄金时代无数风流人物。(见60页)

➡ **国际饭店** 保持上海最高楼纪录长达半世纪,同时是上海城市坐标的原点。(见87页)

➡ **外滩源** 外滩第一批建筑的诞生地,邬达克在外滩唯一的作品也在此。(见71页方框)

外滩和人民广场亮点

❶ 从万国建筑到动感滨江

从19世纪开始,这里就是冒险家的乐园。中山东一路留下中国最大的西方近代建筑群,几乎可谓一部浓缩版的近现代西方建筑史。踏进和平饭店爵士酒吧、华尔道夫酒店廊吧,出入人士穿着考究,举手投足风度翩翩,瞬间重回摩登时代。跨过外白渡桥、北外滩的CBD和滨江绿地又把你拉回到时髦的魔都,一边怀旧一边颠覆,这就是上海的独特魅力。

❷ 黄浦江畔的晨曦和夜生活

在天光破晓时来到黄浦江畔,朝阳才过地平线,喧嚣也尚未袭来,看江鸥飞过天际线,市民沐浴在晨曦下慢跑、放风筝、打太极,外滩安静得令人意外。华灯初上,浦江边的精彩才真正开始。跳上一艘游船,徐徐江风伴随着两岸璀璨夜色,上海的过去和未来迎面扑来。最后,随意挑一间外滩的露台,点上一杯鸡尾酒,在深沉的夜幕里回味这一切。

❸ 享受米其林星级高端料理

高端餐饮不断进驻黄浦江沿岸,米其林"星星"密度极高,吸引无数美食爱好者前赴后继。西餐和粤菜尤其出彩,口味、摆盘、室内环境都堪称一流,服务细节做得滴水不漏。在充满历史感的洋楼里品赏佳肴,或临窗举杯观看对岸灯火,或在路台上拥抱大江大海,每道菜都精致得像艺术品,耳畔乐声悠扬,千金散尽的快意人生,就是这么美好吧!

❹ 畅游博物馆,看上海千年

上海的博物馆不少,围绕着人民广场,一南一北两座博物馆是重头戏。上海博物馆可

左图：夜色中的外滩建筑群；
右图：外滩观景酒吧露台。

谓国内博物馆中的佼佼者，青铜收藏尤其闻名海内外，镇馆之宝"大克鼎"常年对外展出。虽然开埠时间不长，但上海这片土地的历史不短。上海历史博物馆重新回归市中心，在充满历史感的大楼里，一件件展品诉说着上海如何从贝壳砂堆积的冈身一步步变身为国际化大都市。

❺ 南京路步行街

南京路步行街，十里洋场，国际知名品牌争相插旗，本土工艺、老字号小吃也不遑多让，凭借只有想不到、没有买不到的丰富选择成为名副其实的购物天堂。民国时期老百货公司在街上留下数栋典雅的巴洛克建筑，入夜后在鹅黄色灯光的照映下，华美而迷离。步行街终于通到了外滩，传统商业街亮出了最动感最活力的一面，还不快快走起来？

❻ 沿着苏州河，必有新发现

这条上海的母亲河，曾经声名狼藉，经过了数十年的改造和开发，依然低调，但如今厚积薄发，颇有后来居上的意思。在西藏路桥畔的四行仓库里回顾80多年前激烈的上海保卫战，出门就能沿着苏州河一路走到外滩。滨河栈道上有人在悉心作画，钢铁结构的大桥上"长枪大炮"在守候，历史建筑藏在两边的街巷之间，等你慢慢去寻找和发现。

58 外滩和人民广场

③

米其林星级餐厅内的料理。

大盂、大克鼎重聚上海博物馆

④

外滩和人民广场亮点 **59**

南京路步行街。

四行仓库。

和平饭店正门。

★ 最佳景点
和平饭店（北楼）

南京路步行街自2020年秋天一路扩展到外滩，和平饭店（北楼）从长达一年的工事遮挡中重见天日，让世人真正实现对大楼的拍摄自由。这栋花岗岩建筑在外滩万国建筑中一枝独秀，至今仍是人们心目中体验上海的最佳落脚点。无论是叫沙逊大厦、华懋饭店还是和平饭店，它的Art Deco风格腔调十足，它曾经的主人和它所见证的风流人物和韵事，时常为人津津乐道。和平饭店像一位从摩登时代穿越而来的老绅士，正是上海人口中的"老克勒"，历经岁月洗练，宠辱不惊，90岁高龄依然还有一颗热忱活跃的心。

见100页地图；www.fairmont.com/peace-hotel-shanghai；南京东路20号；6321 6888；餐饮需要加收15%服务费；M2号线、10号线南京东路站，向东步行约10分钟可达

名流云集的历史现场

1929年，由公和洋行设计的沙逊大厦（华懋饭店）落成，它的主人是房地产大亨维克多·沙逊。作为当时上海最高建筑，高达19米的墨绿色金字塔铜顶，一直醒目至今。1956年这里改名为和平饭店，2010年又完成了历时三年的改造，由锦江集团和费尔蒙集团共同管理。

20世纪上半叶，华懋饭店贵客云集：鲁迅、宋庆龄曾来此会见国际友人卓别林、萧伯纳，英国剧作家诺埃尔·考沃德的重要作品《私人生活》也在饭店内写就。近几十年来，数十部电影和电视剧都在这里取过景，包括《阮玲玉》《梅兰芳》等，甚至还有"和平饭店"同名的电影（1995）和谍战剧（2018）。和平饭店被上海国际电影节授予"百年电影特别贡献奖"，堪称酒店业的奇迹。

老上海的贵族滋味

沙逊亲自打造的私人密室，占领了饭店的制高点，现在已经成为总统套房，以一晚十万

和平饭店内部。

元的价格面世。以中、美、英、法、德、西、意、日、印为主题的**九国套房**位于酒店的5~7层，保留着当年的模样，每间都坐拥江景，配有欧式壁橱、大理石浴缸，餐厅和会客厅里镶嵌着若干块罕见的法国著名拉力克玻璃饰品。

和平饭店9楼的**华懋阁**（☏6138 6881）在沪上西餐界享有盛名，露台座位居高临下俯瞰黄浦江，环境、服务和口味均无可挑剔。在这里享受下午茶（⏱14:00~17:00，单/双428/828元）和**周日海鲜早午餐**（⏱11:30~14:30，598元含啤酒和红白葡萄酒畅饮）很值得，千元以内的四道式**晚餐**（⏱18:00~22:00）在外滩已然不多，在**露台酒吧**（⏱14:00~22:00）喝一杯的性价比最高。

饭店1楼以沙逊名字命名的**维克多西饼屋**很亲民，不仅有西点和咖啡，推出的西餐在200~250元可以吃到三道菜。

爵士乐和茶舞的风雅

最负盛名的**爵士酒吧**（☏6138 6886；

亮点速览

➡ **八角厅穹顶** 阳光透过彩色玻璃穹顶倾泻而下，配合着为饭店90华诞而创作的和平鸽琉璃雕塑，令大厅瞬间化身为艺术殿堂。

➡ **老克勒现场表演** 演奏的音乐家们已届耄耋之年，但依旧风范十足。20世纪的"魔都"写在旧时歌曲里，令听者动容。酒吧座位有限，最好能提前致电预订。

➡ **周末茶舞** 茉莉酒廊除了周末社交茶舞会，平日英式下午茶也很正统，搭配现场钢琴演奏，温馨浪漫，小资情调十足，适合与几位朋友欢聚。

➡ **历史导览** 虽然对非住店客人开放的名额并不多，但难得能够深入领略这座地标建筑和背后的故事，至少提前一周预约吧。

⏱周日至周四18:00~24:00，周五和周六18:00至次日1:00；300元起），由6位平均年龄超过80岁的音乐家所组成的"老年爵士乐队"热烈开演（⏱周日至周四19:30~23:00，周五和周六18:30至次日00:30），中间会加入爵士歌手伴唱。白发苍苍的老艺术家们曲艺精湛，风度翩翩，《夜上海》等经典旋律萦绕耳畔。

若想回溯海派风雅，饭店的**茉莉酒廊**（☏6138 6886）每周六都举办20世纪30年代风靡上海的**周末茶舞**（⏱14:00~18:00，单/双328/626元），平日**下午茶套餐**（298元）也很经典。

和平饭店1楼夹层还藏着一个**和平博物馆**（⏱10:00~19:00），展示着从华懋饭店到和平饭店的历史记载和人文传奇。为了让游客体验更多，饭店推出了不同的**历史导览服务**（印象之旅，⏱12:00~12:30，免费；经典之旅，⏱10:30~11:30，14:00~15:00，150元；传奇之旅，⏱10:30~11:30，14:00~15:00，17:00~18:00，250元含一杯爵士酒吧鸡尾酒），对住店客人免费开放，可以通过61386888-6751预约。

上海博物馆建筑外观。

★ 最佳景点
上海博物馆

这座寓意天圆地方的建筑曾被调侃为"大火锅",但逾102万件馆藏和国宝等级的青铜器,令这个文化大火锅吸引着热爱华夏文化的旅行者。12万件展品,4层展厅,在此花一整天也并不为过。

上海博物馆在节假日和寒暑假都是人满为患,工作日上午是最佳造访时间。调研期间,上博官网和微信公众号都开放三天内的网络预约,只在武胜路南门进出。现场配备了语音导览(20元)和智慧导览(30元)以及餐厅、茶室和纪念品商店,记得去前在官网看看推荐路线,参观前在服务台拿一本导览图。

见98页地图;www.shanghaimuseum.net;人民大道201号;☎6732 3500;免费,需要实名制网络预约;◎9:00~17:00,16:00停止入馆,周一闭馆;Ⓜ1号线、2号线、8号线人民广场站

镇馆之宝,尽在青铜

上海博物馆以超过5000件的青铜器典藏享誉海内外,其质量之精、技艺之高、数量之多足为全国之最。在并非青铜器出土地的上海,上博能坐拥傲视全国的国宝,得益于把将近半个世纪岁月奉献给上博的文物专家马承源。他从20世纪50年代开始与青铜结缘,多次抢救重要文物,任馆长后主持海外文物收购,也因其个人魅力,李荫轩、潘祖荫等知名收藏家更愿意将珍品捐赠给上海博物馆。

若时间有限,1楼**中国古代青铜馆**是首选,镇馆之宝**大克鼎**就在此,290字的铭文记载了周天子对贵族"克"的册命词,圆润古拙的字体和精美的铸造工艺令人惊叹。此展馆内另一件必看文物是同为西周时代的**晋侯稣钟**,收藏了16枚编钟中的14枚,背后铭文记录了侯稣随周王巡视东土的事迹,既不乏艺术成就,也是重要的上古史料。不仅如此,畅游此展厅会让你的中文字库迅速提升。

上海博物馆内的展品。

亮点速览

➡ **不可出国的国宝珍品** 西周时代的大克鼎、晋侯稣钟、唐代孙位的《高逸图》、怀素的《苦笋帖》，以及北宋王安石的《楞严经要旨》。

➡ **国宝大克鼎** 与"毛公鼎""大盂鼎"并称为"青铜器三宝"，属重要典藏，高93厘米，重量超过200公斤，铸成于西周孝王时期，经过时光洗礼更显古朴厚重。大克鼎为上博镇馆之宝，常年坐镇1楼青铜馆，等待访客光临。

➡ **精彩的书画** 东晋书法家"二王"父子王羲之和王献之、怀素、赵孟、王安石等名家的作品皆为上博藏品，可在3楼的中国历代书法馆里找寻他们的踪迹。

➡ **档期有限的特展** 上海博物馆每年会策划数个特别展览，为期3个月左右，总会成为国内文博界的盛事。

➡ **艺术品商店** 1楼的艺术品商店能买到中国历史、艺术和文化专业书籍，以及不少文创产品，各楼层纪念品角则会推出直接与展览相关的衍生品。

陶瓷和书画看点多

2楼的**中国古代陶瓷馆**精选超过500件精品，上自新石器时代，下至清末。最吸引人的展品是**越窑青釉海棠式碗**，椭圆形瓷碗被压出四个凹棱，状似海棠花，釉色温润，可谓唐代越窑青瓷的巅峰作品；另一件**色釉骑马女俑**则再现了唐三彩的绚烂斑斓。同楼层的**暂得楼陶瓷馆**是上海收藏家胡惠春的收藏，以明清官窑瓷器为主。

3楼的**中国历代绘画馆**和**中国历代书法馆**也是上博的重头戏。"上博书画第一名作"《高逸图》是唐代著名画家孙位仅存的真迹。王羲之《上虞帖》、王献之《鸭头丸帖》的摹本，都曾是皇室收藏。唐代高僧怀素的《苦笋帖》，可能是"草圣"存世作品中唯一一件没有争议的作品。宋徽宗的《楷书千字文》是其瘦金体的代表作。馆藏的近20,000件书画展品大约每半年更换一次，与名家真迹相遇也需要一些运气。边上的**中国历代印章馆**则是金石爱好者的必去之处。

其他展馆，各有千秋

1楼的**中国古代雕塑馆**有秦汉时期的石刻，还有丝绸之路上受中亚审美影响的佛像泥塑。4楼的**中国古代玉器馆**有300余件玉器，包罗了新石器时代红山、良渚文化质朴神秘的玉器，其中不少是祭祀礼器，近代亦有不少绝品。

4楼的**中国历代货币馆**则从经济史角度记述货币演变样貌，一旁的**丝绸之路中亚古币专室**更将范围扩及周边国家，古老商道上商贾熙来攘往，银货两讫的场景如今为后人所端详。**中国明清家具馆**线条设计之流畅，榫卯科学之精准，也会让参观者驻足良久。

上海博物馆的特展常受文博爱好者关注，每年保持5～7场的频次，其中不乏重量级大展，一定会让你的市中心之旅锦上添花。

外滩及周边

外滩

对于所有慕名而来的人来说,外滩这个名字代表了夜色的美,而这条路的本名"中山东一路",似乎就太过普通了。

沿着黄浦江的中山东一路西侧,这一片中国最大的近代建筑群涵盖了19世纪殖民主义风格宅邸、新古典主义大厦、哥特复兴小楼,以及当时美国流行的装饰艺术派大楼,几乎是一部浓缩版的近现代西方建筑史。

无论白天黑夜,每一栋楼都可以为上海的城市代言,外滩不仅深受游人青睐,还是新婚夫妇和网店模特的首选外景地。当然,深入建筑当中才会提升你的体验,值得庆幸的是,外滩的20多栋建筑并不像外表看上去那样高冷,产权几经更迭,这些大楼被改建成金融机构和消费场所。你大可在营业时间心安理得地踏入大堂,举头欣赏百年前十里洋场的绝代风华,只是可能需要收敛一下随地拍照的习惯。

因为禁行自行车,步行是唯一的游赏方式。从10号线、12号线天潼路站步行不到20分钟,就可以从外白渡桥边的外滩源开始游览;从最近的地铁2号线、10号线南京东路站向西步行到外滩中段大约10分钟即可;从10号线豫园站步行到亚细亚大楼大约15分钟,以此可以向北游览外滩。

历史

不到180年以前,这里不过是黄浦江边一片荒凉的泥滩。1843年,根据《南京条约》,上海作为通商五口之一正式开埠,隔年黄浦江沿岸被划为英国租界,陆续出现了马路和堤岸。在外国人口中,这条沿江发展的马路叫"Bund",意为"有堤岸的港埠",本地人则遵循河流上游为"里",下游为"外"的习惯,称为外滩。时任上海道台的宫慕久坚持"汉蕃不两立",便索性将这片江边无用之地划给了洋人。一方想要抢占精华区,另一方只求眼不见为净,一拍即合,划地为界,上海第一个自贸区由此诞生。

1849年,外国人的第一栋建筑——英国驻上海领事馆在外滩最北边落成,此后高楼广厦拔地而起,洋行、银行、商会云集,沿江地段迅速发展起来。1865年,煤气路灯点亮了外滩;1883年,上海第一条电话线路串起广东路和十六铺码头;1875年外滩的洋行已经多达157家。至20世纪20年代,沙逊大厦、汇丰银行大楼、怡和洋行大楼等标志性建筑陆续落成,古典式、哥特式、英国式、文艺复兴风格、希腊式……伴随着西学东渐,或许正是这种大杂烩式的兼收并蓄,奠定了上海这座城市海纳百川的特质。

1949年中华人民共和国成立,外资银行撤出中国,酒店和其他娱乐场所纷纷停业,江边建筑多为政府机关征用,汇丰银行大楼就曾是上海市人民政府所在地。外滩的商业DNA自此沉睡了三十余年,改革开放催生了上海的新摩天大楼,1995年光大银行进驻外滩29号,2004年外滩3号重新整修后开幕,餐厅和购物中心纷纷进驻,外滩再度成为傲视全国的高端消费集中区域,以寸土寸金来形容都毫不过分。

为了上海世博会,2007年外滩开始了为期3年的一系列改造工程,最重要的工作便是拆除了延安东路高架的"亚洲第一弯",兴建外滩隧道,将七成以上过境车辆引入地下,腾出更多空间给行人。外滩总长度从1.8公里拓长至2.6公里,河滨也新增多个绿化广场,并有上千个座位供游人随时小憩。2018年黄浦滨江全线贯通,长达8.3公里的沿江道将外滩、南外滩和世博园全部连在了一起。

◎ 景点

从外白渡桥到延安东路,23座建筑如同露天博物馆,外滩1号的亚细亚大楼位于最南部,最早的建筑原英国领事馆则是外滩33号,位于最北部。除了2009年开业的半岛酒店,大多数建筑都建于20世纪初期,其中和平饭店(见最佳景点)、海关大楼和汇丰银行大楼最值得一看,它们代表了外滩历史建筑群中的最高水平;如果想体验奢华生活,外滩3号、5号、18号依然是三大头牌;如果想欣赏露台风景,还可以再加上外滩27号罗斯福公馆的顶楼。

万国建筑如何占领外滩？

年份	地址	原名	现名
1872	外滩33号	原英国驻沪领事馆和领事官邸	外滩源壹号
19世纪80年代	外滩6号	中国通商银行大楼	外滩六号
1901	外滩9号	轮船招商局大楼	招商局
1902	外滩15号	华胜大楼	中国外汇交易中心
1906	外滩7号	大北电报公司大楼	盘谷银行
1908	外滩19号	汇中饭店	斯沃琪和平饭店艺术中心
1911	外滩2号	上海总会	上海外滩华尔道夫酒店
1913	外滩29号	东方汇理银行	中国光大银行
1916	外滩1号	亚细亚大楼	久事国际艺术中心
1916	外滩3号	有利大楼	外滩三号
1920	外滩26号	扬子保险大楼	中国农业银行
1921	外滩5号	日清大楼	外滩五号
1922	外滩27号	怡和洋行大楼	罗斯福公馆
1922	外滩28号	格林邮船大楼	上海清算所
1923	外滩12号	汇丰银行大楼	上海浦东发展银行
1923	外滩18号	麦加利银行大楼	外滩十八号
1923	外滩17号	字林西报大楼	友邦大厦
1924	外滩24号	横滨正金银行大楼	中国工商银行
1927	外滩13号	海关大楼	海关大楼
1927	外滩16号	台湾银行	招商银行
1929	外滩20号	沙逊大厦、华懋饭店	和平饭店
1937	外滩23号	中国银行	中国银行
1948	外滩14号	交通银行	上海市总工会

外滩信号塔　　历史建筑

（见100页地图；中山东一路、延安东路交叉口）黄浦江边上的这座信号塔最初建于1884年，当年兼具报时和气象预报两项功能，塔上的黑色大铁球每天正午升到顶端然后下坠，航行于黄浦江上的船员便以此校准航海钟。在将近140年的历史中，它饱经风霜：1904年的夏天，信号塔木栏杆被台风折断，当时的"法租界公董局"只能在原址的基础上再建一座水泥信号塔；1993年外滩道路拓宽时，建筑整体再向东南移位20米到达目前位置。该塔由西班牙建筑设计师阿托奴博设计，存世的仅有两座，另一座在挪威。它曾经作为餐厅、展览厅对外开放，现在处于闭闭状态，但依然是外滩夜景的重要组成部分。

亚细亚大楼（外滩1号）　　历史建筑

（见100页地图）昔日是亚细亚火油公司的办公室，20世纪上半叶，该公司在中国经营相当成功，拥有数千名雇员，气派的写字楼就矗立在中山东路和延安东路交叉口，是外滩万国建筑群的起点，大有雄霸一方的况味。在空置了一段时间之后，2019年国庆**久事国际艺术中心**在此揭幕，并不定期开展，这里也被称为外滩1号艺术博物馆。至此，久事集团在外滩拥有"三馆一中心"的文化格局,其他三馆分别是久事美术馆(外滩27号6楼)、久事艺术空间(外滩18号2楼)、久事艺术沙龙(北京东路230号1楼),可通过微信公众号久事美术馆查询预约参观。

上海总会(外滩2号)　　　历史建筑

(见100页地图)和亚细亚大楼相比,北侧英国古典主义风格的上海总会显得低调而优雅,正面6根浅褐色的爱奥尼石柱和正下方精美的石雕总是成为焦点。1971年它成为东风饭店,1989年上海首家肯德基在2楼开幕,引起轰动。目前,这里是希尔顿旗下的华尔道夫酒店,要欣赏芒萨尔式圆顶以及当年英伦绅士体验过的L形廊吧、弹子房和棋牌室,只能入内消费了。除了入住,**酒店廊吧**(见78页)也是好选择,慵懒地倚靠在34米长的大理石吧台听着爵士乐,仿若回到"大班时代"的老上海。

有利大楼(外滩3号)　　　历史建筑

(见100页地图)最初是保安保险旗下物业,后来有利银行进驻,是公和洋行在上海的第一件作品,由当时才32岁的年轻建筑师乔治·威尔逊操刀,于1916年落成。2004年,大楼成为外滩近年来第一批接受大规模商业改造的建筑,高端餐饮和画廊纷纷进驻,它甚至拥有名为"外滩三号"的官网(www.threeonthebund.com)。位于顶层塔楼中的**望江阁餐厅**(☎6321 0909)2层被誉为求婚圣地,厨神Jean-Georges在这里打造了两间餐厅,在7楼的**POP露台餐厅与酒吧**(☎6321 0909; ⏱11:00~23:00)坐上一会儿,黄浦江对岸陆家嘴高低错落的天际线极其迷人。

日清大楼(外滩5号)　　　历史建筑

(见100页地图)日清汽船株式会社和犹太商人于20世纪20年代建造这座大楼,建筑体上装饰不多,但5层、6层之间别致的浮雕和挑檐很引人注目。虽然日清大楼和外滩3号被广东路分隔两边,但这两栋大楼都同样高档餐厅云集。7楼的**米氏西餐厅M on**

有利大楼(外滩3号)。

the Bound(见76页)是外滩最早的民营西餐馆,美国的高价牛排馆**茹丝葵**(☎6071 4567; ⏱11:30~14:00, 17:30~21:00)和主打澳洲和牛的日式烧肉名店**老乾杯**(☎63400767; 11:30~15:00, 17:00~23:00)分别在4楼和5楼。

中国通商银行大楼(外滩6号)　历史建筑

(见100页地图)小顶尖、老虎窗、紫灰色粉刷墙面,这个带点童话故事氛围的大楼是近代国人创办第一家银行的发迹地。1897年,鉴于甲午战败需要赔付巨款,洋务企业资金严重短缺,盛宣怀开办中国通商银行,资金来源除了其主管的轮船招商局和电报局,李鸿章等大臣也是股东。此时距离外资银行进驻中国已超过半个世纪,第一家中国银行的出现,成为本国金融迈向现代化的标志。目前,楼里有性价比不错的**东京和食**(☎6339 2779; ⏱11:30~14:00, 17:30~21:00)和意大利餐厅**CASANOVA**(☎6346 3686; ⏱11:30~22:00)。

汇丰银行大楼（外滩12号）内的穹顶。

大北电报公司大楼（外滩7号） 历史建筑

（见100页地图）外滩7号原业主是丹麦大北电报公司，20世纪90年代后1楼改为盘谷银行。目前大楼仅对盘谷银行客户开放，可留意大门楣上的迦楼罗，这是印度教神祇毗湿奴的坐骑，也是泰国国徽图案。盘谷银行虽然由华人创办，但东南亚色彩浓厚，欧式建筑镶着印度教图腾，在外滩也算独树一帜。

轮船招商局大楼（外滩9号） 历史建筑

（见100页地图）轮船招商局是中国首家轮船公司，在外滩的落脚处并不招摇，3层维多利亚风格外廊式建筑，最初为美商旗昌洋行所有，1877年以220万两银子卖给轮船招商局，1901年重建。经过多次修复，大楼现在外观为红灰两色，几经易主，终于又回到招商局集团手中，目前不对外开放。

★ 汇丰银行大楼（外滩12号） 历史建筑

（见100页地图）这座"从苏伊士运河到远东白令海峡最华贵的建筑"花费了当时汇丰银行两年盈利建成，被公认为中国近代西方古典主义的最佳杰作。路过此地，很难不被它恢宏华美的外观震慑——落成于1923年的大楼是公和洋行建筑师威尔逊的作品，建筑主体采用新古典主义构图，中段基座仿希腊神殿的三角形山花，其下为6根贯通2层至4层的爱奥尼式立柱，从左到右分别为单、双、双、单排列，再下则为3座罗马式石砌拱门。为业界所称道的是，建筑穹顶虽然为石块所堆砌，内部却搭上了钢框架结构，开创了当时的先河。

它作为上海市政府办公地长达40年，直到1995年**上海浦东发展银行**（☉周一至周五9:30~16:30）入驻其中，在营业时间可以自由入内参观。门口的雄狮是复制品，一只张口一只闭口，还原度很高，原作存于上海历史博物馆（见86页）门厅。八角形穹顶的马赛克图案美不胜收，上层是十二星座，下层8面图分别代表汇丰银行在世界各大都会的8家分行。宽敞的大厅里巨大的大理石柱也令人惊叹。美中不足的是浦发银行内不可拍照,但利用门口的拱形门洞能拍到不错的浦东天际线。

海关大楼(外滩13号) 历史建筑

(见100页地图)汇丰银行大楼隔壁的海关大楼同样是威尔逊的作品,两座大楼也因此被并称为姐妹楼。海关大楼一直是上海海关的办公所在地,以高耸的钟楼为特色,它仿造英国伦敦国会大厦的大本钟样式制造,钟面直径达5.3米,为亚洲最大。上海大多数居民最开始听到有规律的公共时间报时便是来自海关大楼的钟声,现在它每15分钟都会奏响《东方红》。周一至周五8:00~18:00是上班时间,可以走进大厅,欣赏头顶上彩色马赛克镶嵌的8幅扬帆出海的壁画。

交通银行大楼 历史建筑

(见100页地图)建成于1948年,是新中国成立前外滩建的最后一幢建筑,是典型的装饰艺术派风格。外立面简洁明朗,强调垂直的线条,现为上海市总工会所在地。

华胜大楼 历史建筑

(见100页地图)原为华俄道胜银行所建,1928年被中央银行收购。如今是中国外汇交易中心,大楼2层四壁的彩绘玻璃回廊非常迷人。

台湾银行大楼(外滩16号) 历史建筑

(见100页地图)甲午战败后台湾被割让给日本,于是外滩上有了以"台湾"为名的日资银行。横跨1楼和2楼的顶天爱奥尼式柱宛若希腊神庙,让这栋面积不大的建筑颇有气场。这里目前为招商银行使用,1楼于营业时间(周一至周五9:00~17:30,周六和周日9:00~17:00)对外开放,大厅里黑白双色大理石衬着古雅的吊灯,相当华贵。

字林西报大楼(外滩17号) 历史建筑

(见100页地图)近百年前,这里是在华最著名英文日报《字林西报》的办公地,

字林西报大楼(外滩17号)。

《宋氏三姐妹》的作者、来自美国的项美丽(Emily Hahn)就曾在这里上班,后来爱上了已婚的新月派诗人邵洵美,两人还有一段轰轰烈烈的爱情。

现在这里是AIA美国友邦保险的办公点,巴洛克风格的建筑屋顶上竖立着两座尖塔,底座下有8座白灰色的大力神雕塑,站在大楼前需要仰头才能细细欣赏。1楼营业时间为周一至周五9:00~17:00,但入内拍照可能会被门口保安阻挡。

★麦加利银行大楼
(外滩18号) 历史建筑

(见100页地图)什么叫外滩顶奢餐饮体验?在你看到门厅的红色大吊灯时能够瞬间体会到。大楼建于20世纪20年代,最早是英商麦加利银行的资产,现在有多家高端餐饮进驻。外滩最红的甜品店Salon de Thé de Joël Robuchon(见77页)就在这里,最红的露台酒吧Bar Rouge(见78页)在这里,

外滩及周边 69

麦加利银行大楼（外滩18号）。

就连常年占据沪上唯一米其林三星的餐厅Ultraviolet by Paul Pairet的用餐集合地也在这里。即使不消费，也值得进去从1楼到7楼逛一逛，如果能在甜品店尝到跟脸一样大的巧克力蝴蝶酥便不虚此行了。

汇中饭店（外滩19号） 历史建筑

（见100页地图）红白相间的大楼，曾是上海著名高级会所汇中饭店，还安装了国内最早的电梯。想象一下20世纪的名流们在空中花园啜饮咖啡、眺望黄浦江，是多么优雅惬意。目前是**斯沃琪和平饭店艺术中心**，也称和平饭店南楼。1楼的集团旗舰店（◉10:00~22:00）是旗下名表的展示空间，艺术中心邀请全世界的杰出艺术家到此免费住宿数月，以此为创作基地任意挥洒创意。这些工作室不对外开放，但借由网站（www.swatch-art-peace-hotel.com）你可以知道哪些艺术家在此汲取过上海给予他们的心灵养分。

中国银行大楼（外滩23号） 历史建筑

（见100页地图）外滩边上唯一一座有中国人参与设计的大楼，由留英建筑师陆谦受与公和洋行共同设计。陆谦受时任中国银行建筑科科长，除了上海中国银行总行，苏州、南京等地的中国银行大楼草图也由他操刀。学贯中西的他以东方元素为设计基底，在墙面上添加了中式镂空花隔窗，风格迥异于其他外滩建筑。大楼内有间**行史博物馆**，可以通过微信公众号"黄浦最上海"（见72页方框）预约，但受到疫情影响目前暂不开放。

横滨正金银行大楼（外滩24号） 历史建筑

（见100页地图）中国最早的日资银行横滨正金银行斥资买地，建起这座大楼。这里还是匈牙利籍传奇建筑师**邬达克**（见230页方框）的创业基地。1925年，邬达克在此成立工作室，几年内灵感不断，完成了国际饭店、大光明戏院等知名建筑的设计。大楼目前为**中国工商银行**（◉周一至周五9:00~17:00，

外滩美术馆。

周六9:00~12:00, 13:30~16:30), 1楼可入内参观。

扬子保险大楼（外滩26号） 历史建筑

（见100页地图）英资扬子保险公司在20世纪初资本雄厚，香港、纽约、伦敦、新加坡都有代理处或分公司，总部就设在上海外滩26号。7层楼高的新古典主义建筑细腻中富有变化，1~2楼用粗犷的石块处理墙面，3~5楼是细致的磨石子墙面，最顶层还有个孟莎式屋顶。现在大楼1楼为中国农业银行私人银行总部所在地，不对公众开放。

怡和洋行大楼（外滩27号） 历史建筑

（见100页地图）怡和洋行曾经是远东最大的英资财阀，在中国以贩卖鸦片和茶叶起家，中英鸦片战争的爆发，和其创办人亲赴伦敦游说英国政府有很大关系。得偿所愿之后，洋行于1922年兴建了这座凹字形大楼，1~2楼的8座罗马拱门由石料制成，3~5楼则有4根跨越3层楼的柯林斯式柱，显得修长而典雅，最高的两层建筑则是20世纪80年代新修的。外滩27号现在是"罗斯福公馆"，6楼的久事美术馆不定期开放，顶楼的**罗斯福色戒酒吧**（见78页）景观极好。

格林邮船大楼（外滩28号） 历史建筑

（见100页地图）英商怡泰公司建造了这栋英国新古典派大楼，当年怡泰拥有数十艘远东和欧洲航线上的轮船，均冠以"格林"字样，因此又被称为格林邮船公司。1951年后长期为上海人民广播电台使用，现在大楼的主人是上海交易清算所，不对外开放，但站在对街欣赏大楼外观也是种视觉享受。

东方汇理银行大楼（外滩29号） 历史建筑

（见100页地图）大楼不甚起眼，但它创下了黄浦江边数个纪录：不但是临江建筑中唯一具有法资背景的大楼，还拥有外滩最高的平均层高——足足超过7米，是一般民居的

2倍以上。大楼最早是东方汇理银行上海分行,目前1楼为光大银行,营业时间(周一至周五9:00~17:00,周六和周日10:00~16:30)对外开放。

原英国驻沪领事馆和领事官邸(外滩33号) 历史建筑

(见100页地图)如此金贵的外滩,居然有一片绿地,还能听到悦耳的鸟鸣,在外滩源被开发之前,恐怕连上海人都不知道这个地方。这里是外滩真正的源头(虽然有争议),1849年英国人就在这里建立了领事馆,付之一炬后又于1873年建成新楼,一直保存到现在。它充分吸收了近似"东印度式"的建筑风格,底层和2层均建有宽敞的遮阳长廊,也很符合上海的气候。这里曾经提供餐饮服务,但在本书调研期间,作为金融俱乐部并不对外开放。3000平方米的草坪很养眼,与对面的黄浦公园形成了连通之势。

相隔不远的青红砖建筑是建成于1884年的领事官邸,现在它是百达翡丽源邸,游人可以在庭院里漫步,内部只对客人开放。

★外滩美术馆 美术馆

(见100页地图;☎3310 9985;www.rockbundartmuseum.org;虎丘路20号;门票成人/学生 50/20元;⏱10:00~17:30,周一闭馆)这是外滩源上的明珠,精彩的展览让你穿梭于百年前的黄金时代和充满哲思与异想的奇幻世界。作为总投资10亿美元"洛克·外滩源"项目的重点工程,外滩美术馆展览数年来始终保持高水平,2~5楼为展览空间,6楼则有个小咖啡馆,强烈建议你租用语音导览(押金200元),或者参加每周日14:00~15:00的定时导览。

美术馆建筑本身也值得一提。它最初是落成于1932年的"亚洲文会大楼",当年集演讲厅、博物馆、图书馆功能于一体,是国内最早向民间开放的博物馆。

黄浦公园 公园

(见100页地图;免费;⏱6:00~24:00)

外滩及周边 71

到底有几个外滩源?

外滩源,是为新一轮外滩开发所创造的新名词,但由此带来的疑问也不少。明明是外滩33号,为何又是外滩源壹号?益丰·外滩源和洛克·外滩源究竟是什么关系?

顾名思义,外滩源就是"外滩的源头"。虽然有学者指出按照租赁道契而言,更多洋行要早于英领领馆在外滩兴建楼房,但这并没有阻碍外滩北端、苏州河畔这片区域的开发脚步。2002年,外滩源一期工程启动,它包括半岛酒店、外滩33号公共绿地扩建、洛克外滩源和益丰大楼改造这四个保护性开发和环境建设项目。于是,原英国驻沪领事馆和领事官邸不仅是外滩33号,又被冠上了"外滩源壹号"的头衔。

由圆明园路、北京东路、虎丘路、南苏州路围成的区域组成了洛克·外滩源(www.rockbund.com/cn),包含了安培洋行、兰心大楼、亚洲文会大楼在内的数座历史建筑,以及苏州河畔复原的划船俱乐部、新天安堂东堂、教会公寓。弹石铺成的圆明园路成为真正的外滩后街,餐饮店、咖啡馆、拍卖行、高档服装店都在这里开幕,文艺青年们步行其中,乐此不疲。

在外滩27号背后,沿着北京东路的这一长排文艺复兴风格的红砖建筑长达124米,曾被誉为上海最长的清水红砖老建筑。它的前身是建于1911年的益丰洋行大楼,在外滩源项目中它成为益丰·外滩源的所在,与马路对面的洛克·外滩源区域相对应。有很多高端品牌迁入其中,最受人们欢迎的是底层一个个半圆窗洞和门洞,街拍随时能出时尚大片。

如今的外滩源已经逐渐成为外滩的新打卡地,品牌入驻和更替也常常成为热门话题。漫步外滩的时候,可以多走几步来这里,顺便还能欣赏一下苏州河畔的风景,地铁10号线、12号线天潼路站则是最近的地铁站。ⓛⓟ

> **预约参观外滩历史建筑**
>
> 2018年6月,黄浦区旅游局宣布外滩沿线的外滩源壹号、和平饭店、中国银行大楼、浦发银行大楼、上海市档案馆外滩馆、上海电信博物馆和上海市外滩历史纪念馆将对公众开放,并可以通过微信公众号黄浦最上海的"走进外滩建筑"来预约。消息一出,激发了一股外滩游览潮。两三年间,建筑名单又发生过一些变化,本书调研时,在公众号上只能预约上海电信博物馆、上海市外滩历史纪念馆、上海市总工会和读者书店,可以随时关注信息更新。

这片苏州河和黄浦江交界处的三角形城市绿地最早是江水冲积而成的淤泥滩,1884年被填平之后种上了乔木和花卉,成为静美的公共花园,同时也是中国第一座现代化公园。江风轻拂,景观明媚,还时常举办现场音乐表演。

传闻中写着"华人与狗不得入内"告示牌事件发生于此,但已被证明是断章取义。也许正因为此地曾激起无数人的爱国情愫,**上海市人民英雄纪念塔**和**外滩历史纪念馆**都建在园内,成为重要的爱国主义教育基地。

南京路步行街东拓段　　　　街区

(见100页地图)2020年9月,南京路步行街的东拓工程终于落下帷幕,从河南中路到中山东一路一段,在狭窄的人行道上和来往游客摩肩接踵的情况已成为过去式,步行街一路直达外滩,畅通无阻。老字号纷纷开设分店,主打产品年轻化、游客友好化——泰康卖起了咖啡,老大同开了善道米店,邵万生居然开卖西班牙火腿,曾经不打烊的星火日夜商店也引入了便利店服务模式。

1882年第一根亮起来的灯柱出现在人们的视线;昔日的中央商场曾是上海人心中经典的便宜小商品淘宝地,如今成为高大上的"外滩·中央";华为全球旗舰店占据了河南路口的街角;和平饭店完完整整地展现在人们眼前。南京路步行街与外滩交界的路口,或许会成为"世界的丁字路口"。

活动

外滩夜景　　　　　　　　灯光

(5月1日至10月7日19:00~23:00,10月8日至次年4月30日18:00~22:00,国庆当天延长至24:00;免费)外滩的灯光一直是上海人的骄傲,从20世纪80年代只在国庆期间亮灯,到后来的只在周末和双休日亮灯,进而发展成夜夜亮灯。日暮时分每栋大楼都亮起鹅黄色的灯光,对岸由东方明珠领衔的陆家嘴夜色灿烂耀眼,两个世纪的建筑隔着黄浦江无声对话。从浦东滨江大道可以拍到外滩万国建筑的全景。2018年进博会前夕,外滩的灯光系统全面升级。虽然外滩跨年灯光秀被取消多年,但在一些特别纪念日期间上演的浦江两岸灯光秀足以弥补这一缺憾。

浦江游览　　　　　　　　游船

(精华游 日/夜/130厘米以下儿童 120元/150元/免费;11:00~18:00每小时1班,18:00~21:00每半小时1班)长达45分钟的标准浦江游览在外滩边上有多个售票处,统一由**十六铺码头**(见100页地图;中山东一路481号)出发,行经滨江大道、陆家嘴、金茂大厦、东方明珠、秦皇岛路码头、外白渡桥、人民英雄纪念碑,最后回到十六铺码头。一般游船上贩售饮料,加价还能登上VIP客舱,是外地游客来上海的必玩行程。

多个游船公司经营这项业务,白天和夜晚都有不同行程和价格,也有带餐饮(250~300元)和直接包船的选项。游船基本天天营运,但遇到8级以上强风会停驶,通过网络订票可打折至80~100元,节假日建议提前购买。

轮渡过江　　　　　　　　游船

和普通市民一同搭乘上海轮渡是往来浦江两岸更经济的方式,如果你想尽情享受江景,也可以多往来几次。**东金线**(7:15~18:30,每30分钟1班,12:00过后每15分钟1班,2元)往来于外滩金陵东路码头和浦东东昌路码头；如果游人众多，就继续向南去复兴东路码头搭乘**东复线**（7:00~21:00，每30分钟1班，19:00过后每15分钟1班，2元）到东昌路码头，这里营业到更晚。

✕ 就餐

无论是米其林指南和亚洲最佳50餐厅这些榜单，还是网络评选的黑珍珠餐厅列表，外滩餐饮店的出镜率总是最高。如今的外滩和百年前一样，汇集了全中国最高端、最多元的料理，更以西餐见长，但好地段、好风景、好餐饮三者合一自然要价不菲，吃一顿正餐人均消费通常在500元以上，不少会加上10%~15%的服务费，若计划假日造访，提前订位更是基本要求。

幸好，各餐饮平台上也能找到不少团购或套餐优惠，如果预算有限，午市和下午茶套餐都是不错的选择。离开中山东一路，周边巷弄里的连锁快餐和小店能迅速且平价地解决一餐。如果想奢侈一把，就务必考虑黄浦江景致，除了订位时指定窗边座位外，餐厅所在楼层也必须纳入考量。如果想体验米其林星级餐厅，中餐比西餐性价比高。

顶级餐饮体验非Ultraviolet by Paul Pairet（uvbypp.cc，6000元/人）莫属，**8 1/2 Otto e Mezzo BOMBANA**（✆6087 2890；⏱周一和周二18:00~22:00，周三至周六11:30~14:00，18:00~22:00；人均2000元）和**L' ATELIER de Joël Robuchon**（✆6071 8888；⏱周一至周五17:30~22:00，周六和周日11:30~14:00，17:30~22:00；人均1700元）分别是意餐和法餐中的翘楚，名厨Jean Georges在外滩三号的4楼和6楼打造的两处不同价位的餐厅也值得体验。

大壶春（四川中路店） 小吃¥

（见100页地图；✆6313 0155；四川中路136号；⏱7:30~19:30；人均30元）作为上海生煎"清水派"的代表，大壶春已经走过了90年。2015年它重返开创之地四川中路打造了

大壶春。

一间旗舰店，红灯笼、木隔栏、彩窗玻璃，瞬间把上海人眼中的点心店提升了不止一级。**鲜肉生煎**(11元)和每只都有一枚整虾的**虾肉生煎**(15元)最能体现流派特色，肉质紧致，汤汁不多，只是浅浅浸润。蛤蜊鲜肉和鹅肝生煎都是近年来的创新之作。可以把生煎当作早餐，开启你的外滩之旅。

太食獸泰式茶餐厅（上海外滩店） 泰国菜 ¥¥

（见100页地图；6333 5579；圆明园路88号益丰·外滩源1楼；11:30~14:30；17:00~21:30，人均150元）2020年的新晋餐饮品牌，迎合了人们去不了泰国却想吃泰餐的心情，一经推出就被誉为"宝藏餐厅"，春节不打烊更是增加了好感度。多拿虾饼（68元）、冬阴功汤（58元）和椰汁西米糕（8元）广受好评，以高性价比打动了好多年轻人来打卡。

南麓浙里（外滩店） 中餐 ¥¥

（见100页地图；6323 1797；四川中路216号；11:00~14:00，17:00~21:00；人均250元）素雅低调的杭帮菜品牌在上海开了不少年，拥有几家分店，这一家连续几年保持在米其林一星榜单上，门面小乾坤大，既保持了传统口味，也不断尝试创新，价格在米其林一星餐厅里也很亲民。金牌扣肉（168元）考验刀工，常居招牌菜第一，富贵鸡里的小鲍鱼特别弹牙，鹅肝炖蛋非常嫩滑，龙井奶冻作为甜品很是惊喜。这里的服务被誉为"应该加收服务费"，很适合聚餐。

御宝轩（益丰·外滩源店） 粤菜 ¥¥¥

（见100页地图；5308 1188；北京路99号益丰·外滩源4楼；11:00~14:30，17:00~22:00；人均400元）连续摘得米其林二星的粤菜馆，来自新加坡。招牌流沙包（36元）、金网脆皮虾肠粉（44元）、蚝皇叉烧酥（36元）等点心最受欢迎，生意非常好，糯米酿乳猪、烧鹅是特色经典菜，点单率很高。务必提前订位，假日用餐时间有时比较嘈杂。

走一条江，见一座城

外滩、南京东路、淮海路、陆家嘴……这些全国人民眼中的上海市中心，它们在旅行界已经红了几十年甚至上百年。但上海早已经不是那个上海，承载了数千万人口的国际化大都市，它的都市中心必然走向外扩之路。徐家汇、五角场这些城市副中心解决了一些问题，但如今最炙手可热的地块都在哪里？北外滩、南外滩、徐汇滨江、杨浦滨江、陆家嘴北滨江、世博滨江、后滩、前滩……滨江，滨江！黄浦江终于迎来了它人生中的又一次巅峰。

"一条黄浦江，半部近代史。"大多数人只聚焦在1843年之后上海滩怎么一步步从烂泥滩变成了冒险家的乐园，却没有真正关注过这条江的前世今生。如果我们把时间向后退600年，会发现"世上本无黄浦江，它是聪明人开出来的"。

春秋战国时代，东江、松江、娄江三条

外滩及周边 75

黄浦江景。©123ARTISTIMAGES/GETTY IMAGES。

大河帮助震泽(太湖)将湖水泄入大海,到了唐朝只剩下了其中的松江,它又称吴淞江。这条江太累了,不但要帮太湖排水,还要帮日渐繁华的江南解决水网出海的问题,大量泥沙淤积之后,江面日益萎缩——唐朝阔二十里,宋朝九里,元朝两里,到了明初,竟然只有150余丈(500米)。人们泊船只能另找出路,到了吴淞江的支流上海浦,上海镇才正式登上历史舞台,到了元代正式设立了上海县,这是后话。

1403年,夏原吉奉永乐皇帝之命前来治理将死的吴淞江,有个聪明人叶宗行给他提了建议:放弃吴淞江,将其支流范家浜(今天的外白渡桥至复兴岛的一段黄浦江)挖深挖宽,使之南接大黄浦——当时一条约100米宽的普通河道,北接吴淞江近海段。十多万民夫参与了这项开挖疏浚工程,终于形成了大黄浦—范家浜—南跄浦所组成的新河道,它的长度超过了现代黄浦江的1/3。1404年,这项工程终于完成,史称"黄浦夺淞"。夏原吉又将太湖水引入刘家、白茆二港,不但将吴淞江的水患控制住了,还开出了一条日后影响中国历史的大河。黄浦江居然是一项水利工程的产物,你猜对了吗?

最终将"大黄浦"变成"黄浦江"的是隔壁的浙江兄弟。1472年,杭州湾筑起了海塘,原先流入海湾的河水纷纷走向地势较低的东边,这样太湖流域和钱塘江流域就有更多水量流入了大黄浦,令它不浚自深,终于从吴淞江的小支流变成了黄浦江。1569年,另一位聪明人海瑞又被派来治理吴淞江,他疏通了河道,令原来北折的吴淞江改在今日外白渡桥处注入大黄浦,正式完成了黄浦江水系的改造,而吴淞江流进上海市区的部分在近代被称为苏州河。

之后的故事大家耳熟能详,因为有了黄浦江,上海逐渐发展成长江流域的贸易大港,但闹市依然只在老城厢。上海老城与苏州河、黄浦江交汇处那1.5公里的"北郊",在1843年上海

← 开埠以后一跃成为上海最黄金的地带，直到现在。

世博会后，上海的沿江各区都在不断建设滨江段。2017年，黄浦江两岸从杨浦大桥到徐浦大桥的滨江段45公里公共空间全部贯通开放；2019年杨浦大桥以东2.7公里滨江贯通；滨江的建设步伐并没有停歇，反而越来越快，连上海人都惊呼赶不上热点。

黄浦滨江从中山东一路一直向南延续到了世博园区浦西段场馆，外滩的复古与摩登、十六铺的航运中心、南外滩的创意无限和世博园区的全球博览，都在这里呈现。8.3公里后就是"上海西岸"徐汇滨江（见224页），四部巨大的吊车守护着这片水域，集中了数座美术馆，未来这里还会是智能中心和媒体港，因为江景和步道并存而被誉为"跑步圣地"。黄浦滨江向北，过了外白渡桥就是北外滩（见81页）虹口滨江，地理优势让它忽然发展迅猛，不但有滨江绿地，还会建成17座摩天大楼，刷新浦西滨江的高度。过了外滩悦榕庄，杨浦滨江（见243页）主打强烈的工业风，世界上最大的滨江工业遗存带配合同济大学的建筑设计，颜值怎么会低？到了浦东，陆家嘴以北、世博园区以南的广大区域都成为滨江地段，23公里的长度受到了徒步爱好者的青睐。

也许你并没有时间将45公里滨江路都走完，但完全可以走出外滩，从昨日的怀旧气氛里脱身，到崭新的地方看看黄浦江，看看上海这座城的未来。

Hakkasan　　　　　　　　　　创意菜 ¥¥¥

（见100页地图；📞6321 5888；外滩十八号5楼；🕐周一至周四和周日11:00~15:00，17:30~24:00，周五和周六11:00~15:00，17:30至次日1:00；人均850元）2001年创立于伦敦的中餐品牌，被公认为最有影响力中餐厅之一。2020年疫情期间宣布永久歇业，三个月后又重开。中餐西做的创意粤菜，餐点美到像艺术品。招牌菜品鱼子酱皮片鸭（半只688元）和沙律香酥鸭（168元）名不虚传，饭后甜点首推香椰冰激凌蛋糕（108元），甜而不腻。

米氏西餐厅 M on the Bound　　西餐 ¥¥¥

（📞6530 9988；外滩5号7楼；🕐11:30~22:30；午/晚餐 398/688元起）在外滩开了超过20年不倒的餐厅，其品质不必多言，位于外滩5号顶层，270度观景的美妙，配上美食，让你忍不住"M~~"出来，据说这就是餐厅名字的来源。米氏脆皮乳猪（398元）将中西餐的烹调方式合二为一，米氏蛋白饼（108元）是最受欢迎的甜品。看看江景的下午茶也很不错，隔壁的酒吧 M Glam魅蓝（📞6329 3751；🕐17:00~23:00）也是主厨米歇尔·嘉娜特所开，艺术气息浓厚，葡萄酒的选择也不少。

GOOD FELLAS　　　　　　意大利菜 ¥¥¥

（见100页地图；📞6323 2188；延安东路7号；🕐周一至周五17:30~23:30，周六和周日11:30~14:30，17:30~23:30；人均350元）店面不大，但热情的服务和地道的口味让人宾至如归，被很多美食家誉为"很有意大利味"的意大利菜。自制黑松露手工饺（148元）里松露汁和帕尔玛火腿配完美搭配，很受欢迎；裹着芝士和芝麻叶的生牛肉片（Carpaccio）滋味妙不可言；提拉米苏当然不能少。

🍷 饮品

颇具英伦风情的下午茶和黄浦江畔小资情调本是天生一对，就算不入住华尔道夫酒店、和平饭店、半岛酒店这些大牌酒店，也该趁着下午茶时间入内一窥风采。

东海咖啡馆　　　　　　　　咖啡馆 ¥

（📞6333 3816；滇池路110号；🕐8:00~21:00；人均60元）这家歇业12年后重开的咖啡馆依然是老上海人记忆中的模样，推开门就是复古风。虽然从南京东路搬到了外滩，但蛋糕价格实在很平民，鲜奶小方只要8元，充满了怀旧的味道。与之相比，咖啡略逊色，

外滩及周边 77

%Arabica烘焙工坊。

因为归属德大西菜社旗下,罗宋汤和炸猪排等海派美食也都在菜单上。这里的顾客大多上了年纪,想听听上海话?坐下就行。

★ %Arabica烘焙工坊　　　咖啡馆¥

(见100页地图；153 0085 8178；圆明园路169号协进大楼1F；周一至周五8:30~19:00,周六和周日9:00~20:00,人均48元)以百分号为醒目标志的Arabica一向走小而美路线,2018年却在圆明园路上开出了这间全球最大门店,开幕时的盛况可以想见,也成为带动外滩源人气的大事。工坊依然以玻璃、原木和白色为基调,用餐环境简约干净,功能区域分割明显,当然最赞的还是咖啡香。一页菜单,单纯以几款咖啡和苏打水、柠檬水为产品,就能获得大量拥趸,不得不说是个奇迹。

遇到你要的时光(外滩店)　　茶馆¥¥¥

(见100页地图；6291 5588；圆明园路169号协进大楼1F；10:00~21:30,人均200元)在西式餐饮云集的外滩,居然隐藏着这样一间雅致的中式茶室。1楼雾气缭绕的两个水上卡座非常仙也特别抢手,2楼的天井则是一个日式庭院,其他则以十几间私密的包厢为主,整体颜值很高。这里的茶和香都是主推,还有另外收费的汉服换装服务,消费时间约定为3小时。

Salon de Thé de Joël Robuchon　　下午茶¥¥

(见100页地图；6121 0721；外滩18号1F；10:00~20:00；人均150元)"米其林32颗星"的最高纪录保持者法国名厨Joël Robuchon(乔尔•卢布松；1945~2018年)虽然辞世,但他的传奇依然在外滩18号的两间餐厅延续。如果3楼那间高消费餐厅让你望而却步,不妨来1楼黑红色调的甜品店试试。所有都很好吃,但人们仍在11:30排起长队等**巧克力蝴蝶酥**(只要22元,但只卖20个人,限购5个/人)。在甜品店后面的挑高中庭里背靠

米其林星级餐厅内的料理。

着红沙发，艳红的郁金香环绕周围，头顶是花式莹白水晶吊灯，来一份午市简餐或下午茶都非常美。

⭐ 娱乐

外滩的酒吧总是需要更多附加值，要么就是露台取胜，比如外滩27号的**罗斯福色戒酒吧**（☎2322 0800；⏰14:00至次日2:00）和外滩18号的**Bar Rouge**（☎6339 1199；外滩18号7楼；⏰周日至周四20:00至次日4:00），要么就是带着百年前上海老风情。当然，也不乏先锋力量。

华尔道夫酒店廊吧LongBar　　　酒吧¥¥¥

（见100页地图；☎6322 9988；外滩2号华尔道夫酒店L层；⏰17:00~24:00；人均200元）完美复刻了百年前上海总会的样子，全木的装饰，34米的超长吧台——真的是Long Bar，生蚝、鸡尾酒和音乐表演，也十分添彩，还经常有欢乐时光和女士之夜的优惠。过去名流精英权贵会被安排在东端以观赏黄浦江沿岸美景，新来宾客则坐在西侧。别忘了顺便逛逛酒店的老楼，唯美的乳白色空间太容易留住脚步。

THE NEST　　　餐吧¥¥

（见100页地图；☎6308 7669；北京东路130号中实大厦6楼；⏰周一至周四17:30至次日1:00，周五和周六17:30至次日2:00，周日11:30至次日1:00；鸡尾酒78元起，人均400元）地处外滩源，夜店名牌MUSE和灰雁伏特加共同打造，首次将"美食酒廊"（Gastro Lounge）概念引入国内，头顶上闪亮着的羽毛是绝对标志，装修则带着浓浓北欧风。特色鸡尾酒是酒廊的招牌，经典马提尼点击率很高，海鲜拼盘、肉眼和生蚝（网上推出限时98元/打）都很受食客推崇。

House of Blues & Jazz　　　酒吧¥¥

（见100页地图；☎6323 2779；福州路

和平饭店内的爵士乐演出。

60号；⏱18:00至次日2:00，周一休息；人均180元）是上海老克勒、节目主持人兼演员林栋甫开设的爵士酒吧，开业至今已超过20年。复古欧式洋房墙上挂着各个年代爵士名伶的照片，气氛惬意中带点慵懒。因为邻近外滩，外国顾客不少，每天晚上都有音乐表演，因为卖点就是Blues & Jazz。

林肯爵士乐　　　　　　　　　上海中心

（见100页地图；☎6330 9218；jalcsh.com；南京东路139号美伦大楼4楼；⏱根据演出不定）外滩终于有了属于自己的专业音乐场馆。它是美国林肯爵士乐中心在全球的唯一分中心，也是"外滩·中央"改造项目的一个亮点。设计上复刻了20世纪二三十年代的欧美风情，爵士演奏家跟观众之间形成零距离交流。几乎每晚20:00都有演出，入场自由选座，然后尽情沉浸在音乐里吧。

外滩及周边　79

❶ 实用信息

外滩陈毅广场旅游咨询服务中心（见100页地图；中山东一路341号；☎5321 0018；⏱9:00~21:00）除了设有简单的座椅，还提供上海市地图、旅游简介，任何问题都可以咨询服务人员。

外滩周边

　　十余年间，上海已经把"外滩"的概念拓展得更为宽广。它已经不仅仅是属于中山东一路的"The bund"，外滩源让人们看到了它的后花园，南外滩让老城厢地界变得更为先锋时髦，北外滩后来居上，不仅坐拥浦西第一高楼，滨江风情也毫不逊色。黄浦江畔、苏州河边，那些老房子旧街区都在焕然新生，沿江沿河而行，新的CBD高楼和历史建筑交错，唯有外白渡桥默默见证着城市变迁。

◎ 景点

外白渡桥　　　　　　　　　　历史建筑

　　（见100页地图；Ⓜ10、12号线天潼路站）于1908年1月落成通车的全钢结构铆接桥梁，曾出现在无数影视作品中：周润发、赵雅芝版《上海滩》，王菲、黎明的《大城小事》，李安拍摄的《色·戒》，还有琼瑶电视剧《情深深雨濛濛》里，陆依萍由外白渡桥一跃而下，尤其令人印象深刻（当然，多数影视作品是在影视基地取景而非实地拍摄）。这座桥的通车是现代化和工业化的象征，2008年经过一次大修，替换了总数四成、将近63,000

❶ 外白渡桥哪里拍？

　　每天下午，当光线开始变得柔和，外白渡桥南边的第一座桥——乍浦路桥上，"长枪短炮"开始集结，摄影老法师都在这里抢占有利地形，在日落时分和华灯初上时拍摄外白渡桥和陆家嘴天际线同框的经典画面。手机党也不甘示弱，装上脚架，拍上一段延时，顿时就是上海风云大片。LP

枚钢铆钉，加强耐冲击性和韧性，并涂上银灰色的防锈涂料，让桥体恢复了百年前建成时的样貌。现在徒步过桥也总能见到来自世界各地摆pose拍照的游客，桥上同时是观赏东北侧**俄罗斯联邦驻上海总领事馆**的最佳观景点。

浦江饭店　　　　　　　　历史建筑

（见100页地图；csm.sse.com.cn；黄浦路15号；M10、12号线天潼路站）历经风霜的老建筑在街口特别突出，推门而入如同进入了一艘轮船，挑高的孔雀厅令人印象深刻。它的历史非常显赫：始建于1846年，1860年搬迁至此，上海第一次点亮电灯和通自来水、第一通电话、第一场交谊舞会都在此地发生，美国第18任总统格兰特、科学巨擘爱因斯坦、英国哲学家罗素、喜剧大师卓别林先后翩然而至。这里曾经是国有饭店、国际青年旅舍和精品酒店，经过最近一次改造后，2018年底这里成为**上海证券博物馆**，需要通过"角马"小程序关注"中国证券博物馆"社群进行线上预约才能参观[☎62346332（周二至周六9:30~16:00）；周二至周五10:00~11:00、14:00~15:00，周六9:00~11:00、13:30~15:30]。它对面的俄罗斯领事馆和海鸥饭店也可以顺路一观。

上海大厦　　　　　　　　历史建筑

（见100页地图；www.broadwaymansions.com；北苏州路20号；M10、12号线天潼路站）1930年由维克多·沙逊控制的业广地产公司耗资500万银圆建成这间高档酒店公寓，最初有个洋气的名字：百老汇饭店大厦——它所在的大名路那时叫百老汇路。赫鲁晓夫、金日成以及柬埔寨元首西哈努克都曾在此和中国领导人会谈，著名的18楼观景台可以俯瞰整个外滩。

1932年从英国空运至沪的三角钢琴、美国胜利公司于1917年制造的留声机、历时百年的元老级手摇电梯，还有一台摆放在英国吧内的老式英国斯诺克台球桌，是这里的

"酒店四宝"。虽然上海大厦的大堂略显陈旧,但酒店进门右手边的**英国吧**(见84页)值得一访,可以感受复古的洋泾浜风情。

★ 上海邮政博物馆　　　　　　博物馆

(见100页地图;⬛6306 0798;天潼路395号;免费;⊙周三、周四、周六、周日9:00~17:00,16:00停止入场;Ⓜ10号线天潼路站)
上海的另一面大钟楼就在苏州河四川北路桥的西岸,顶层巴洛克风格的钟塔有两组青铜雕塑,朝南的那组中间是希腊神话中的信使与商业之神赫尔墨斯,左右为爱神,朝北的那组3个人各持火车头、轮船和电信电缆模型。铜像在"文革"时曾遭破坏,幸而一位美术系学生偷偷用石膏翻了模子,现在所见钟楼两侧的雕像为2005年重塑的。

从天潼路的大门进入大楼,迎入视线的是气势不凡的双面大理石阶和吊灯,2楼是上海邮政虹口区支行的营业厅,黑白地砖、木质柜台相当复古。上楼向右就是博物馆的入口,完整回溯了邮政起源和各时代发展轨迹,包括1896年清朝光绪皇帝批准开办国家邮政的奏折,还有曾经遍地开花、现在消失殆尽的"东方书报亭"的原题字。集邮迷会惊喜地发现展厅里有诸多邮票界的梦幻逸品,价值不菲的大清龙票也在其中。本书调研期间,1楼暂不开放,因疫情影响分别开放南北两门进出。

北外滩　　　　　　　　　　　　街区

(见100页地图)这里是外滩周边开发得最晚的地块,脚步却飞快,甚至发布了全球推介会,告诉世人未来北外滩将建成17座摩天大楼!从苏州河北岸到秦皇岛路之间的**北外滩滨江**(虹口滨江)短短2.5公里,汇聚了人文风景和浦江风情。航运码头港以"一滴水"(上海港国际客运中心)为中心排开,白玉兰广场、W酒店、来福士双塔拔高了天际线,也带来了商业气氛。滨江步道的视线始终围绕着陆家嘴,尽览浦江另一面,设置在某些路段的反光镜面为摄影爱好者提供了创作的可能,甚至连公共卫生间都造得别出心裁。

官方推出了八大最美地标,分别为抱朴

左图:抱朴美术馆;
右图:上海邮政博物馆。

美术馆、尚9·一滴水、非常时髦餐厅、上海苏宁宝丽嘉酒店、建投书局上海浦江店、珀玏坊西餐厅、池畔酒吧、渡边餐厅。当然，你也可以找到自己心中的地标，或从这里出发继续游览**虹口景点**。

我们推荐一条不错的外滩路线，沿着北外滩徒步到**公平路码头**（7:00~19:00，2元），从这里坐轮渡过江到浦东泰同栈码头，向南沿着同样美的步道走回陆家嘴金融区。

上海电信博物馆　　　　　　　博物馆

（见100页地图；3331 1122；www.shdxbwg.com；延安东路34号；免费；周六和周日9:30~11:00，13:00~16:00，遇法定假日时间可能变更；M 10号线豫园站）原为丹麦大北电报公司所建的电报大厦，中国电信在此开设博物馆，常设展介绍上海电信200年来的变迁。镇之宝是一台1914年的莫尔斯音响电报机，是上海甚至是中国最早的电报机。需要提前至少5个工作日预约。

这里和附近的**上海市档案馆（外滩新馆）**（上海市黄浦区中山东二路9号；63336633）都可以通过微信公众号"黄浦最上海"来预约参观。

金陵东路　　　　　　　　　　街区

（见100页地图）这条路短短1.4公里，已经有120年高龄。在1860年建成时，它是"法租界"里的第一条马路，比霞飞路（今淮海中路）出道还早。

20世纪80年代，上海很多名牌商店都在这里开设分号，深受市民喜爱。热潮退去，这里又成为乐器一条街和服饰配件一条街。北边的外滩和南边的老城厢都名声在外，但金陵东路几乎沉寂，道路尽头的金陵东路轮渡站才出现在大众和游人的视线之中。

它是上海唯一一条骑楼大街，据说是因为有很多闽、粤移民迁居于此，同时也有不少西洋式的元素融入建筑当中。拆迁的传闻年复一年，终于在2019年启动动迁，这时人们才开始真正担心这些骑楼的未来。从目前一些大楼外面的脚手架来看，文化遗产应该会被保护下来，但那毕竟又是另一番风韵。如果

🚶 步行游览
沿着苏州河到外滩

起点： 曲阜路地铁站
终点： 外白渡桥
距离： 4公里
需时： 2小时（不含游览时间）

从地铁 ❶ **曲阜路站**开始向南，到北苏州路后右拐，就是电影《八佰》里讲述的 ❷ **四行仓库**（见88页），值得进去缅怀历史。然后在 ❸ **西藏路桥**上走一走，当年壮士们就是通过这座桥（今已改建）撤退到公共租界。折回北岸，继续向东，就能看到 ❹ **OCAT上海馆**（周二至周四 10:00~19:00，周五、周六11:00~21:00，周一闭

外滩及周边 83

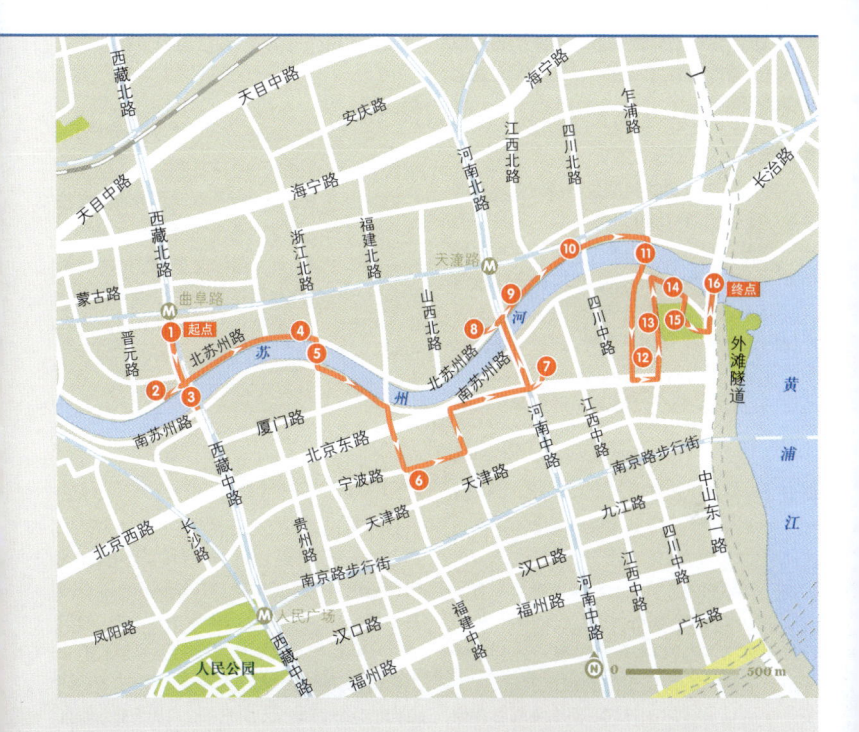

馆），这里不定期推出各种艺术展览，建筑本身也是旧时许多仓库的所在地。走上❺**浙江路桥**，它是苏州河上仅存的两座钢结构桥梁之一，采取亚洲罕见的鱼腹式简支钢桁架桥，夜景更美。

你或许会有兴趣拐到宁波路上看看小有名气的❻**纸片楼**，也可以顺道看看北京路上的❼**盐业银行、中一信托大楼、四明银行**。从河南路桥重回北岸，不远处就是❽**上海市总商会旧址**大门，这里是2018年开业的宝格丽酒店，商会清水红砖的旧楼房花了7年时间才"修旧如旧"。它的对面就是"一直被借来拍戏"的❾**河滨大楼**，1935年竣工时它是上海单体建筑总面积最大的公寓住宅楼，俯瞰居然是一个横过来的S形。向前没几步看到的巨大建筑就是❿**上海邮政博物馆**（见81页），参观后继续向东，苏州河畔的平台逐渐宽阔，也有行人在此休憩。经过苏宁宝丽嘉酒店后，就能到达⓫**乍浦桥**，桥上有绝佳机位拍摄浦江美景。

过桥后直接从虎丘路到达⓬**外滩美术馆**（见71页）参观，然后转到圆明园路上观赏老建筑，记得在⓭**%Arabica烘焙工坊**买一杯咖啡。经过南苏州路的⓮**划船俱乐部**后会看到⓯**原英国驻沪领事馆和领事官邸**的入口，游览之后向北，来到步行的终点⓰**外白渡桥**（见79页），一边是红瓦白墙的俄罗斯联邦驻上海总领事馆，一边是外滩的万国建筑，西侧的上海大厦（见80页）则如同一扇屏风，眼前则是宽阔的黄浦江江面和陆家嘴的天际线。吹着江风，喝着咖啡，真正品味上海味道。Ⓛ

左图：上海市总商会旧址。

©来头头/图虫创意

你有时间，不妨到异常安静的金陵东路看望一下这位耄耋老者，以后再来对比一下它返老还童的模样吧。

✕ 餐饮

外滩周边也能找到质量不错的餐厅和咖啡馆，且人均消费较低。浦江景色不只外滩独享，外白渡桥以北同样有眺望陆家嘴的好角度。随着北外滩的发展，酒店和餐饮迅速发展起来，外滩茂悦酒店、W酒店和白玉兰广场周边商圈都有众多选择，露台观景点也不输外滩。可以到海鸥饭店试试中餐厅，菜肴不论，它可能是整个外滩最贴近黄浦江的餐厅了。

桥北·煲仔饭·啤酒　　　　　　　　中餐 ¥¥

（见100页地图；☎188 1749 8138；大名路76号；⊙10:00~14:00, 17:00~23:30；人均110元）如果想找经济实惠的地方解决一餐，这家街边小店的香肠腊肉煲仔饭（29元）确实性价比挺高。招牌口水鸡和蛤蜊、蛏子、毛肚等适合下酒的小菜都很适合深夜尝试，二十多种啤酒也足够你选择。徒步外滩或者苏州河之后，以中餐来解解馋，这里是个好地方。

英国吧　　　　　　　　　　　　　　酒吧 ¥¥

（见100页地图；☎6324 6260；北苏州路20号上海大厦1楼；⊙17:30至次日2:00；人均100元）布满墙上的画作和将近百岁的斯诺克台球桌都见证了上海大厦曾经的辉煌，如今虽归于平淡，但英国吧温馨、舒适的气氛和高性价比的鸡尾酒还是为它赢得了不少好评，璀璨星空（80元）是这里颜值最高的鸡尾酒。酒杯在手、玩几局台球，告别外滩奢华考究的酒吧，这里或许更能让你放轻松。

人民广场及周边

从殖民地时代的跑马场，到全市人民大集会的场所，再到上海的政治和文化中心，人民广场走过了160年。虽然这座城市已经有很多个副中心，它依然是人们眼中的上海"最中心"。广场、喷泉、大树、草坪，上海市政府、上海博物馆、上海大剧院环绕周边，3条不同方向的地铁在此交会，沪上最具历史感、最重

★ 值得一游

条条马路通外滩

从西藏中路开始沿着南京路步行街一直走到外滩，是各地游客的上海旅游必修课。不过，通向外滩的路有很多条，从南京路开始，昔日有"大马路"到"六马路"的别称，如果你想做一个特立独行的旅行者，那就在另外几条东西走向的马路里挑一条或者索性在其中穿行，寻找一下意外之喜。

大马路 非南京路莫属，它是1851年上海跑马总会为了让外滩的会员能更方便前往跑马场而修建。这条路一步步成为旧上海房产商的投资热点，也让民族资本家在这里开设了百货公司，南京路步行街至今依然是上海最繁华的街道和地标。

二马路 大马路向南第一条，就是九江路。最早在公共租界的外国银行有10家，九江路就占了2家，分别是阿加剌银行和有利银行，之后还有美国花旗、日本三井、荷兰安达等9家和我国自有的2家银行在这里建成，让九江路成为"中国的华尔街"。

三马路 汉口路，这里是上海报业的发源地。这里诞生了沪上第一张中文报纸《上海新报》，从1910年起，《申报》《新闻报》和《时报》，成为上海最重要的3份报纸。今天，位于山东路口的申报馆大楼依然保存完好，有西餐厅和咖啡馆入驻其中。

要的商圈在附近云集,十几座剧院、戏院和电影院也以超高密度呈现。

除了上海博物馆之外,也许没有过于显赫的景点,但从人民广场通向外滩,却有很多可能。条条马路都经历了历史的变迁和功能变化,南京路步行街以外也有许多看点;略多走几百米,苏州河畔的风景和从前大不同,沿河一路走到外白渡桥也有惊喜。

从某种意义上来看,广场从未背离以人民为原点的初心,在消费全面高涨的大环境里,这一带依旧保持了亲民的一面。公园绿荫为所有人开放,区域内景点多数免费,虽不乏高端餐厅,平价小吃却随处可见。年轻人约会时常在广场对角的来福士广场碰头,老年人则在人民公园相亲角为儿女们忙个不停,与外滩相比,轻快的城市节奏和扑面而来的生活气息,令人民广场更容易亲近。

◎ 景点

人民广场本身就是一个供人休闲的大广场,你可以在这里寻找那块"上海公路零公里"标志,就在广场靠人民大道一侧的地面上,这里是全程5476公里的318国道的起点。周边景点都可以步行到达,除了特别标明,都可以搭乘地铁1、2、8号线人民广场站到达。地铁的出口众多,留意路牌指示。

人民公园　　　　　　　　　　公园

(见98页地图;免费;⊙5:00~21:00)

这片被南京西路、西藏中路环绕的大片绿地不但是躲避都会喧闹和汽车尾气的城市绿洲,也是见证帝国主义退出东方的历史舞台。19世纪中叶,英国商人在清政府的默许下以极低的价格强行征收西藏中路、南京西路、黄陂南路和武胜路一带农田,兴建超过2000米长度的跑马道,在1920~1940年的黄金时期,上海跑马厅平均每年有超过700万两白银的利润,多少人在此一掷千金,散尽家财。

中华人民共和国成立后,跑马厅于1952年被改建为人民公园。公园内栽满树木,修建花坛,小径上时有市民慢跑和野餐,已然是上海市民日常的风景。在春夏之交,公园的月季花大量绽放,西侧荷花池则在盛夏开得正好,都吸引了不少"好摄之徒"前来取景。人民公园的英语角已成往事,但"相亲角"依然是沪上亮丽的风景线,也是奇闻逸事和婚

四马路 就是福州路。因为受到太平天国影响,居于老城的富豪商贾北移,在福州一带开起了文房四宝店铺、茶楼、戏园、书局及酒肆,让这里在清末逐渐形成了文化之气。但福州路的西段却是风花雪月之地,成为昔日红灯区。当时,福州路东段被称为"福州路文化街",西段被称为"四马路",以此划清界限。如今,福州路依然保持了文化街的美誉。

五马路 广东路,也叫宝善街。这里曾经是洋行的仓库,20世纪20年代广东路东部则出现了三菱洋行、日清汽船会社等机构,西藏中路广东路口的上海市工人文化宫曾是东方饭店,保存完好。20世纪90年代初,广东路曾经是上海的美发用品一条街。

六马路 北海路,是上海闹市里少见的半圆形马路,它曾经真的是一条跑马的道路。虽然很短,但在这条路上有建校145年的格致中学,它是我国近代最早开办的中西合办、最先传授西学的新型学堂。

第七条马路 爱多亚路,就是昔日填了洋泾浜而建成的,也是今天的延安东路,不过它并没有被并称为"七马路"。因为拓宽成了高架,在这里行走意义不大。南京路步行街以北的北京路依然保留着很多历史建筑,再北的南苏州路则沿着苏州河而蜿蜒,如今,都是不错的徒步之路。ⓛⓟ

恋金句的出处，路过就不要错过。

公园里的**上海当代艺术馆**（☎63279900；www.mocashanghai.org；门票根据展览不同；⌚周一至周四、周日10:00~18:00，周五和周六 9:00~19:00）时常会有特别展览。玻璃房的设计巧妙利用了自然光线，很有后现代气氛，顶楼还有一家颇具情调的餐厅**MoCA on the Park**。

★ 上海历史博物馆（上海革命历史博物馆） 博物馆

（见98页地图；☎63232504；www.shh-shrhmuseum.org.cn；南京西路325号；免费，凭有效证件领票；9:00~17:00，16:00停止入馆，周一闭馆）眼前这座钟楼是人民广场附近的地标之一，20世纪30年代，全盛时期的上海跑马总会斥资200万两白银建成了这座钟楼式建筑，外形是英国古典主义风格，顶部有个四面大钟楼。新中国成立后，它曾经是上海图书馆、上海美术馆的所在地，最近一次大规模改建后，2018年上海历史博物馆新馆在这里落成，由跑马厅大楼（东楼）和西楼组成。

有别于上海博物馆的综合性，这座博物馆聚焦于上海，序厅、古代上海、近代上海和尾厅分别占据了4个楼层，尤其以开埠以后的近代上海部分最为吸引人，互动设置也很特别。从亚细亚公司的火油到租界的界碑，从周信芳的戏服到胡治藩的银盾，从上海的第一个啤酒牌子到蟹八件工具，从马路名字的今昔对比到百年名校的校徽校歌，从大事件的纪念物到老百姓的生活用品，包罗万象，会让你对"海派"这个词有更深的理解。留意1楼的序厅两旁，汇丰银行大楼（见67页）门口的两头雄狮真品在迎接你的到来。

馆中有中国国产党在上海的发展史陈列，1楼和对面西楼里经常会举办特展，西楼里还有咖啡馆和纪念品商店。别忘了到跑马厅大楼的5层露台看看，风景迷人，还有一间西餐厅。

上海城市规划展览馆 展览馆

（见98页地图；☎6318 4477；www.supec.org；人民大道100号；门票30元；⌚9:00~17:00，周一休息）这里是深入了解上海的最佳入口，4楼展示区巧用模型、老照片、多媒体等方式详述这座城市如何在百余年的时间内，从一座名不见经传的小渔村跳跃性发展为首屈一指的国际大都会。2楼展示间完整地展示了沪上历史建筑档案，3楼有上海核心城区在2020年的3D效果模型图，据说6层以上的高楼都可以在这里找到。馆内不定期举

★ 值得一游

广场周边，建筑师的舞台

除了优美的林荫，人民广场周边建筑和历史掌故同样不可错过，让我们顺时针绕一圈，看看能发现什么惊喜：国际饭店西侧**大光明电影院**（南京西路216号）在1928年底落成时，邀请到京剧大师梅兰芳亲自剪彩，风光无限。但不久就因为播放"辱华"美国电影《不怕死》，遭到上海市民大力抵制而被迫歇业。1933年，院方请来邬达克重新设计建造，大光明凭借豪华的设备拿下"远东第一影院"名号。这里是中国第一家宽荧幕和立体声电影院，曾经连续11年盘踞上海票房第一的宝座，可以说见证了沪上电影兴衰史。

沿着南京西路往东北方向走，紧邻国际饭店的**上海体育大厦**（南京西路150号）曾经是专门服务旅沪西方青年的娱乐场所，马蹄形大楼的浅黄色墙面上镶嵌有深棕色砖，呈菱形图案，是美国当时流行的工艺美术派风格。大厦里的**上海体育博物馆陈列室**（⌚9:30~11:00，14:00~16:00，周一闭馆）展出奥运历史墙和奖杯。

办高质量特展，遇到不要错过。

2019年12月，展馆启动大规模闭馆改造，预计于2021年下半年开幕。

国际饭店　　　　　　　　　历史建筑

（见98页地图；南京西路170号）摩天大楼在上海早已不足为奇，但这栋由著名的匈牙利建筑设计师邬达克（见230页方框）设计的Art Deco式建筑，于1934年建成，地面24层，总高83.8米，整整将"沪上最高"的荣誉持续了半个世纪。

落成后的国际饭店名流云集，比如张学良、宋美龄、陈纳德等都是常客。1935年，京剧大师梅兰芳和影星胡蝶联袂前往苏联之前，便是在2楼举办的盛大欢送会；隔年查理·卓别林访华，梅、胡二人在此设宴款待。1950年市地政局进行全市测量工程时，以国际饭店楼顶中心的旗杆为原点形成了上海城市坐标体系。进入狭窄的旋转门，只要问一下前台，他们就会热情地告诉你地理原点的位置。

国际饭店文史馆（☉8:30~17:00）对外开放，可以欣赏饭店相关史料、珍贵照片以及近百年前豪华套房里的餐具和古董。内行吃货会跟着香味找到**帆声西饼屋**（☉8:00~20:00）刚出炉的蝴蝶酥（28元/袋），奶味十足，酥皮层层分明，有空就排个队尝尝吧。

圣三一堂　　　　　　　　　历史建筑

（见98页地图；九江路211号；免费）曾经是上海最大、最华丽的基督教堂，1869年由哥特建筑权威、英国著名建筑师George Gilbert Scott操刀设计，因为建筑高耸，乘坐轮船进出港口的乘客每看到教堂尖塔，便知道自己回到了申城。

教堂东南方的钟塔曾在"文革"中被毁，即便早已修复，塔尖高度也不如以往。据说四方形平面、尖锥形屋顶的钟楼内还安置了八音大钟，能按着诗篇的音韵敲打，音色相当迷人，教堂旁还有个小公园。可惜的是，圣三一堂长期处于维修状态，不对公众开放，但如果你够机灵，从周边大楼高层俯瞰它就很过瘾。秋天银杏装扮下的圣三一堂是一年中最美的样子。

上海大世界　　　　　　　　展览馆

（见98页地图；☏6320 3484；宁海东路288号；门票成人/儿童 60/30元；☉9:00~16:00；周六和周日增设晚场18:00~20:00，周三闭馆；Ⓜ8号线大世界站）创立于1917年，曾是远东红极一时的娱乐中心，也是老一辈上海人的儿时记忆，"不到大世界，枉来大

紧邻体育大厦的**金门大酒店**（南京西路108号）建成于20世纪20年代，老式意大利建筑高雅气派，装潢有些老旧，但很适合享用下午茶。过了西藏中路又是邬达克的作品——1931年，由他设计的仿哥特式的教堂慕尔堂落成，红砖外墙、内部、顶部和四周门窗皆成尖拱形。教堂后来加入卫理公会并改名为**沐恩堂**（西藏中路316号），平日不开放，但每周日7:30~8:30、10:00~11:00、14:00~15:00、19:00~20:00的"主日崇拜"时段可以入内参观。

往西南走，从广东路转进广西北路，清末李鸿章筹建的**上海格致中学**（广西北路66号）就在路口，至今已有将近一个半世纪历史的校园可谓闹中取静。广东路、北海路夹出三角形的**上海市工人文化宫**（西藏中路120号）在1929年竣工时是东方饭店，底部大块花岗石饰面和金色挑高拱门很惹眼，2层以上鹅黄色新古典主义外观相当讨喜。东南方向的**八仙桥基督教青年会大楼**（西藏南路123号）是当代中国建筑师设计的第一座大楼，外观模仿北京前门箭楼，上有双檐，顶部覆以琉璃瓦，在一片欧美建筑风格的人民广场周遭，增添了些东方元素。Ⓛ

上海"的口号深入人心，是上海重要的地标之一。大世界成立后几经易手，曾经是青帮老大黄金荣的产业，2003年后歇业。最令人欣慰的是，谢幕13年后，上海大世界选择在2017年3月重新营业。新亮相的大世界定位为"上海非物质文化遗产传承的展示中心"，展出内容包括传统工艺、民俗、文化和美食等，2楼保留了最著名的十二面哈哈镜，其他楼层则有不同剧种推出不定期演出。

建议你直达4楼，从复原的老上海街层层向下游览，体验非遗工艺，不断找到自拍打卡之地。

上海四行仓库抗战纪念馆　　展览馆

（见83页地图；☏6380 8222；光复路21号；免费，需预约；⊙9:00~16:00，周一闭馆；Ⓜ8、12号线曲阜路站）"国民皆如此，倭寇何敢！"电影《八佰》把苏州河北岸由旧上海金城、中南、大陆、盐业四间银行共同出资建设的**四行仓库**重新推到了世人面前。上映期间，无论是上海居民还是外地游客都纷纷到这里来献花，以慰英灵，纪念馆的参观人数也日日爆棚。

早在2014年，上海就开始了对四行仓库的整体保护修缮。西面外墙上的8个炮弹孔、430个大小枪弹孔清晰可见，全部按照原来面貌及实际位置还原，修复之到位可见一斑。室内展厅分为6个部分，其陈列和展品同外墙一起为大家还原了1937年10月26日至11月1日那场惨烈的四行仓库保卫战，大多数人在序厅看到团长谢晋元写给妻子的家书时就已经泪崩。

个人参观需要在沪游网上预约，每日接待2500人，团体参观可拨打电话预约。四行仓库前还有一片供游人休憩的小广场，参观完毕可以在此平复心情。

❶ 实用信息

人民广场旅游咨询服务中心（见98页地图；延安东路435号；⊙9:00~21:00）就在大世界附近，这里有不少跟上海旅行相关的资讯。

✖ 就餐

相比外滩，人民广场周边就餐选择多元，价位上也更平易近人。本帮菜、日本料理、川菜、西餐、清真菜，还有为数众多的小吃和快餐店，你根本不愁找不到吃饭的地方。老正兴、老半斋、杏花楼、王宝和都是上海滩的老字号，黄河路、云南南路是两条历史悠久的小吃街，福州街、西藏中路也能找到为数众多的平价美食，浙江中路上的牛羊肉料理很正宗，沿街的小馆子和商场美食楼层的餐厅都有出彩之处。当然，镬气十足、浓油赤酱的本帮菜仍被多数旅行者认为是必尝的选择。

老城味道，这里尝遍

人民广场周边小吃扎堆，但要论"美食高能区"，有几条道路不可错过。

黄河路　第一站一定是到国际饭店的**帆声西饼屋**买袋蝴蝶酥，对面的**杏花楼**（黄河路21号3楼、4楼；⊙11:00~14:00，17:00~21:00）和**功德林**（黄河路21号2楼；⊙11:00~13:30，17:00~19:30）都是拥有多家分店的老字号。前者是创立于清代咸丰年间的广式茶餐厅，有超级实惠的下午茶点心，也是老牌月饼供应地；后者是上海著名素菜馆。北边的**佳家汤包**（黄河路127号；⊙7:00~20:30）从南市老店起家，粉丝众多，几乎随叶需要排队，建议避开饭点前往。

云南南路　上海最老牌的美食街，在2020年夏天传出动迁消息之后，一时间怀旧帖扑面而来。在本书调研期间，250米长的云南南路美食店铺正常营业，尚未受到影响。

街口的**洪长兴**（☏6328 1551；⊙11:00~14:00，17:00~21:00）是百年清真老菜馆，来一份热气羊肉，用传统的炭烧铜火锅涮着吃；对面的红砖房里的**德大西餐社**（☏6373 2827；

老正兴菜馆　　　　　　　　上海菜 ¥¥

（见98页地图；福州路556号；⏰11:00~14:00, 17:00~21:00；人均150元）创立于清朝同治年间的老字号本帮菜，成为2017年和2018年的米其林指南中的一星传统老馆子，再度大火了一把。除了八宝辣酱（98元）、响油鳝丝（158元）、熏鱼等经典菜色，酥软肥厚的草头圈子（79元）以绵柔的口感获得一致好评，但也秉承了本帮菜重油的特色，可能会让一些食客却步。装修比较老旧，也适合怀旧，像这种以"口味"为卖点的餐馆，对用餐环境就不必太计较了。

三玛璐酒楼　　　　　　　　上海菜 ¥¥

（见98页地图；☎6351 7909；汉口路413号；⏰11:00~14:00, 17:00~21:30；人均100元）开张多年，别看店面平淡无奇，这是附近评价最高的本帮菜之一，菜单上居然还有二三十元的主菜，实在很难得，不过分量并不大，挺适合三五好友小聚。上海小排（58元）甜而不腻，芥末虾仁（78元）口味独特，酒香草头（28元）非常香，酱爆猪肝火候刚刚好。一个字：嗲！价格还特实惠。

聪菜馆　　　　　　　　　　上海菜 ¥¥¥

（见98页地图；☎6333 5531；六合路158号；⏰11:00~14:00, 17:00~21:30；人均265元）更接近私房菜感觉的本帮菜馆，不仅保留了传统菜，大厨也没忘了创新改良，并且引进不少高端食材，店铺古色古香，走的是新中餐路子。虽然网上可以查到头牌菜，但"不时不食"才是菜单立意，立春的韭菜、夏季的鱼肝酱、冬至时分的塔菜冬笋，以及本书调研期间遇到冬天才有的**青鱼秃肺**（青鱼肝，288元）——很少有菜馆做这道菜了，都是不错的选择。

东莱海上（福建中路店）　　　鲁菜 ¥¥

（见98页地图；☎6311 5800；福建中路94号；⏰11:00~14:00, 17:00~22:00；人均160元）这家开了十多年的鲁菜馆子，主打胶东菜，北方风味的家常海鲜料理吃起来很不同。油淋鸟贝和椒麻天鹅蛋口感非常爽脆，海鲜疙瘩汤和鲅鱼水饺——或是五味海鲜水饺都很有地方色彩。如果你是"海胆星人"，那一定不要错过这里现开的整只**海胆刺身**（28元）。在市中心其他区域还有他家更高端的**东莱馋房**，但这家首店出品稳定，实惠依然。

惠食佳·上海朱雀茶室
（第一百货店）　　　　　　　粤菜 ¥¥

（见98页地图；☎6328 0028；南京东路800号第一百货商店C馆4楼；⏰10:00~

⏰11:00~14:00, 17:00~20:00）是有120多年历史的老牌西餐厅，主打海派西餐，食客多是上海本地中年人；如果要吃得清淡些，**小绍兴**（☎6326 0345；⏰11:00~13:30, 17:00~20:30）的白斩鸡、鸡粥、鸡汤面正合适；也可以外带一份**小金陵盐水鸭**（☎6328 3737；⏰8:00~21:00）的盐水鸭，堂吃就选老鸭粉丝汤和虾仁汤包；**鲜得来排骨年糕**（☎6326 1284；⏰7:00~22:00）评价褒贬不一，但名气之大毋庸置疑，排骨年糕和双档最受欢迎。

浙江中路 从广东路到延安东路之间藏着上海最有名的清真一条街。甘肃、宁夏、青海、新疆、大西北的羊肉都在这里争奇斗艳，新鲜悬挂着的牛羊肉让肉食者强忍口水。**贯贯吉穆斯林餐厅**（☎6322 0039；⏰6:00至次日4:00）的长条绿招牌不可错过，八宝茶泡了几次都不会淡，手抓羊肉滑嫩羊香毫无膻味，早餐时段牛肉面只要10元，真正演绎"爱与美食"与金钱无关。再来点羊肉串，出门买几个牛肉煎包，看看其他小吃，只恨眼大肚小。 ⓛⓟ

15:00, 16:00~21:00；人均150元）惠食佳是广州著名的餐饮品牌，在市百一店新一轮开发中打出了这间茶室，西瓜红与岭南风一下子抓住了人们的视线。这家不仅有粤菜供应，主打饮茶点心，单单乳鸽就有6种吃法——包含了上海喜欢的糟卤酒渍一味，还有不少古早味道的点心。啫啫煲系列也是看家菜，镬气十足，还原食物本味。

意难忘私房菜　　　　　　　　　创意菜 ¥¥

（见98页地图；☎6120 7657；九江路663号人民大舞台5楼；⊙10:30~21:30；人均180元）店名从最初的"融合菜"变成了"私房菜"，可见水准又上了一个层次。这家餐厅尝试以粤菜的鲜味为基底，加上西餐元素烹饪出可口而具新意的料理。乍听下难免有些哗众取宠的嫌疑，但餐厅高明之处就是坚持创意的同时不但能保有美味，还能带来惊喜：藏在面包里的惠灵顿银鳕鱼肉质饱满，招牌私房牛腩煲软糯可口，虾膏煎酿藕盒的酱汁令人难忘。

Roof 325 Restaurant & Bar　　西餐 ¥¥

（见98页地图；☎6327 0767；南京西路325号5楼；⊙11:30~22:00；人均285元）无论主楼用途如何，跑马厅大楼5楼曾经开过数家西餐厅，口碑都很不错，这家也不例外。这片楼顶露台的视野是人广地区少有的开阔，不妨先来个英式下午茶（双人下午茶258元起）先。餐食摆盘利落干净，一些食客对味道的评价是，比外滩某些餐厅要好吃且性价比高，午餐（两道/三道 138/168元）更是划算。

Ministry of Crab　　　　　　　西餐 ¥¥¥

（见98页地图；☎6318 0220；南京西路231号；⊙11:00至次日1:00；人均450元）被人民公园内的绿荫环绕、颇有阿拉伯风情的水上建筑芭芭露莎，经过新一轮改造之后，1楼入驻了亚洲50佳餐厅排名第25位的**Ministry of Crab**。黑白色调的环境自然是一流，夜景更是美丽。菜品以斯里兰卡风味为主，香蒜辣椒蟹和黑胡椒蟹都是主打，蔬菜和炒饭居然也很好吃。可以在网上购买套餐。

🍸 饮品和夜生活

人民广场是网红餐饮的实验室，2017年爆发的"喜茶旋风"足够成为经典营销案例，鲍师傅糕点、杏花楼青团都掀起过排队狂潮，南京路步行街那些老字号门前也从未空闲，未来会有什么爆款？你只要跟着排队长龙就可以了。

除此以外，本区也有些特色咖啡馆和质量不错的酒吧，来自英国的高端俱乐部**M1NT**（☎6391 2811；福州路318号华设大厦24楼；⊙17:00~23:00）一直很受欢迎，因为影视剧的热播，又增加不少讨论热度。

FOLLOW嘿咖啡　　　　　　　咖啡馆 ¥

（见98页地图；☎133 0162 5972；金陵东路500号108室；⊙9:30~18:00，周四休息；人均30元）如果对咖啡的习性不够了解，就不敢把它玩出太多花样。小小的店面，情怀和技术满满的上海爷叔，不仅卖咖啡，还免费科普各种咖啡知识。人手一杯的**酸奶咖啡**（30元）从卖相和口感来看，更像一道有趣的咖啡甜品，1层意式浓缩、1层酸奶、1层酒酿，很有上海味道，一勺必须同时吃到三种口感才好。同时还有米香奶咖、酒香奶咖、姜糖炖咖这些奇妙组合，奶咖爱好者不要错过。

芦田家　　　　　　　　　　　咖啡馆 ¥¥

（见98页地图；☎186 1601 9635；江阴路88弄33号1楼前门；⊙12:30~18:30，周三休息；人均200元）没有外卖，只做手冲，很有格调，上海就有一类这样让咖啡geek为之疯狂的小店。老板是来自日本的咖啡师，中国籍的老板娘会热情招待每一位到访的客人，无须担心语言不通。在店内可以享受耶加雪菲、曼特宁等手冲单品的香气，这里咖啡豆质量也是闻名上海。咖啡馆深藏在江阴路上弄堂里，门口没有招牌，得花时间仔细寻找，提前致电预约更为推荐。

人民广场及周边 91

The Wolfpack　　　　　　　　　酒吧 ¥¥

（见98页地图；135 6436 9123；福建南路1号；18:00至次日2:00；人均110元）是一间空间不大却舒适的酒吧，1楼有吧台和几张小桌子，2楼沙发区适合慵懒地喝些鸡尾酒，顺道调戏下有点傲娇的店猫。1个月会有两次左右的现场音乐表演，具体演出时间不固定，请提前致电询问。

酒池星座（黄陂北路店）　　　　酒吧 ¥¥

（5375 2712；黄陂北路251号；19:00至次日2:00；人均150元）"星座Constellation"已经成为上海单一麦芽威士忌爱好者心目中重要的酒吧品牌，每家都有上百种不同厂牌、不同年份的威士忌可以选择。装修格调为经典雅致型，天花板上的花纹很特别。客人大多都是周边下班来喝一杯的公司人。这里鸡尾酒也很有名，莫吉托、马提尼是热门货。

✪ 娱乐

民国时代火红的戏院天蟾舞台、共舞台、荣记大世界都在人民广场附近，观看演出早就是上海有钱阶级时兴的娱乐。大世界重新开张，天蟾舞台、上海音乐厅也刚刚换上新装，除了表演本身，建筑之美和历史意义也是亮点。大多数娱乐场所都推出了自己的微信公众号或小程序。

上海大剧院　　　　　　　　　　音乐厅

（见98页地图；6386 8686；www.shgtheatre.com；人民大道300号；开放时间随演出时间）白色弧形拱顶和玻璃幕墙让整栋建筑在阳光下十分惹眼，夜间亮灯后更宛如水晶宫殿一般梦幻。建筑团队虽然来自欧美，设计却巧妙地结合了东西方元素，想要近距离欣赏精美建筑以及内部画廊，只能以观众身份购票进入。网站上列有详细节目单，表演形式广泛，涵盖古典音乐、传统戏曲、歌剧，还有引领大众入门的艺术讲座。

上海大剧院。

凯迪拉克·上海音乐厅　　　　音乐厅

（见98页地图；☎5386 6666；www.shanghaiconcerthall.org；延安东路523号；⊙开放时间随演出时间）这座米色和褐色搭配的文艺复兴风格古典建筑建于1930年，当时称为南京大戏院。除了古典音乐表演，上海音乐厅还推出了适合亲子共游的家庭音乐会，提供普罗大众亲近青年音乐家机会的音乐午茶，让音乐更接地气，可以查询官网。2020年9月，90岁高龄的音乐厅完成了一年半的修缮，重新对外开放。

上海天蟾逸夫舞台　　　　戏曲

（见98页地图；☎6322 5294、5353 0054；www.tianchan.com；福州路701号；⊙开放时间随演出时间）1926年落成时有3层观众席，将近4000个座位，是上海首屈一指的剧场，当时有"不进天蟾，不成角儿"的说法。荀慧生于此创演全本《牡丹亭》，梅兰芳、盖叫天、周信芳、马连良等京剧名伶均曾在此粉墨登场，留下无数风流印记。如今的天蟾逸夫舞台仍以京、越、沪、婺、昆等传统戏剧为主，票友多为当地资深剧迷，很有腔调。2021年1月，经过3年"修旧如旧"，剧院还原了20世纪20年代老建筑门楼外观的原貌，招牌上巨大的金色"天蟾"二字，是著名书画家谢稚柳的生前手书。

纯K（浙江路店）　　　　卡拉OK

（见98页地图；☎3115 5888；浙江南路68号；⊙12:00至次日6:00）多年以前纯K就是沪上设施最好的KTV，到现在依然被称为"魔都KTV天花板"，全市也不过4家门店而已。环境、服务、音效都能让你满意。

🛍 购物

什么叫十里洋场？即便放眼全国，这样一片繁华而密集的商业街区都极为少见，南京路步行街、西藏中路、福州路店铺云集，游客数量不输景点，金陵东路、北京东路等特色商业街则反映出城市变迁。上海最传统的商业模式就是以商业街的形式展开，到今天也不曾没落。

💬 南京路，超过一个世纪的商场风云录

20世纪初，南京路成为租界内的商业中心，先施、永安、新新、大新4家百货公司犹如4根顶梁柱，影响力之广被称为"中国四大百货公司"。彼时百货界的"四大天王"带来了最时髦的购物方式，几项"第一"的纪录，甚至奠定了日后商场的发展模式。另外，在实业救国的年代，四大百货成了华人实业的典范，相当鼓舞人心，如孙中山先生就曾对当时上海百货业的发展很感兴趣，还曾经买过四大百货公司的股票。

有意思的是，几家百货背后老板都是原籍广东香山（现中山市）的澳大利亚华侨。其中，**先施公司**创办最早，1917年开幕时大楼内除了商场，还有游乐场、旅馆和顶楼花园，其经营理念同样先进，先施是"Sincere"（真诚）的音译，为了显示名实相符，不但首创"不讲价"的原则，还会为顾客开立发票，

新世界城和第一百货。©视觉中国。

商品若损坏顾客有权退换，确实做到了"真诚"。除了对顾客，他们对员工的政策也走在时代前沿，不但推出周末轮休制度，还开创了聘用女性店员的先例。当年，这在上海可引起了极大的讨论，良家妇女抛头露面去干销售？多么不可思议！传统观念作祟下，招聘信息发布几个星期还没有适合的人前来应征。为了证明此举乃"动真格"，也为了昭示新时代的来临，先施创办人马应彪的夫人甚至亲自带着两位女亲戚剪去一头长辫，坐镇百货内担任销售员。俏丽的短发风采干练，吸引不少民众到先施购物，为的就是一睹几位"潮女"的庐山真面目，先施这一枪，打得足够响亮。先施公司大楼现在是上海时装公司。

百货生意大受欢迎，自然引发竞争者效仿。在先施开业次年，华侨郭乐的**永安百货**正式运营，这家后起之秀亦相当得，陈列窗采用进口大片玻璃，建筑立面装饰以文艺复兴风格的圆柱为主，创立导购杂志《永安月刊》，邀请明星演出，还推出美女营业员吸引眼球。敢下重本果然成果丰硕，开业不久永安百货的风头就盖过了先施，成为全中国首屈一指的商场。当时两家百货竞争已然白热化，减价、赠品还不够看，为了刺激消费，先施一不做二不休，索性将公司礼券直接打上95折出售，没想到竟因此被永安钻了个空子——派出人员以现金大量买进打折礼券，用礼券专门购买先施最热卖的商品，再搬回永安贩售。如此一来一往，先施非但没有吸引到理想的顾客，反而在白白给对手打了折的情况下流失了大量红牌商品，这大闷亏将先施砸得鼻青脸肿，但也只能打落牙齿和血吞。永安百货大楼曾经是华联商厦所在，21世纪初恢复了永安百货之名。

接下来开业的**新新百货**一改主卖洋货的做法，致力经营本土高端品牌，并成为第一家在大陆注册的百货公司（先施、永安，乃至后来的大新公司均在香港注册），"爱国"形象深入

← 人心。但光是这样还不够，为了吸引更多客源，新新不但在炎炎夏日装上冷气供市民消暑，商场6楼还另设玻璃电台，播音室用透明玻璃围起来，民众可以一边购物一边观看播音员眉飞色舞地介绍当季最值得买入的新产品，这下可直接把购物指南做成直播节目了，怎么能不带动业绩？1949年以后新新歇业，大楼改为上海市第一食品商店（见95页），继续贩售当地美食，爱卖国货的精神倒是始终如一。

四大百货当中红得最久的，当数资历最年轻的**大新公司**。1936年开业时前三家百货已成鼎立之势，大新却能另辟蹊径，以高端新颖的硬设备引爆话题。除了冷暖调节设备，地面商场一共有4个出入口，楼内有6部电梯，大厅安装的是国内首座商场电动扶梯，好不新潮。比较特别的是，前三大百货公司均以高收入人士为服务对象，大新定位则更加亲民，中等收入乃至平民百姓也可以消费得起，再加上高端设备如此精彩，爱凑热闹的上海市民怎么可能错过？马上如潮水般涌来，争相一睹为快。为了控制人流，大新不得不采取售票方式，不过这价值4角的门票还可以当购物券使用，在"不想浪费钱"的心态下，更多人都在大新买东西，商家赚得盆满钵满。到了20世纪40年代，大新营业额已经超越永安，一跃成为南京路四大百货之首。事实上，一直到1980年以前，由大新改名的"上海第一百货"都是全国最大的商场。

当年的四大百货多半已繁华落尽，不过美丽的建筑却得以保留。如果在傍晚时分，站在南京路步行街的世纪广场上向西看，四大百货大楼在夕阳里的逆光剪影，会让你一时恍惚身处何地。

南京路步行街汇集了国际到本地品牌店铺，北京东路是"五金机电一条街"，福州路是文化一条街，书店、文具行林立，沪上最大的零售书店、24小时营业的书局都位于此。

南京路步行街　　　　　商业街

（见98页地图）21世纪以后，河南中路至西藏中路间的南京东路街段建起了步行街，到2020年秋天，河南中路至外滩的东拓工程也全部完成，从西藏中路一直逛到外滩的梦想成真。国际品牌和国内老字号竞相追逐，专营书画及文房四宝的**朵云轩**、剪刀名店**张小泉**、"集点心与风味小吃之大成"的**沈大成**、以泥螺风靡上海的**邵万生**、靠鲜肉月饼和熏鱼大受欢迎的**老大房**，都在南京路步行街设店。除了购物别忘了欣赏风光，花上10元可以搭乘"叮叮车"走一趟复古之旅，入夜后南京路步行街的街景也是一绝。

来福士广场　　　　　购物中心

（见98页地图；6340 3600；西藏中路268号；10:00~22:00）位于西藏中路和福州路交叉口的黄金地段，国际品牌众多，网红店也不少，消费较为亲民，很受年轻族群喜欢。"我们约在来福士门口见面"是很常见的聚会暗号。

大丸百货　　　　　购物中心

（见98页地图；6978 8888；南京路步行街与天津路交叉口；10:00~22:00）2015年夏天开业的日本大丸百货号称"上海颜值最高的商场"，即便有众多国际大牌、回旋电梯，以及优质服务加持，仍然无法克服因为"高冷"而造成的巨额亏损。不过这对你可不是坏事——平日这里人流量不算多，还能找到更有个性、只在实体店销售的品牌。

读者书店。

上海市第一食品商店 土特产

（见98页地图；南京东路720号；◎9:30~22:00）可以迅速地买到最多种类的伴手礼，老上海品牌如杏花楼的青团、凯司令的栗子蛋糕，还有香菇、海带、坚果等干货，这里都买得到。节假日前这里总是会排起长队。

上海书城 书店

（见98页地图；✆6391 4848；福州路465号；◎9:30~21:00）沪上最大的实体书店，7层楼分售不同类别的图书和音乐影像作品，周末常常能见到满满人潮席地而坐阅读的场面。周末不时举办签售会，提供书迷和作者面对面交流的机会。书城在南京路步行街等地还有多家分店，强大的检索系统也让爱书人享受了不少便利——将书名告诉店员，随时能查到书籍位置和库存状况。

外文书店 书店

（见98页地图；✆2320 4994；福州路390号；◎10:00~18:30）有上海最齐全的外文书籍和杂志，西班牙文、法文、德文、日文、韩文等第二外语学习教材也很丰富，是语言爱好者必访的店家。书店一共4层，1楼、2楼卖外文书籍，附设优雅的咖啡座，3楼是美术书店和艺廊，4楼则是童书馆。

读者·外滩旗舰店 书店

（见98页地图；✆6360 2018；九江路230号；◎10:30~22:00）人们一定想不到，一家西北的杂志能在上海市中心开出这样一间别具匠心的书店，陪伴大家走过40年的《读者》做到了。这里既是一间书店，也是一个读者体验馆。走上2楼杂志桥，许多《读者》杂志就在脚下铺陈开来，绿灯点出了老上海民国阅读区的主题，与敦煌有关的书籍陈列在12米长的"藏经洞"内，瞬间让人穿越。

外滩和人民广场索引地图

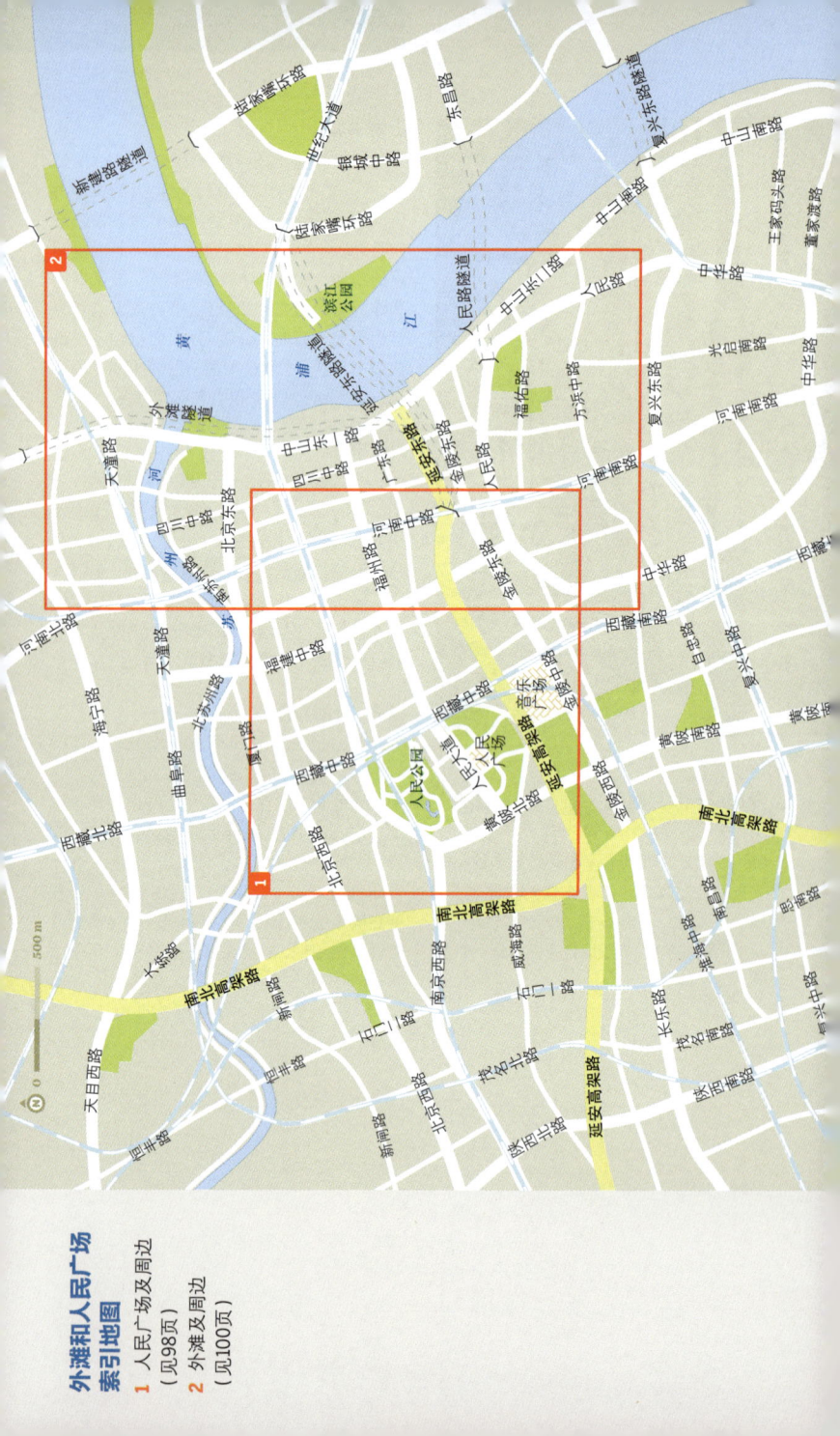

1 人民广场及周边（见98页）
2 外滩及周边（见100页）

人民广场及周边

◎ 最佳景点
1 上海博物馆 D6

◎ 景点
2 国际饭店 B3
3 人民公园 C4
4 上海城市规划展览馆 D4
5 上海大世界 E6
6 上海历史博物馆
（上海革命历史博物馆） B5
7 圣三一堂 H2

🛏 住宿
国际饭店 .... （见2）
8 锦江之星（南京路步行街店） D2
9 老陕客栈 E6
10 上海雅居乐万豪酒店 C2

🍴 就餐
11 Ministry of Crab B4
Roof 325 Restaurant & Bar .... （见6）
12 聪菜馆 C2
13 东莱海上（福建中路店） F4
14 惠食佳·上海朱雀茶室（第一百货店） C2
15 老正兴菜馆 E4
16 三玛璐酒楼 F3
17 意难忘私房菜 E3

🍷 饮品和夜生活
18 FOLLOW嘿咖啡 F6
19 The Wolfpack G5
20 酒池星座（黄陂北路店） B5
21 芦田家 A5

✪ 娱乐
22 纯K（浙江路店） F5
23 凯迪拉克·上海音乐厅 E6
24 上海大剧院 B5
25 上海天蟾逸夫舞台 D4

🛍 购物
26 大丸百货 G1
27 读者·外滩旗舰店 H2
28 来福士广场 D4
29 南京路步行街 C3
30 上海市第一食品商店 D3
31 上海书城 F3
32 外文书店 G3

ℹ 实用信息
33 人民广场旅游咨询服务中心 E6

人民广场及周边

0
200 m
E
F
G
H
1
2
3
4
5
6
7
10号线
天津路
江西中路
宁波路
福建中路
26
南京东路
天津路
宁波路
山西南路
南京路步行街
河南中路
27
九江路
7
汉口路
浙江中路
南京路步行街
山东中路
九江路
汉口路
16
山西南路
福州路
江西中路
17
32
汉口路
湖北路
泗泾路
15
福州路
31
福建中路
广东路
广西北路
13
山东中路
河南中路
平望街
广东路
北海路
浙江中路
广西北路
19
云南中路
北海路
延安高架路
宁海东路
紫金路
盛泽路
福建南路
山东南路
22
西藏中路
33
9
宁海东路
人民路
5
金陵东路
豫园
广西南路
云南南路
永寿路
浙江南路
河南南路
23
大世界
18
音乐广场
西藏南路
淮海东路
旧仓街
金陵中路
露香园路
柳林路
人民路
青莲街
大境路
1号线
8号线

100 外滩及周边

外滩及周边

◎ 最佳景点
1 和平饭店（北楼） A7

◎ 景点
2 北外滩 D1
3 大北电报公司大楼 B4
4 东方汇理银行大楼 B3
5 格林邮船大楼..B3
6 海关大楼 B4
7 横滨正金银行大楼 B6
8 华胜大楼 B4
9 黄浦公园 C2
10 汇丰银行大楼 B4
11 汇中饭店 A7
12 交通银行大楼 B4
13 金陵东路 C5
14 轮船招商局大楼 B4
15 洛克·外滩源 B2
16 麦加利银行大楼 A7
17 南京东路外滩 A7
18 浦江饭店 C2
19 日清大楼 B4
20 上海大厦 B2
21 上海电信博物馆 C5
22 上海市档案馆（外滩新馆）................C5
23 上海邮政博物馆 A2
24 上海总会 C5
25 台湾银行大楼 A7
26 外白渡桥 B2
27 外滩美术馆 B3
28 外滩信号塔 C5
29 亚细亚大楼 C5
30 扬子保险大楼 B6
31 怡和洋行大楼 B6
32 益丰·外滩源 A6
33 有利大楼 C4
34 原英国驻沪领事馆和领事官邸 B2
35 中国通商银行大楼 B4
36 中国银行大楼 A7
37 字林西报大楼 A7

◎ 活动
38 轮渡过江 C5
39 浦江游览 D6
40 外滩夜景 C4

◎ 住宿
41 多园国际青年旅舍 A5
 和平饭店 ....（见1）
42 锦江都城经典上海外滩酒店............... A7
43 上海艾迪逊酒店 A4

◎ 就餐
44 GOOD FELLAS C5
 Hakkasan...（见16）
45 大壶春（四川中路店）.........................B4
 米氏西餐厅 M on the Bound ....（见19）
46 南麓浙里（外滩店）.............................B4
47 桥北·煲仔饭·啤酒 C2
 太食獸泰式茶餐厅（上海外滩店）（见32）
 御宝轩（益丰·外滩源店）.............（见32）

◎ 饮品
48 % Arabica烘焙工坊..............................B2
 Salon de Thé de Joël Robuchon ....（见16）
49 东海咖啡馆 A6
 英国吧 ....（见20）
50 遇到你要的时光（外滩店）.................B2

◎ 娱乐
51 House of Blues & Jazz B4
52 THE NEST...B3
 华尔道夫酒店廊吧LongBar...........（见24）
53 林肯爵士乐 B3

◎ 实用信息
54 外滩陈毅广场旅游咨询服务中心 B7

在路上
本书作者 何望若
调研老城厢时,正逢新一轮拆迁工程,与我一同穿梭于中华路上的,还有不少前来追忆老南市光景的上海市民。
进一步了解我们的作者,见311页。

老城厢和远处的浦东。

老城厢和浦东

老城厢和浦东

老城厢与浦东,一个是自元代上海立县以来的中心,一个是才过而立之年的上海新大陆;一个是上海第一代移民的登陆地,一个是现代新移民的新家园;一个垂垂老矣,一个越发"高大上"。这两个地方,起点不同,发展轨迹也不同。

如果要在上海寻找城市的初始肌理,你应该来老城厢看看。这里的寺庙、道观、古城墙和园林等,是上海收藏了几百年的文化底蕴。这里的石库门虽不如黄浦历史文化区里的那般养眼,但偶尔瞥见的巴洛克风格的浮雕装饰,又传递出海派的精致。不可否认,老城厢早已过了它的黄金年华,自开埠后,繁华便西移,21世纪,城市的新地标又在浦江之东崛起。与老城厢正相反,浦东没有浓得化不开的历史,虽然它拥有1.5倍于浦西的面积,但是浦西大放异彩时它还荒无人烟。30多年前城市规划师在陆家嘴画了一个圈,当它开始以速度与激情谱写城市新篇章时,老城厢却没有实现"逆袭"。浦东塑造出了光鲜华丽的金融中心新形象,老城厢固守着弄堂里的人情味,市井又温暖。魔都的这两副截然不同的面孔,你都应该来看看,它们不过一江之隔,却写满了城市的过去时和进行时,也呈现出城市最极端的两面。

☑ 精彩呈现

豫园...112
上海中心大厦..................................114
中华路..117
步行游览老城厢..............................120
世博会博物馆..................................122
东方明珠..126
上海海洋水族馆..............................127
世纪公园..129
骑行滨江大道..................................131

如果你有

1天 一早先去豫园,然后沿着我们为你规划的步行路线深入老城厢走走,中午找家老字号品尝地道的小吃。下午去沿江一带参观三山会馆和世博会博物馆。

2天 上午沿着滨江骑行,去看看世博会落幕后的中华艺术宫和梅赛德斯-奔驰文化中心。中午在陆家嘴好好享受一餐,然后在东方明珠和陆家嘴"三件套"中择一登高,站上魔都之巅俯瞰陆家嘴和对岸外滩的美景。

老城厢和浦东 105

★老城厢和浦东亮点（见108页）

1. 老弄堂里的老上海味
2. 豫园赏海派园林
3. 云端的上海
4. 浦江沿岸的风情
5. teamLab无界美术馆
6. 东方明珠的乐趣

交通

➡ 地铁8号线、9号线、10号线途经老城厢；2号线是贯通浦西和浦东最迅捷的交通方式，8号线串起老南市沿江一带和浦东后世博园区。

➡ 11路公交沿着中华路与人民路相连的环线行驶，30分钟不到就能绕看老城厢一圈。

➡ 你可以坐渡轮——复兴东路渡口—东昌路渡口、陆家浜路渡口—南码头渡口——体验最传统的过江方式。

危险和麻烦

➡ 老城厢简陋的餐馆比较多，要注意饮食卫生。

➡ 浦东适合亲子游的场所很多，游玩时务必看管好自己的孩子，以免在人群中走散。

➡ 并非所有马路都可骑行，河南南路、中山南路和陆家嘴的大部分路段禁行，若在禁行路段骑行，被警察拦下，是会遭罚款的哦。

➡ 老城厢的宗教场所比较多，参观时要尊重相应的宗教风俗。

上海的渡轮。

🔍当地人推荐
浦江两岸的
烟火气与时髦感

俞菱,前《上海壹周》时尚版总监,著有《上海小店物语》《跟俞菱逛马路:上海50条马路50家小店》等,微信公众号"跟俞菱逛马路"

请为我们介绍下老南市以及它的变化。

南市是上海最有烟火气的地方,这一带的弄堂里还保留着原汁原味的老上海形象,那些烟杂店、小吃摊和邻里之间的关系等,都充满了浓浓的人情味。但可惜的是,南市一直在拆迁,很多居民都搬走了,不少开了几十年的老字号也关了。

过去南市有自己独特的时尚制造链,像董家渡面料市场、王家码头路裁缝店、蓬莱路皮革一条街、人民路辅料市场等。以前上海女子会去董家渡面料市场购买面料,然后去隔壁的王家码头路找一家裁缝铺量体裁衣,很多外国人也常去南外滩轻纺面料市场制作成衣,上海时装周期间,我带过不少大牌设计师来南市逛市场、挑选布料。但现在董家渡一带已经成了一排工地，连董家渡天主堂也在配合景观改造工程移位中了。

如今还有本地人以渡轮往返浦江两岸吗？

有的，尤其是骑自行车或助动车的人，因为这两样交通工具无法上大桥，也不能走隧道。而且如果就生活在码头附近的话，渡轮也是最快的交通工具，2块钱一张船票，10分钟不到就可以抵达对岸了。旅行者也大可以体验一下渡轮，尤其是复兴东路渡口—东昌路渡口、外滩金陵东路—东昌路渡口这2条线路，从黄浦江上眺望外滩和陆家嘴，也是很好的角度。

对于浦东，有什么独特的体验可推荐吗？

可以骑行一趟滨江大道，浦东滨江沿江修起一条约22公里长的骑车道，路非常平整，因为临江，空气特别好，有种在塞纳河边骑车看风景的感觉。沿途也有可以歇脚的地方，比如煤仓改建的艺仓美术馆，常年有展览看，它的咖啡吧和观景平台就挨着江边，里面也有文创店可以逛逛。后滩公园有一大片湿地。沿途还能看到两三个保留下来的世博馆。

浦江两岸各为我们推荐一个观景的好地方吧。

陆家嘴IFC58楼的Flair rooftop有上海最高的户外露台，紧挨着东方明珠，浦东浦西的景色一览无遗。浦西这边的话，可以去复星艺术中心4楼的CLOUD Bistro，大露台非常漂亮，正对上海中心大厦。

有没有私藏的美食推荐？

丽园路上开了30年的老店糯勿糯，有近百种糕团点心，葱花年糕的口感有点像香糯的葱油饼。丽园路的佳家汤包，我觉得比南翔小笼还好吃。南码头附近的广莲申，巧克力哈斗胜过凯司令和老大昌，咸口泡芙、女王卷等都好吃。

☑ 不要错过

🛏 最佳住宿

➔ **Z:OTEL & URSIDE** 想住进集装箱还是LOFT风格的复式房间？（见291页）

➔ **渝舍** 14间客房的设计无一雷同。（见291页）

➔ **禧玥酒店** 可能有浦江沿岸性价比最高的景观房。（见291页）

🍴 最佳餐饮

➔ **大富贵酒楼** 上海人吃了几十年的老字号，1楼小吃部美味又平价。（见125页）

➔ **Flair rooftop** 冲着拥有无敌景观的露台，也值得来消费一次。（见135页）

➔ **孔乙己酒家** 无论环境还是菜品，都有鲁迅笔下的酒馆影子。（见124页）

◉ 最适合孩子

➔ **上海科技馆** 它其实是一个需要开动脑筋的"游戏馆"，寓教于乐中也解读了科技的奥秘。（见129页）

➔ **东方明珠** 没有一个孩子会不喜欢这里，各种项目可以玩足一整天。（见126页）

➔ **上海海洋水族馆** 在亚洲最长的海底隧道中欣赏各种游弋的鱼儿。（见127页）

◉ 最佳建筑

➔ **豫园上海市区** 最棒的江南园林，移步易景皆美妙。（见112页）

➔ **上海中心大厦** 不但是魔都之巅，也是中国第一、世界第二高的建筑。（见114页）

➔ **三山会馆** 高高的清水红砖风火墙内，是保存完好的晚清会馆建筑。（见120页）

➔ **世博会博物馆** "云端"和"峡谷"组成的极具未来感的现代建筑。（见122页）

老城厢和浦东亮点

❶ 老弄堂里的老上海味

深入老城厢犬齿交错的弄堂,你将看到一幅截然不同的上海画面:青瓦老屋挨着镂空雕花的石库门头,"万国旗"下,穿着睡衣的阿姨爷叔泰然溜达其间。别意外,这不是"魔都"被遗忘的角落,这是上海县城的初始地,它还完好保留着上海的老底子。不过,它总是要跟上时代发展的步伐改换容颜的,老城厢正处于拆迁进行时,市井气与人情味已越来越少,人去屋空的门窗已被砌死。赶紧去,用相机记录下南市的落幕。

❷ 豫园赏海派园林

闹市中的一方文雅之地,从亭台楼阁到舫榭轩廊,集齐江南园林的所有元素。太湖石与黄石假山或独自成景,或隔水相衬;小小的临水亭台将园林的借景艺术和空间艺术发挥到了极致,仿佛视线内外皆有景;逶迤曲折的积水长廊串起南北多处景致,移步易景变幻多姿;雕梁画栋的古戏台展现了匠人的高超技艺。它是老城厢的王牌景点,不容错过。

❸ 云端的上海

在城市制高点俯瞰魔都是什么感觉?陆家嘴会给你答案。你可以在上海中心大厦、环球金融中心和金茂大厦三大建筑中选择一个观光厅,站在与云端齐平的高度,将周围所有的高楼都"踩"在脚下,试试最远能眺望到哪里。你也可以去58层的Flair rooftop露台用餐,与东方明珠近距离干一杯。或者找一间看得见风景的房间入住,体验超五星酒店的高度与高端。

❹ 浦江沿岸的风情

找辆共享单车,沿着22公里长的滨江绿

老城厢和浦东亮点 109

左图：老城厢街景；
右图：上海的老弄堂。

❶ 行前参考
➡ 穿双舒适的鞋，才能走得更自在。
➡ 挑一个空气质量好的晴天去陆家嘴登高赏景。
➡ 保证手机有电，导航、解锁共享单车都有赖于它。

地骑行，从杨浦大桥到徐浦大桥，一路欣赏高大上的陆家嘴、绿意盎然的白莲泾公园、世博文化公园和后滩公园等，还有不少工业遗存、美术馆和漂亮的建筑可停车驻足。不妨在亲水码头、湿地公园深入走走，在魔都的绿肺中做几个深呼吸。好好享受这趟安静的骑行之旅吧！

❺ teamLab无界美术馆

是艺术，也是技术，你在观展，也是艺术展的参与者，这大概就是沉浸式艺术的魅力吧。在无界的空间内，迷路是常事，50多件艺术作品常常没有明确的分割，你会随花瓣飞散进入另一个作品空间，你的一次触摸又令眼前的作品变了样。每个人都会在这里开启疯狂拍照模式，人人都能创作出大片。给足它时间，你一定会意犹未尽。

❻ 东方明珠的乐趣

虽然东方明珠早已退出陆家嘴的天际线，不过263米的观景台受天气影响较小，倒是有更大概率看到开阔宏伟的城市景象。除此之外，95米处的全新VR过山车、259米的360°全透明悬空观光廊、351米的"太空舱"和267米的旋转餐厅，玩赏项目之多是其他几座更高的建筑无法匹敌的。东方明珠脚下的Coca-Cola欢乐餐厅，也会让小朋友欢喜不已。

110 老城厢和浦东

豫园外的九曲桥。

上海环球金融中心。

老城厢和浦东亮点 111

江边骑行的人。

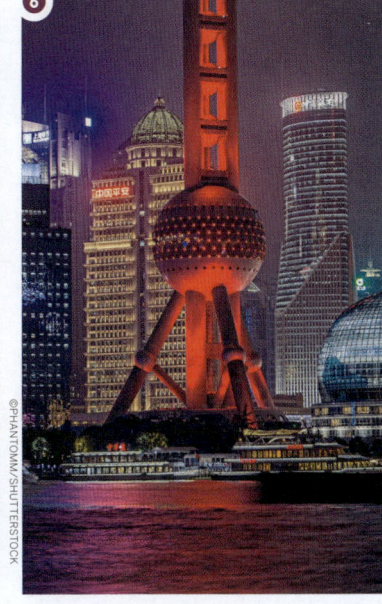

teamLab 无界美术馆。

东方明珠。

★ 最佳景点

豫园

占地30余亩的豫园，在园林界或许称不上大，但放眼周围拥挤嘈杂的老城厢，再看豫园内，亭台楼阁、舫榭轩廊、小桥流水、曲径回廊……元素看似很多，却一点不显局促。整个园林设计精巧，布局张弛有度，既能藏山纳水，又能于咫尺中见乾坤，难怪它被古人誉为"东南名园之冠"。

豫园与周围的豫园老街，常被本地人笼统地称为"城隍庙"，事实上，豫园、城隍庙是两个景点，它们都位于豫园老街内，而豫园才是这一带最不容错过的景点。摩肩接踵的游客难免，最好趁着一早开园或下午闭园前进来，毕竟，清静是园林的基本审美要素。

（见139页地图；www.yugarden.com.cn；安仁街132号；门票4月至6月和9月至11月40元，其余月份30元；◉9:00~16:30, 16:00停止入园，周一闭园；Ⓜ10号线豫园站，3号口）

豫园春秋

豫园始建于明嘉靖年间，最初是四川布政使潘允端的私家园林。取名"豫园"是源于当时倭寇刚平息，"豫"有安适之意，潘允端修建此园主要是为了让父亲安享晚年。第一次鸦片战争爆发时，豫园遭到大肆破坏，后来又成为小刀会的临时军营，起义失败后豫园再度惨遭破坏，园内很多精美建筑付之一炬，直到新中国成立后，进行了多次大规模修缮，才得以恢复昔日的光彩。

园内佳景

假山 园内假山很多，几乎每一个转角、每一片池水都有假山呼应。比较出彩的有四处：夹在三穗堂和仰山堂间的宝旎形门洞后，精致的假山与纤瘦的植物浑然而成一处"盆景"；与

豫园，积玉水廊。

仰山堂隔池相对的黄石大假山，出自明代叠石专家张南阳之手，假山造型各异，两座凉亭点缀其间；点春堂和打唱台之间的太湖石气势恢宏，山上建有楼阁；西侧的玉玲珑为豫园的镇园之宝，具有太湖石瘦、漏、透、皱的特点。

鱼乐榭 小巧的临水亭台得名于惠子的"子非鱼安知鱼之乐"，这处精致的小景充分发挥了园林的借景和空间艺术。前方一条窄窄的溪水被一堵粉墙隔断，墙上又开半圆洞门，通过水面倒映出部分墙后的景物，令人对视线之外产生无限遐想。左侧有一条复廊——走廊中间以墙分隔，墙上开有形状各异的漏窗。亭旁还有一株超过300年的紫藤，每逢初春，白色的小花缀满枝头。亭后又以一面大镜子完全"复制"眼前的景色，当你站在亭中，无论前看后望，景色都一样，形成亭前亭后呼应的效果。

万花楼 明代花神阁遗址，现存为清道光年间所建，楼内的家具也已有200年历史了。建筑四角窗户上雕有梅兰竹菊四幅泥塑。万花楼前

有一株400年的银杏和百岁广玉兰，深秋时，金黄的银杏叶落满亲水平台和旁边的屋檐，隔池相望的是造型各异的假山和盆景，而在左侧云墙上，巨大的龙头正呼之欲出。

积玉水廊 连接会景楼、玉华堂和涵碧楼的百米水廊，是江南园林中最长的水廊之一。水廊沿池修建，逶迤曲折，人在廊中走，锦鲤在水中自由游弋。水廊北段视野开阔，池边林木高大，秋天色彩丰富。中间的玉华堂四面通透，可坐在里面观景。

豫园老街

围绕着豫园和城隍庙的这片仿古商业街，自清同治年间就是热闹的集市。位于中心的**九曲桥**是老街重要的地标，桥上的**湖心亭茶楼**始于咸丰年间，整栋建筑为全木结构，不用一根钉，且两百年来没有重修过，内部装饰也古色古香。不妨在此喝杯茶，坐看老街风景。老街可谓三步一老字号，小笼包、五香豆、梨

亮点速览

➜ **古戏台** 金碧辉煌，雕梁画栋，顶部藻井呈穹隆状，由22层圆圈和20道弧线相交而成。

➜ **九狮轩** 正对一汪碧池，半跨池上，站在屋前的亲水平台前，赏三面绿植风光，非常上镜。

➜ **龙墙** 26米长的"穿云龙"盘踞于墙头，龙头为泥塑，嘴里含一颗夜明珠，龙身以瓦为鳞片。

➜ **九曲桥** 通往豫园之路，若不打算进豫园游览，这里也能欣赏亭台楼阁、荷塘锦鲤等江南园林的美景元素。

膏糖和沈大成、杏花楼、德大西菜社、功德林等，几乎集合了所有上海特色小吃和老味道，如今还有皮爷咖啡这样的新潮小店。只不过，"城隍庙小吃不好吃"早就不是秘密。

环球金融中心，金茂大厦和上海中心大厦。

★ 最佳景点
陆家嘴"三件套"

摩天大楼"摩肩接踵"的陆家嘴是中国建筑高度的标尺，也承担着全上海的天际线的"职责"。在浦东30年来的发展巨变中，最显而易见的是高度不断被刷新，而最引人注目的便是陆家嘴鼎足而立的3座建筑。它们更因分别形似开瓶器、注射器和打蛋器而被称为"三件套"。

3栋建筑都设有高层观光厅，可以一览浦东、浦西的全方位美景。傍晚前往最好，先欣赏日落，待晚霞铺满天空后，静候华灯初上，欣赏陆家嘴和对岸外滩华丽的夜景。阴天、霾重的日子不宜前往。

（见138页地图；M 2号线陆家嘴站，6号口）出陆家嘴地铁站，沿着天桥走，指示牌清晰地显示通往3栋楼的出口。上海中心大厦1楼售票处附近有一块当日能见度的指示牌，其实3座建筑的观光厅都能以其作参考标准。

上海中心大厦

（见138页地图；☏2065 6999；银城中路501号）上海中心大厦以632米的高度荣膺中国第一、世界第二高楼，其螺旋上升的外形据说是以龙为蓝本，每高1层扭曲一度。它被称为"打蛋器"，其实是拜大楼封顶前楼顶几台高空塔吊所赐。

游览入口在建筑北门，有两种套票出售。**上海之巅**（180元；⏰10:00~21:00，最晚入场20:30）可让你前往118层、距地面546米的观光厅，搭乘世界上最快的电梯55秒即可到达。你不但能在此享受360°观景，还可以体验"踏破天际"——通过先进的视频装置和地幕投影，模拟在118层凌空步行。**巅峰之旅**（245元；⏰10:00~20:30，最晚入场20:00）在118层观光厅的基础上，增加了125层和126层的参观项目，你可探秘"上海之眼"——重达1000吨的阻尼器。

位于37层的**观复博物馆**（☏6108 9988；门票100元；⏰周一10:00~17:00，周二至周仰望上海中心大厦。

亮点速览

➡ **朵云书院旗舰店** 位于上海中心大厦52层，有一圈空中花园，可近赏"三件套"中的另外两栋高楼，30块钱一杯咖啡的准入门槛实在不高。

➡ **金茂君悦酒店九重天酒廊** 位于金茂大厦87层，点杯咖啡（65元起）同样可以一览高空美景，需提前预约。

➡ **观复博物馆** 高品质的私人博物馆，金器馆内以26面镜子营造出了虚实交错的迷幻效果。

日10:00~18:00）是一家私立博物馆，常设瓷器馆、东西馆、金器馆、造像馆四大展厅，也值得一看。

环球金融中心

（见138页地图；🕿4001 100 555；www.swfc-observatory.com；世纪大道100号）环球金融中心高492米，目前是中国第三高、世界第五高楼。它在1997年开工后，一度受亚洲金融危机的影响而停工，直到2003年才恢复动工，因大厦顶部的倒梯形设计而有了"开瓶器"之称。

观光厅（180元；⏱11:00~21:00，最晚入场20:00）分布在94、97和100三个楼层。94层距离地面423米，是一个挑高8米的全落地窗空间，赏景视野开阔；97层的观光天桥位于倒梯形的底部，有一个开放式的玻璃顶棚；100层的观光天阁位于倒梯形的顶部，是长约55米的悬空观光长廊，由包括地板在内的三面透明玻璃组成，走在上面像飘浮在空中，试试你会不会双腿发抖。

金茂大厦

（见138页地图；世纪大道88号）陆家嘴"三件套"中最早建成的一座，高420.5米，设计灵感来源于中国传统建筑宝塔，因"塔尖"那根直指蓝天的"银针"，被戏称为"注射器"。建筑由下而上四角内收，巧妙融合了中国古典建筑的挑檐元素和西方装饰艺术风格。而水平展开的裙房又宛如中国古塔的厚重基座，与直冲云霄的主楼形成鲜明对比。

需购票参观的**88层观光厅**（🕿5047 5188；120元；⏱8:30~21:30）距地面340.1米，透过玻璃幕墙可360°饱览陆家嘴的风光。站在这里俯瞰金茂君悦大酒店的中庭，28道金光闪闪的环形灯廊，仿佛时光隧道，又如金色年轮。你还可以在"空中邮局"寄出一份祝福。

真正需要胆量的项目是直接走出观光厅，站在距离地面340.6米的高度，沿着金茂大厦外部全透明、无护栏的空中走道走一圈，体验**云中漫步**（388元含观光厅；⏱9:30、10:15、11:00、14:00、14:45、15:30、16:15、17:00、19:00、19:45、20:30，周二上午暂停），真正零距离置身于高空，称得上是对恐高者的终极考验。

☑ 不要错过

会跳舞的房子

从豫园老街往东走,在外滩边,你会看到一栋设计十分独特的建筑——**复星艺术中心**(见139页地图;☏6305 5118;www.fosunfoundation.com;中山东二路600号)。建筑外立面用675根铝管分3层排列,形成金色的帘幕,既像中国古代的冠冕,又像西方的竖琴,帘幕每天会在固定的时间点(10:00、12:00、14:00、16:00、18:00、20:00)配合音乐定点转动10分钟,看起来就像一座会跳舞的房子。复星艺术中心内有不定期的当代艺术展览,可通过官网了解。

与复兴艺术中心隔枫泾路相对的**BFC外滩金融中心**,是集购物、艺术、文创、美食于一体的商业中心。如今这两栋建筑共同构成了外滩的新兴地标,夏季枫泾路上还有热闹的夜市,很值得一逛。

老城厢

很难想象,在上海的中心地带有这样一片与繁华、时髦完全不匹配的区域。这里没有金融中心,没有精致到角落的网红店,街边那些看起来土里土气的服装店能把时间拉回到20年前。不小心一眼窥到的弄堂里的某户人家,你会发现其居住环境竟是如此简陋。而它的背后便是人人都熟悉的"上海形象"——外滩、新天地、淮海路……

这就是上海人口中的"老南市",自元代上海立县以来的城市中心。人民路与中华路相连而成的环形马路是老城厢的核心,复兴东路和河南南路是老城厢内一横一纵的两条主路,在这个"申"字结构的上下左右四个空间里,有着蛛网般交错复杂的弄堂。这些狭窄、拥挤的弄堂虽落魄,但是也写满了历史,记录着一代代上海人的生活变迁。这里没有太多惊艳的景点,只有温暖的市井气息,而随处可见的"拆"字也预示着老城厢已入暮年,烟火渐逝。

复星艺术中心。

◎ 景点

◎ 豫园及老南市一带

城隍庙 道观

(见139页地图;方浜中路249号;门票10元;⊙8:30~16:30;Ⓜ10号线豫园站,3号口)城隍庙始建于明永乐年间,属于正一派道观,历史上经过多次修缮和重建,"文革"时一度关闭,直到1994年再度修复后重新开放。城隍庙有"前殿供霍,后殿供秦"之说,"霍"是指西汉大将霍光(霍去病的弟弟),"秦"是指明太祖朱元璋册封为上海县城神的秦裕伯,他们分别供奉于前殿和后殿。除了主殿,城隍庙内还有关圣殿、文昌殿等9个殿,几栋建筑本身都称不上特别,主殿屋脊上的砖雕算是不多的亮点。

凭门票可换取3支香。城隍庙香火常年旺盛,民俗节日也颇多,元旦烧头香、正月十五灯会、二月二十一的城隍诞辰、七月十五的中元节出巡等,都是它最热闹的时候。

三山会馆。

正门外一株近百岁高龄的银杏，一入深秋便成了豫园老街上无法忽视的美丽风景。

大境阁　　　　　　　　　　　古迹

（见139页地图；大境路259号；免费；M8号线大世界站、10号线豫园站）正如大多数城市一样，上海也曾有城墙，始修于明嘉靖三十二年（1553年），范围就在今中华路、人民路环线。大境阁是昔日北城4座箭台之一，后于明万历年间废台，改为关帝庙，清朝时大境阁历经几次增改建。民国元年（1912年），上海因城建而拆除古城墙，仅保留了下大境阁这段50米长的城墙，1992年，当时的南市区政府用了3年时间，动迁几十户居民，将这段古城墙和大境阁按原样进行了修复。如今1楼为上海市道教书画院，里面有书画作品展。登上3层高的大境阁，还能找到一些百多年前的古物，例如"信义千秋"的石匾和旗杆夹下的石碑。

白云观　　　　　　　　　　　道观

（见139页地图；大境路239号；门票5元；⏰8:00～16:30，正月初一、十五6:00～16:30；M10号线豫园站）白云观始建于清光绪年间，是沪上著名的道观，平时这里冷清，不过在正月、冬至等传统节日，前来烧香、做法事的信徒会挤满小小的院子。主殿灵霄宝殿供奉玉皇大帝，两侧墙上雕刻着六十尊栩栩如生的甲子太岁神像，传说他们轮流值年，主张流年运势，趋吉避凶。除此，还有供奉四大天王的灵官殿、供奉关公和文昌帝的财神殿、供奉张天师的祖师殿、供奉孙邈的药王殿和雷祖殿等。

★ 中华路　　　　　　　　　　街区

（见139页地图；M9号线小南门站，8号线、10号线老西门站）中华路修筑于1913年，在地图上是一条"U"形线，在它的这个范围内，是密密麻麻的民居小巷，也是由文物、古建组成的露天博物馆，更是老南市的心脏。

不过本书调研期间，中华路与河南南路、复兴东路所围的这片区域正在紧锣密鼓地拆迁中，或许你带着本书前往时，已经看不到街巷间鸡飞狗跳的一面，不少房子已经人去楼空。

出小南门地铁站往南走一段，抬头会看到高耸的**火警钟楼**（中华路581号），始建于1910年的它是上海第一座火警瞭望台，也是当时上海的第一高。再往前一点，有座新古典主义风格的**电话局办公楼**（中华路734号），这是建于1920年的原上海电话局南市总局，有着漂亮的科林斯柱、巴洛克浮雕装饰的半圆券窗。

"U"形圈内的拥挤小巷内也藏着不少看点。建于清康熙年间的**梓园**（乔家路113号），几经易主和更名，最后的主人是清末实业家王一亭。浮雕装饰的拱形门头上有吴昌硕所题的园名，门洞后的洋房有着大大的半圆形露台和几根爱奥尼亚柱。1922年爱因斯坦夫妇途经上海时也曾是梓园的座上宾。附近光启南路口的**徐光启故居**（乔家路238号），最初可是有着三进百余间的豪宅，清顺治年间被烧，仅剩上下各九间，后又遭日军轰炸，再毁两间，如今它看起来只是一座毫不出奇的居民房。与宁波天一阁、南浔嘉业堂并列为"明清江南三大藏书楼"的**书隐楼**（天灯弄77号），依然保留着乾隆年间的砖雕、木雕，很遗憾，它被列入了拆迁计划。**龙门邨**（尚文路133弄）有着高高的门楼，1865年，时任苏松太道丁日昌曾在此创办了龙门书院，1935年学校迁走，弄堂改为民居。龙门邨窄窄的弄堂里，集中了石库门里弄、新式里弄和独立花园住宅，建筑有中式、西班牙式、巴洛克式、装饰艺术等多种风格，获得了"微缩万国民居群"的赞誉，10号的仁庐内常有艺术展。

文庙 孔庙

（见139页地图；文庙路215号；门票10元；⊙9:00～16:30）元代上海立县后，正式建文庙，后又经数度易址和扩建，现在看到的这座文庙是于清咸丰年间（1855年）重修的，也是目前上海中心城区唯一一座祭祀孔子的

📖 上海往事

唐天宝十年（751年），上海立华亭县，县治在如今的松江，可算得上是"上海的源头"。元朝至元二十八年（1291年），华亭县变成华亭府，而新设上海县，县治所在便是今日的老城厢。此后这片区域在元、明、清三代都是上海的政治、经济、文化中心，繁华无比。

明嘉靖年间，上海饱受倭寇侵扰，明廷甚至一度有撤县的想法。1553年，修建了一道5公里长、2.4丈（8米）高的环形城墙，墙内称"城"，墙外热闹处称"厢"，"老城厢"之名由此而来。清代后期，随着上海经济迅速发展，为了发展城内外的交通，当时的政府分别于1912年和1913年拆除了南半城和北半城，仅保留下了拆城指挥部所在地——城墙箭楼大境阁，以及周围50米的城墙。今天的人民路、中华路相连的环形马路便是昔日的城郭，马路的前身是环绕城墙外围的一条护城河，今天偌大的一座国际化大都市就是在这面积仅2.2平方公里的基础上发展起来的，那8座不复存在的城门，化作11路公交途经的8个公交站。

上海开埠前，上海县城内已经是街道纵横，一派胜景。上海港凭借优越的地理位置，成为当时中国南北洋航运贸易的连接点，从十六铺码头登陆的生意人、手艺人就近扎根于此，成为第一代上海移民。今天人民路上具有折衷主义风格的大楼童涵春堂便是清乾隆时期宁波人来此创立的药行。开埠初期又正值晚清洋务运动，民族企业也非常蓬勃，一大批仓库、码头出现在南市沿江一带。在这场"实业兴国"所创办的工业中，有李鸿章一手打造的江南制造局，即后来的江南造船厂、今天的中国当代艺术博物馆（见123页）所在位置。直到新中国成立后，中国船舶、机械制造的骨干企业都聚集在南市的江边。

要不是开埠，很难说清如今上海最繁

童涵春堂大楼。

华的中心到底会在淮海路、南京路，还是继续保持在当初的县城中心。1843年11月17日，根据《南京条约》和《五口通商章程》的规定，上海正式开埠。此后上海的发展重心逐渐偏离老城厢，纷至沓来的外国商人在上海租地盖屋、经商贸易，被称为"国中之国"的租界由此诞生。苏州河以南的英租界、法租界，苏州河以北的美租界、日租界和后来的公共租界，甚至20世纪二三十年代崛起于江湾五角场的"大上海计划"，都绕开了上海县城这个"核心"。在外来文化和资本的带动下，租界迅速发展，并后来者居上。当时，相对于上海人将英租界称为北市，老城厢也有相对应的华界、南市的称号，居民以从事传统商业的华人为主。这时的老城厢与别墅林立、洋气的租界相比，显得拥挤杂乱，少了外国资本的推动，发展也缓慢不前，老城厢不但失去了上海文化和经济中心的地位，还逐渐沦为当地人口中的"下只角"（意思是穷人住的地方）。而工业也逐步迁移，南市的船厂迁往长兴岛，老厂房大多改建为他用，或作为工业遗存屹立在江边。2004年，十六铺码头的客运航线也全部迁往长江口的吴淞客运中心。

一直以来，老城厢以其独特的方式保留了上海初始的城市肌理，也保留了最平民化、最本土化的生活状态，但它终于还是迎来了拆迁改建。很多居民已经拿着丰厚的拆迁费搬离此地，弯弯曲曲的巷弄内，大多数房子的门窗已被大青砖给封死。城市发展一步步蚕食着上海老城的一砖一瓦，不少念旧的本地人拿起相机，来记录它的最后一幕，南市曾经的风光与生活气息终将化作上海人深藏心底的记忆。

庙学合一的古建筑群。这里平日游人不多，非常清静，只有在考试季才会迎来不少祈福许愿的学子。

整个建筑群以东西两条轴线贯穿，一条是连接棂星门、大成门、大成殿、崇圣祠的祭祀路线，一条是连接学门、仪门、明伦堂、尊经阁的学宫路线。最珍贵的文物是大成殿内的全本《论语》青石碑刻，而藏书楼所在的尊经阁曾是民国期间上海第一所国立图书馆。

每个周日，文庙会摇身变为热闹的**旧书市场**（⏰7:30~16:00），仔细淘一下能发现不少绝版老书，不过疫情期间旧书市场关闭了，但你能在附近找到几家二手书店。

◎ 沿江一带

老码头　　　　　　　　　　　　　创意园区

（见139页地图；中山南路479号；🚇9号线小南门站，3号口）前身是十六铺码头，昔日上海滩大亨杜月笙、黄金荣的码头仓库所在地。10年前它的临江弄堂、老厂房被改造一新，成为南外滩的时尚地标，2017年又进一步扩建，变成一处集石库门建筑、沿江绿地、吃喝娱乐和文化艺术于一体的时髦商圈。逛完这里，可以去附近的**复兴东路渡口**（见139页地图；船票2元，自行车2.8元；⏰6:00~21:20，每10分钟1班）坐船去对岸，体验下隧道、过江大桥建成前上海人的过江方式。

董家渡天主堂　　　　　　　　　　　　教堂

（见139页地图；董家渡路185号；免费；⏰8:00~18:00；🚇9号线小南门站，2号口）这是目前上海现存最古老的天主教堂之一，也是中西建筑风格巧妙融合的代表作。整体建筑风格属于巴洛克式，一些外部细节上又有西班牙风格的影子。而在西式外表下，教堂的内饰则凸显了中国传统文化的风韵，例如莲花、仙鹤、葫芦、宝剑等图案的浮雕。本书调研期间，周边几条小巷连带天主堂都在封闭改造中。

三山会馆　　　　　　　　　　　　博物馆

（见139页地图；📞6313 4675；www.

🚶 步行游览

老城厢

起点：豫园老街
终点：中华路电话局办公楼
距离：3.5公里
需时：2小时（不含游览时间）

一早先去❶**南翔馒头店**吃一客小笼，吃完赶紧趁着游人不多，去❷**豫园**参观。然后逛逛豫园老街和❸**城隍庙**。向西穿过旧校场路，有座小小的❹**沉香阁**（沉香阁路29号；门票10元；⏰7:00~16:00），这座比丘尼寺院已经有400多年历史了。转入侯家路、紫华路，再穿过河南南路进入大境路，一路向西依次经过❺**白云观**和❻**大境阁**。

老城厢 121

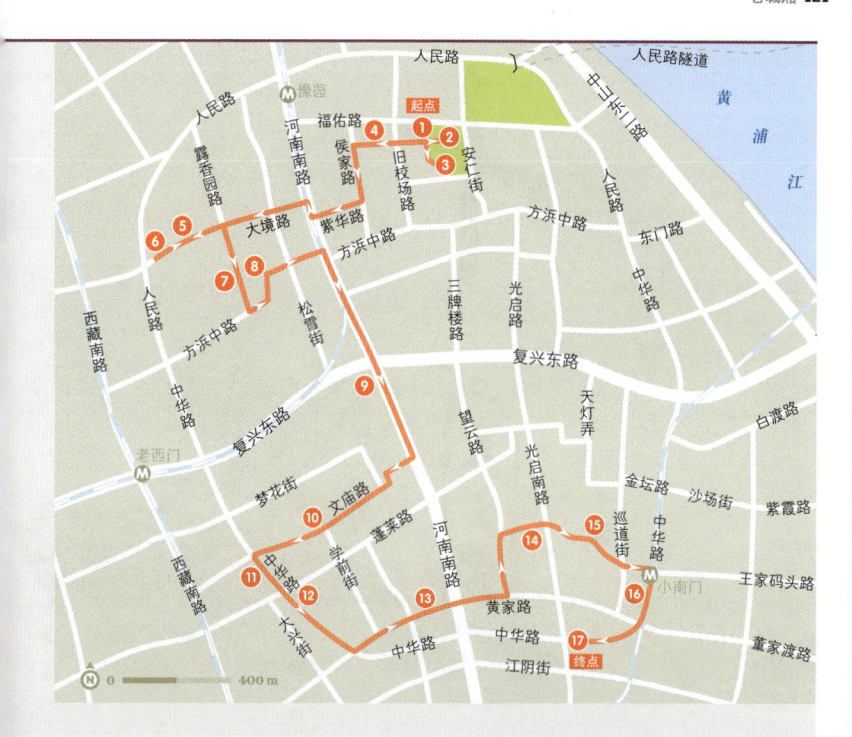

　　原路返回一段，向南转入霍香园路，右手边是一排排崭新的石库门别墅。前面的 ❼**实验小学**已有超过百年的历史，门头上保留着最初的钟楼。转入方浜中路，左手边黄墙内是安静的 ❽**慈修庵**（香花券10元；⊙8:00~11:00，12:00~15:00）。沿着河南中路向南走，过复兴东路的环形天桥，在天桥上就可以看到清真寺的标志性圆顶，靠近路口、粉色外墙的是清真女寺，更靠内的是已近百年的 ❾**小桃园清真寺**，它是上海伊斯兰教的主要寺院。然后右转入文庙路，参观完 ❿**文庙**后朝西走，沿途会路过几家动漫商店。

　　接着，左转入中华路，这一段很热闹，你可以在对面的 ⓫**老盛昌**吃个汤包，或去 ⓬**红宝石**吃块鲜奶小方。继续向南走，穿过街边的一排老年服装店。左转入尚文路，在接近河南路时，左手边有着高高的砖雕歇山顶门头的是 ⓭**龙门邨**，这条弄堂里汇集了各种建筑风格。

　　穿过河南路，直走一段，左转入凝和路，由此进入了拆迁区，弄堂里大多数门窗都被大块的石砖木板封死。右转入乔家路，在光启南路口，会看到 ⓮**徐光启故居**。如果你拿着本书前往时，房子还没拆完，还可以继续向北去找找西唐家弄和天灯弄里的书隐楼。否则就继续向前，注意左侧漂亮的 ⓯**梓园**门头。沿着乔家路走到中华路右转不久，围墙内高耸的 ⓰**火警钟楼**令人过目不忘。在 ⓱**中华路电话局办公楼**结束本次步行游览。ⓛⓟ

左图：沉香阁。
©逍遥无相/图虫创意

董家渡天主堂。

sanshanhuiguan.cn；中山南路1551号；免费；◎9:00~16:00；M4号线西藏南站，2号口）这是上海目前唯一保存完好的晚清会馆建筑，也是上海工人三次武装起义的革命遗址。清宣统年间，福建旅沪商人集资筹建三山会馆，用以祭祀天后（妈祖），并以福州城内的3座山来命名。不过，最初的三山会馆并不在这里，而在半淞园路239弄，因正处在建造南浦大桥的关键位置，1985年在大桥动工前，整栋建筑的梁、柱、础等大小构件被拆卸，南移30多米后，也就是现在的位置，再按原貌重新"组装"而成。

高高的清水红砖风火墙内，是二进式四合院落，气派的门楼上砖雕精美，正殿和古戏台有着飞檐翘角、雕梁画栋，古戏台的全木构螺旋藻井金碧辉煌。两边的厢房如今被辟为关于上海工人三次武装起义的史料展厅。

对面的新馆，以规整的红色镂空墙呼应三山会馆的清水红砖。里面是两座展馆：1楼是**阿拉屋里厢的"印记"**，展出了老上海人收藏的"红色"纪念品，包括毛主席像章、红宝书等；2楼是**上海会馆史陈列馆**，介绍了上海开埠后的会馆文化。

世博会博物馆 博物馆

（见139页地图；☎2313 2818；www.expo-museum.cn；蒙自路818号；免费；◎9:00~17:00，16:15停止入场，周一闭馆；M13号线世博会博物馆站，2号口）这座2017年开幕的博物馆位于原上海世博会浦西园区，紧邻卢浦大桥。建筑外形极具未来感——一半是由3730块三角形玻璃组成"云墙"和"云柱"，另一半是用米色砂岩和铜铝复合板两种材料拼接成的"峡谷"。

博物馆共7个展厅，通过图文、影像资料和等比例模型等，详细介绍了历史上一些最著名的世博会。你会在这里看到按1:100比例制作的1851年伦敦万国博览会（也是第一届世博会）的水晶宫，以及一些世博会结束后便拆掉的建筑模型。5-7号展厅的主题是2010年上海世博会,你会在此重温当时的盛况,展厅内有巨大的世博会址模型、大量当时的图文资料和经典藏品。多媒体巨幕投影循环播放着包括《清明上河图》在内的4部短片,很值得一看。博物馆内每天有两场免费讲解(10:00、14:00)。

中国乒乓球博物馆 博物馆

(见139页地图;🗺6550 6650;局门路796号;免费;⏰9:00~17:00,16:00停止入场,周一闭馆;🚇13号线世博会博物馆站,2号口)就在世博会博物馆隔壁,馆如其名,内容是关于乒乓球的发展历史。你会在1楼了解到乒乓球名字的由来,以及这项运动从欧洲贵族的沙龙走向竞技体育舞台的过程,还能见识最古老的乒乓球拍——它就像小一号的网球拍。不妨在带有手印的名人墙上找找是否有你熟悉的名字,再跟着比赛视频学习下乒乓球的各种技术打法。2楼介绍了中国乒乓球运动的发展和历届国际赛事上的辉煌战绩,还有一些人机互动的游戏。

中国当代艺术博物馆 博物馆

(见139页地图;www.powerstationofart.org;花园港路200号;免费,特展另收费;⏰11:00~19:00,18:00停止入场,周一闭馆)这是中国大陆第一家公立当代艺术博物馆,也是上海双年展的主场馆。博物馆由原南市发电厂改建而成,高达165米的烟囱保留了下来,并被改造成了一个巨大的温度计。可别以为温度计仅为装饰,当年世博会期间,它每天实时显示着气温,直到今天。建筑内同样是浓浓的工业风,尤其在没什么重要展览时,空荡荡的空间里各种裸露的工业遗存非常惹眼。

🎉 节日和活动

城隍庙灯会 新年

"游老庙,逛花灯"是上海人庆祝过年的一部分。从大年初一到元宵节后三天,豫园老街、城隍庙张灯结彩,到处是红红火火、

☑ 不要错过

teamLab 无界美术馆

teamLab是诞生于日本东京的数字艺术展,这是一个由光影和数字技术打造的沉浸式艺术展览,它曾创造了世界上最大规模的单年度参观人数纪录。2019年,全球第2座**teamLab无界美术馆**(见139页地图;花园港路100号C-2馆;门票249元;⏰10:30~17:30)落户上海,6600平方米的空间内,总共有50多件艺术作品/场景。

迈入美术馆,你会深深认同"无界"二字,第一个展厅由镜面和倾斜的立柱组成,随着人的走动,立柱变换着蓝色的光芒,脚下有蓝色旋涡扩散,四周的镜面令光影得以穿越边界,要不是墙上绿色灯箱的出口指示,十有八九你会在这里找不着北。而很多作品与作品间的边界也是模糊的,你有时会随着花瓣飞散进入另一个作品空间,你的一次触摸也会改变眼前的作品,你是观者,你也是艺术展的一部分。"花与人的森林"是最具人气的作品,起伏的地面对应开满鲜花的山谷,满墙满地的绚烂花色变幻出各种姿态。以梯田为灵感的"地形的记忆"变幻出四季景色。这里并非单纯的东京复制版,"灯之森林"的空间比东京馆的版本大了1.5倍,如瀑布墙般的"光群落"则是中国首展的作品。

大多数人会在里面逛上至少半天,你也一定会开启疯狂拍照模式,一定要将手机充足电,最好带上充电宝,美术馆内不能带包、食物进入,观展前喂饱自己也是必要的。作为拍摄主角的你,千万别穿着花衣服去和斑斓的光影撞色,纯色的衣服(最好是白色)才是最佳。

喜气洋洋的气氛。花灯造型丰富,还有猜灯谜游戏。如果刚好春节期间来上海,不妨体会下魔都的年味。

餐饮

豫园老街（本地人通常习惯称城隍庙）汇集所有本地小吃，只不过大多数店家的出品很难代表上海水准，除了**春风松月楼**的素包可以一尝，**南翔馒头店**也值得吃一下。南外滩老码头一带的餐厅，在整个老城厢地区，就餐环境最高端，价格也很高。中华路周围的弄堂里有不少本地人从小吃到大的老上海风味。夏季的周末，豫园附近的枫泾路会变成烟火气十足的夜市，可吃可逛，热闹非凡。

南翔馒头店　　　　　　　　　　小吃¥

[见139页地图；☎6355 4206；豫园路85号（九曲桥边）；人均70元；◎8:30~20:00；Ⓜ10号线豫园站，3号口]在上海人眼中，没吃过南翔小笼，就等同于没去过城隍庙。如果有外地人觉得南翔小笼不够好吃，上海人也一定会说"南翔小笼一定要吃城隍庙的"。这家口碑炸裂的分店就在九曲桥边，创建于光绪年间，至今已经120多年，店门口几乎365天都排着长队。店内就餐环境古色古香，除了传统的鲜肉小笼（40元/6只）和蟹黄鲜肉小笼（72元/6只），还有蟹黄灌汤包（42元/只）和其他十来种小笼馅，也供应熏鱼、酱鸭、烤麸、小排等本帮菜。

孔乙己酒家　　　　　　　　　绍兴菜¥¥

(见139页地图；☎6376 7979；学宫街36号；人均120元；◎11:00~14:00, 17:00~21:00；Ⓜ8号线、10号线老西门站，7号口)古色古香的门头内，是简简单单的八仙桌和长条凳，加上角落里的酒坛子，还真有几分鲁迅笔下的影子。菜的味道不错，价格也很实惠，茴香豆、太雕鸡、梅干菜扣肉、绍兴黄酒都是地道的菜品。

CLOUD Bistro　　　　　　　　下午茶¥¥

(见139页地图；☎183 0213 5794；中

城隍庙灯会。

山东二路600号复兴艺术中心4楼；人均200元；⏰10:00～18:00）"会跳舞的房子"楼上的餐厅，有着老城厢最漂亮的露台，正对着上海中心大厦，十六铺码头就在旁边，江景一流。冬天在室内用餐的话，也拥有全落地窗视野。餐食不固定，常会配合艺术展推出限定下午茶。2020年曾推出过Tiffany下午茶。

上海老饭店 上海菜 ¥¥

（见139页地图；人均150元；⏰11:00～14:00，17:00～20:00；Ⓜ10号线豫园站，1号口）这家店从最初的两张半台子起家，逐渐扩张到如今气派的格局。大多数本帮菜都做得不错，八宝鸭是一绝，鸭子蒸的酥透，加上火腿、干贝、白果等，鲜香无比。你还能在这里尝到糯米团子包裹薄荷糖水的鸽蛋圆子，这道菜在很多饭店已经绝迹了。

大富贵酒楼 小吃 ¥

（见139页地图；中华路1409号；人均35元；⏰5:00～20:00；Ⓜ8号线、10号线老西门站，7号口）沪上老字号，这家是总店，食客大多是在此吃了十几年的老邻居，熟食外卖部总是排着长队，午市时段堂食人气也很旺。1楼小吃部经营价格实惠的锅贴、生煎、馄饨、排骨年糕和各种面，三鲜小馄饨、赤豆莲子羹、辣肉面最受追捧。楼上点菜，富贵酱鸭、熏鱼、条头糕是必点菜。

鼎乐酒家 浙江菜、本帮菜 ¥¥

（见139页地图；永年路54号2楼；人均150元；⏰17:00～20:00，23:00至次日2点；Ⓜ9号线、13号线马当路站，1号口）属于酒香不怕巷子深的一家店，只做晚饭和夜宵场，夜宵场充满了江湖气，有时老板会来上一曲沪剧，食客也会拿起话筒吼几嗓子。菜的品相很一般，但味道很好。招牌花雕醉膏蟹（228元）带着酒香与鲜甜，话梅虾最适合佐酒。咸菜小黄鱼、烤籽鱼也都很好吃。也有一些中西合璧的创意菜。

绿波廊 上海菜 ¥¥

（见139页地图；📞6328 0602；豫园路115号九曲桥边，人均150元；⏰11:00～14:00，17:00～20:00；Ⓜ10号线豫园站，3号口）这里曾招待过不少外国元首，相对来说是豫园老街上出品较有保障的一家饭店。招牌菜八宝鸭味道其实一般，更家常的草头圈子倒是做得不错。本地人认为这里的点心比炒菜好吃些，桂花拉糕、葫芦酥不可不尝。

🔒 购物

新藏宝楼 古玩市场

（见139页地图；福佑路223号；⏰9:00～18:00；Ⓜ10号线豫园站，1号口）原来的古玩市场因新搬入了福佑路的福民商厦，而改称新藏宝楼。迈入商厦，1楼卖的是各种日用品，楼上才是红木摆件、古钱币、字画、翡翠玉石、陶瓷等的古玩天下。4、5楼是地摊集市，4楼以玉器摆件为主，5楼多为瓷器，在这儿淘东西有行话，1块代表100元，1毛指10块。不管哪一层、哪家店，几乎都有真古董也有假货，能不能淘到宝贝全凭眼光，砍价更是少不了的技能。

十六铺轻纺面料城　　　　　　　市场

（见139页地图；东门路168号； 8:30~18:00； 9号线小南门站，3号口）这座面料批发市场涵盖床上用品、窗帘等，也可以定做衬衫、大衣、旗袍。如果想买一件量体裁衣式的手工定制，你可以来这里，商场内每个店铺都有裁缝坐镇。规模更大的**南外滩轻纺面料市场**（见139页地图；陆家浜路399号； 9:30~18:00； 4号线南浦大桥站，3号口）同样提供成衣定制服务，但属于墙内开花墙外香，慕名而来的外国顾客不在少数，店主也都能说几句实用的洋泾浜英语。

大隐书局　　　　　　　　　　　书店

（见139页地图；豫园老街19号； 8:30~21:00； 10号线豫园站，1号口）非常贴题，书店很有大隐隐于市的感觉。1楼以文创产品、明信片、生活杂志为主，2楼分五大主题书籍，书不算多，窗外便是豫园美景。与大多数书店一样，这里也附带咖啡馆。

福佑门小商品市场　　　　　　　市场

（见139页地图；福佑路427号； 7:00~17:00； 10号线豫园站，1号口）整栋楼内都是一家家小商铺，袜子、帽子、睡衣、手机壳、饰品、拉杆箱、挂历、福袋、玩具等小商品琳琅满目、应有尽有，没什么上档次的东西，是淘便宜货的好地方。

浦东新区

上海开埠180年，浦东开发仅30年，在过去，相对于繁华的浦西，这是一片被上海人嫌弃、动迁户避之不及的"大农村"。30年中，浦东迎来了翻天覆地的变化，成为推动上海经济发展的中坚力量。陆家嘴的天际线越建越高，成为当代上海的新名片。广阔的地域给了地产商无限空间，高端生活社区不断建起，浦西在寸土寸金的居住空间里感怀历史，浦东人在此享受着视野开阔、空间开阔的都市宜居生活，外来的精英人群也纷纷安家于此。高科技园区的兴建和功能各异的展览馆为浦东乃至整个上海的经济发展提供着源源不断的活力。浦东虽然少了几分人文和历史色彩，但它就像是一个用最新潮、最先进的理念完成的作品，它是上海的新大陆。

◎ 景点

◉ 陆家嘴周边

东方明珠　　　　　　　　　　　地标

（见138页地图； 5879 1888；www.orientalpearltower.com；世纪大道1号；门票160元起； 9:00~21:00； 2号线陆家嘴站，1号口）全名是"东方明珠广播电视塔"，它曾是20世纪浦东一枝独秀的地标，也是集观光、娱乐、展馆、餐饮、演出等于一身的多功能旅游景点。虽然高度早被陆家嘴"三件套"赶超，不过相对于后者纯看高空风景，东方明珠能提供给游客的玩赏项目更丰富。

东方明珠据说得名于白居易《琵琶行》中的"大珠小珠落玉盘"，外观设计也恰如其分地诠释了这句诗——数个大小不一的粉色球体嵌于混凝土支柱间。东方明珠有不同的参观层和多种套票购买方式，地面层的上海城市历史发展陈列厅（35元）介绍了上海开埠以来的发展。160元的套票除了参观城市历史发展陈列厅，还可以游览263米的主观光层和259米的360°全透明悬空观光廊；220元的套票又增加了351米"太空舱"。如果想在267米的旋转餐厅用餐，也有三种不同价位的套票（茶歇258元，自助午餐368元，自助晚餐458元），都涵盖了160元套票的参观内容。此外，在95米的高度有中国首个室内VR过山车，以飞越上海城际高空为主题，刺激又有趣。带小朋友前来的家庭还可以在东方明珠脚下的Coca-Cola欢乐餐厅用餐，虽然食物乏善可陈，但店内可口可乐主题的装饰，

东方明珠。

以及滑梯、旋转木马等一定会让小朋友欢喜不已。

丰和路和陆家嘴环路上各有一个售票处，后者旁边是**旅游咨询服务中心**（☏3383 0210；⏱9:00~17:00），可以去拿张免费的地图和周边景点的介绍资料。

滨江大道　　　　　公园

（见138页地图；Ⓜ2号线陆家嘴站，1号口）面朝浦西外滩的万国建筑群，背靠陆家嘴高大上的摩天大楼，这处1.5公里长的狭长绿化带是由旧码头改造而成的临水休闲区，它也被称为"东外滩"。有人在此悠闲散步消磨光阴，也有商务人士坐在露天茶座里谈着几百万的生意。观光客同样会喜欢它的惬意，你可以听着黄浦江的拍岸声，看浦江上来往的船只，欣赏两岸风光。2021年7月新落成的**浦东美术馆**已成陆家嘴滨江新地标，不但有高质量的艺术展，直面外滩的镜厅展示空间本身便堪称艺术作品。

震旦博物馆　　　　博物馆

（见138页地图；☏5840 8899；www.auroramuseum.cn；富城路99号震旦国际大厦内；门票60元，语音导览20元；⏱10:00~17:00，周五10:00~21:00，提前1小时停止售票，周一闭馆；Ⓜ2号线陆家嘴站，2号口）震旦博物馆是由日本建筑大师安藤忠雄设计的私人博物馆。展厅分布在5个楼层，从下至上展出的艺术品分别是汉唐时期的陶俑、历代玉器、元明清时期的青花瓷器，以及犍陀罗风格的佛像和北魏、北齐时期的佛教造像等，其中有1层介绍了不同时代玉料的设计和根据不同玉器材料进行的纹饰加工。

上海海洋水族馆　　　水族馆

（见138页地图；☏5877 9988；www.sh-soa.com；陆家嘴环路1388号；门票160元，讲解50元，语音导览30元；⏱9:00~17:30；Ⓜ2号线陆家嘴站，1号口）在这座人造海洋水族

另辟蹊径

民生码头八万吨筒仓

在滨江大道北段、民生码头附近，你的视线一定会被江边十几个彼此相连、高高耸立的巨型混凝土"大筒"牢牢吸引，它就是昔日亚洲最大的粮仓——民生码头八万吨筒仓。如今，粮仓的功用已成过去式，建筑作为工业遗产完整保留了下来，内部用作艺术策展空间。建筑分东西两栋，西侧6个筒仓，东侧10个筒仓，东侧筒仓的靠江一面，有一条斜斜的坡道与建筑相连，这是过去运送粮食的传送带。2017年，八万吨筒仓作为上海城市空间艺术季的主展馆，又在东侧筒仓靠江一面，于筒腰部位增建了一条透明的外挂扶梯。这里平日内部不开放参观，但逢艺术展或行业展会举办时，可进入一观。走入建筑内部，会看到开阔的厂房空间内，屋顶悬挂着一个个巨大的漏斗，它们就是粮仓的底部结构。ⓛⓟ

上海海洋水族馆。

馆中，你可以了解跨越五大洲的海底世界，认识450多个品种、15,000余条珍稀鱼类。馆内分9大展区，从淡水到深海，从热带到极地，既有中国特有的扬子鳄、中华鲟等，也有亚马孙雨林中的电鳗，澳洲的锯鳐、射水鱼，还有南极洲的企鹅。镇馆之宝是草海龙。155米长的海底隧道是亚洲最长的海底隧道。每天9:45~11:10和14:15~15:40，潜水员会对斑海豹、企鹅、开阔海洋区、群鱼海洋区和鲨鱼海湾进行两次喂食。水族馆还会不定期组织"与鲨共眠"的夜宿活动，感兴趣的话可提前电话预约。

如果还打算去陆家嘴"三件套"登高，可留意下与水族馆的联票：与上海之巅观光厅一起游览305元，与金茂88层观光厅一起游览215元。

大自然野生昆虫馆　　博物馆

（见138页地图；www.shinsect.com；丰和路1号；门票78元；◯9:00~16:30；Ⓜ2号线陆家嘴站，1号口）这是国内首家以活体昆虫和两栖爬行动物为主题的科普展示馆，馆内收藏了300多种活体和标本，详细介绍了水域、沙漠、雨林、岛屿、沼泽等多种生态环境中的昆虫和爬行动物。你不仅能观察昆虫，还有机会触摸它们，馆内的科普教室长期开展亲手制作昆虫标本的活动。

吴昌硕纪念馆　　展览馆

（见138页地图；☏5878 6863；陆家嘴东路15号；免费；◯9:00~12:00, 13:00~16:30，周一闭馆；Ⓜ2号线陆家嘴站，5号口）吴昌硕是中国近代史上一位举足轻重的艺术大师，他在诗、书、画、印刻上的成就都极高，是海派画家的重要一员，也是西泠印社的首任社长。纪念馆所在的建筑名为"颍川小筑"，是1922年由富商陈桂春（也是东方医院的创建者）所建，吴昌硕常和友人在此切磋画艺。纪念馆内辟有吴昌硕生平陈列室、大师画室、艺术作品展厅三部分。

上海科技馆。

世纪公园及周边

世纪公园
公园

（见140页地图；☏3876 0588；锦绣路1001号；门票10元；⏰冬天6:00~17:00，夏天6:00~18:00；🚇2号线世纪公园站，4号口）占地140公顷的世纪公园，10元的准入票，绝非简单的赏花+草坪+划船的城市公园标配模式，它有真正的自然风景可赏。公园中心是一片湖泊，沿湖的疏林、芦苇荡很美，深秋虽不具备浓烈的斑斓之色，也有渐层晕染的淡雅之姿。公园内绿植丰富，春有樱花绽放，秋有银杏飘飞，大片的草坪不输于那些著名的植物园。

7号门毗邻地铁世纪公园站，1号门离科技馆站较近，此门进彼门出是合理的游览路径。

世纪公园外围一圈规划了2条塑胶跑道、1条自行车道和1条机动车道，全长5公里，沿途有距离标识。如果住在这附近，傍晚可以加入本地跑友或骑行者的行列。

上海科技馆
博物馆

（见140页地图；☏6854 2000；www.sstm.org.cn；世纪大道2000号；门票45元；⏰9:00~17:00，周一休馆；🚇2号线科技馆站，7号口）这栋"太空感"十足的巨大玻璃球体建筑，是颇有些年头的上海科技馆，内部设施已显陈旧，光线也很暗（展板上的文字很难看清），不过它依然很适合带孩子来游览。

科技馆共3层，常设13个展厅，大多数展厅内都有不少互动游戏，像是一个个室内游乐场，只不过这些游戏需要小小开动下脑筋。你可以和机器人一起下五子棋，看机器人玩魔方，也可以坐上旋转飞盘射飞球，体验一下宇航员的日常训练。大多数体验项目旁会有工作人员协助讲解游戏的科学原理。你还可以带孩子去看看3楼的"生殖的奥秘"影像，让科学来为他解答"我是怎么生出来的"吧。

★ 值得一游
浦东图书馆

爱泡图书馆的人应该会喜欢**浦东图书馆**（见140页地图；3882 9588；www.pdlib.com；前程路88号；9:00~17:00，周一闭馆；M7号线锦绣路站，1号口）时尚又人性化的设计。纯白的格栅，加上大量运用自然采光，令内部空间看起来极为明亮。中庭开阔通透，两个巨大的"空中花园"玻璃屋垂直悬挂于屋顶。阅读和自习区每张桌上配有台灯与插座，还有舒适的皮质靠背凳，书架上装有感应灯。而在徜徉书海之余，这里还有读者餐厅和咖啡厅等配套设施。

本书调研期间，位于世纪公园1号门外（上海科技馆对面）的**上海图书馆东馆**（见140页地图）仍在修建中，内部全环绕木色格栅的采光中庭设计，同样很有设计感，预计2021年将完工。

除了大量寓教于乐的游戏，展厅内的知识点也很丰富。1楼的动物世界和生物万象展厅内，陈列了五大洲的动物标本，还可以在此了解到热带雨林中的植物绞杀、附生、板根、独木成林等现象。2楼的地球家园展厅内，介绍了苏州河的整治、变迁，以及生活中有哪些会污染环境的城市垃圾。

馆内的四维影院中每天播放3部小影片（30元），主题分别关于大熊猫寻找新家园、非洲动物大迁徙、深海生物探秘，时长都不超过20分钟。

科技馆的东侧，是通往世纪公园1号门的世纪广场，绿化做得不错，傍晚常有滑板少年在此练习。

后世博园区

中华艺术宫　　　　　　　　博物馆

（见140页地图；4009 219 021；china.artmuseumonline.org；上南路205号；免费；10:00~17:00，周一闭馆；M8号线中华艺术宫站，3号口）中华艺术宫所在的建筑是2010年世博会时的中国馆，世博会结束后，这是唯一保留下来的展馆，其醒目的中国红和仿"斗冠"的独特造型，是后世博园区最醒目的标志之一。如今，建筑内部的巨大空间作为永久性艺术展馆开放，共设27个展厅，以中国近现代艺术作品为主，除了5号展厅的多媒体版《清明上河图》需额外收费（20元），其余皆可免费参观。

梅赛德斯-奔驰文化中心　　　　剧院

（见140页地图；4001 816 688；www.mercedes-benzarena.com；世博大道1200号；10:00~22:00；M8号线中华艺术宫站，3号口）这个外形酷似大飞碟的建筑曾经举办过世博会的开、闭幕式，现在是一个多功能演出场所，里面还有上海最大的室内真冰溜冰场，以及电影院、健身馆、餐馆等。

飞碟的"夹层"是一个360°空中观景环廊，绕着大飞碟走一圈，可以眺望世博公园和对岸浦西的风景。坐电梯至6楼，正对电梯的门便通往环廊，关门时间不定，一般晚上6点后不再开放。

世博源　　　　　　　　　现代建筑

（见140页地图；上南路168号；10:00~22:00；M8号线中华艺术宫站，3号口）这座长长的综合购物中心，由世博会永久性建筑——世博轴改建而成。2楼的半露天平台设有不少小型运动场所，包括滑板区、足球场。**亚马逊丛林攀爬探险乐园**（门票160元；周一至周五13:00~21:00，周末和节假日10:30~21:00）很适合小朋友体验。**泰迪之家博物馆**（3107 5003；世博源4区2层；门票成人/儿童50/30元；10:00~18:00，周一闭馆）内收藏了不少限量版泰迪熊。

后滩公园　　　　　　　　　公园

（见140页地图；西起倪家浜、东至打浦桥隧道的浦明路沿黄浦江一侧的所有用地；免费；M7号线后滩站、13号线世博大道站）全长1.8公里的后滩公园曾是钢铁厂和后滩船舶修理厂的所在地，如今是浦江沿岸自然风光的精华所在。公园内有一片占地2公顷的天然湿地，世博会期间依傍原有的湿地建成了这片生态公园，工业遗迹、雕塑穿插在大片的草坪和芦苇荡中，一派自然天成的城市田园景象。

川沙

内史第（黄炎培故居） 纪念馆

（见140页地图；5892 9513；免费；川沙新镇新川路218号；周二至周日9:00~11:00，13:00~16:00，周一闭馆；M2号线川沙站）这座一排三进深的院落，是清代金石学家、收藏家沈树镛的祖屋，因沈家在川沙是大户人家，本地人又称此宅为沈家大院。除了沈家，20世纪还有好几位历史文化名人也出生在这里，例如黄炎培、宋庆龄、宋美龄、宋子文，内史第对面的观澜小学便由黄炎培开办。胡适幼年时也在此居住过一年多。可以想见，一个多世纪前的川沙，聚集了如此多的风流人物，怪不得有"浦东文化在川沙，川沙文化在内史第"的说法。

内史第旁边的南市街、北市街、中市街、西市街是"美化"过的**川沙古街**，古街上的建筑新旧不一，有几处故居类景点和1座小天主教堂，商业氛围不浓，本地居民也还没迁走，闲逛走走称得上惬意。古街上售卖的塌饼和猪肉皮随处可见，这是川沙的特色美味。如果打算在川沙吃饭，可以去**和满堂**（人均60元；11:00~21:00），川沙古街和古城墙公园旁都有分店。

你可以坐地铁2号线到川沙站下车后，再步行1.5公里，或是出地铁后转乘浦东24路公交，坐两站在新川路北黄路站下。

川沙古城墙公园 古迹

（见140页地图；免费；新川路171号；冬天6:00~17:30，夏天5:00~17:30；M2号线川沙站）川沙古城墙始建于明嘉靖年间（1557年），是当时川沙人民为抵御倭寇入侵而建的，最初城墙周长4公里，后于民国十四年（1925年）拆除，仅保留下60米长的一小段，毗邻观澜小学（就在城墙公园隔壁）东南角。公园很小，走进去就是9米高的城墙，爬上城墙还有1座岳碑亭、古炮台和百年树龄的丝棉木。仔细看你会发现，城墙上的砖大小不一，据说川沙古城墙是完全由老百姓自发修建的，所以没有统一规格。

古城墙公园就在内史第斜对面。

★值得一游
骑行滨江大道

浦江东岸，从杨浦大桥至徐浦大桥，总共22公里长的江岸线，是一条规划完美的滨江绿地，跑道与骑行道并列，沿途每公里设一个望江驿，并穿插有不少滨水公园、观景平台、亲水码头和工业遗存。大多数人都只是在陆家嘴沿着滨江大道走上一小段，隔岸欣赏下外滩，但如果有时间，不妨完整骑行一趟，看看魔都高楼之外绿意盎然的一面。

在杨浦大桥南岸，找一辆共享单车，沿着滨江大道一路向西骑行，一路经过**民生码头八万吨筒仓**、由隈研吾设计的**船厂1862**。然后可以在陆家嘴下车走走，这段1.5公里长的绿化大道是最早建成的滨江大道。美妙的绿地风光一直延续到**艺仓美术馆**。接着一路经过**白莲泾公园**、**梅赛德斯-奔驰文化中心**，在卢浦大桥下穿越**世博文化公园**，看看左边在未来建成后如折扇般的上海大歌剧院。再骑行1.5公里就到了湿地风光绝美的**后滩公园**，不久后这里会崛起两座48米高的人造山林。你可以止步于此，也可以继续往南，一路骑到**前滩公园**，最后在新建成的太古里吃吃喝喝犒劳自己。全程骑行大约需要3小时。

活动

除了在浦西的码头（见72页）坐船游浦江，你也可以在**东方明珠游船码头**（见138页地图；滨江大道1836号；票价130元；

19:00)乘船，航程45分钟，航线是明珠码头—公平路—外滩万国建筑博览—十六铺—浦东滨江大道沿线—明珠码头。

就餐

曾有人形容浦东是上海的美食荒漠，意指这里缺少生根于本土的特色美食。这里并非没有好吃的，但就如浦东的全新崛起，此地美食大多是"复制品"——多为浦西的分店，加上浦东人口以外来务工者居多，本帮菜也相对匮乏。不过，只要兜里银子够多，高级西餐、景观餐厅都是一流的。

陆家嘴的美食主要分布在IFC国金中心、正大广场等商场内。如果在世纪公园、科技馆一带，餐馆比较集中的有这两处：梅花路汇集了川菜、东北菜、湘菜等各地口味，锦延路则以日料为主。

惠食佳·朱雀茶室　　　　　粤菜¥¥

（见140页地图；锦康路252号世纪金融广场7号楼4楼；人均150元；10:00~21:00；4号线、6号线蓝村站，1号口）惠食佳是诞生于广州的老牌粤菜馆，上过《舌尖上的中国2》，上榜米其林一星，可谓集所有好评于一身。啫啫煲（59元起）必点，这道菜体现了粤菜烹饪之精华——"镬气"，也是惠食佳赖以成名之作。其他口碑极佳的菜包括盐焗乳鸽（39元）、煲仔饭（59元）。

御璟轩　　　　　　　　　　上海菜¥¥

（见140页地图；新金桥路18号华美达大酒店3楼；人均200元；11:00~14:00，17:00~21:00）御璟轩本帮菜做得非常地道，招牌红烧肉（88元）的水准称得上全城拔尖，五花肉肥瘦分明，酱汁浓郁、色泽鲜亮。海鲜泡饭（168元）、片皮鸭（198元）也都是这里的主打，元宝形的油煎馄饨（25元）可做主食。

蟹家大院　　　　　　　　　面条¥¥¥

（见138页地图；滨江大道1777号106单元；人均360元；11:00至售完；4号线浦东大道站，1号口）这里只供应2种面：蟹黄金

浦东三十年的华丽蜕变

如果我们追溯回20世纪，上海人大概不会想到浦江东岸那片开阔的不毛之地，如今会成为世界瞩目的金融中心，那一下雨就"水漫金山"的"烂泥渡路"，会变成高楼耸立下的康庄大道，昔日自由生长的草地和稻田，成了今天的"城市之肺"。

说起来，浦东开发的时间要比改革开放晚十年，当时深圳特区已经取得了显著的经济成效，而浦东还是一片农田遍布的处女地。它是落后、贫瘠的代名词，"宁要浦西一张床，不要浦东一间房"是当时上海人对浦东最形象的描述。1990年，全球化的趋势已露端倪，上海偏在这一年跌出了全球GDP榜单前十，曾经的"远东第一大都会"迫切需要重振自己国际金融中心的地位。于是，1990年4月18日，浦东正式开发，2个月后陆家嘴金融贸易区设立。

1991年9月1日，东方明珠开始打地基，

浦东新区 133

好望南角
SOUTH CAPE OF GOOD HOPE

金茂君悦大酒店;上图:位于上海中心大厦52层的书店。©PHOTOSHOT/图虫创意;©视觉中国。

设计者的初衷是要建一座"100年都不会让人感到后悔"的电视塔。4年后,468米高的东方明珠塔竣工,成为当时的亚洲第一高,虽然今天放眼浦东,它的高度不再具有优势,但当你在外滩遥望陆家嘴时,它凭借最先占领的陆家嘴最佳位置和独特的外形设计,依然牢牢占据着C位。1991年12月1日,南浦大桥通车,这是连接黄浦江两岸的第一座桥梁,也是中国第一座自主设计、建造的双索面叠合梁斜拉桥。20年后为上海世博会而建的卢浦大桥通车,如今黄浦江上已建成12座大桥、16条隧道。

浦东新区的正式设立是在1992年,全国第一个保税区——外高桥保税区也在这一年投入运营,张江高科技园区同样在这一年成立,那时,在张江上班的互联网人才被称为极客(Geeker)族。浦东的发展规划此时也从摸索变得明朗化。

日新月异的浦东在大多数人眼中,最直观的表现是每隔几年就刷新的天际线。1999年,88层的金茂大厦竣工开业,420米的高度位列当时世界第三,其设计灵感来源于西安大雁塔,著名建筑师贝聿铭称它是唯一融入了中国文化内涵的现代高层建筑。同年,浦东机场通航。

进入21世纪的第一个年头,上海第一条穿越黄浦江的地铁(2号线)开通运营,从此,渡轮这种传统的过江方式迅速被取代。2001年,上海第一个真正意义上的豪宅世茂滨江花园落成,这个集住宅、绿地、主题社区、豪华会所于一体的住宅小区,以每平方米2万元的天价(当时上海平均房价为每平方米3100元)傲视整个上海,次年,其顶楼复式以3550万元的成交价创下了"最高楼王",这个纪录要到5年后才被汤臣一品以每平方米11万元的均价和最高1.3亿元的总价打破。同年10月,浦东成功举办APEC(亚洲太平洋经济合作组织)会议,各国领袖均以一袭唐装出席会议,成为当年一景。会议结束后场馆作为上海科技馆使用至今。2002年,世界上

← 首条磁悬浮列车运营通车，其430公里的时速迄今依然是全球最快——从龙阳路地铁站至浦东机场的30公里路程，7分多钟便完成了。

2008年，受亚洲金融危机影响一度停工6年的环球金融中心终于竣工，492米的高度将当时世界第一高楼这一称号收入囊中，而更高的上海中心大厦也开始打地基了。2010年，作为世博会的主场区，浦东吸引了全世界的目光。2013年，自贸区的挂牌又令浦东迈上了一个新台阶。2016年，随着上海中心大厦的揭幕，陆家嘴的天际线再次被改写，632米的高度目前仍让它保持着中国第一、世界第二高的殊荣。

如今的浦东已入而立之年，从1990年开发之初到现在，GDP从60亿元上升至10,000亿元，翻了超过160倍，建筑高度从24米跃升至632米，常住人口从139万增至555万，浦东用一个个令人瞠目结舌的数据谱写了一部现代城市速进曲。传奇还将继续，开发如火如荼的前滩已志在成为下一个陆家嘴，全世界最大的天文馆即将开幕，伦敦顶级购物圣地Harrods百货的首家海外永久旗舰店将落户浦东……Ⓛ

（360元）和蟹肉肉（72元），前者全部用蟹膏、蟹黄做浇头，你把它比作面界的爱马仕也不为过。相对于如此身价的一碗面，环境、服务也与之匹配，连卫生间都堪称豪华。花生、姜茶、依云、酸梅汁等免费畅吃，面也是可以续的。如果又想试蟹黄金，又心疼银子，不妨两人点一份，再续份面。

Shake Shack　　　　　　　　　汉堡¥

（见138页地图；世纪大道8号上海国金中心商场LG1层；人均100元；🕐10:00~22:00；Ⓜ2号线陆家嘴站，6号口）来自纽约麦迪逊广场花园的热狗品牌，被称为"神级汉堡"。汉堡的确名不虚传，与你熟悉的口感很不相同，面包酥软，中间的牛肉饼非常鲜嫩多汁，绝不是干巴巴的一块。如果第一次吃，就点招牌牛肉堡（单层/双层：47/68元）。粉抹豫园（45元）是上海店的限定款奶昔，颜值很高，但口感略腻。

莫尔顿牛排　　　　　　　　　西餐¥¥¥

（见138页地图；📞6075 8888；世纪大道8号上海国金中心商场4楼；人均800元起；🕐10:00~22:00；Ⓜ2号线陆家嘴站，6号口）很贵很好吃的牛排，牛排的烹饪方式很专业，能够很好保留肉的质感和汁水。上等T骨牛排（1388元）、肉眼牛排（688元）、龙虾汤（165元）都是经典菜品。就餐环境也很棒，透过大落地窗可以看到陆家嘴繁忙的街景。总之，这里除了贵，没什么不好。

一真豚骨拉面　　　　　　　　面条¥

（见140页地图；锦延路159号01室B2；人均60元；🕐11:00~21:30；Ⓜ2号线上海科技馆站，6号口）锦绣坊内很受欢迎的一家日式拉面馆，店铺不大，人气很旺。拉面的汤头很浓郁，尤其推荐豚骨黄油玉米拉面（43元），待黄油在浓浓的面汤中融化后再吃，味道更加醇厚。其他配菜如炸猪排、芥末章鱼等口碑也很好。

eat n work　　　　　　　　西餐¥¥¥

（见138页地图；陆家嘴西路168号正大广场9楼；人均400元；🕐11:00~22:00；Ⓜ2号线陆家嘴站，1号口）正大广场新开的江景餐厅，全景落地窗，可近距离赏江景。西餐味道也可圈可点，海陆双拼（598元）中有牛排、羊排和波士顿龙虾等；酸甜口感的猪肋排酱汁浓郁。大众点评上常有团购，折扣力度很大。

1192弄老上海风情街　　　　美食街¥

（见140页地图；世纪汇广场LG1层；人均60元；🕐10:00~22:00；Ⓜ2号线世纪大道站，7号口）位于世纪汇地下2层的这条美食街，街如其名，弹硌路、电车轨道、黄包车等，让人恍惚以为走进了车墩影视城。这里集中了江浙沪的名小吃，例如大壶春、沈大成、缸

Shake Shack。

鸭狗等老字号。在浓浓的民国风中遍尝海派小吃,是很好的一站式体验。

🍷 饮品

Flair rooftop　　　　　　　　　　酒吧 ¥¥¥

(见138页地图;📱2020 1778;世纪大道8号,上海国金中心丽思卡尔顿酒店58楼;人均500元;⏱10:00~22:00;Ⓜ2号线陆家嘴站,6号口)相对于吃,无敌美景才是这里真正的卖点——坐在露台上用餐,东方明珠仿佛触手可及。如果要评选上海最佳露台,这里绝对能跻身前三甲。鸡尾酒150元左右,Mojito以香槟代替苏打水,以亚洲香料代替薄荷,很有创意。下午茶(598元/2位)仅周末两天开放。冬天露台不开放用餐,但你仍可以前往拍照赏景。不过这里优先住店客人,其余顾客不接受预约。

★ 有容乃大　　　　　　　　　　咖啡馆 ¥

(见140页地图;芳华路139号1幢;人均35元起;⏱8:30~17:30;Ⓜ7号线芳华路站,1号口)全世界最新最快最先锋的豆子你都能在此找到,手冲豆单每月更新。常规供应的两支意式豆,一支偏果酸调,一支偏坚果调。即便豆单如此丰富,咖啡师依然能驾轻就熟,保证稳定的出品。如今的有容乃大已经从一家好喝的咖啡馆转型为知名烘焙品牌,全国都有使用这家烘焙的咖啡豆的咖啡馆。

辻利Tsujiri　　　　　　　　　　甜品 ¥

(见138页地图;世纪大道100号环球金融中心2楼;人均40元;⏱10:00~21:30;Ⓜ2号线陆家嘴站,6号口)这家抹茶店在日本已经有超过150年历史,在上海也曾有6家分店,如今仅留这一家。和讲究摆拍的网红店不同,你或许会对餐具大失所望,不过抹茶味道确实称得上地道。抹茶霜冰激凌、戚风抹茶圣代、抹茶芝士蛋糕都是点单率靠前的,如果想要更日式的口味,不妨尝尝带"白玉"(小糯米团)的甜品。

✪ 娱乐

上海东方艺术中心　　　　剧院
(见140页地图；☎4009219021；丁香路425号；Ⓜ2号线上海科技馆站，1号口)东方艺术中心由五个半球体组成，如果能站在高处俯瞰，它宛如一朵蝴蝶兰。这里是中国大陆第一家举办柏林爱乐乐团与维也纳爱乐乐团音乐会的剧场，经常有国外交响乐团、话剧团来此演出。本地的上海人民滑稽剧团也常常在这里演出经典滑稽剧作品。

梅赛德斯-奔驰文化中心　　　　剧院
(见140页地图；☎4001 816 688；世博大道1200号；Ⓜ8号线中华艺术宫站，3号口)演唱会、音乐会、体育赛事、马戏表演、品牌大型路演等都常在此举办，巨大的文化中心拥有18,000个座位、82个VIP包厢。一般都是通过大麦网等线上渠道购票。

🛍 购物

浦东的购物去处以商场为主，陆家嘴的IFC国金中心、GALA MALL、L+MALL(老佛爷百货上海旗舰店)和世纪公园附近的嘉里城、世纪汇等，都是吃购一体化的商业中心，但总的来说没有非逛不可的店。不必特意为购物预留时间，倒是可以在陆家嘴游览时，顺便拜访"云端"的书店和迪士尼旗舰店。

★ 朵云书院旗舰店　　　　书店
(见138页地图；银城中路501号上海中心大厦52层；⊙10:00~21:30；Ⓜ2号线陆家嘴站，6号口)魔都海拔最高(239米)的书店，就算不买书，买杯咖啡欣赏陆家嘴云端的风景也很值得——书店外围是南北两个名为好望角的空中花园，需消费才能进入，有咖啡、甜品、简餐等供应，价格很合理。而书店本身也值得逛，豆瓣专区、伦敦书评专区的设置为读者提供了一个参考标准。

朵云书院入口在大厦南门，门口有引导人员，由于店内限流300人，周末可能要排队等候，最好工作日前往。

迪士尼旗舰店　　　　纪念品
(见138页地图；丰和路180号(东方明珠对面)；⊙10:00~22:00；Ⓜ2号线陆家嘴站，1号口)上海迪士尼乐园在市区的唯一官方商店。商品种类不如迪士尼乐园内的商店齐全，但热卖款都能找得到，也常有打折活动。门口有迪士尼标志性的钟楼和米奇形状的花坛。如果没有时间去迪士尼乐园，可以来这里买纪念品。

几何书店　　　　书店
(见140页地图；世纪汇广场LG1层；⊙10:00~22:00；Ⓜ2号线世纪大道站，7号口)这家开在世纪汇的书店很有设计感，素白的内部空间，由书店和地理学家咖啡两部分组成，前者仿佛穿越层层叠叠的拱门，后者则是粗犷的洞穴式设计。最里面的购书区和阅读区比较安静，总的来说，书的种类不算多，文创类产品反倒更醒目。

老城厢和浦东索引地图

1 陆家嘴（见138页）
2 老城厢（见139页）
3 浦东（见140页）

陆家嘴

🎯 景点
1. 滨江大道 A2
2. 大自然野生昆虫馆 A1
3. 东方明珠 A2
4. 环球金融中心 B2
5. 金茂大厦 B2
6. 浦东美术馆 A2
7. 上海海洋水族馆 A1
8. 上海中心大厦 B2
9. 吴昌硕纪念馆 B2
10. 震旦博物馆 A2

🛏️ 住宿
11. 景莱酒店 D3
    金茂君悦大酒店 ....（见5）
12. 丽思卡尔顿酒店 B2
13. 禧玥酒店 C4

🍴 餐饮
14. eat n work A2
    Flair rooftop ....（见12）
    Shake Shack ....（见12）
    莫尔顿牛排 ....（见12）
    辻利Tsujiri ....（见4）
15. 蟹家大院 C1

🛍️ 购物
16. 迪士尼旗舰店 A2
    朵云书院旗舰店 ....（见8）

ℹ️ 实用信息
17. 旅游咨询服务中心 A1

🚉 交通
18. 东昌路渡口 B3
19. 东方明珠游船码头 A1

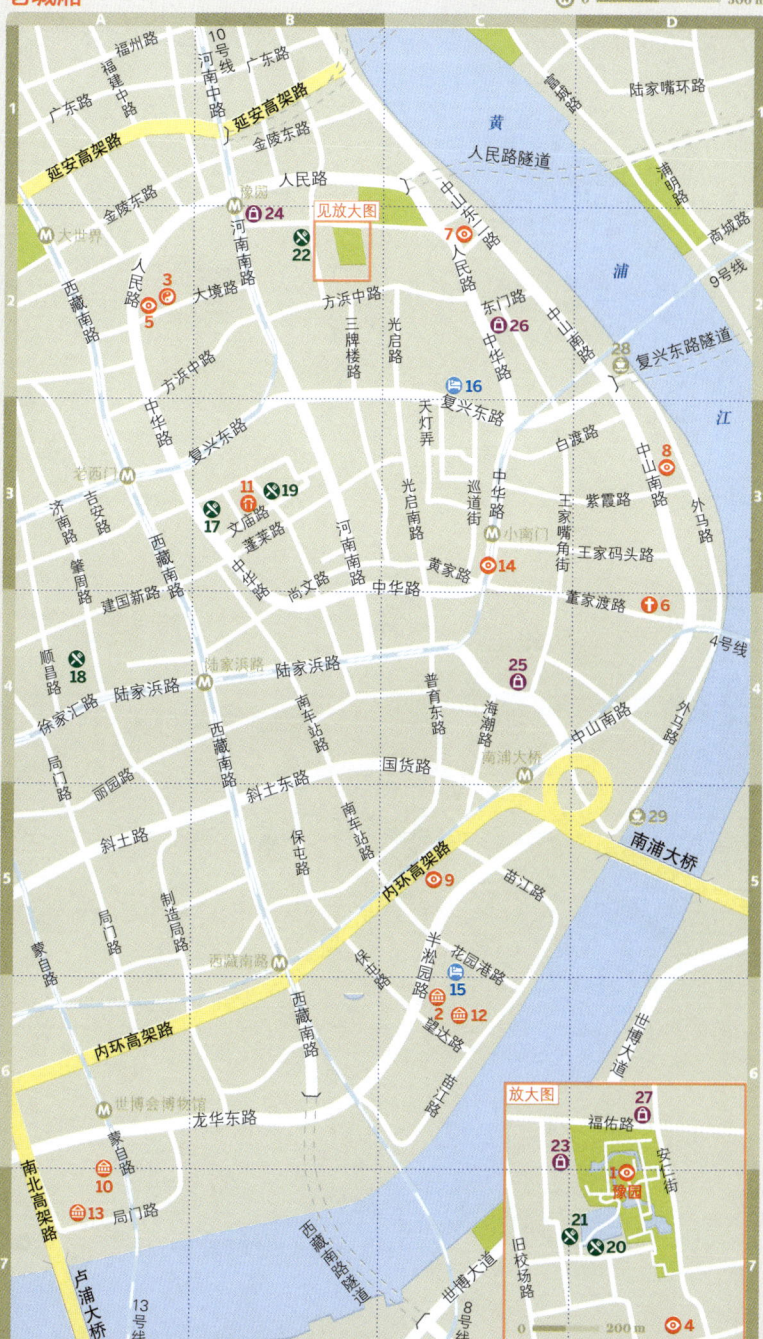

老城厢

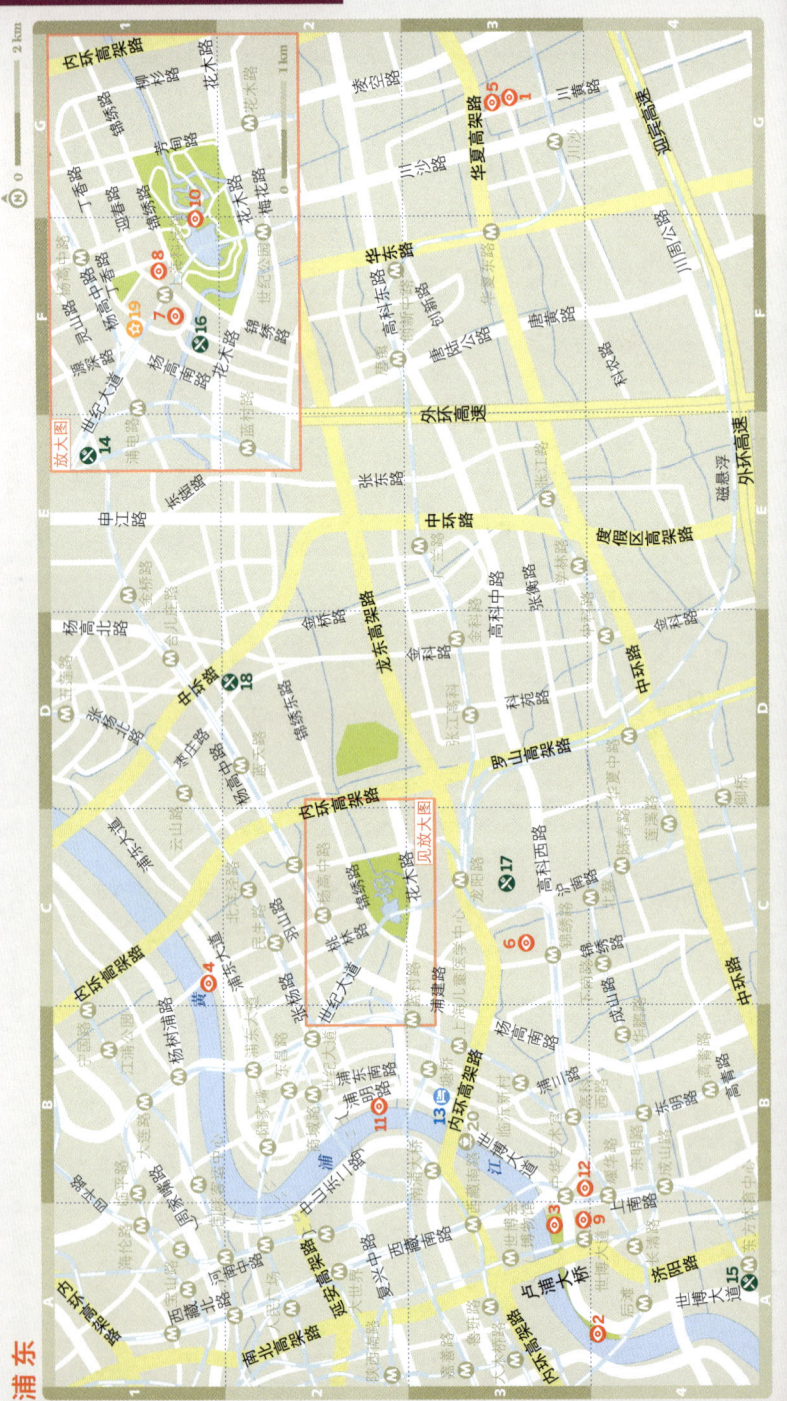

浦东

老城厢

◎ 最佳景点
1 豫园..D7

◎ 景点
2 teamLab无界美术馆.....................C6
3 白云观...A2
4 城隍庙...D7
5 大境阁...A2
6 董家渡天主堂................................D4
7 复星艺术中心................................C2
8 老码头...D3
9 三山会馆.......................................C5
10 世博会博物馆................................A7
11 文庙...B3
12 中国当代艺术博物馆....................C6
13 中国乒乓球博物馆........................A7
14 中华路...C3

🛏 住宿
15 Z:OTEL & URSIDE........................C5
16 渝舍...C2

✖ 餐饮
CLOUD Bistro............................（见7）
17 大富贵酒楼...................................B3
18 鼎乐酒家......................................A4
19 孔乙己酒家...................................B3
20 绿波廊..D7
21 南翔馒头店...................................D7
22 上海老饭店...................................B2

🔒 购物
23 大隐书局.......................................C6
24 福佑门小商品市场........................B2
25 南外滩轻纺面料市场....................C4
26 十六铺轻纺面料城........................C2
27 新藏宝楼.......................................D6

ⓘ 交通
28 复兴东路渡口................................D2
29 陆家浜渡口...................................D5

浦 东

◎ 景点
1 川沙古城墙公园............................G3
2 后滩公园......................................A4
3 梅赛德斯-奔驰文化中心..............A3
4 民生码头八万吨筒仓....................C1
5 内史第（黄炎培故居）................G3
6 浦东图书馆...................................C3
7 上海科技馆...................................F1
8 上海图书馆东馆............................F1
9 世博源..A3
10 世纪公园......................................G1
11 艺仓美术馆...................................B2
12 中华艺术宫...................................B3

🛏 住宿
13 逸扉酒店.......................................B3

✖ 餐饮
14 1192弄老上海风情街...................E1
15 惠食佳·朱雀茶室.........................A4
16 一真豚骨拉面................................F1
17 有容乃大......................................C3
18 御璟轩..D2

☆ 娱乐
19 上海东方艺术中心........................F1

🔒 购物
几何书店..................................（见14）

ⓘ 交通
20 南码头渡口...................................B3

黄浦和静安核心区

武康大楼。

在路上
本书作者 何望若

调研那几天,正逢近年来上海的最低气温,本以为马路少了婆娑的树影会魅力大减,却让我将老洋房看得更清晰,被寒冬"赶走"的游客也令这片历史文化区恢复了静美。

进一步了解我们的作者,见311页。

黄浦和静安核心区

这里以城市面貌登上历史舞台不过百年出头,但它带着开埠后的法式浪漫和优雅的血统,成了上海滩公认的"上只角"——没错,外滩和陆家嘴是上海呈现给世界的窗口,却不是上海人的心头好。舶来的文化被它慢慢消解成了中西合璧的海派文化,光阴也真是奇妙的东西,一个世纪前的老洋房、老公寓,如今再度迎来高光时刻,旧时的街巷变成了永不拓宽的马路。

百年淮海中路是引领魔都时尚的前沿阵地,金光普照的静安寺周边,一线品牌争相落户,老弄堂里走出了一个个"时髦精"。初看,它是华丽甚至浮华的,但你稍一转身,又会瞥见它精致的底蕴。上海人追赶着潮流,也自知时尚离不开百年文化作后盾,这才有了石库门改造的新天地。张爱玲惦念的公寓,至今保持着小说里的风貌,而王佳芝赶赴的福开森路,延伸出了别样文艺。这里既有年年推陈出新的网红店,也有老克勒捧场几十年的老牌西点。年轻人在夜店蹦迪买醉时,百乐门里的舞步也未停止。时间的风霜无法凝固上海的风情,梧桐树不动声色地静看流年。

☑ 精彩呈现

武康路	152
新天地	154
静安寺广场	158
上海工艺美术博物馆	170
步行游览衡复风貌区	174
上海自然博物馆	177
步行游览南京西路	180
愚园路	182

交通

➡ 地铁1号线包揽淮海路沿线,2号线南京西路站和静安寺站是老静安最有用的2个站点,10号线、12号线、13号线也串起多个站点。

➡ 整个区域不算大,大可利用满街的共享单车,但要避开不能骑行的路段,例如北京西路、西藏南路与陕西南路间的淮海中路、成都北路与镇宁路间的延安中路和延安西路、华山路北段等。

黄浦和静安核心区 145

★黄浦和静安核心区亮点（见148页）

① 梧桐树下荡马路　② 石库门里的新天地　③ 好玩好看的博物馆
④ 喝遍上海咖啡TOP5　⑤ 百年淮海中路　⑥ 骑行历史文化街区

如果你有

1天 去新天地和淮海中路感受魔都的高大上，再去繁华背后的石库门和各种里弄走走，找家"家庭私房菜"吃顿美味的本帮菜。思南公馆和田子坊也应包含在行程内。

2天 按照书中规划的衡复风貌区步行路线，悠哉地逛逛武康路和周围的几条小路。吃顿brunch，泡下咖啡馆和酒吧，都是感受这片历史文化区生活的必选项。

3天 花足一上午在自然博物馆，下午沿着南京西路逛到静安寺，再去走走愚园路。

有用的公众号

➡ **魅力衡复** 聚焦于衡复历史文化风貌区，介绍老洋房、老公寓和最新的一些活动。

➡ **上海市民生活指南** 从历史风云到街巷里弄、菜场灶间、吃喝玩乐，内容都很有趣。

➡ **跟俞菱逛马路** 跟着作者去走街串巷，寻找老味道、老故事和老上海传统。

➡ **ShanghaiWOW** 紧跟潮流，从餐厅、酒吧、咖啡馆聊到热播剧中的上海。

武康路。

当地人推荐
衡复历史文化风貌区的魅力

邱大王,剪纸艺术家,自媒体pinup博主

请为我们介绍下你眼中的衡复历史文化风貌区。

茂密的梧桐、美丽的建筑和弄堂、干净的街道和体面的人,便是我心中的画面。虽然每年春天难免梧桐飘絮,但也正是梧桐给它带来了优雅绿意,很多上海人直接称它为"梧桐区"。我有一位在这一带做房产中介的朋友,微博ID就叫"梧桐区房姐",她有很多外地粉丝,借着在微博上跟她"看房"的机会,满足对老洋房、老公寓的好奇心。弄堂本是烟火气、喧闹的、东家长西家短的,但这一带的居民大概是有"上只角"包袱吧,弄堂也显得很文气,毕竟这一带在新中国成立前是洋人、买办、社会名流、高级白领生活的区域。小时候觉得这里的居民相对其他地方更文雅、体面、礼貌。不过,经过一个世纪的人口流动,这里也早已是普通市民的天下了,如今也有很多外国人和心怀海上旧梦的外地朋友住在这里,非常多元化。

最近几年这一带的最大变化是?

最大的变化就是人越来越多。以前武康路一带非常安静,行人寥寥,很难想象现在武康大楼对面每天有那么多人对着它拍照。我有个同学搬来这里3个月,他每天在这一带跑步,

几乎天天有路人找他帮忙拍照。还有位朋友每天骑自行车接送小孩上幼儿园,因为人行道和马路上的人太多了,她只能给自行车加了个喇叭,一边骑车一边按喇叭。也有相反的一面,像长乐路以前是时髦人士扎堆之地,现在在有点萧条;充满讨价还价声的华亭路现在变得很安静。

说说你最喜欢的几栋建筑?

　　这里的老公寓老建筑各有各的美,每一栋都让人向往,要挑出"最喜欢"实在太难。我小时候对黑石公寓的2楼大阳台印象非常深刻,现在我的工作室就在那个阳台旁边!但我又开始眼热周围其他漂亮的房子了,例如西边的克莱门公寓。马勒别墅我也很喜欢,所以婚礼就选在那里办的,现在我女儿也很喜欢那里,她觉得是"《哈利·波特》里的房子"。

☑ 不要错过

◎ 最佳建筑

➜ **武康大楼** 只消看看每天对它举着相机的人潮,便可知其不一般。(见168页)

➜ **黑石公寓** 大大的露台也许会令你倍觉眼熟,去位于建筑1楼的书店看看吧。(见170页)

➜ **上海工艺美术博物馆** "小白宫"的里里外外都赏心悦目。(见170页)

➜ **思南公馆** 几十座洋房构成的露天建筑博物馆。(见160页)

✖ 最佳餐厅

➜ **玲珑餐厅** 黄金地段的"家庭私房菜",本帮菜做得非常地道。(见184页)

➜ **醉东** 天南地北的特色菜这里都能找到,且味道都很好。(见191页)

➜ **上海富春小笼** 点个"一笼多吃",尝3种口味的小笼。(见190页)

♀ 最佳饮品

➜ **O.P.S** 有全上海最好喝的特调咖啡。(见196页)

➜ **E.P.I.C** 冠军级鸡尾酒大师坐镇吧台,随你天马行空点一杯。(见196页)

➜ **Rumors鲁马滋咖啡** 屹立多年,口碑与品质始终如一。(见196页)

🛏 最佳住宿

➜ **曔阁酒店** 日系风的设计,性价比之选。(见292页)

➜ **黑石M+酒店** 很有设计感的酒店,入住体验非常好。(见292页)

➜ **建业里嘉佩乐酒店** 上海唯一的石库门连体别墅酒店。(见293页)

黄浦和静安核心区亮点

❶ 梧桐树下荡马路

慢行慢赏是游览衡复风貌区的正确打开方式。从流量担当的武康路,到"文艺小马路鼻祖"安福路,"腹有诗书气自华"的绍兴路,生活气息与网红风并重的乌鲁木齐中路,再到沉淀小资气质的"巨富长",以及遍布咖啡馆、甜品店的永康路……头顶的梧桐树,夏天以茂密的树冠为你遮阴,秋天用金黄的落叶为你一路铺道,冬天树叶掉光,后面的洋房便清晰了。

❷ 石库门里的新天地

糅合了江南民居院落与欧洲联排住宅格局的石库门,是近代上海最具代表性的民居建筑,如今住在现代小区里的上海人,多数都是在石库门里度过童年。这座城市依然有不少保存完整的石库门,充满人间烟火。另有些石库门经过设计师的妙手改造,焕然一新,将海派风情与现代摩登元素完美融合,令都市男女得以在石库门的怀旧外衣下享受时尚的生活。

❸ 好玩好看的博物馆

无关历史、没有文物,但这片区域的博物馆依然可以让你逛得兴趣盎然。没有半天时间你大概不会愿意从自然博物馆里千奇百怪的动植物标本前抽身;你也会流连在琉璃艺术博物馆中杨慧姗的作品前;上海工艺美术博物馆、东方乐器博物馆和上海交响音乐博物馆提供了走入老洋房的机会;听起来索然无味的公安博物馆却藏着杜月笙、孙中山用过的手枪。

❹ 喝遍上海咖啡TOP5

近7000家拥有咖啡馆的上海,每年都有各种咖啡榜单和排名,宝刀不老的咖啡师与咖啡界新秀年年都在PK。在如此懂咖啡的城市,

左图：乌鲁木齐路上的老建筑；
右图：石库门老建筑。

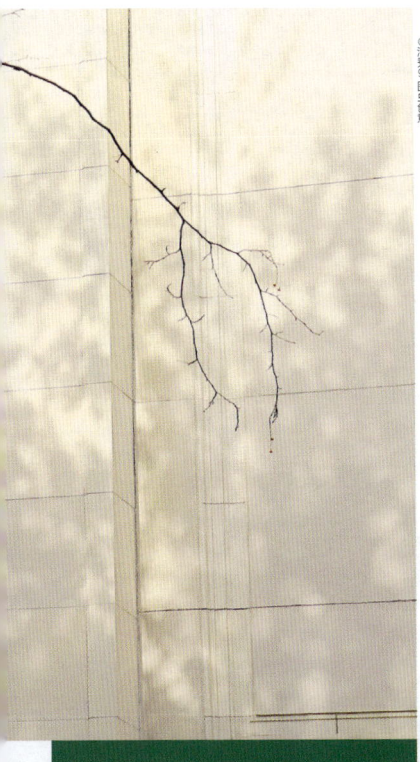

❶ 行前参考

➡ 骑行时需留意单行道或禁行路段，违章罚款的力度不轻。

➡ 人行道旁大多设有规范的自行车停放点。

➡ 高跟鞋绝不适合深入造访黄浦区与静安区的街巷。

找到一家好喝的咖啡馆不难，它还能提升你的咖啡品鉴能力。去星巴克全球旗舰店开开眼界，然后就转战本地独立咖啡馆吧，Rumors鲁马滋咖啡的日式手冲"屹立"多年，O.P.S的特调全上海最棒，月球咖啡出过不少优秀的咖啡师，有容乃大有最棒的咖啡豆烘焙……

❺ 百年淮海中路

一条5公里长的百岁马路，引领着魔都的时尚进阶史，也启蒙着上海人的小资生活方式。这条路是各路奢侈品的斗兽场，有大牌云集的iapm，也有将购物体验提升到艺术高度的K11，以及潮人专属的TX淮海年轻力中心，逛街依然是它不变的主题。而除了繁华的立面，它还拥有许多优秀古建和名人故居，石库门里的生活气息也未变色。

❻ 骑行历史文化街区

地铁是魔都最高效的交通选择，但你也因此错过了美丽的街景；四个轮子倒是带你看尽公路风光，但堵在路上的感受实在不好。看看街道边的一溜共享单车吧，它们才是你畅游上海最有味道的街区的不二之选。循着地图穿梭大街小巷，在夹道梧桐的庇护下，一一造访藏在深处的别墅洋楼，发现一段段被封存的往事，感受绿荫下或落叶中的"法式浪漫"。

上海工艺美术博物馆。

星巴克甄选。

黄浦和静安核心区亮点 151

❺

K11。

武康路。

❻

武康路上的罗密欧阳台。

★ 最佳景点
武康路

电影《色·戒》的结尾,王佳芝对黄包车司机说:"到福开森路去。"说的就是这条初建于19世纪末的武康路。武康路仿佛是一夜之间走红的,21世纪初它还是乱哄哄,甚至脏兮兮的小马路,无(外)人问津。随着"保护老建筑"意识的复苏,武康路经过一系列保护和修缮,加上一些新消费方式的店铺的助力,完成了一次华丽蜕变。如今的武康路不再大隐隐于市,它被冠以"上海最美/最文艺街道",本地人和观光客都爱这里,无论春夏秋冬,总有人在街口拍摄武康大楼,或在树影斑驳的墙垣下摆着Pose。

(见212页地图;北与华山路交会,南与淮海中路交会;免费;M10号线、11号线交通大学站,7号口)

福开森路到武康路

福开森(John C. Ferguson)是最初进入中国的美国传教士,他担任过清朝政府官员的顾问,又是买卖艺术品的商人,他在成功创办南京大学后,被盛宣怀聘为南洋公学监院。当时的租界与徐家汇之间还是一片乡村田园,而南洋公学的教授们大多住在租界,为方便教授前来上课,他出资修筑马车道。后来,上海"法租界公董局"将这条泥路修整拓宽并铺成了煤屑路,将它命名为福开森路。1914年,原"法租界"向西拓展到"法新租界",这条路被正式划入其中。1943年,汪伪政府收回"法租界",改成了上海市特别第八区,并将这条路更名为武康路,一直沿用至今天。抗战时,武康路发生过民国第一任总理唐绍仪命案,1945年国民党接收上海后,这里成为国民党军政要人(如陈立夫、陈果夫)的居住地,新中国成立后,文人学者如巴金、顾颉刚等也曾安家于此。

武康路的建筑盛宴

这条1.1公里长的马路两边共有14处优秀历史建筑,保留历史建筑37处。南端的**武康大楼**(见212页)总是聚焦了最多关注。390号的**原意大利总领事官邸**为地中海式花园住宅,有着平缓的红瓦顶,东西南三面均有敞廊,隔着铁栅门也能看个大概。斜对面393号毗连的两栋淡黄色房子,分别是装饰艺术派公寓和英国乡村风格别墅,后者是**黄兴旧居**,如今也是**武康路旅游咨询中心**(◎9:00~17:00),你会在1楼大厅内看到一些优秀历史建筑的同比例模型。240号的**开普敦公寓**和115号**密丹公寓**正好在湖南路口对角相望,两栋楼都因地制宜采用了三角形,也都有一侧作锐角处理,令墙体看起来薄如刀削。113号的深褐色小楼是**巴金故居**(见171页)。斜对面210号的西班牙式住宅有一个花篮形阳台,也因此被称为**罗密欧阳台**。99号的原**英商正广和洋行大班旧居**为典

型的英国乡村别墅风格，绿树掩映下的烟囱十分特别。40弄的**颜福庆旧居**又是一栋英国乡村别墅花园，颜福庆是中国最早的公共医学专家，也是上海医学院的创始人。

新派小资武康庭

武康路能有今日之名气和人气，**武康庭**和入驻其中的最初一批商家功不可没。它借用了"Ferguson Lane"（福开森路）的旧名，它曾经最有人气也最声名狼藉的店铺（面包房Farine），其鼎盛期是整条武康路的流量担当，后来因过期面粉事件，连同其他几家网红店一并消失了。不过，铁打的武康庭，流水的商家，武康庭在短暂沉寂后，再度蹿红，如今它依然是你在这一带闲逛时，坐下来喝一杯的好去处。**Coffee Tree**是在武康庭扎根最久的一家店，还有被誉为"咖啡祖师爷"的**Peet's Coffee皮爷咖啡**、火爆全球的**%Arabica**，这里也有几家艺廊可观展。

亮点速览

➡ **天平路、淮海中路路口** 这个面朝武康大楼的30°街口，是公认的武康大楼最佳取景角度。

➡ **罗密欧阳台** 整条路最浪漫的阳台，人气毫不逊色于其他景点的文艺拍摄点。

➡ 秋天是武康路梧桐叶掉落的季节，能让人深悟衡复历史文化风貌区的静美。

➡ **周边街区** 从北端的安福路到南端的五路交会（见170页方框），每一条与武康路相交的小马路都很有腔调。

新天地的石库门。

★ 最佳景点
新天地

新天地始建于1999年,以兴业路为界分为北里和南里,北里是复古的石库门,南里是时髦的现代建筑,一条步行街串起南北两片区域。偶然的商业尝试,给旧建筑带来了新生机,还掀起了长三角乃至全国各地的跟风潮。随着上海真正石库门的不断消失,这片留有青石里弄、砖墙屋瓦的改良版石库门成为城市的新名片。新天地一直有着两种身份,它是游客眼中的景点,也是本地人心中怀旧与摩登并存的海派生活方式。"高端精致上档次"离不开高消费,流连于咖啡馆、餐厅和酒吧之后,走进弄堂感受时光流转,才是无价之宝。

(见206页地图;www.shxintiandi.com;北至太仓路,南至复兴中路,东至顺昌路,西至马当路;免费;M10号线、13号线新天地站,1号线黄陂南路站)

石库门·屋里厢博物馆

(见206页地图;☏3307 0337;太仓路181弄25号;门票20元;⏱10:00~22:00)"屋里厢"是上海话"家"的意思。这个博物馆完全复制了20世纪20年代上海中产阶级家庭的模式,总共八间屋——客堂间、书房、老人房、主人房、女儿房、儿子房、灶披间和亭子间,参观这里,你会从种种"螺蛳壳里做道场"的房间布局中明白,上海人的精打细算是事出有因的。家具摆设皆为那个年代的原物,马桶、缝纫机、脸盆架、煤油灯、拨号电话机、打字机等,在"00后"看来可能都是很陌生的老古董了。穿梭在各个房间中,如同走进了小说《繁花》中的上海人家。

有一间陈设很不一样的陋室值得你特别留意下——位于楼梯转弯处,灶披间之上、晒台之下的**亭子间**。由于亭子间通常朝北,空间狭小,冬冷夏热,是整幢石库门房子中条件最差的居室。在20世纪二三十年代,租住亭子间的通常是落魄文人或刚来上海寻找新生活的中共一大会址纪念馆。

亮点速览

➡ **太平桥公园** 曲线优美的太平湖、中央喷泉，惬意迷人，是餐后漫步的好去处。

➡ **新天地下午茶** 挑个好位置，坐看石库门入夜的浪漫。

➡ **淡水路别致小馆** 另辟蹊径的时髦，"80后"的生活态度。

吃喝购新天地

　　白天黑夜都热闹的新天地，是消费的好地方，开在新天地里的店铺皆不平凡，倒并非一定都贵，你也能在这里花几十块钱买杯咖啡消磨一下午。位于太仓路口的**星巴克甄选**与新天地同龄，已经走过20个年头，最近转型为咖啡·酒坊。同样惹眼的**宝来纳餐厅**的露天座位上，总能看到人们畅饮着德国啤酒。门头隐蔽的**Odd Couple**是一家夜晚才会开门营业的鸡尾酒吧。满眼都是护肤品小样的**HARMAY话梅**能让女孩子挑花了眼。**新天地时尚**占据了自忠路南北两栋大楼，有许多小众品牌入驻。太平桥公园北侧的**湖滨道购物中心**和**无限极荟购物中心**汇集了不少名品餐饮和网红店。**马当路**和**淡水路**上的一些个性小店别有一番情调，品位、口味都不俗。

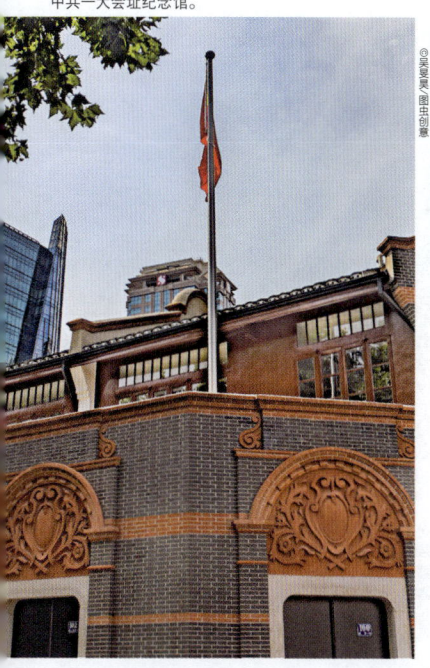

进步文青，从书桌上摆放的稿纸，可以遥想一下鲁迅、钱锺书、茅盾、巴金、丁玲等文学家在创作"亭子间文学"时的情景。

中共一大会址纪念馆

　　（见206页地图；兴业路76号；免费；🕘9:00~17:00, 16:00停止入内）1921年7月23日，国内各地党组织、旅日党组织的13名代表和共产国际代表马林在此召开了中国共产党第一次全国代表大会，从而使这座普通的石库门建筑成为中国共产主义事业最神圣的地方之一。这里本来是上海共产主义小组代表李汉俊的兄长李书城的住宅，后来随着新天地的开发，纪念馆也焕然一新。不过地方依旧狭小，很难想象是当今拥有将近一亿党员的政党——中国共产党的发轫地。2楼还增加了时髦的蜡像室，能看到正在发言的毛泽东，当时他还只是一名书记员。

K11的节日装饰。

★ 最佳景点

淮海中路

将近5公里长的淮海中路，一头连着人民广场，一头接起徐家汇。乍看它，三步一家奢侈品店，五步一个购物中心，处处彰显商业街区的繁华。它确实自诞生之日起，便是这座城市的潮流舞台，也开启了上海人的小资生活方式。而作为一条有着120余年历史的老马路，它也沉淀着浓郁的海派文化底色。精品店所在的建筑见证过历史的风云巨变，高档商场背后的石库门里弄依然是柴米油盐的普通人家。以陕西南路为界，东边是堪比香榭丽舍大道的极致繁华，西边则是由优秀古建和名人故居构建的海派底蕴，还有上海图书馆、上音歌剧院为其增添一份文化艺术魅力。

（见206页地图；免费；**M**1号线陕西南路站、黄陂南路站，13号线淮海中路站）

从霞飞路到淮海路

这条路自光绪年间（1900年）修筑，初名宝昌路，后数度易名。其中最广为人知的两个名字分别来自两场著名的战役——霞飞路（1915~1943年）是为了纪念在马恩河会战中夺得功勋的法国将军霞飞；淮海路（1950年至今）是为了纪念淮海战役的胜利。几乎与"霞飞路"同步，欧式洋房、别墅开始建造。20世纪20年代，大批俄罗斯侨民来到上海，在这条路上逐渐开起了西餐厅、面包房、咖啡馆，也带来了如今被称为小资的生活方式，不少上海人的西餐启蒙发生在**红房子西菜馆**。发展到20世纪80年代，淮海中路集中了上海最高档的酒店、最好吃的餐厅、最洋气的橱窗，华亭服装市场是当时引领年轻人的时尚桥头堡。20世纪90年代，经过几次大规模改造，大批旧式里弄被拆除，兴建了许多百货大楼和公寓，每个路段的功能也几经变化，而有了今天瑞金宾馆。

亮点速览

→ **渔阳里** 弄内6号是**中国社会主义青年团中央机关旧址纪念馆**（9:00~16:00，周一闭馆）。

→ **尚贤坊** 黄陂南路地铁站3号口出来的尚贤坊，昔日的住客包括周璇、赵丹，如今它有望成为下一个"新天地"。

→ **K11购物艺术中心** 集购物、餐饮和观展于一体，很时髦也很艺术。

→ **TX淮海年轻力中心** 各路高奢、潮牌入驻，新新人类不可不逛的时尚地标。

建于1915年的**渔阳里**（567弄）是石库门里弄；位于巴黎春天后面的**淮海坊**（927弄）是新式里弄，一栋栋整齐的清水红砖建筑有着双坡屋面；**上方花园**（1285弄）则属于花园里弄；**逸村**（1610弄）为西班牙式花园住宅，有着筒瓦门窗眉饰，部分窗户有漂亮的螺旋形窗间柱，蒋经国也曾是这个小区的住户。

逛街的乐趣

这条时髦了一个世纪的马路当然很好逛。从西藏南路至陕西南路的2.2公里内，奢侈品、高街、生活方式等各路商家纷纷抢占这块蕴含无限商机的黄金地段。**iapm**里品牌云集，**K11**则将购物体验提升到了艺术的高度，**TX淮海年轻力中心**赢得了年轻潮人的青睐，还有Sony、阿迪达斯、耐克、优衣库、MUJI无印良品、Tiffany等中国首家或全球最大旗舰店，足以逛到腿酸。而老字号也从未被时代淘汰，**哈尔滨食品厂**的蝴蝶酥、杏仁排、拿破仑，**老大昌**的冰糕、掼奶油，**光明邨**的熟食……都是陪伴本地人成长的老味道。

百年公路的老建筑

爱马仕之家（217号）所在的清水红砖建筑，是旧时"法租界"的巡捕房、警察局，后来一度作为中学。建筑呈H形，中间顶部有山墙，背街一面的各层都有列柱走廊，是典型的法国文艺复兴风格。瑞金路口的**瑞金公寓**原名爱司公寓，建于1927年。你会惊讶地发现百年前邬达克就为它设计出了飘窗——留意建筑立面两列镶有竹节式窗间柱、看起来像封闭式阳台的凸形窗。如今是江诗丹顿私人会所的796号内，有两栋新古典主义风格的花园洋房，有着塔司干柱式和连续的敞廊。位于茂名路口的**国泰电影院**（870号）建于1932年，过去是国泰大戏院，其高耸的尖塔和长条形窗饰在转角处非常惹眼。西端最耀眼的建筑自然非**武康大楼**（见168页）莫属。

住宅方面也集中了好几类建筑典型。始

★ 最佳景点
静安寺广场

本地人说起静安寺，往往并不是专指那座金光闪闪的寺庙，而是指以"静安寺"命名的地铁站周边整个商圈。别看这里是百货大楼、酒店、写字楼林立的CBD，它可不是新世纪的产物。静安寺已坐落于此近千年，元代这里有"静安八景"的名胜古迹，近代在上海成为公共租界之前，静安寺就已是西部城郊的边界，连南京西路最早的名字（Bubbling Well Raod）也来自"八景"之一。如今，附近写字楼里的白领和拎着购物袋血拼的潮人，构成了静安寺前川流不息的人群，也令古刹自带时髦的气质。

（延安中路以北，南京西路与华山路、万航渡路、常德路相交区域；Ⓜ2号线、7号线静安寺站）

静安寺

静安寺（见208页地图；南京西路1686号；门票50元；⊙6:00~17:00）的大金塔看起来特别像泰国舶来品，即便周围现代高楼林立，也抢不了它的风头。寺庙相传建于三国时期的东吴赤乌年间，原址在吴淞江北岸，南宋时为避潮涨而迁址于此，静安寺这个名字也从北宋沿用至今。"文革"时寺院几乎损毁殆尽，1984年开始，经过艰难的资金筹措，进行重建、扩建、翻新，而成今日之模样。大雄宝殿最初供奉着一尊由整块玉雕刻而成的释迦牟尼像，后让位给了重达15吨、纯银浇铸的如来佛像，而释迦牟尼像改供在西配殿内。山门前的梵幢是仿照印度的阿育王柱。

静安公园

静安寺对面，夹在南京西路和延安中路之间的这片小小的城市公园，便是**静安公园**（见208页地图；免费；⊙5月至10月 5:00~22:00，11月至次年4月 6:00~21:00）。公园建

静安寺门前的阿育王柱柱头。

©DIEGO GRANDI/SHUTTERSTOCK

成于1954年，在那之前，公园里的那座山坡是外国人墓地（后统一迁往虹桥的万国公墓）。短短的中央大道上植有32株百年悬铃木，两边有湖泊、草坪、蔡元培塑像、万国公墓亭、"我的老师雕像"等看点。另外收费的**八景园**（3元；⊙8:30~17:00），是根据历史上的"静安八景"复原的迷你园林。值得一提的是，八景中的"涌泉"，来源于静安寺正门与大殿之间一口持续喷涌的古井。古井本在静安寺内，租界扩张期间，硬生生把静安寺的正门向北缩进了数十米，古井就孤零零地暴露在寺门外的马路中央，后又因修路而被加了盖。

赏静安建筑

别看如今静安寺周围商场林立，繁华又喧嚣，它同样有一些历久弥新的老建筑。装饰艺术派风格的**百乐门**（愚园路218号）也就是你在旧上海题材的影视剧中常看到的那个舞厅。它在1934年建成时是"远东第一乐府"，张学良、徐志摩都曾是这里的常客，卓别林也造访

静安寺内的建筑。

过这里,不过金碧辉煌的舞池得购张价格不菲的舞票才能入内欣赏。规模庞大的**上海展览中心**(见208页地图;www.shzlzx.com.cn;延安中路100号)旧名"中苏友好大厦",是典型的俄罗斯古典主义风格建筑,由苏联建筑师安德列耶夫设计。大楼最早是犹太商人哈同的私家花园,也曾是上海最大的私家花园,可惜后来毁于日寇铁蹄。展览中心平时不开放参观,不过展览也很频繁,每年8月的上海书展是你走入它的好机会,坐车从延安高架经过时,很难错过它的尖顶塔楼。**中国福利会少年宫**(延安中路64号)原是英籍犹太商人嘉道理家族的旧宅,花了4年才建成,造价达100万两银子。1953年宋庆龄在此创办了中国最早的少年宫,大楼不对外开放,只能隔着草坪观赏。位于南京西路、常德路口的**常德公寓**,张爱玲曾住在里面的6楼,并在此创作出了《倾城之恋》《金锁记》等作品。

亮点速览

➡ **阿育王柱** 柱上四尊相背而站的金狮,巨大而卡通。

➡ **静安八景** 新"涌泉"是21世纪的产物,你会在静安寺的钟楼底层殿堂中找到它。

➡ **购物中心** 想购物的话,芮欧百货、久光百货、静安嘉里中心和宜家中国首家城市店可以让你逛到腿软。

景点

南北两条平行的淮海中路和南京西路划分了两大商圈,景点也基本分布在这两条路周围。但其实这片区域极少有具象的景点,最大的看点是建筑和文化,以及那些早已融入空气中的中西合璧的元素。尽管有7条地铁线贯穿这片区域,不过我们建议你,尽量利用双脚,多走才能收获更多。

淮海路和新天地

思南公馆 街区

(见206页地图;思南路55号,复兴公园对面;M13号线淮海中路站,1号口)思南公馆和思南路的名字可以追溯到19世纪末20世纪初,为了纪念在1912年去世的法国音乐家Massenet而将其命名为Rue Massenet(马斯南路)。这里的改建延续了新天地的思路,虽然异曲同工,但比新天地幽静些。

整个街区是市中心唯一一个以成片花园洋房为保护宗旨的试点项目,共有51栋独立的老洋房,其中37栋被列入优秀历史建筑,包含独立式花园住宅、联排式花园住宅、外廊式建筑、新式里弄等8种建筑类型,一些建筑上贴有二维码,扫描即可阅读相关故事。不少名人也曾是思南公馆的住客,包括梅兰芳、程潜、周恩来、董必武等。**思南书局**(见202页)最初的主人是冯玉祥,后来诗人柳亚子也租住过。位于**周公馆**(见本页)后的一排洋房是高达五位数一晚的**思南公馆酒店**,电影《小时代3》中的超豪华女生公寓便取景于此。而在重庆南路那端的入口处,有一栋截然不同的外廊式建筑,是思南公馆酒店的**宴会厅**,也是整个区域的点睛之笔。

周公馆 故居

(见206页地图;思南路73号;免费;9:00~17:00,16:00停止进场,周一闭馆;M13号线淮海中路站,1号口)周公馆的"学名"实为"中共代表团驻沪办事处",设立于1946年6月,当时正处于南京谈判期间,由于受到国民党政府的密切监视,便对外称是周恩来的寓所,简称周公馆。在1947年3月5日中

🍃 走弄堂,看房子,见上海

上海的"老房子"一般有约定俗成的指向——19世纪末至1949年前后的60年内建造的房子。它们多为欧式风格,或是借鉴了大量欧式元素来达到中西合璧的效果,今天看来是老房子,当年却是响当当的"新类型建筑"。

开埠初期,西方建筑和管理模式初入中国,那时盖的建筑大多是两三层的砖石结构,以欧洲古典式、文艺复兴式和券柱式为主。19世纪末20世纪初,上海已经成为中国的经济中心,建筑业也得到了同步发展,人们称之为"一个建筑与再建筑的时代",上海出现了钢筋混凝土结构和5层以上的建筑,以及很多折衷主义的建筑,古典式开始向现代派建筑过渡。20世纪20年代至1949年,尤其是二三十年代,是近代上海经济最繁荣的时代,"远东第一大都市"声名鹊起,欧美的近代建筑风格也大量传入,除了更注

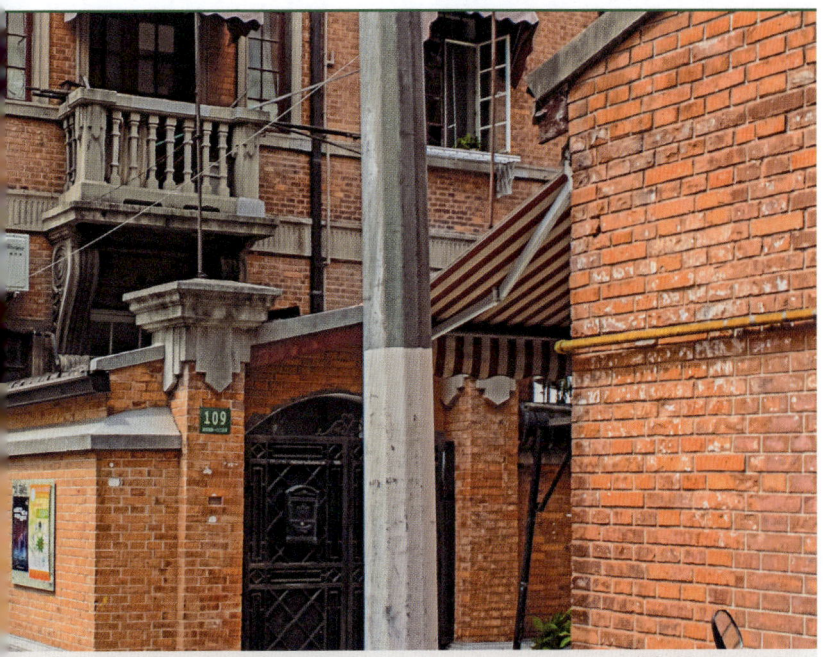

静安别墅。©新能源/图虫创意。

重实用性的设计,还出现了高层公寓,甚至是摩天大楼。

除了外滩张扬的万国建筑群,黄浦与静安的核心街区还有不少低调的老房子,它们不仅保留了从前的格局和建筑,还有雅俗共赏的市井生活。"这种弄堂的房屋看上去是鳞次栉比,挤挤挨挨,灯光是如豆的一点一点,虽然微弱,却是稠密,一锅粥似的。它们还像是大河一般有着无数的支流,又像是大树一样,枝枝杈杈数也数不清。"——王安忆在《长恨歌》中如此描述。在步行观房之旅中,你可以留意以下这些不同的弄堂。

石库门弄堂 这是近代上海最具代表性的民居建筑。"石"指石头材质,"库"是"箍"(沪语念ku)的意思,指石条箍旧的建筑。石库门的总体布局采用欧洲联排式住宅,单体结构基于江南民居的院落式,以石头作门框,以乌漆实心厚木为门扇,门头常有巴洛克或装饰艺术风格的装饰。后来随着城市人口骤增,新式石库门应运而生,里弄的规模越来越大,房屋空间趋于缩小。楼房由2层改为3层,开间由多开间变成了单开间或双开间,并将老式石库门的斜坡附屋改做平顶,上面搭一个亭子间。过去常用的马头墙不再使用,外墙多采用清水红砖、青砖或青红砖混合,门楣装饰也更繁复,建筑风格更加西化。**新天地**(见154页)是欣赏和了解石库门建筑的最好去处。建于1930年的**建业里**(建国西路496弄)同样经过了大手笔修复,有着200幢清水红砖的石库门房子,留意其徽派马头墙和带有装饰艺术派特征的建筑细节。想看更生活化的石库门,就去**渔阳里**(淮海中路567弄)和**步高里**(陕西南路287弄),前者是建于1915年的旧式石库门里弄,后者建于1930年,是上海保存较完整且罕见的整组建筑里弄住宅,弄堂口还有法文门牌。

新式里弄 兴盛时期是1924~1938年,比新式石库门更多模仿了西式住宅。弄堂内布局 ➡

◀ 规整，总弄、支弄结构明确，房子样式统一，基础材料采用钢筋混凝土，墙体多为红砖，墙面初期多为洗石子，后期多为拉毛水泥，也有少数以卵石水泥饰面。房屋一般朝南或东南，三四层高。为了扩大里弄的宽度，取消了天井，而改为开敞式的小花园，石库门被铸铁大门取代。除了水电卫生设施之外，也开始安装煤气甚至暖气。1932年建成的**静安别墅**（南京西路1025弄）是上海最大的新式里弄住宅群，总共183幢砖木结构的3层楼联排式房屋，清一色的红砖红瓦，1楼有小院，2楼有带巴洛克风格的阳台。**淮海坊**（淮海中路927弄）也是这类建筑的典型。

花园里弄 顾名思义，自然得有花园，通常是有钱有地位的人住的地方。里弄内常有多种风格的住宅，常常是两栋或几栋房子连在一起，注重朝向和采光，底层为会客室、餐厅和厨房，2层和3层是卧室和浴室等，有些还设汽车间。**懿园**（建国西路506弄）内有西班牙式、英国乡村式两种风格的住宅，**上方花园**（淮海中路1285弄）内有西班牙式和装饰简单的现代主义风格，**凡尔登花园**（陕西南路39~45弄）则是法式与西班牙风格的结合。

公寓里弄 新式里弄和花园里弄的结合，也是由几栋类似的建筑排列在一起的，但每栋房子不是一户人家居住，而是每1层设有一套或几套居住单元，每个单元由一户居住，每户人家都有独立煤卫。公寓里弄迎合了抗战爆发后市区人口急剧增加又两极分化的情况，很受当时的白领一族青睐。建于1929年的**克莱门公寓**（复兴中路1363弄）是法国式公寓里弄，平面品字形，带坡屋面，墙面用清水红砖做装饰图案、线脚。**陕南邨**（陕西南路151~187弄）为4层楼公寓，淡黄色水泥拉毛墙镶以清水红砖。混合结构的**花园公寓**（南京西路1173弄）更西式，公寓前后都有花园。 ⓁⓅ

周公馆。

共驻沪人员被迫撤离上海前，周恩来4次来沪都是居住于此，并在此接待美国总统特使马歇尔将军。实际上它就是思南公馆酒店片区独栋洋房中的"15+1"座，来此参观不失为与老洋房亲密接触的一次好机会。整栋楼与外部环境的观赏性高于建筑内部，毕竟作为临时寓所，各间屋的陈设都很简单。留意故居中一个特务监视点，从窗口看出去的对面那栋楼，便是军统特务监视周恩来的埋伏地。

另一栋楼内是史迹陈列，介绍了中国共产党代表团设立驻沪办事处的那段历史。

复兴公园　　　　　　　　　　　公园

（见206页地图；免费；⏱5:00~21:00；Ⓜ13号线淮海中路站，1号口；10号线、13号线新天地站，5号口）复兴公园建于1909年，是一户顾姓人家私家花园。公园中心的长方形沉床花坛，是目前中国唯一保存近百年的法式立体式花坛，也因此，复兴公园最初被称为"法国花园"，直到1946年才启用"复兴公复兴公园。

园"的名字。公园内种植着几十棵悬铃木,还有马克思、恩格斯的并肩雕像,以及方正的草坪和玫瑰园、假山瀑布、小桥流水等小景致。

公园可赏的景不多,但这里的百年梧桐见证过无数父辈的爱情故事,公园一度还是沪上有名的"夜生活圈"。2014年,所有夜店、酒吧全部撤出,公园恢复了原始的宁静质朴。如今这里是你观摩"魔都夕阳红"的窗口,围绕沉床花坛一圈,有伴着20世纪流行歌曲跳交谊舞的、自带话筒唱戏的、舞剑的、打太极的,以及萨克斯风乐队,他们各自为摊,热闹又充满活力。

你可以从北门(雁荡路)、西门(皋兰路)、南门(复兴中路)3个入口进入公园,除3个入口外都有些看点。北门外的**雁荡大厦**是上海第一幢合资兴建的高层公寓,改革开放之初,很多外商在上海的办事处就设在这里。它对面的**科学会堂**院子里,1号楼曾是法国总会会所,也是上海市区最大的一栋单体法式花园别墅。不远处的南昌路、雁荡路交叉口有一栋黄炎培创办的**中华职业教育社旧址**。西门外的皋兰路1号是张学良第3次到上海时租住的居所,后来赵一荻(赵四小姐)来此居住的时间更多,不过你只能在西门内隔着围墙,窥到这栋西班牙式花园住宅的顶部。南门外、重庆南路对面的那栋楼是**重庆公寓**,著名记者艾格尼丝·史沫特莱曾住在这里,也是电影《色·戒》在上海开镜的第一个镜头——王佳芝的家。

孙中山故居纪念馆　　　　故居

(见206页地图; ☏6385 8283; 香山路7号; 门票20元; ◉9:00~17:00, 16:00停止售票, 周一闭馆; Ⓜ13号线淮海中路站, 1号口) 纪念馆由两栋别墅组成,前一栋是孙中山文物馆,1楼介绍孙中山的革命事业,2楼介绍孙中山和宋庆龄相濡以沫的婚姻。后一栋楼是孙中山和宋庆龄一起生活过的住所(原莫利爱路29号寓所),他们于1918年6月入住这里,1925年孙中山在北京逝世后,宋庆龄继续在此居住了12年。故居需要穿上鞋套参观，且不可拍照。里面的家具陈设绝大多数是孙中山和宋庆龄使用过的原物原件，并根据宋庆龄的回忆按原位摆放。即便以今天的眼光来看，故居的装修与家具陈设也称得上洋气。卧室中有张靠背沙发椅，据说孙中山就是坐在这里完成了《孙文学说》和《实业计划》。故居后面的草坪是拍摄故居的最佳角度，上午的光线最好。

诸圣堂　　　　　　　　　　教堂

（见206页地图；复兴中路425号；M10号线、13号线新天地站，5号口）这座罗马风格的清水红砖建筑是建于1925年的基督教堂。教堂在20世纪中叶曾被用作小学、幼儿园、煤气公司等，直到20世纪80年代恢复礼拜，并在21世纪得以按原貌翻新。建筑主体为三角形屋顶，左右四组科林斯式立柱，西山墙上开有圆形玫瑰窗。旁边是座高耸的方形钟楼，顶层四个立面各有三联拱券窗，每扇窗皆有立柱支撑的圆拱。教堂内部是巴西利卡式结构，是典型的中世纪罗曼式教堂风格。

马勒别墅　　　　　　　　历史建筑

（见206页地图；陕西南路30号；M1号线、10号线、12号线，2号口；12号线南京西路站，12号口）这栋城堡般的建筑诞生于一个梦。1926年，生活在上海的一个小女孩梦到自己拥有一座"安徒生童话般的城堡"，她的父亲——犹太裔英国富商埃里克·马勒便决定为女儿圆梦。马勒花了近10年时间，在1936年建成了这座拥有挪威式尖顶、中国式琉璃瓦的黄色城堡。但由于战争，他们一家只住了5年便搬离了。新中国成立后，这里一度作为上海共青团的办公地。

如今，城堡已被改造成了精品酒店**衡山马勒别墅饭店**（☏6247 8881），除非你住在里面（房型比较陈旧）或者来此享用英式下午茶（需要预约），才能入内，否则只能站在门口打望下别墅的外景。

步行游览
新天地周边

起点：新天地
终点：思南公馆
距离：3.5公里
需时：半天

从太仓路进入❶**新天地**，然后去参观❷**中共一大会址纪念馆**和❸**石库门·屋里厢博物馆**。穿过新天地南里，沿着自忠路向西，这条精致小路上有不少小店会吸引你驻足。转入淡水路，这一段生活气息浓郁，两侧的建筑也很耐看。正对复兴中路路口是罗马风格的❹**诸圣堂**，然后沿着复兴中路向西走。接近重庆南路时，马路北侧一栋3

景点 165

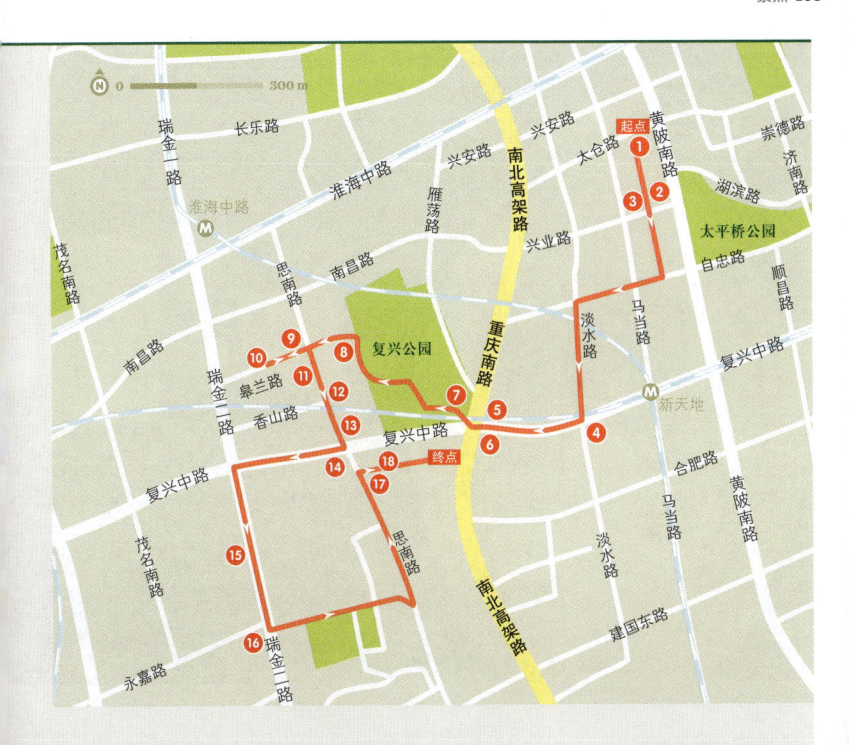

层红砖别墅是 ❺**刘海粟故居**，路口则是著名的 ❻**重庆公寓**，过红绿灯时，站在南北高架的天桥底下仔细看看它主入口立面的悬挑阳台。穿过重庆南路，便是 ❼**复兴公园**，进去兜一圈从西门出。门口低调的白色花园住宅是 ❽**张学良公馆**，可惜你只能窥见屋顶部分。

朝 ❾**思南路**36号的门内看看，有栋清水红砖住宅，爱奥尼柱式的巴洛克风格门廊十分美丽，园内还有1座太湖石假山。继续沿皋兰路向西，会看见高耸的俄罗斯东正教堂 ❿**圣尼古拉斯教堂**，内部已改为思南书局·诗歌店。原路返回，沿思南路向南，可以去美丽的 ⓫**古董花园**小坐喝一杯。然后去参观下 ⓬**孙中山故居纪念馆**。接近复兴中路口有一栋水泥拉毛墙面的西班牙式花园住宅，它属于 ⓭**上海市文史研究馆**。

转入复兴中路，对面的 ⓮**复兴坊**为新式里弄，何香凝和史良曾居住在此。在瑞金二路向南走，穿过复兴中路，不久会看到右手边的 ⓯**瑞金宾馆**，进去好好欣赏下美丽的花园别墅。溜达一圈后从原大门返回，向南走到永嘉路口，如果看到街口有排长队的，那是做了30多年、上过BBC纪录片的 ⓰**阿大葱油饼**（葱油饼8元；⏰ 6:00~18:00；周三停业）。沿着永嘉路向东回到思南路北行，去 ⓱**周公馆**参观一圈，建筑本身就属于 ⓲**思南公馆**的一部分，参观完朝前几步，右转进入这片洋房群好好逛逛这处露天博物馆，然后结束本趟步行游览。Ⓛ

左图：新天地。

©JOHNSON76/SHUTTERSTOCK

上海琉璃艺术博物馆。

田子坊及周边

田子坊 街区

（见206页地图；泰康路210弄；M 9号线打浦桥站，1号口）田子坊之于新天地，就仿佛平民之于贵族。它们几乎在同一时段发展起来，新天地为统一规划打造，商业气息明显；而田子坊则是艺术家们恣意发挥的结果，既保留了弄堂的基本格局和原住民的生活气息，又有着不设限的大胆改造思路，形成了不拘一格的独特气质。

田子坊的前身是工厂的仓库和宿舍，1998年，陈逸飞把工作室（泰康路210弄2号；10:00~17:30）搬到了这里，随后尔冬强、王劼音等艺术家相继入驻，又吸引了一些海外艺术家来此落户。"田子坊"这个名字是2001年画家黄永玉取的。2004年，弄堂里越来越多的住户将自家的房屋出租，于是，各种设计师小店、餐馆、咖啡馆、画廊等，与石库门里的"万国旗"、蛛丝天线和谐相生，田子坊的文化标签被进一步得到认可。不过，近十年来田子坊的发展开始走样，纪念品店、网红店和一些称不上品质的"大路货"都来抢占空间。不禁令人感叹，田子坊从最初的文艺弄堂到今天的杂乱无章，终于还是不能免俗地随大流了。

上海琉璃艺术博物馆 博物馆

（见206页地图；6467 2268；www.liulichinamuseum.com；泰康路25号；门票80元；10:00~17:00，16:30停止入场，周一闭馆；M 9号线打浦桥站，1号口）金马影后转型为成功的琉璃艺术家，杨慧姗的人生足够传奇，她与丈夫张毅在2006年创立的这座博物馆同样非常精彩。博物馆所在的建筑本身就堪称一件艺术品，两朵巨型金属网牡丹花攀附在外墙上，夜晚亮灯后梦幻迷人。

博物馆分2层展厅，2楼展出的是科林·里德等9位英国艺术家的作品，3楼是属于杨慧姗作品的常规展。佛像与花是杨慧姗创作的两大主题，**千手千眼观音**是她最重要也最精美的作品,张毅写的《千手千眼观音造像记事》,讲述了这尊造像的前因后事,不可不读。

绍兴路　　　　　　　　　　　　街区

(见206页地图;M9号线打浦桥站,1号口)两端的陕西南路和瑞金二路熙熙攘攘,绍兴路夹在中间却有着别样的宁静。"一战"法意同盟期间,这条路便有了,原名"爱麦虞限路",以意大利国王的名字命名,后因聚集了上海众多出版社而被称为"文化之路",也有着"最文艺马路"之称,而它的最强代言人是张国荣——张国荣喜欢的汉源书店(如今已关闭)曾吸引无数文青前来打卡。

从东至西,5号的**上海新闻出版局**有着看起来幽深的门洞,这里曾是南市电力公司老板朱季琳的旧宅。18弄的**金谷邨**是建于20世纪30年代的新式里弄,这里住过不少有名的人物,包括段祺瑞的女儿。54号的**上海人民出版社**和27号的**老洋房花园酒店**都打着跟杜月笙有关的旗号,但其实前者是印染大亨章荣初以4000两黄金购得的私宅,后者的四姨太故事也有待商榷。小小的**绍兴公园**(绍兴路62号;⊙7月至9月 6:00~19:00,10月至次年6月 6:00~18:00)内有一尊孙中山知己梅屋庄吉的铜像。74号是**上海文艺出版社**,你读过的《故事会》《咬文嚼字》都出自这里。92号的**瓦尔登湖**内摆满了200个版本的《瓦尔登湖》。96弄的**文元坊**是上海保存最完整的石库门之一,也出现在不少电视剧中。

嘉善老市　　　　　　　　　　　街区

(见206页地图;陕西南路550弄)只有200多米长的小弄堂里,曾经综合了上海生活的两个极端——"市井的本地人"和"前卫的外国人"。嘉善老市原本是一个弄堂内的小厂房,后来被改为咖啡馆、餐厅、Loft空间等。干净利落的中央庭院每隔一周的周六会举办集市(⊙11:00~16:30),外国人、中国店主齐齐在此摆摊,既有从全世界淘来的新奇物品,也有出自七浦路(上海著名的服装批发市场)的服饰,淘货与分享的热情多年来不减。

原"法租界"到底在哪里？

1843年11月17日,根据《南京条约》和《五口通商章程》的规定,上海正式开埠。5年之后,法国首任驻沪领事敏体尼到任,次年春天(1849年),他就迫使上海道台麟桂划出约986亩(约657,333平方米)上海县城周边的土地,准许法国人"租借居留"。当时的位置是南至护城河(今人民路北段),北到洋泾浜(今延安东路),西到关帝庙褚家桥(今大境路、人民路一带),东抵潮州会馆(今外滩金融中心一带)。

"法租界"有过3次扩张。第一次是1861年,法租界当局将东部界址前伸650多米,扩充了130亩(约86,667平方米)。1900年,"法租界"再次扩张,新界址北至北长浜(今西藏路西的延安东路段、连云路及其延长线、金陵西路),西至顾家宅、关帝庙(今太仓路以北重庆南路段与老重庆中路),南至府铁浜、晏公庙、丁公桥(今方浜西路、自忠路、顺昌路、太仓路一带)、东至城河浜(今人民路西段),总面积2135亩(约1.42平方公里)。

1914年,"法租界"当局又获得越界筑路的警权,顺势扩展了范围,北自长浜路(今延安中路),南自斜桥,东自麋鹿路(今方浜西路)、肇周路、斜桥,西至徐家汇(今华山路一线)。这次扩张比原来增加了6倍面积,使"法租界"的总面积达到了15,150亩(约10.1平方公里),也被称为"法新租界",这次扩张也令上海县城西面的大片土地脱离了中国当局的管辖。如今的衡复风貌区便是这次扩界的产物。

1943年7月30日,"法租界"的历史正式结束。 ⓛ

上海公安博物馆　　　　　　　博物馆

(瑞金南路518号;免费;⊙9:00~16:30,16:00停止入场,周一闭园)这个听起来严肃又无趣的博物馆,或许很难激起你的兴趣,不过你若是枪支爱好者,一定会产生老鼠掉进米缸般的幸福感。博物馆共有3层可参观，4楼展出了17个国家的238把枪，注意找找孙中山的勃朗宁手枪和镀金工艺手枪、陈毅的双管猎枪、黄金荣的折叠式转轮手枪，而看似水果刀的那把同样是手枪，它属于杜月笙所有，其他还有"三八大盖""歪把子"机枪等大家伙。3楼展出了一辆20世纪30年代美国艾克沙修生产的古董摩托车，还能看到旧时颁发的牌照。

◎ 武康路和衡山路一带

抛开所谓景点，这里才算作黄浦历史街区的精华所在，想要深入了解上海味道，绕着这一带的每条马路走一走就好。所有受保护的古建外墙上都贴着二维码，你可以扫码了解老房子的往事，也可以关注微信公众号"魅力衡复"。

★ 武康大楼　　　　　　　　　历史建筑

（见212页地图；淮海中路1836-1858号；Ⓜ10号线、11号线交通大学站，7号口）这栋矗立在武康路（见152页）南端的红砖大楼建于1924年，虽然原名为"诺曼底公寓"，却和诺曼底登陆无关，它是为了纪念"一战"中法国著名的战舰"诺曼底号"。建筑形如熨斗，也像战舰，整体具有法国文艺复兴风格。在两条道路相交的锐角上，匈牙利建筑师邬达克因地制宜地将大楼设计成了三角形。它也是上海第一座外廊式公寓大楼，沿街的骑楼设计弥补了人行道的狭小，著名的紫罗兰美发厅曾占据了好几个门面，如今牢牢占据骑楼下最佳位置的是**老麦咖啡馆**。从位于淮海中路的正门进入大楼，看门人会拦住你的去路，但你依然可以从水磨石地板上的几何图案和带着半圆形指针的老式金色电梯中感受几分它的典雅。

抗日战争胜利后，孔祥熙的女儿孔二小姐把大楼买了下来，成了这里最大的业主。电影艺术家赵丹、孙道临也曾是这栋楼里的住户。不为人知的是，"文革"时，因为大楼的高度，这里还充当过"上海跳水池"——不少在"文革"中受迫害的人因难以忍受折磨与

侮辱，在此结束了生命。

然而，即便有着显赫的名字和历史，过去的武康大楼和其身侧的武康路，不过是上海一座造型独特的房子和一条普普通通的马路，直到它等来了21世纪的保护古建、历史区域整改计划，人气才陡然暴涨。2018年，随着武康路架空线入地工程启动，武康大楼外蜘蛛网般的电线消失了，大楼清爽了，也上镜了，如今你站在武康大楼对面的五路交会（见170页方框）路口，总会看到人们举着相机或手机，对准这座大楼，拍着千篇一律的照片。

宋庆龄故居纪念馆 故居

（见212页地图；6474 7183；淮海中路1843号；门票10元；9:00~17:00，提前半小时停止入场；M10号线、11号线交通大学站，7号口）宋庆龄自1949年春迁居至此，这是她一生中居住时间最长的地方。故居是一幢建于20世纪20年代的假3层洋房，原主人是一位船王，房子也建得像一艘白色的大船。故居内的陈设大多依照宋庆龄生前居住时的原样摆放，2楼卧室的精美藤木家具是宋家父母送给她的陪嫁，沙发和茶几是孙中山使用过的。本书调研期间，故居不开放参观，但环绕一圈可以透过1楼的玻璃门看看会客厅和饭厅的样子。故居后的花园，是30多棵香樟和2棵古老的广玉兰环绕而成的草坪，宋庆龄常在这里招待来访的各国贵宾。

故居对面的文物馆内有详细的宋庆龄生平介绍和大量老照片，以及宋庆龄的手稿、使用过的各种证件、定制手袋等，你甚至还可以听听她的声音。旁边的车库内，停着两辆宋庆龄乘坐过的轿车，一辆是1975年产的国产红旗牌轿车，一辆是1952年斯大林赠送的吉姆牌轿车。车库旁的鸽棚内，40多只鸽子都是宋庆龄当年喂养过的鸽子的后代。

衡复风貌馆 博物馆

（见212页地图；复兴西路62号；免费；周三至周六 10:00~16:30，16:00停止入场；M1号线常熟路站、10号线上海图书馆

左起：黑石公寓；宋庆龄故居纪念馆；夏衍故居。

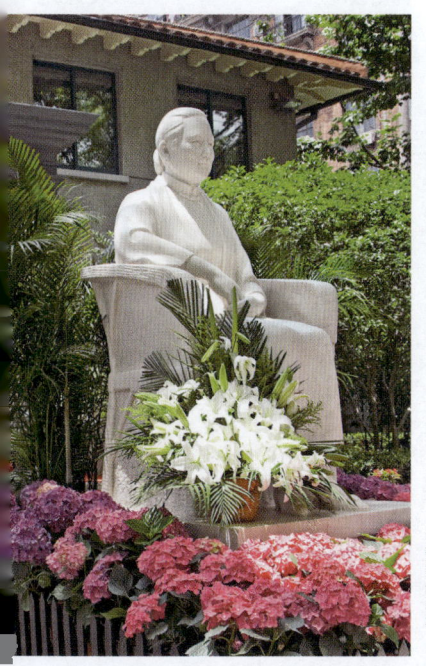

站）衡复历史文化风貌区取衡山路与复兴路之首字，指的是东起陕西南路、西至华山路、北至长乐路、南至肇嘉浜路的占地4.3平方公里的历史文化街区，上海64条永不拓宽的街道中它占了31条，拥有232处优秀历史建筑，是上海中心城区内规模最大、花园住宅最多、格局最完整的一片区域。

展馆详细介绍了旧时"法租界"的第3次扩充、衡复风貌区的历史发展和文化保护方案，在你开始逛这一区域前，不妨先来这里阅读下街巷与房屋的故事。馆内共分4个小展厅，内容分别关于衡复风貌区的历史发展、百年建筑、红色记忆和曾生活于此的名人。

衡复风貌馆所在的建筑，前身是建于20世纪30年代的修道院公寓，从其淡黄沙拉毛水泥外墙、红筒瓦坡屋顶、半圆拱券门窗洞、铸铁窗栅、螺旋形窗间柱等，可以看出是典型的西班牙风格。昔日的主人弗立斯夫人曾将它打造成上海外侨圈里著名的文化沙龙。

★上海工艺美术博物馆　　　博物馆

（见212页地图；www.shgmg.com；汾阳路79号；门票8元；⏰9:00~16:00，周一闭馆；Ⓜ1号线、7号线常熟路站，4号口）博物馆所在的建筑是沪上赫赫有名的"小白宫"，典型的法国文艺复兴风格的花园别墅。这栋楼在1905年建成时，是旧时"法租界公董局"总董府邸，直到1943年，历任"法租界"的最高行政长官都居住在此，后又先后成为联合国世界卫生组织和中苏友好机构的办公地，新中国成立后，上海首任市长陈毅也曾暂住在这里。

购票后，先去花园里好好端详下这栋美丽的别墅。纯白色的别墅有着对称的布局，半圆券拱落地窗、爱奥尼亚式双柱，以及简洁的浮雕装饰也平添一份素雅，花园内有多株百年古樟树。建筑内部同样好看，木质天花板的雕刻、大理石壁炉和大理石楼梯都很古雅。记得找找2楼的卫浴间，那里还保留着原始的装潢格局，还可以看到百年前豪宅中的立体按摩淋浴房。

2层展厅内陈列着玉雕、木雕、牙雕等精美的工艺品，3层和负1层是一间间专业工作室，你可以现场看到绒秀、顾绣、面塑、剪纸、灯彩、紫砂、砚刻、玉雕等工艺品的制作过程。花园内还有一个临展厅，也值得一观。

黑石公寓　　　历史建筑

（见212页地图；复兴中路1331号；Ⓜ1号线、7号线常熟路站，4号口）黑石公寓不是一个景点，2楼以上仍住着居民，但门廊上镂空

五路交会，哪里最美？

在上海的发展史上，出现过许多著名的马路，不过五条马路交会在一点的情况并不多见。

城市东北，20世纪二三十年代，民国政府为了打破"公共租界"和"法租界"的垄断，制订了"大上海计划"，以江湾为市中心打造新上海，用黄兴路、其美路（今四平路）和翔殷西路（今邯郸路）分别连通杨浦、虹口和闸北，用翔殷路、淞沪路通向新上海的腹地。可惜这个计划因为淞沪会战而搁浅，只留下如今成为上海城市副中心之一的五角场。

城市西南，徐家汇因明代科学家徐光启在此置地建庄并安葬于此而得名，也是旧时上海"西学东渐"的先锋之地，天主教堂、博物院、工艺场馆都兴起于此。这里曾是法华泾、肇嘉浜和蒲汇塘三水交汇之处，如今也是华山路、衡山路、肇嘉浜路、漕溪北路和虹桥路这五条道路的交会点，上海的第一条地铁线从这里开始，周边更是发展了包括中高低档在内的众多商业项目。

然后，我们就得说到眼前的这5条路——**武康路**（见152页）、兴国路、**淮海中路**（见156页）、天平路和余庆路，前两条通向华山路，后两条通向徐家汇，说是5条路交会，其实算是个六岔路口。除了淮海中路，其他几条都不宽，绿荫蔽日，也鲜有公交车，除了武康路，其他3条小路都行人稀少，正适合享受荡马路的乐趣。

雕砌的弧形大露台，会将每一个过路人的视线牢牢锁住。而且你可能还会觉得它眼熟，这个大露台的出镜率太高了，《上海女子图鉴》《流金岁月》都曾在此取景。

黑石公寓建于1924年，由美国传教士宋合理投资兴建，为灰色调的砖混结构，因墙体和部分构件采用黑色石材而得名。公寓是带有巴洛克特征的折衷主义风格。最大看点便是沿街带大露台的主立面，主入口为挑出的宽敞门廊，以简化的科林斯式双柱支撑，门廊顶上有古典主义装饰，2层以上逐层收小的弧形阳台又具有巴洛克特征。公寓最初建成时，配备了电梯、四季恒温泳池、网球场、舞厅等，还有外籍管家，被称为当时"中国最好的公寓"，如此配置即便放在今天都称得上豪华。当年，民国总理熊希龄与才女毛彦文的婚房便在公寓的3楼。

2020年，公寓1楼作为**幸福集荟**（见201页）书店而对外开放，薄荷绿的墙面、风格清新的马赛克地砖，都与楼上的居住区保持着呼应。书店内的Drops咖啡吧由昔日公寓内的恒温泳池改造而成，几根大圆柱围起的部分就是游泳池的具体位置。

紧邻的**黑石M+**是全新打造的时尚街区，有一些高端餐饮、服装高定店和一家精品酒店。

在黑石公寓的两侧，还有两座20世纪30年代建的著名公寓——**伊丽莎白公寓**和**克莱门公寓**，同样值得一观。对面的**上海交响乐团音乐厅**（复兴中路1380号）由世界级大师矶崎新和丰田泰久设计，是中国第一个建在弹簧上的"全浮建筑"。

巴金故居　　　　　　　　　　　故居

（见212页地图；📞3368 5656；武康路113号；免费；🕙10:00～16:00，周一闭馆；Ⓜ10号线上海图书馆站，1号口）这座故居是巴金先生在上海居住最久的地方。装饰简洁的花园住宅沉淀着一代文豪朴素儒雅的生活，也汇集了他后半生的悲欢。洋房主楼里的布置基本遵循原貌，巴金生前使用过的家具和各类生活用品也都保存完好。书房的案几、整墙的藏书都遗留着主人的气息，连卧室的床头都还摆放着妻子萧珊的照片。底楼正对花园的太阳间，还有窄小的缝纫机和一张轮椅，陪伴了巴金创作《随想录》的最后岁月。1楼的展示厅里留存着当时的书稿、书信以及"文革"那段日子的手记。

本书调研期间，故居内部正在修缮中，暂不开放参观。

➡ **兴国路**：最初是吴淞江支流洛云浜。20世纪30年代，当时的"法租界"当局填浜筑路，以公董局秘书的名字命名为"雷上达路"。兴国路北段尤为幽深宁静，**兴国宾馆**（兴国路72号）内的别墅建筑是当年洋行大班们的居所，其中1、2、6号楼为优秀历史建筑，后两栋分别为英国乡村式和法国式花园住宅。

➡ **天平路**：连接了淮海中路和徐家汇，大多为20世纪三四十年代建造的新式里弄。40~60号的**上海文艺医院**是红色地中海式建筑，院如其名，堪称上海最文艺的医院。200号曾是著名的**南洋公学**。在衡山路口，由树德坊改造的**衡山坊**和**徐家汇公园**（见228页）构成了徐家汇的后花园。

➡ **余庆路**：原名爱棠路，以前法国驻沪总领事的名字命名。5条路中最低调而又美好的一条，不足1公里，不通公交，同时又是单车道，高大的梧桐编织起浓密的树荫，浅黄色调一路随行。146弄的**爱棠新村**里，中国电影史上的风云人物曾往来于此，陶行知先生也曾居住于此。

因此，这里是上海最美的五路交会、六岔路口，没有之一。

张乐平旧居　　　　　　　　　　故居

（见212页地图；☎6418 3811；五原路288弄3号；⏰周三至周六 10:00~16:30，16:00停止入场；🚇1号线、7号线常熟路站）这栋里弄式花园洋房建于20世纪30年代，1950年起，创作了《三毛流浪记》的漫画大师张乐平在此居住生活了40多年，直到离世。走进288弄的小巷，右侧是篱笆墙所围的住户，左侧墙上是一幅幅以三毛为主题的漫画。故居位于巷尾的右侧小院内。1楼是展厅，详细介绍了大师的生平和作品，除了漫画，你还会看到张乐平创作的年画、速写、彩墨画等。2楼复原成了张乐平当年居住时的样子，包括画室、卧室和子女房间等，卫生间的装修布置即使以今天的审美来看，也不落伍。

夏衍故居　　　　　　　　　　　故居

（见212页地图；乌鲁木齐南路178号2楼；⏰周三至周六 10:00~16:30，16:00停止入场；🚇1号线衡山路站，7号线、9号线肇嘉浜站）夏衍故居是一栋兼具西班牙和英国乡村风格的别墅，它有着陡峭的红瓦屋顶和淡黄色外立面。著名的电影艺术家夏衍曾在此居住了30多年，你可以在这里了解夏衍的作品，还可以在影音室观看一段他的作品。

同一张参观票还可以参观隔壁有着漂亮敞廊的建筑**草婴书房**，这里纪念的是俄罗斯文学翻译家草婴，正是他将托尔斯泰的作品翻译成了中文。

故居两侧还有两座建筑也值得留意。南侧180号英国风格的花园洋房是由邬达克设计的，可以站在街边隔墙一观。北侧176号的安康公寓则带有装饰艺术的现代派风格。

乌鲁木齐中路　　　　　　　　　街区

（见212页地图；🚇1号线、7号线常熟路站，8号口）一头是医院，一头是街心花园，这条800多米长的马路已经存在了100年，被老洋房和梧桐树包围着，一切都美好得不可思议。如今它也是一条网红马路，不过生活气息从未被抹杀，开在这条街上的网红店也都各有独门功夫，并非昙花一现，它们与传统老字号、水产店、水果店、腊肉铺等一起，各占半边天。

乌鲁木齐中路的文艺气质很大一部分要

看懂上海的历史建筑

当你漫步在梧桐掩映的上海历史街区，若仅以"老洋房"三个字来概括所有看到的老建筑，未免太草率。追溯其历史，这些洋房基本都诞生于20世纪上半叶，融合了法国、英国、德国、西班牙等多种风格，差不多同期建成的公寓也有着巴洛克、哥特式、装饰艺术派、现代主义等不同风格。对不同建筑风格稍作了解，你的"看房"过程将更有意思。

花园洋房的主要形式：

➡ **法国文艺复兴风格**：强调轴线对称，中心突出，立面构图严谨，常见横三段、纵三段的构图法，不少洋房会有殖民地特色的外廊。**太原别墅**（太原路160号，原马歇尔公寓）、**爱马仕之家**（见157页）便是典型的法国文艺复兴风格，而摆脱了外廊式设计的**小白宫**（见170页）属于后期文艺复兴代表。

➡ **英国乡村别墅风格**：最突出的特征是山墙和屋檐下半露明木构架，外墙多为白色或淡黄色，并有陡峭的红瓦屋顶和红砖烟囱。**英商正广和洋行大班住宅**（武康路99号）属于这类风格。

➡ **西班牙风格**：红色筒瓦的缓坡屋顶，外墙多为白色或亮黄色的鱼鳞纹或拉毛粉刷，门廊和窗多为拱形，也常见螺旋形窗间柱和铁艺构件。**布哈德住宅**（永福路52号）、**汾阳花园酒店**（汾阳路45号）和**逸村**（淮海中路1610弄）是这类典型。

归功于**FINE系列**的咖啡馆、小酒馆等，FINE已经在这条路上开了5家店，包括一个家具店，每家店都很小，每家都挤满了人、店外排着队。以咸味冰激凌走红的**BONUS**，每款冰激凌的口味看起来都不按套路出牌。它对面的**红怡副食品**看似是个普普通通的杂货店，卖的都是西式杂货，老板娘更是被常来光顾的"老外"亲切地称为"牛油果阿姨"。改头换面的**乌中市集**（乌鲁木齐中路318号；⏱7:00~19:00）担得起上海最美菜场的头衔，沿街一排Ins风的墨绿色框架玻璃门墙，漂亮得像精品店的橱窗。沿街店铺**大包小包**有近20款包子，味道都不错。菜场里面同样干净养眼，2楼的**柴米多**，既是杂粮铺子，也是酒水档口，还制作云南小锅米线、丽江腊排骨锅、诺邓火腿比萨等——坐在这里吃饭是不是让你想起了国外那些好看又好吃的菜场。

安福路　　　　　　　　　　　　　　街区

（见212页地图；Ⓜ1号线、7号线常熟路站，8号口）有**上海话剧中心**（见200页）坐镇的安福路，本就自带文艺气质，相比"爆款"武康路，它很早就赢得了本地文青们的芳心，说这条马路是文艺鼻祖一点都不过分。如今你走在这条街上，尽管也不乏网红店——即便网红也得冠以"资深"二字，但它除了热闹的一面，也有极安静的一面，吃购方面的品质也很高，"老外"很喜欢这里。

安福路的文艺地标，除了话剧中心，还有208号的**西班牙总领事馆文化处**，其2楼的米盖尔·塞万提斯图书馆常会举办展览。2019年底，著名的二手书循环商店**多抓鱼**（见203页）也在这里开起了实体店，它斜对面的小区内，还藏了一家**胶囊画廊**（安福路275弄16号；⏱周二至周六10:00~18:00，需要预约）。从外滩搬迁来的**bank画廊**（298弄2号楼地下室）则藏得更隐蔽。

购物方面，这条路从中东地毯店到买手店、化妆品店、家居店等，几乎什么都卖，又以靠近武康路一端最密集。**BEAST野兽派**是生活方式的集合店。街角的**马里昂巴咖啡馆**已被对面的**HARMAY话梅**接手，后者是一家以卖化妆品小样为主的自助式仓储美妆店。

➡ **德国风格**：多为砖木结构和折坡形式，山墙高耸，门窗通常有精美的装饰线条。这类建筑以**宋子文故居**（永嘉路501号）和复兴中路1195号为代表。

公寓建筑的主要形式：

➡ **装饰艺术派风格**：构图简洁、对称，常见几何块体、重复线条和曲折线。**常德公寓**（常德路195号）、**安康公寓**（乌鲁木齐南路176号）、**百乐门**（见200页）和**瑞华公寓**（常熟路209号）都属于这一风格。

➡ **现代主义风格**：造型和线条都很简洁，也没什么多余的装饰，但会有一些不对称构图。**麦琪公寓**（复兴西路24号）、**开普敦公寓**（武康路240号）、**伊丽莎白公寓**（复兴中路1327号）和**淮海公寓**（淮海中路1202号）就属这类。

➡ **折衷主义风格**：一栋建筑中融入了多种风格，有明显的中西杂糅特色。永嘉路630号是这类建筑的典型，它的立面装饰极为丰富，融合了大面积落地窗、古典柱式、新罗马风格柱式、哥特式平尖券、敞廊、白色门窗框等。**黑石公寓**（见170页）融合了巴洛克和古典主义两种风格。而老洋房**应公馆**（凤阳路338弄）则混搭了5种建筑风格——古罗马的塔斯干柱、古希腊的爱奥尼双柱、巴洛克浮雕、新古典主义的檐齿和整体的文艺复兴风格。

隔壁的Sunflour阳光粮品很有社区面包房的感觉，有咖啡也有brunch。而靠近武康路的RAC（见189页方框）和靠近乌鲁木齐中路的Alimentari（见189页方框），分别供应法国和意大利风味的餐饮和brunch，出品不俗，人气也居高不下。另外，来自广州的买手店BADMARKET、设计家居店Casa Casa、古着店小花西洋古董店等，也都值得一逛。

永康路　　　　　　　　　　　　　　街区

（见212页地图）与武康路（见152页）一字之差的永康路，有着相似的命运——曾经都是脏乱差的居民区小马路，如今分外洋气。不过，与自带"白富美"基因的武康路不同，永康路没有百年老洋房、老公寓装点门面，它只是一条弥漫着柴米油盐味、悬挂着"万国旗"的普通街道。永康路的上一次走红是因为酒吧，啤酒品质一般、价格便宜，但市井气十足，为它赢得了一众外国人的青睐，夏天的夜晚，店家们齐刷刷将桌椅搬到街边，加上一张张洋面孔，居然呈现出了东南亚酒吧街的气息。当年这条街上最有意思的段子，便是楼上的居民不堪楼下夜生活的扰，将一盆洗脚水泼了下来。大概正是这种土洋结合的气质，永康路深受"老外"的欢迎。2016年下半年经过一番整治，酒吧街消失了。如今永康路卷土重来，以咖啡馆代替酒吧，风格变得文艺清新，不变的是头顶晾晒的衣物。

永康路全长仅600米，夹在嘉善路和太原路之间，中间的襄阳南路是分水岭。襄阳南路至嘉善路这段，几乎全部被小小的咖啡馆、甜品店占满，常常店内的顾客还不如门外排队等候的顾客多。**EAU CAFE**和**In Dough We Trust**占据着街角的最佳位置，你在玻璃窗内喝着咖啡，漂亮的小姐姐在玻璃窗外拍着照。曾上榜"2019年亚洲50佳咖啡店"的**Café del Volcán**已立足于此7年了。创意十足的**茶是一枝花·泡茶店**（见196页）与**Bathe Coffee**（见197页）两家店中间，一堵灰墙开了个墙洞，不时有一只握着咖啡的熊爪伸出来，它正是2019年底爆红、几个有听力障碍的年轻人经营的**熊爪咖啡**。襄阳南路至太原路这段则安静得多，同样有一些好店值得去逛逛吃吃。

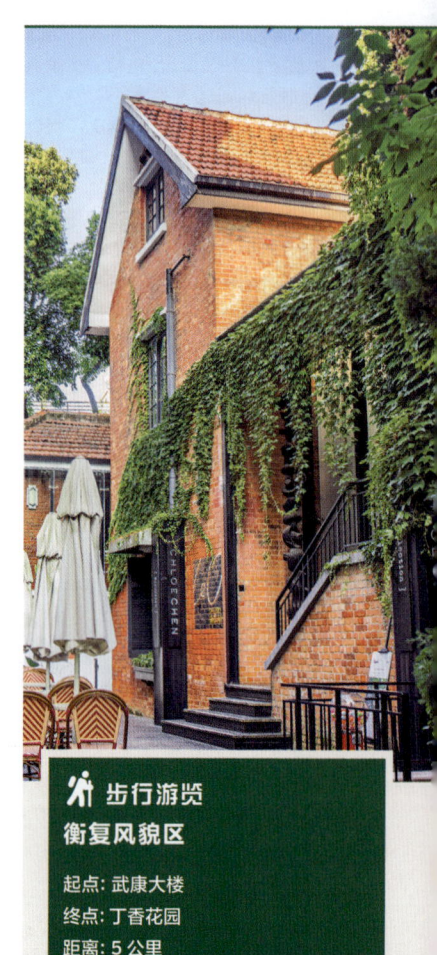

> ### 🚶 步行游览
> ### 衡复风貌区
>
> 起点：武康大楼
> 终点：丁香花园
> 距离：5公里
> 需时：一天

从❶**武康大楼**（见168页）进入武康路，步行不久，你会看到隔街相对的❷**原意大利总领事官邸**和❸**黄兴旧居**，后者内部为武康路旅游咨询中心。然后转入泰安路，过了兴国路不久，右手边有着漂亮门头的❹**卫乐园**建于1924年，里面有英式、法式、西班牙式多种风格的洋房，毛泽东的第二任夫人贺子珍、著名音乐家贺绿汀也曾是这里的住

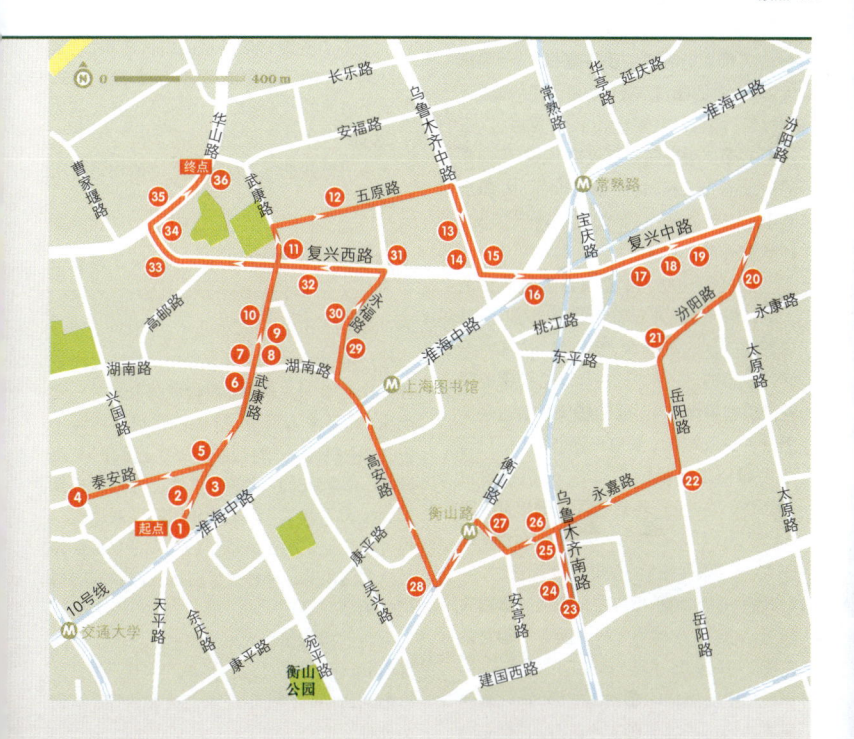

户。对面的花园里弄同样很好看。原路返回武康路，去 ⑤ **武康庭** 逛一圈，或在Peet's coffee 皮爷咖啡喝杯经典的澳白。继续前行，接近湖南路时会看到 ⑥ **开普敦公寓**，三棱体的转角弧度处理是它的最大特色。马路对面大门紧闭的 ⑦ **湖南别墅** 很有来头，邓小平、陈毅来沪时曾住在这里。站在十字路口好好端详下 ⑧ **密丹公寓**，再沿着武康路继续往前走一点，回看这栋公寓北侧的锐角处理。紧挨着的是 ⑨ **巴金故居**（见171页）。前面不远处，马路对面的淡黄色建筑有个 ⑩ **罗密欧阳台**。复兴西路口绿树掩映下是气派的 ⑪ **英商正广和洋行大班旧居**。

右转入五原路，去 ⑫ **张乐平故居**（见172页）参观一下，然后沿着乌鲁木齐中路向南走。经过 ⑬ **乌中市集**漂亮的橱窗，在复兴西路口，这里有两栋漂亮的公寓值得留意——有着三角形阳台的 ⑭ **白赛仲公寓** 和大弧形敞开式阳台的 ⑮ **麦琪公寓**。向东穿过淮海中路，马路对面的 ⑯ **徐汇艺术馆**（淮海中路1413号；9:00~17:00，周一闭馆）原为鸿英图书馆旧址，里面常有免费的艺术展。继续东行，依次经过法式的 ⑰ **克莱门公寓**、有着大露台的 ⑱ **黑石公寓**（见170页）和现代派风格的 ⑲ **伊丽莎白公寓**。向南转入汾阳路，去 ⑳ **上海工艺美术博物馆**（见170页）参观下"上海小白宫"。

你会在前面的三角地带看到一尊 ㉑ **普希金雕像**，然后向南转入岳阳路。站在永嘉路口，你对面是 ㉒ **宋子文故居**，别墅的鱼鳞状屋面非常罕见，一侧还有圆柱锥顶塔楼。一路往西走，右转入乌鲁木齐南路，去参➡

左图：武康庭。

©健忘的行摄世界/图虫创意

←观下㉓**夏衍故居**和㉔**草婴书房**。返回永嘉路，左侧的㉕**洋房**是"禽蛋大王"阮雯衷的故居，如今是the Paragraph家居店，正对面的㉖**上里花园洋房火锅**内，有栋漂亮的折衷主义风格洋房。继续向西，去㉗**永平里**逛逛或吃顿午饭，里面还有个小小的杜梦堂画廊可观展。

穿过衡山路，去㉘**东方乐器博物馆**（见本页）参观并看看荣德生旧居。然后沿着高安路一路向北，穿过淮海中路，再转入永福路。右手边的白色洋房是㉙**德国驻沪总领事馆**，斜对面的㉚**雍福会**曾是英国驻沪总领事馆。到复兴西路口后，过马路去㉛**衡复风貌馆**参观下。然后沿着复兴西路一路向西，看看简朴的㉜**柯灵故居**（⊙周三至周六10:00~16:30），留意下一座《二十四史》书柜。快走到路尽头时，会看到建于1932年、折衷主义风格的㉝**复兴西里**，对面开在转角处的是西餐厅㉞**夏朵花园**。右转入华山路，街对面的白色小楼是现代主义风格的㉟**白杨旧居**。再往前便是本次步行的终点㊱**丁香花园**，和保安商量下，一般都能让你进去参观。🅛

你可以去Uncle No Name Espresso喝杯澳白，去藏在"洞穴"里的Single Person（永康路185号；⊙13:00~19:00）淘淘有趣的家居摆设。

东方乐器博物馆　　　　　博物馆

（见212页地图；高安路18弄20号；免费；⊙9:00~16:00，周一闭馆；Ⓜ1号线衡山路站，2号口）这座安静的博物馆平日很冷清，你甚至需要自行开关照明灯。展览的内容包括中国古代和现代乐器、外国民族乐器和少数民族乐器。虽然有一些是复制品，但也令人大开眼界——距今8000年的贾湖古笛、非洲的卡巴萨、印第安的恰兰戈，甚至还安放了一整套印度尼西亚皇室专用的宫廷甘美兰合奏乐器。

不要小看博物馆隔壁的白色建筑，它是"红筹"大鳄荣德生的旧居，还曾经上演过轰动上海滩的"绑票奇案"，如今已经改建成了欢乐的少年宫。

本书调研期间，因新冠疫情博物馆暂不开放。

上海交响音乐博物馆　　　博物馆

（见212页地图；宝庆路3号；免费；⊙9:30~16:30，16:00停止入场，周一、周日闭馆；Ⓜ1号线、7号线常熟路站，4号口）大多数人来此参观并非冲着博物馆的主题——交响乐，而是来看房子。这栋德式风格的洋房曾是"染料大王"周宗良的故居，曾有"上海滩第一私家花园"之称。博物馆内一条长长的五线谱串起了上海交响乐团的发展历程，你可以在此了解亚洲最早的公共乐队，看看最早的演出节目单和百年前从欧洲购入的斯坦威钢琴。

目前博物馆每天只接受40人参观，并需提前3天通过微信公众号"地产宝庆"预约，本书调研期间，每天早上7点开始抢票，不到10分钟就抢完了。

国际礼拜堂　　　　　　　教堂

（见212页地图；衡山路53号；Ⓜ1号线衡山路站，4号口）常春藤爬满了上海规模最大的基督教堂的外墙，也使它得以大隐于灯红酒绿的衡山路。教堂建于1925年，平面呈L形，主体建筑为德国的仿哥特式教堂式样，内部为巴西利卡式，可供700多人同时做祷告。教堂因容纳不同教派和不同国家的信徒，而取名为国际礼拜堂。教堂拥有一个圣乐团，除了圣诞节和复活节等宗教节日有唱诗活动外，只有周日7:30、10:00、19:00的礼拜时间才开放。

华山路　　　　　　　　　街区

（见212页地图）这条衡复风貌区的西部边界，一路从静安寺弯弯绕绕至徐家汇，中间挨着衡山路、武康路的边缘。早在19世纪60年代，它是英租界当局为了防御太平军而修

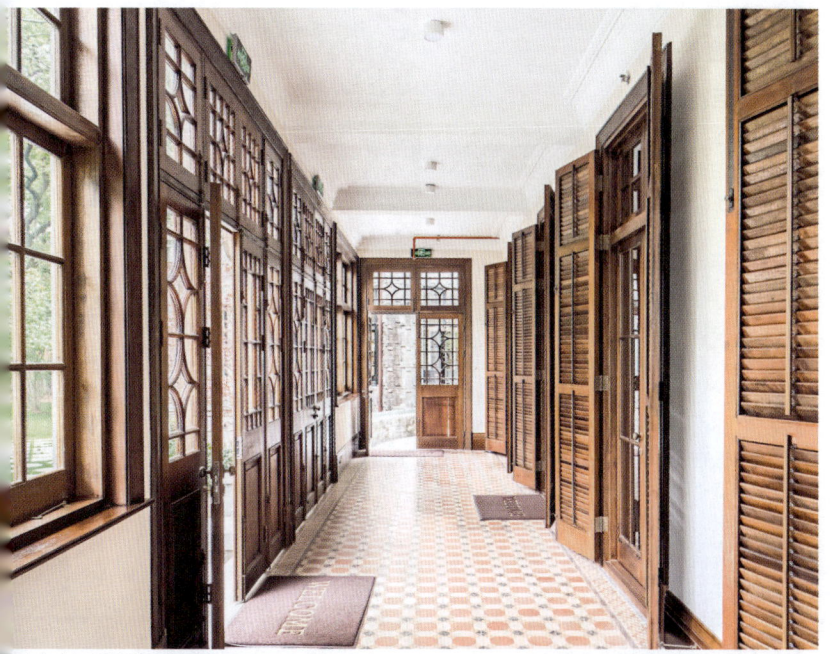

上海交响音乐博物馆建筑内部。

筑的7条"军路"之一,又曾以"一战"英军总司令海格的名字命名。这条路的两端是上海两大重要的商圈,而这条路的中段(复兴西路至常熟路之间)有很多值得一赏的建筑。

建于19世纪末的**丁香花园**(849号)原为李鸿章幼子李经迈的住宅,建筑中西合璧,整体为英国乡村别墅式样,南立面的上下两层木柱敞廊又是中式的,还开有老虎窗,花园内更是山、池、亭、桥等江南园林元素齐备。如果被保安拦住,说去里面的申粤轩用餐就能放行,不过草坪和花园不能踏入。**海格公寓**(823~827号)是带有西班牙风格的公寓建筑,拱形门洞下的敞开式楼梯间很有特色。体量庞大、有着狭长窗户的**枕流公寓**(731号)是西班牙式建筑和装饰艺术的结合,这栋楼内曾住过周璇、王文娟、叶以群等不少文艺界名人。宋庆龄创办的**中国福利会儿童艺术剧院**(639、643号)为一座Y形三翼式建筑。斜对面的**上海戏剧学院**中有栋熊佛西楼,曾是德国乡村俱乐部。常熟路口的一个小区内有一些漂亮的白色洋房,蔡元培生前在上海的最后一处居所也位于此,你可以去**蔡元培故居陈列馆**(华山路303弄16号;免费;⏱9:00~16:30,16:00停止入场,周一闭馆)参观一下。1896年创建的南洋公学、如今的上海交通大学(见228页)也不要错过。

◎ 南京西路和静安寺一带

★上海自然博物馆　　　博物馆

(见208页地图;☎6862 2000;www.snhm.org.cn;北京西路510号;门票30元,语音导览20元;⏱9:00~17:00,16:00停止售票,周一闭馆;Ⓜ13号线上海自然博物馆站,1号口)这是上海科技馆(见129页)的分馆,建筑本身就很有观赏价值,盘旋而上的绿植屋面在静安雕塑公园内冉冉升起,宛如一只"绿螺",而面朝科技馆内部的中心景观则是山水花园的设计。全馆更是在技术上实现了绿色生态建筑的设想。

☑ 不要错过
逛逛"巨富长"

名字听起来有点暴发户的意思，其实是取三条马路的第一个字——巨鹿路、富民路和长乐路，它们恰好处在旧时"法租界"和"公共租界"的交会处附近，也就是今天的黄浦和静安两区的分界处。这片区域确切地说是以富民路为中心，襄阳北路以西，常熟路以东，长乐路以北，延安中路以南。它不像武康路周围那几条路，从市井的生活区忽然蹿红，"巨富长"走红已久，它曾被《外滩画报》评为"上海最有趣、最丰富的街区"，早在10多年前，它就以小资情调收获了本地人的心。

3条马路上也都有些精致的小店和时髦的餐馆，且大多已经开了许多年。短短的富民路上，**保罗酒楼**（见193页）在十多年前就引发过排队热潮，如今品质依然在线。隔壁的259号是杜月笙金屋藏娇处。38号的黄沙拉毛坯洋房，曾是杜月笙手下四大金刚之首顾嘉棠的宅邸，如今是泰国餐厅。长长的巨鹿路有着截然不同的两面，处于"巨富长"范围内的巨鹿路繁华也文艺，889号的**巨鹿花园**曾是20世纪二三十年代的亚细亚火油公司住宅，如今一栋栋漂亮的洋房别墅皆被高端餐饮入驻；隔壁891号的**EVERNAKED裸蛋糕**口碑极佳；758号是曾经的仪电厂，如今是集合各类品牌的**JULU758**。而冲出这片区域，越靠近东端的巨鹿路非常安静，头顶的"万国旗"还很耀眼，本地生活气息浓郁。相对而言，长乐路上有趣好玩的精品店和网红店更多，步子也可以向东迈得更大一些，**624Changle & 公路商店**（见194页）、**朵云书院旗舰店**（见136页）和**集社**都是令人惊喜的地方。你还可以去**长乐坊**（长乐路331-333号）里看看，站在花园内看这座联立式花园住宅群非常好看。 ⓛⓟ

大光明电影院。

博物馆内共有10个常设展区，行进路线很有趣，从地上2楼逐步而下，直到地下2楼，上万种你见过的和没见过的海陆空生物填充着每一处空间，既有大型动物的标本，也有小的活体动物，令人目不暇接。不要走马观花，解说牌上的内容很长知识，也能让你了解不少新名词。还要注意找马门溪龙和剑齿象，这两件镇馆之宝不显山不露水地隐藏在展品中。在某些固定展区，10:15~15:15每小时会有一场免费讲解。

"生命长河"展厅内将已消逝的物种与现存的生命，以1:1的比例在同一空间内令它们跨时空相聚，是全馆最令人心潮澎湃的一处。"演化之道"展厅内，不但有你熟悉的恐龙，也有三趾马、铲齿象等古生物群。位于夹层的"上海故事"展厅为你讲述了上海的沧海桑田，以及鱼类为生产和繁衍在长江口的洄游。"缤纷生命"展厅内满眼都是小物种标本，61件牛科和鹿科动物的角布满一面高墙、全体昂首的鸟儿、1200只蝴蝶翅膀拼成了

↑上海自然博物馆内的展品。

一幅图案、令人眼花缭乱的蝶与蛾……

博物馆内还有一些限时、需要预约参观的区域，例如蝴蝶房、海水触摸池等。馆内的四维影院，每天分时段播放5部时长17分钟的小影片（30元），主题分别是大熊猫、非洲大草原、蛟龙入海、细菌大作战、羽龙传奇。这些都可以提前通过微信公众号"上海自然博物馆"预约、购票。

博物馆的配套设施也相当齐备，餐厅、咖啡馆可供歇脚，纪念品店也很好逛，从一颗矿石到模仿昆虫的耳环、各种公仔等，林林总总让人爱不释手。

南京西路　　　　　　　　　　　　街区

（见208页地图；东起西藏中路，西至延安西路；M 2号线南京西路站和静安寺站）如果说，紧挨着外滩的南京东路是属于游客的，那么，从人民广场向西延伸的南京西路就是本地人爱逛的商业街。邬达克设计的**国际饭店**和**大光明电影院**位于东端，是融合了装饰艺术风格的现代派建筑。跨越了3个世纪的老牌西餐厅**德大西餐社**（南京西路473号）依然是一派民国风范。过了南北高架后，这条路尽显时髦和繁华。两大地铁站——南京西站和静安寺站——分别有恒隆广场、中信泰富广场、梅龙镇广场构成的"金三角"和芮欧百货、静安嘉里中心、会德丰广场等组成的"金五星"坐镇。在与石门一路的交叉口，**吴江路**（见180页）是著名的美食地标，全球最大的**星巴克旗舰店**已不啻一处景点，庞大的购物中心**兴业太古汇**，保留了石库门和改造的新式里弄，以及新开的日系生活方式品牌niko and…。你也能找到优衣库、H&M、GAP等品牌的大型门店。

当然，这条旧时从跑马场通往静安寺的新式马路，不会只有商业气息，它同样拥有风格多样的古老建筑，在高楼大厦背后，你仍可以找到不少可观之处。在茂名北路和陕西北路之间的南京西路上，每条弄堂和老式屋宇都很有故事，**静安别墅**、**梅龙镇酒家**、**安乐坊**

花园公寓、美琪大戏院等，都值得你一个个走进去瞧瞧（见本页南京西路步行游览）。

吴江路休闲街 街区

（见208页地图；M 2号线南京西路站，3、4号口）夹在茂名北路和石门一路之间的这段步行街全长不过200米，它自1980年建成，从最初破烂、拥挤的小吃街，到如今焕然一新的双层立体休闲街，吴江路始终没有改变它伺候胃的命。老字号点心店王家沙（见192页方框）任何时候都门庭若市，小杨生煎（见190页方框）是"最上海"的小吃之一，网红西点、甜品当道的今天，红宝石（见193页方框）的奶油小方依然有市场。除了这些老字号，这条路上还云集了港式茶餐厅、越南河粉、日式、韩式和网红面包房等，还有不少美妆店。不妨学学本地人，在南京西路上逛街血拼后，转身到它背后的吴江路上觅食。

张园 园林

（见208页地图；泰兴路靠近吴江路；M 2号线、12号线、13号线南京西路站，4号口）即便是老一代上海人，知道张园的可能也不多。这个曾经风光无限的"海上第一名园"是上海滩最早向社会开放的私家花园。初建者是一名英国商人，1882年中国商人张叔和将其购得，并打造成为"张氏味莼园"，一举成为上海最大的私家园林。全园占地4万余平方米，北起今南京西路、南至威海路、东街石门一路、西抵茂名北路，现在的吴江路休闲街只是那时园中的池塘而已。

张园曾经创造了上海滩众多个"第一"：第一盏电灯在此点亮，第一辆自行车在此试骑，照相、电影、热气球、各种体育竞赛、赏花大会、展销会、中国最早的话剧表演等，各种新鲜事物均在此登场，甚至连霍元甲摆擂台大战外国力士这样轰动全国的事件也发生在此。由于张园处于清政府权所不及的公共租界，各种政治集会和演说也多在此举行，章太炎、孙中山等都在此发表过演讲，刘海粟在此举办中国首届裸模画展。园中还有当时上海最高建筑"安垲第"（Arcadia Hall），可以容纳千人以上会议，"登高安垲第，鸟瞰

步行游览
南京西路

起点：同孚大楼
终点：越界陕康里
距离：4.5公里
需时：半天

从2号口出地铁站，朝西走几步，便是四路交会的路口。你身后是现代派风格的 ❶同孚大楼，街对面有着弧形外立面的 ❷德义大楼，是装饰艺术派风格，它是上海较早的单身宿舍公寓大楼。不过，如今它们可能都不如全球最大的 ❸星巴克旗舰店吸引眼球，你可以进去喝杯比别处贵的星巴克，或者去对面的 ❹niko and…逛一圈，然后沿

景点 **181**

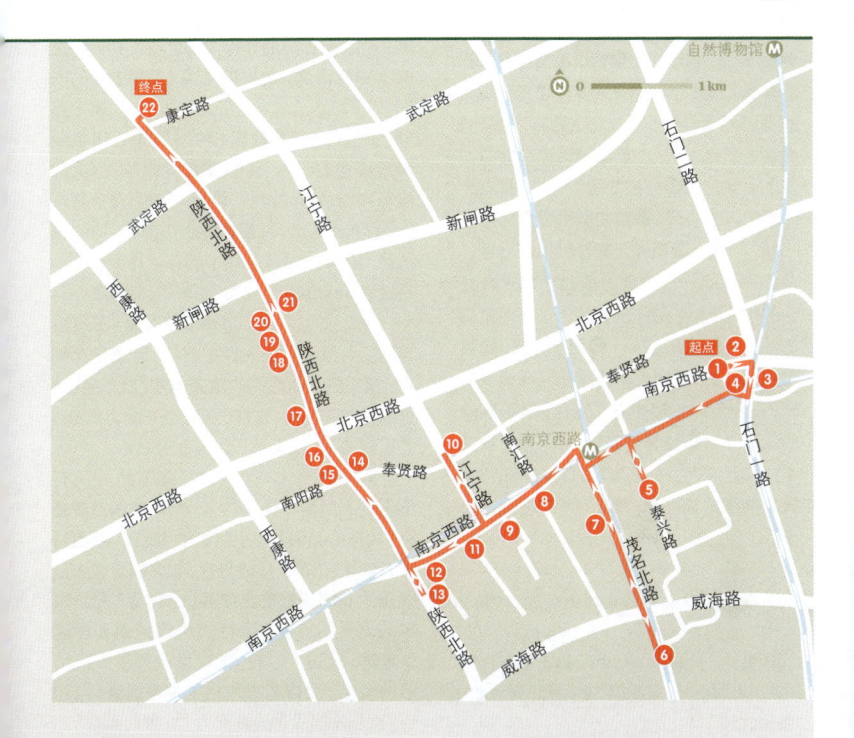

着吴江路向西走。转入泰兴路，去看看海上第一名园 ❺ **张园**。

继续沿着吴江路向西，在下一个路口向南转入茂名北路，左侧一排石库门里弄有着雕饰漂亮的拱形门头。过了威海路后，走不远就是 ❻ **毛泽东旧居**（茂名北路120弄5-9号；免费；⏱9:00~16:00，周一闭馆），1924年毛泽东和杨开慧一起在上海开展工作时曾住在这里。原路返回，左手边一大片洋气的石库门街区是改造过的 ❼ **丰盛里**，开满了餐厅、酒吧等，沿街有一家著名的FASCINO面包房。

在南京西路向西行。去 ❽ **静安别墅**走走，孔祥熙、蔡元培、于右任等20世纪初叱咤风云的人物都曾是它的居民。前面有着重檐歇山顶门头的是 ❾ **梅龙镇酒家**，这座3层红砖建筑曾是大买办虞洽卿的旧居。沿着江宁路向北走，下个路口的 ❿ **美琪大戏院**已经超过百年历史

了，如今依然每天有演出。回到南京西路，路过1927年建成时被称为"广东弄堂"的 ⓫ **安乐坊**，前面白色的 ⓬ **花园公寓**，是西洋风格的四排连体公寓。

向南转入陕西北路，前行不久就会看到Prada历时6年修缮而成的 ⓭ **荣宅**（陕西北路186号；门票60元；⏱周二至周四和周日10:00~17:00，周五和周六10:00~20:00），这栋折衷主义风格的花园洋房，曾是面粉大王荣宗敬的故居，如今里面常设展览（每半年更换主题）。

接着沿陕西北路一路向北走，奉贤路口突兀的清水红砖筑成的西式阳台是 ⓮ **西摩别墅**，旁边刻着《罗密欧与朱丽叶》➡

左图：张园。

©漂泊的命运线/图虫创意

←的台词。斜对面的 ⑮ **宋庆龄基金会** 不开放参观。隔壁的基督教堂 ⑯ **怀恩堂** 在周末礼拜时间会开放。穿过北京西路，去辞海编辑委员会大院内，看看邬达克设计的古典主义风格的 ⑰ **何东故居**。再往前是三个毗邻的弄堂小区，⑱ **自在里** 和 ⑲ **大同里** 是石库门建筑，⑳ **南洋公寓** 看起来最普通。马路对面的一排建筑是第二次世界大战时的犹太社区。前面的大院内有一栋漂亮的希腊神殿式建筑——㉑ **西摩会堂**，是当时犹太人的活动中心。再继续向北走500米，在康定路口的中石化背后，是新落成的潮流地标 ㉒ **越界陕康里**，你可以在这个工业风混搭折衷主义建筑的文创园区内，找家咖啡馆或酒吧，喝上一杯，结束这趟步行之旅。

上海"成为当时最有派头和档次的事情。20世纪初，张园开始衰落，于1919年歇业。在老张园废墟上，盖起了一大片石库门房屋建筑，清末民初讲的"张家花园"是园林，现在讲的"张家花园"是住宅。

从吴江路拐入泰兴路，尽头的小区内你会看到"张园"的门头。本书调研期间，新一轮的维修和开发正在进行中，预计至少要到2022年才会开门迎客。

★ 愚园路　　　　　　　街区

（见208页地图；Ⓜ2号线、7号线静安寺站、江苏路站）从静安寺通往中山公园的这条街道初建于清宣统年间（1911年），是公共租界越界辟筑的道路。后来，很多达官富商在此购地置业，因此留下了各种风格的洋房别墅，不少对中国近代史颇具影响力的人物也曾是这条路上的居民。

如果从东向西走，可以从万航渡路口开始，这里，**百乐门** 的垂直线条正立面十分醒目。有着券柱式三拱门的 **涌泉坊**（395弄）内，弄底有栋红砖花园洋房，是兼有西班牙城堡和意大利文艺复兴风格的折衷主义作品，它最早的主人是"美丽牌"香烟的总经理陈楚湘。旁边的 **愚谷村**（361弄）出了一对母女作

家：母亲茹志鹃的作品《百合花》中学语文课本中能读到，女儿就是写《长恨歌》的王安忆。523弄是东方经济图书馆旧址。镇宁路口、围墙内的 **严家花园**（699号）是近代企业家延庆祥的旧居。**江宁公寓**（753号）由美国建筑大师路易·沙利文设计，"南京路上好八连"曾入住这里。而 **柳林别业**（532弄）内的顾炳鑫旧居如今是昔舍旗下的花园洋房酒店。网红店Basdban（见208页地图；愚园路546号；⏱8:30～19:30）咖啡不怎么样，不过敞亮的工业风环境让人顿生好感，可颂非常好吃。镇宁路街角漂亮的 **富麦COFFEE**（见195页方框）是老字号 **富春小笼** 的新产业，浓浓的老上海情调，让人忍不住坐下喝一杯。

脚步再迈大一点，过了江苏路后还有不少名人旧居和漂亮的老房子。**愚园百货公司**（1018号）门口的白色邮筒很醒目。**岐山村**（1032弄）内曾住过施蛰存、祝希娟等名人；联排式花园别墅 **宏业花园**（1088弄）曾是段祺瑞之子的置业。哥特式城堡建筑 **长宁区少年宫**（1136弄）曾是国民党政要何应钦弟弟的私宅。装饰艺术风格的 **沪西别墅**（1210弄）在新中国成立前被称为"好莱坞弄堂"。**Fiu Gallery**（愚园路1175号；门票35元；⏱11:00～20:00，周一闭馆）常有好玩、好看的艺术展览。

你还能在这条路上找到中国第一位法学女博士侯御之的故居、杜聿明的花园别墅，以及荣氏家族建造的锦园……

中共二大会址　　　　　纪念馆

（见208页地图；老成都北路7弄30号，近延安中路；免费；⏱9:00～16:30，周一闭馆；Ⓜ13号线淮海中路站，3号口）虽说中共二大会址除了位置之外，没能保留任何与之相关的遗迹，但这个整洁的小楼，也可清晰简练地给你讲述当年中国共产党第二次代表大会前后的故事。你能在这里找到入党宣誓书，会发现当初出席会议的人员中有一位至今无法考证的神秘人物。另外，还能看到抽打京汉铁路工人的皮鞭和工人们使用的信号灯，说不定就是传说中《红灯记》里的原物。

就餐 183

佛寺内的佛像。

长寿路上的"奇葩"楼盘

如果你坐地铁7号线或13号线在长寿路站下,从2号口出来的话,会迎上一面高高的崖壁,头抬高一点,会发现"崖壁"上还开着窗、挂着空调外机。不要怀疑,这里的确是在上海内环,眼前确实是一栋高层住宅,相信你脑海里已经冒出无数个问号——为什么会有一座山体附着几十层高的楼盘?住在"山"里的人是何感想?楼已建了20年,坊间关于开发商的脑洞流传着好几个版本,能确切知道的是,山并不完全是假山,当年设计团队特意从上海周边象山县搬来了实打实的真实山体,然后以现代钢结构,进行重塑,与楼盘拼接,而有了这件房地产界最狂野、最奇葩的作品。 ⓛⓟ

玉佛寺最有人气的时候是每月初一和十五,早上5:00就会排起长队,若只求参观还是不要来"轧闹忙"(凑热闹)了。

玉佛寺 寺庙

(见208页地图;安远路170号;门票20元;⏰8:00~16:30;Ⓜ13号线江宁路站,3号口)玉佛寺偏离闹市,是上海历史最悠久、香火最旺的寺庙之一。清光绪年间慧根法师从缅甸请回了两尊玉佛,寺庙也因此得名。2014~2018年,玉佛寺进行了大规模的修缮,并将大雄宝殿平移了30米。整个寺院是柚木结构的江南式明清建筑群,以规模宏大的大雄宝殿为中心,周围有三圣殿、药师殿、观音殿、文殊殿、普贤殿等数个配殿。

本书调研期间,镇寺之宝玉佛坐像暂时供奉在寺院最后侧、不太起眼的藏经楼内,玉佛确实精美,可惜你与它相隔十米多,难以看得真切,佛殿内也不允许摄像。另一尊慧根法师请回的卧佛,供奉在寺院建筑群右侧的卧佛殿内。

寺院内的素斋部供应4种素面(20~25元),味道不错,常有本地人冲着吃面特意而来。

M50创意园 创意园区

(见208页地图;莫干山路50号;Ⓜ13号线江宁路站,1号口)前身是建于1935年的纺纱厂,21世纪初转型为艺术创意园区,纺纱厂的车间被改作一间间艺术家工作室。成立之初,M50常有艺术水准很高的展览和活动,不过如今热潮已过,M50的人气也江河日下,平日前来,各画廊也都有展览可观,口碑较好的是**香格纳画廊**。半度音乐旗下的实体咖啡店**半度雨棚**,虽然咖啡和食物的味道一般,不过周六常有收费的民族音乐表演,值得一看。

既然到了M50,不妨再朝北走几百米,去看看**天安千树**商场,建筑正立面的每一根立柱设计成了"高脚杯","杯中"植树,单看是盆景,远观如千树林立,设计者将其比作"古巴比伦空中花园"。

✕ 就餐

淮海路的繁华并不代表吃得昂贵,周边实惠的小馆子很多,而且这一带的家庭本帮菜大多经营了几十年，都是有口皆碑的好吃。K11里的餐馆很多，工作日的午餐时段，附近写字楼的白领大多会来此用餐。武康路一带，地道的本地菜很少见，西餐和brunch占了主流。

如果想吃跨国料理，又不想花太多钱，又要追求好吃，巨鹿路上的**More than eat**（见208页地图；巨鹿路758号；◯周日至周二10:00~22:00，周四至周六10:00~23:00）是高端版美食广场，汇聚了墨西哥、泰国、土耳其、日本等多国美味。

位于长寿路地铁站附近的沪西清真寺，在疫情前，每逢周五的主麻日，旁边的澳门路就会形成一条由羊肉串、抓饭、馕等新疆风味组成的清真市集。

◉ 淮海路和新天地一带

★ 玲珑餐厅　　　　　　　　　上海菜 ¥

（见206页地图；陕西南路57号；人均100元；◯11:00~14:00，17:30~21:00；Ⓜ1号线陕西南路站，2号口）店面小小的，分量也小小的，老板脾气还不太好，光盘了想再坐着聊会天，是会被下逐客令的，食客也甘愿"受气"——这些上海"家庭私房菜"的特点（毛病），这里一样不落下。本帮菜的味道无可挑剔，油爆虾（55元）、南乳汁空心菜（36元）必点，本帮酱鸭（28元）也很正宗，干烧鲳鱼、红烧豆腐烩鲨鱼、响油鳝丝的点单率极高，不过我们觉得响油鳝丝里的鳝丝剖得不够细，数量也不够多。

★ 兰心餐厅　　　　　　　　　上海菜 ¥

（见206页地图；✆6253 3554；进贤路130号；人均 80元；◯11:00~14:00，17:00~21:30；Ⓜ1号线陕西南路站，13号线淮海中路站）也是一家很有年头的"家庭私房菜"，早年常在本地美食评选中上榜，连续3年入选米其林必比登。环境很局促，绝不适合慢吃慢聊。拿手的也是那几道常规本帮菜：红烧肉、酱爆猪肝、响油鳝丝、草头圈子，早春来的话一定要点腌笃鲜。

🚴 骑行游览
黄浦历史文化区骑行

起点：新天地
终点：思南公馆
距离：约13公里
需时：1小时（不含游览时间）

由 ❶**新天地**出发，从兴业路穿过南北里，过重庆南路高架进入对面的南昌路，途中你会见到 ❷**复兴公园**的后门以及它正对的雁荡路，当然还有很多小店。转入茂名路后，"短小精悍"的 ❸**进贤路**非常值得一看，绕过陕西南路后的 ❹**新乐路**又是一条精品店购物街，在与襄阳南路交界的路口，不要错过有五个蓝色穹顶的 ❺**圣母大教**

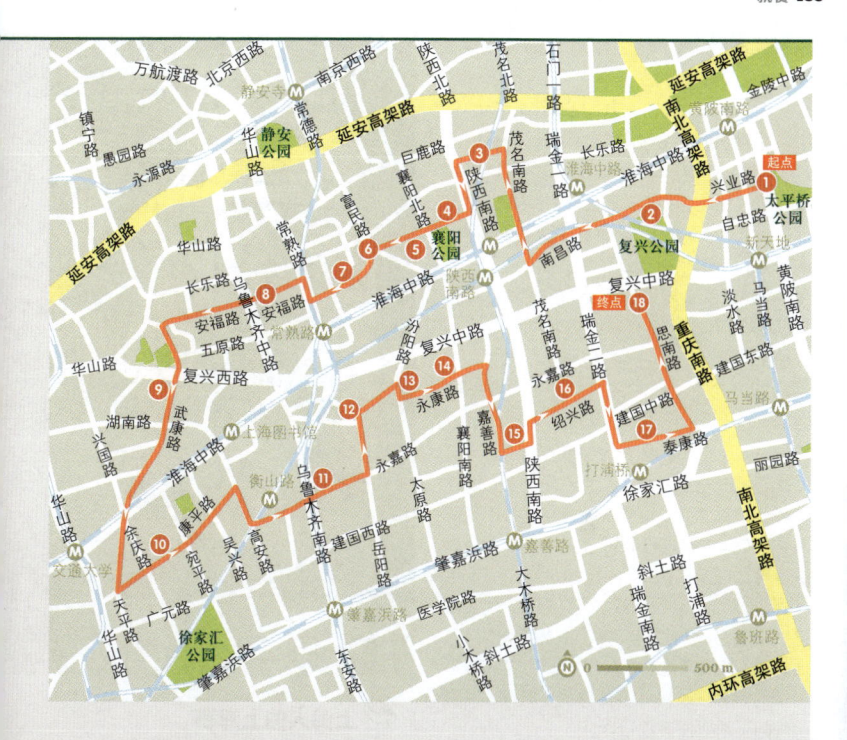

堂。新乐路最后会与 ⑥东湖路、长乐路和富民路相交，这个神奇的多岔路口夜里异常热闹。骑入最安静的 ⑦延庆路，这条弧线小路上有几栋并排的洋房，也是《色·戒》的取景地。之后通过一小段宽阔的常熟路后，便能一路畅行 ⑧安福路。尽头正与 ⑨武康路相接，在六岔路口，从天平路转入 ⑩康平路，这是条低调却曾经象征身份的马路。之后的 ⑪永嘉路一段人流稀少，路很好走，通过岳阳路到达 ⑫普希金雕像，从汾阳路很快又能到达 ⑬上海工艺美术博物馆。接着通过咖啡馆颇多的 ⑭永康路，转入充满市井味的嘉善路来到 ⑮嘉善老市，从弄中直穿到陕西南路，在斜对面又能享受一段 ⑯绍兴路的文化气息。著名的 ⑰田子坊就在它的南边不远处，穿过幽静密林的思南路，⑱思南公馆的灯光就在眼前了。

途经的路段周边也有不少可以辐射游览的地方，因为有了共享单车，完全可以边骑边走，你可以在新天地吃个brunch，下午在安福路歇脚，喝个下午茶，在武康路或岳阳路区域选择一家晚餐，最后转场衡山路或者新天地的酒吧high一把。 ⓛⓟ

左图：思南公馆。

©地球那么小我要去抱抱/图虫创意

东香酱肉铺　　　　　　　　　　上海菜 ¥

（见206页地图；淮海中路1号；人均70元；⊘11:00~14:00, 17:30~22:00；Ⓜ8号线大世界站）味道好、价格亲民，一人食最合适不过。招牌酱肉饭（38元）特别下饭，三块厚切酱肉肥瘦相间、软糯不肥腻、酱汁浓郁。牛肉煎包（5元）个头very大，馅料扎实。各种酒糟类的冷菜和本帮菜味道都不错。无论是手写菜单、评弹背景音乐，还是"老气"的木质藤编椅，以及昏暗的灯光，都很有老上海的氛围。

誉八仙　　　　　　　　　　　粤菜 ¥¥

（见206页地图；📞6373 1888；太仓路181弄8号；人均300元；⊘8:00~22:30；Ⓜ1号线黄陂南路站，10号线新天地站）一家胜在环境的粤菜馆，大红大绿的配色并不显俗气感，传统中式装修和古董摆设令其处处彰显富贵和气派，它几乎就是20世纪二三十年代香港陆羽茶室的翻版。消费不低，粤菜做得也很正宗，新黑毛猪叉烧、鱼翅灌汤饺、八仙虾饺、蚝油叉烧包、香芒杨枝甘露都是不出错的选择。如果只是图感受下环境，一盅两件的早茶时段比较适合。

深井陈记烧鹅茶冰厅　　　　　粤菜 ¥

（见206页地图；南昌路509号2楼；人均100元；⊘11:00~23:00；Ⓜ1号线、10号线、12号线陕西南路站，6号口）深井陈记的招牌在香港已经没落了，此番转战上海很难判断能有多长的生命力，不过就目前来说，烧鹅（1/4只118元，半只258元）确实是沪上所有茶餐厅中的翘楚，据说选用的是7~8斤的黑棕鹅，不过其他烧腊也就普普通通。叉烧西多士（32元）、蒜香骨（58元）、咸蛋黄鱼皮（28元）、奶酱厚多士（18元）都很不错，奶茶（18元）味道也很正宗。

博多新记　　　　　　　　　　潮州菜 ¥¥

（见206页地图；📞6466 8573；复兴中路1252弄15号弄堂里；人均120元；⊘11:00~14:00, 17:00~22:00；Ⓜ1号线、10号线、12号线陕西南路站，7号口）一家酒香不怕巷子

🌿 上海人的上海事

上海是座"移民城市"，上海人的真正组成，若从历史的角度探寻，往往面貌模糊，因为常常追溯不过三代，他们就会告诉你一个来自江苏、浙江、安徽、广东的祖籍。上海自宋代设镇，明代设县，到了清代，终于成了"江海之通津，东南之都会"。1843年开埠，小渔村有了摇身一变的机会，上海成为西学东渐最繁盛之地，吸引着来自周边省份、打算大展宏图的"冒险家"们。因为战乱，原本比它强得多的苏州、无锡、宁波等地都有人离乡背井而来，财力雄厚的民族资本家和身无分文的难民都在其列。上海的人口从1843年的20多万升至1949年的545.5万，差不多是天津、北京、南京3座城市人口的总和。而根据1950年1月的统计数据，在当时的上海人中，占最多的是江苏人，其次是浙江人，两地来客都超过了100万，然后是广东人、安徽人、山东人，均在10万人以上，之后是湖北

左图：老城厢弄堂内的当地人；上图：田子坊。©视觉中国；©LAVERNE NASH/SHUTTERSTOCK.

人、福建人、河南人、江西人和湖南人等。

胡朴安在《中华全国风俗志》一书中说："无论何地之人，一抵上海，不能不染三种习气，一曰趋时，二曰务奢，三曰尚圆滑。苟不如是，似不足以化成完全之上海人也。"

先一步脱离农业社会进入发达的商品经济，多年来华洋混杂多变的社会生活，复杂的人员结构，纷繁的社会环境和紧张激烈的竞争，让上海人相对于全国领风气之先，还形成了一个巨大的悖论：温润与锐利、精明与大气、怯懦与自负，这一切都矛盾着，对抗着。

大都市生活的特点与环境，渐渐练就了近代上海人灵活、精明的群体性格。大量人口涌入后导致的逼仄空间，让上海人早就学会了在"螺蛳壳里做道场"。而常受西风影响，又让他们十分讲究体面，在家里可以委屈，在外极要面子，从衣着到仪表无不如此。激烈的社会竞争现实，慢慢练就了近代上海人的活络灵巧、善于应变的本领。他们处理事情时总会同时想到几个方面或者几套路数，这一条路走不通就立马改走另一条路。他们与别人相处时总会揣摩、试探对方的心理，很少直接表露态度。他们说起话来大多较为委婉，留有后路，很少把话说到极致。他们从不掩饰自己崇洋，但也不媚外，他们只是对外来文化，更确切地说是西方文明，有种天然的亲近感。

精明的本质在于对规律的敏锐把握及合理利用，上海人从不缺乏这种能力。上海人的性格里有健全的商业社会必须遵循的对契约精神的弘扬，这恐怕在全国范围内都是楷模。他们不会在自己尚无一点把握的时候大包大揽夸海口，即使有了十成把握，也会留有余地地告诉你"去试试，尽力而为"。

这些特质最初形成了"上海人的尴尬"，余秋雨在《文化苦旅》中如此描述："精明、骄

← 傲、会盘算、能说会道、自由散漫、不厚道、排外、瞧不起大领导、缺少政治热情、没有集体观念、对人冷漠、吝啬、自私、赶时髦、浮滑、好标新立异、琐碎、市侩气……如此等,架在一起,就是外地人心目中的上海人。"

然而,当这座城市迎来了一众来自五湖四海的精英后,人们发现这些缺点都慢慢转变成了上海人的优点,它的反向特质甚至大放异彩。以前被嘲笑市井小气的地方,反而正是契约精神和公平讲理的体现,自由散漫和标新立异历练出更多能独当一面的年轻人。2020年在应对新冠肺炎疫情时,上海人的这些特质也突显了出来。作为一座国际大都市,它很快再次向世界敞开大门。之后的每一次小危机,总能凭最有效的应对措施,快速控制住局面。危难面前能够临危不乱,正源于居住在上海的人们的自律自觉。ⓟ

深的潮州菜馆,开了很多年,也搬过家,生意一如既往地好,水准一直在线。招牌沙姜鸡(69元)、客家煎酿豆腐(49元)、腊味煲仔饭(88元)不可不尝,潮州擅长的鱼鲜料理同样不会让人失望,烧味也不输茶餐厅,不妨再试试很特别的杏仁小唐菜(59元)、梅子酱番石榴(26元)。

大江户　　　　　　　　日本菜 ¥¥

(见206页地图;☏5403 5877;湖滨路150号湖滨道购物中心3楼;人均250元;⏰11:30~14:00, 17:30~22:00;Ⓜ10号线、13号线新天地站,8号线老西门站)上海最早做日本料理无限量自助餐的品牌,已经创立了20多年,生意依然火爆,也保持着新鲜的食材。午市单人套餐(298元)可以畅吃海胆、牡丹虾等刺身,定食套餐更是划算。

永兴餐厅　　　　　　　　上海菜 ¥

(见206页地图;☏6473 3780;复兴中路626弄1号;人均70元;⏰11:00~14:00, 17:00~21:00;Ⓜ1号线陕西南路站,13号线淮海中路站)藏在弄堂里的霓虹灯下,小小的店面,仅六七张桌子,饭点从不会有空位。本帮菜都做得过关,还有一些令人耳目一新的小创新,鸭肉蛋黄卷(28元)、雪菜腰果(18元)、干烧鲳鱼(128元)、酱爆猪肝(36元)都值得点。分量不大,价格也实惠。午市有不少附近的白领在此用餐。

瑞福园　　　　　　　　上海菜 ¥¥

(见206页地图;☏6445 8999;茂名南路132号;人均130元;⏰11:30~14:00, 17:00~21:30;Ⓜ1号线、10号线、12号线陕西南路站,6号口)淮海路周围好吃的本帮菜小馆很多,但大多得在门口排队,这家看起来很像国营饭店的老字号,店面够大,桌子够多,味道合格,镇店菜大黄鱼棒打小馄饨(108元)是别处吃不到的美味。田螺塞肉(48元)、蟹粉生煎包(28元)也都广受好评。

文餐厅　　　　　　　　创意菜 ¥¥

(见206页地图;☏6215 6388;进贤路120号;人均200元;⏰11:30~14:30, 17:30~21:30)这家做的是改良版的本帮菜,环境不"本帮",店面不大,装修精致。有明星大厨坐镇,菜的创意很大胆,味道也确实称绝。马来西亚榴莲炖鸡(168元)将榴莲的甜(注意,不是臭)和鸡汤的鲜美完美融合在一起。鲜香扑鼻的鹅肝黑松露煲仔饭(108元)几乎每桌必点。

星洲小馆　　　　　　　新加坡菜 ¥

(见206页地图;建国中路65弄1号;人均80元;⏰11:00~21:30;Ⓜ9号线打浦桥站,1号口)这家的海南鸡滑嫩无比,可分一只、半只、鸡腿部位、鸡翅部位来点,提供3种酱料。米饭为口感偏硬的油鸡饭,咸香精致。拉茶非常浓郁,飞饼、咖椰吐司、马来风光(虾酱空心菜)等也都很好吃,基本没有踩雷的菜。

蟹黄鱼 面¥

（见206页地图；太仓路200号；人均100元；⊙8:00至次日1:00；Ⓜ1号线黄陂南路站，1号口）地段如此高端，价格又相对实惠。这里很适合新天地泡完吧后饥肠辘辘的你，小小的一家店，主打蟹黄面，蟹粉捞饭（168元）、蟹黄鱼面（88元）、蟹粉拌面（68元）中蟹粉铺得满满当当，叫人食指大动，口水鸡（28元）的味道也不错。

❌ 武康路和衡山路一带

★ 老吉士 上海菜 ¥¥

（见212页地图；☎6282 9260；天平路41号；人均200元；⊙11:00~14:30，17:00~22:00；Ⓜ10号线、11号线交通大学站，1号口）经营很久的地道本帮菜馆子，慕名而来的"老外"也不少。空间不大，墙上挂满了各种美食杂志评选出的"最佳"证书。吉士红烧肉（128元）、葱烤鸭片鱼头（228元）、葱油拌面（22元）都是经典款，点评上排名很靠前的蟹粉豆腐（158元）我们觉得并不惊艳。

★ BREAD etc 面包房/西式简餐 ¥

（见212页地图；襄阳南路500号；人均约100元；⊙8:00~22:00）占据了街口转角位，不但店内空间宽敞，还有一个玻璃阳光房和带喷水池的院子，环境自是没得说。而师从巴黎米其林餐厅总厨的面包师也是品质保证。玻璃柜内的各种软欧包、羊角包、法棍等都是传统的法式烘焙工艺，此外还有各种沙拉、简餐、甜品等供应，另有一些分时段销售的菜品。早午餐有法式、英式、地中海风味的多款套餐。因老板的混血背景，你还能在这里尝到以色列菜，不妨试试shakshuka，番茄的酸味混合着各种香料，并配有一个溏心蛋，蘸着面包吃，口感非常浓郁。

Pistacchio 意大利菜 ¥¥

（见212页地图；武康路378号1楼；人均250元起；⊙11:00~22:00）武康庭最显眼的一家餐馆，主食意面无可挑剔。我们还很喜欢他家的前菜，芝麻叶烤牛肉沙拉、威尼斯

Brunch 上哪吃？

RAC（见212页地图；安福路322号14幢1楼；人均100元；⊙8:00~22:00）位于安福路与武康路口的院子内，绿色的门窗框、透明玻璃窗和外国侍应都给人欧洲街头咖啡店的感觉。不怕排队的话，这家主营的布列塔尼口味可丽饼，品质非常稳定，食材也新鲜。鸡蛋蘑菇熏肉荞麦可丽饼相当美味，牛油果煮蛋吐司、鸡蛋土豆泥和拿铁的味道也很不错。食客一致表示陕西南路分店的出品不如这里。

Alimentari（见212页地图；安福路158号；人均100元；⊙8:30~24:00，brunch至18:00）与大多数以班尼迪克蛋、法式松饼为主的brunch不同，在这家意大利熟食店内，火腿、香肠、干酪、芝士和各类腌菜才是主角，客人也以外国人居多。火腿拼盘（95元）、芦笋沙拉（56元）非常不错，还可以来杯意大利葡萄酒。店内空间不小，室外座位朝南，下午会有温暖的阳光洒在身上。

seul&SEUL（见208页地图；☎5299 9889；南京西路789号兴业太古汇3楼；人均200元；⊙11:00~22:00；Ⓜ2号线、12号线、13号线南京西路站，5号口）这是家法国餐厅，人均消费不低，不过brunch有套餐。味道是其次，享受270°的露台才是目的，露台冬天不开，春秋季它是很棒的brunch场所。

Fine Cafe & Canteen（见212页地图；乌鲁木齐中路192号；人均80元；⊙10:00~20:00；Ⓜ1号线、7号线常熟路站，8号口）这家小清新的小咖啡馆，也很适合来吃brunch，8款松饼是他家的特色，还有各类吐司、三明治等。不足的是，地方非常小，等位也是常态。⓪

风格生牛肉薄片、马苏里拉水牛奶酪都很好吃。你也可以选择午后前来，简简单单吃个甜

当地知识

上海生煎的"流派"

如果说南翔小笼是扬名在外的上海小吃，小杨生煎大概就是留守本地的传统小吃。不过，上海生煎并非都叫"小杨"，也并非都是同一做法。上海生煎大致分为两个流派：浑水派和清水派，最显而易见的不同便是汤汁的多少。

大规模连锁经营的**小杨生煎**（见208页地图；吴江路269号湟普汇2楼；人均30元；⊙10:00~22:00；Ⓜ2号线、12号线、13号线南京西路站，14号口）属浑水生煎。用的是未发酵面，收口朝下，皮子薄，肉馅汤汁饱满，由于加入了皮冻（猪皮炖后凝固而成），一口咬下去会爆汁，但吃多了可能会感觉腻。**金彪生煎王**（乍浦路336号；⊙7:00~20:00）和**晓燕生煎**（定西路1226号；⊙7:00~19:00）也都口碑不俗。

清水生煎大多用半发酵面，收口朝上，底略厚，吃起来有焦香酥脆感。肉馅扎实，不添加皮冻，因此汤汁较少。**大壶春**（见73页）是此类代表。清水生煎的个头一般要比浑水生煎小，唯保罗酒楼（见193页）是例外，生煎又大又敦实，吃一个顶半碗米饭。

生煎。

午有8款商务套餐（58~88元）。

La Creperie　　　　　　　　法国菜 ¥¥

（见212页地图；桃江路1号；人均150元起；⊙11:00~22:30）看店名就知道这家店主营法式薄饼，老板便是法国人。水果奶油冰激凌多重混合的诱人甜味自不用说，也有咸味的可丽饼——火腿芝士、烟熏三文鱼、鸡肉蘑菇等。可丽饼的选择非常丰富，油封鸭腿、苹果鹅肝也都很美味。店门口墙上所绘的灯塔，在这个三路交会地带让人过目难忘。

南京西路和静安寺一带

★上海富春小笼　　　　　　　　小吃 ¥

（见208页地图；愚园路650号；人均50元起；⊙6:30~22:30；Ⓜ2号线、11号线江苏路站，2号口）老字号富春小笼是扬帮小笼派系，上海有好几家富春小笼分店，本地人公认这家的味道最好。小笼有3种口味：鲜肉、虾仁、蟹粉，都是一客6只，点"一笼多吃"的话涵盖

品，这家的舒芙蕾是一绝，熔岩巧克力蛋糕也很棒。

Green & Safe　　　　　　　　西餐 ¥¥

（见212页地图；东平路6号；人均130元；⊙11:00~22:00）这家店的1楼有一片西式风格的小超市，柜台里陈列着各种新鲜有机的食品，还有面包、蔬菜、水果和调味品等，很容易让人联想到欧洲流行的"农场到餐桌"的健康餐饮理念。2楼的用餐区很大，长桌长椅的简洁形式。别坐着干等服务员来为你点餐，看好想吃什么，得自己主动去找服务员。松露牛肝菌蘑菇比萨、牛油果泥配玉米片、胡萝卜蛋糕和蔬菜沙拉都非常好吃。中

烘焙店内望向甜品的小女孩。

3种口味。这里的桂花糕（12元）、金牌炸猪排（18元）也很好吃，炒菜的味道并不突出。

　　旁边靠近镇宁路口还有富春旗下的包子铺和咖啡店（见195页方框），也都各有特色。

★ 醉东　　　　　　　　　台州创意菜 ¥¥

（见208页地图；南京西路1515号静安嘉里中心北区3楼；人均250元；⏱11:00～14:00, 17:00～22:00; Ⓜ2号线、7号线静安寺站, 6号口）脆皮肥肠（88元）、蚵仔煎（69元）、东海鲳鱼（149元）、顺德捞鱼生（119元）和澳洲牛排、刺身拼盘，很难想象这些菜会来自同一个后厨。所有菜的摆盘都很惊喜，内容物同样出色，且在遵循传统做法的基础上也有创新，例如如同"囚鸟"般出场的地狱炸鸡（179元）。

★ 洪齐林老镇　　　　　　上海菜 ¥

（见208页地图；安远路727-2号；人均

> ☑ **不要错过**
>
> **爱庐，宋美龄的陪嫁**
>
> 　　Green & Safe正对面的建筑是著名的**爱庐**（东平路9号），它建于1932年，是蒋宋联姻时宋美龄的陪嫁，也是两人婚后的居所，爱庐是蒋介石取的名字，建筑现在属于上海音乐学院附中。爱庐是法国风格的花园住宅，砖木结构的假3层建筑，墙面为水刷卵石，屋面铺着暗红色、呈鱼鳞状的法国平板瓦，开老虎窗。1层的门廊有大拱券，2层有内阳台。坐在Green & Safe 2楼的窗边用餐，便能看到爱庐的背面。
>
> 　　隔壁7号门内的白色花园洋房同样大有来头，它比爱庐晚建了3年，是孔祥熙的旧居。本书调研期间，东平路整条街南侧都在施工中，未来将以音乐文化街区的形象呈现。ⓛⓟ

70元；⏱11:00~14:00, 17:00~21:00；Ⓜ13号线武宁路站，2号口）一家门面不大、环境简陋的本帮菜馆子，老板娘有点拽，也不屑于被宣传，这份底气当然是来自对自家厨房的信心。烟鲳鱼（78元）、虾仁油条（38元）、酱爆猪肝（29元）是我们最喜欢的几道菜，热杏仁露（12元）也不输于广式糖水。

黄鱼馆JHOUSE　　　　　　　江浙菜¥¥

（见208页地图；📞6445 3799；巨鹿路889号巨鹿花园11-12栋；人均250元起；⏱11:00~13:30, 17:00~21:00）黄鱼自然是主打，招牌东海大黄鱼价格分三级，最低级别也要988元/斤，而且还要收取200元/条的服务费。其他菜也都是精致又美味，总的来说，除了贵，没什么不好。午市的双人套餐比较划算。你也可以简单点份黄鱼面（99元）或黄鱼馄饨（89元）尝尝，黄鱼面的味道比很多面馆里的出品好太多，面汤并不一味主鲜，而是浓、醇，吃完半天不会觉得口渴。鲜蟹粉石锅拌饭（229元）中的蟹粉很多，上面还铺着几片黄鱼。

龙凤楼　　　　　　　　　　粤菜¥¥

（见208页地图；巨鹿路889号巨鹿花园7-8栋；人均200元起；⏱11:00~22:00）龙凤楼的点心和粤菜口碑一直很好，点菜价格不低，不过午市的茶点很公道，流沙包、白灼芥蓝、虾饺都是必尝款。招牌辣蟹（435元）用整只青蟹，外面包裹炸至金黄的蒜蓉，再加上黑胡椒、椒盐等，味道层次非常丰富。除了味道，花园洋房的环境也没得挑剔，如果能抢到漂亮的露台那绝对超值。排队是常态，最好预订。

鳗重　　　　　　　　　　日式简餐¥¥

（见208页地图；愚园路580号；人均120元；⏱11:00~14:00, 17:00~20:00；Ⓜ2号线、11号线江苏路站，2号口）很小的一个店铺，围着吧台仅8张凳子，仅供应一道鳗鱼饭（120元）。鳗鱼都是每天现杀现烤，完全没有腥味，鳗鱼烤得焦度恰到好处，鱼皮带点脆又很有韧劲，也不会像很多便宜的烤鳗鱼，全靠汁水提味。这里午市生意尤其好，大概只有在寒冷的冬天，门口才没有等位的客人。

☑ 不要错过
依然有市场的老字号

上海人吃了几十年的味道，如今依然很有市场，价格也仍平实，这些店几乎从早上开门起便排起了长龙，逢年过节尤甚。不过老字号的"国营店气质"很重，不要太在意营业员阿姨的脸色。

功德林（见208页地图；南京西路441号；人均70元；⏱6:30~13:50, 17:00~20:00）荣获米其林必比登推荐的素食馆，1楼供应素面（20~25元），2楼点菜，素鸭（25元）、素蟹粉（32元）必尝。隔壁的外卖部有十来种素卤菜售卖。

光明邨大酒家（见206页地图；淮海中路588号；人均70元；⏱1楼7:00~20:30, 2楼11:00~20:30）门口的卤味熟食外卖窗口天天排着长队，酱鸭、油爆虾、鲜肉月饼是最抢手的，楼上的餐厅经营实惠的本帮菜。

王家沙（见208页地图；南京西路805号；人均50元起；⏱1楼7:00~20:30, 2楼11:00~20:30；Ⓜ2号线、12号线、13号线南京西路站，3号口）创立于1945年，1楼点心外卖部的八宝饭、糕团最受欢迎。2楼为堂食部，环境和服务是国营饭店的风格，还常因地上的油渍脚底打滑，蟹粉小笼、毛蟹年糕、虾肉馄饨和本帮菜都水准在线。

保罗酒楼 　　　　　　　　　上海菜 ¥¥

（见208页地图；富民路271-1号；人均120元；⏰11:00~14:00, 17:00~21:30）非常老牌也很老派的饭店，虽然门头上的英文名（POLO）十分醒目，但里面做的是本帮菜。瑞士牛排（96元）、油条海鲜卷（38元）、特色生煎（30元）、椰香青豆泥（38元）这几道菜长盛不衰，其他菜也基本没有踩雷。

天泰 　　　　　　　　　　　　泰国菜 ¥¥

（见208页地图；南京西路1515号静安嘉里中心北区4楼；人均200元；⏰11:00~14:00, 17:00~21:00；Ⓜ2号线、7号线静安寺站，6号口）上海最老牌的泰国菜餐厅之一。以冬阴功汤（65元）和青木瓜沙拉（48元）作为开胃菜，再点个虾酱空心菜（58元）和咖喱类菜肴，最后来份芒果糯米饭（38元）或香兰西米布丁（38元）收尾，就是一顿完美又地道的泰餐。

Mercado 505 　　　　　　　西班牙菜 ¥¥¥

（见208页地图；乌鲁木齐北路505号；人均350元；⏰10:00~21:00）这家西班牙菜非常正宗，不过它最被推崇的竟是一道甜品——有三种芝士口味可选的巴斯克软心芝士蛋糕（68元）。不妨再试试名字很长的炉烤曼切格芝士搭配百里香蜂蜜与杏仁（159元），浓郁的奶香伴有淡淡的烟熏果木味，能吃出年糕般软糯弹牙的口感。加入了红魔虾的西班牙海鲜饭和肉类主食很贵，其他小吃、冷盘都在能接受的价格范围。火腿类建议点5J伊比利亚火腿，5J代表的是西班牙火腿的国宝级品牌。

Q太郎 　　　　　　　　　　日式烧烤 ¥¥

（见208页地图；富民路158号；人均130元；⏰11:30~14:00, 17:30~23:00）这家开了很多年的居酒屋，店面不大，菜单就贴在门外，价格挺实惠。各类烤物都很好吃，一杯生啤、点几串烧烤，最后以茶泡饭或拉面收尾，一人食百元出头就够了。

家全七福 　　　　　　　　　粤菜 ¥¥¥

（见208页地图；南京西路1515号嘉里中心一期2楼E2-03室；人均300元；⏰11:30~14:30, 17:00~22:00；Ⓜ2号线、7号线静安

老大昌（见206页地图；淮海中路558号；⏰9:00~21:00）诞生于1937年，是上海最早的法式食品厂。冰糕（12元）是他家的特色，用稀奶油、小麦粉、鸡蛋、黄油做成，口感介于蛋糕和冰激凌之间。

哈尔滨食品厂（见206页地图；淮海中路603号；⏰9:00~21:00）蝴蝶酥、杏仁排、拿破仑、鸡仔饼……哈氏供应着不少经典海派西点。

凯司令（见208页地图；南京西路1001号；⏰9:30~21:30）创立于1928年的西点房，张爱玲喜欢的招牌栗子蛋糕从未脱粉，但以今天的口味来看，毕竟情怀多过美味。芝士哈斗（微脆的泡芙上淋层白巧克力）、掼奶油（即鲜奶油）也都是上海人小辰光（小时候）的最爱。

静安面包房（见208页地图；华山路372号；⏰7:00~21:00）上海第一家中外合资的法式面包房，陪伴了太多人的儿时记忆，羊角包、别司忌、法棍仍有很多拥趸者。

红宝石　红宝石经典的红白相间门头在上海随处可见，难能可贵的是，见过了世面、尝过了好物的年轻人依然没有抛弃这块甜而不腻的奶油小方。

寺站,6号口)很贵,还要收服务费,但出品非常稳定,并获得了米其林一星。七福脆皮鸡(440元)连鸡胸肉都很嫩,指天椒葱姜爆猪肝(200元)、脆皮乳鸽(208元)、鲜虾鸡丝春卷(45元)也都是放心之选。每个季节还有时令菜推出。

🍷 饮品

从白天的一杯咖啡,到夜晚的一杯鸡尾酒,说魔都有着最好的咖啡馆和酒吧一点不为过。喝环境、喝味道、喝故事,无论你要哪一款,都能找到心仪之选。竞争太激烈,加上上海人太懂喝,有口皆碑的连锁咖啡品牌在这座城市也不敢懈怠,铆足了劲追求差异化。同样也是城市气质所决定,魔都的鸡尾酒、威士忌吧总要比啤酒吧更令人信服。新天地、巨鹿路东端的**大同坊**(见200页方框)和长乐路上的**集社**(见206页地图)是酒吧集中区,不过这片区域几乎每条街上都能找到优质的酒吧,晚餐后就近寻找即可。

🍶 淮海路和新天地

Blacksheep Espresso 咖啡馆¥

(见206页地图;建国中路169-4号;人均25元起;⊘10:00~18:00;Ⓜ9线打浦桥站,1号口)开业5年来只用三支固定的意式豆,也正是这种看似保守却稳扎稳打,加上一份时间沉淀,令咖啡的风味越来越稳定和清晰。三种豆子的风味分别是强烈醇厚、热带水果、酸质明亮,简单来说分别对应黑巧克力、奶油葡萄干、圣女果3种口感,根据自己的喜欢来点,就能找到最适合你的那一杯。

香港发记甜品 甜品¥

(见206页地图;南昌路509号;人均50元;⊘10:00~22:00;Ⓜ1、10号线陕西南路站,6号口)香港著名的糖水铺,内部装饰也是浓浓的港味。这里供应各类港式甜品、饮品,也有一些颇具实验性的网红款,例如在牛角包中加入冰激凌和芒果的牛角很芒(46元),又热又脆的牛角包遇上又冷又软的冰激凌,奇妙的化学反应便发生了。

Metal Hands 咖啡馆¥

(见206页地图;南昌路234号;人均35元起;⊘8:30~19:00;Ⓜ13线淮海中路站,1号口)来自帝都的铁手咖啡,最大特色是采用拉杆式咖啡机。冰博克Dirty广受好评,南瓜粉和奶泡做的荷包蛋系列特调会让你眼前一亮。永嘉路另有一家分店。

蔡嘉法式甜品 甜品¥¥

(见206页地图;☎6495 9727;淮海中路999号iapm商场5楼;人均120元;⊘10:00~22:00;Ⓜ1号线、10号线、12号线陕西南路站)蔡嘉在上海开了10年了,价格不低,但好品质就是其立足的底气。和网红店比排队的架势,蔡嘉也不输。金牌拿破仑(228元)可能是全上海最好吃的,但需要提前预订。直接"杀"过来的话,一壶大吉岭红茶,一块栗子淡奶油蛋糕便是最佳下午茶组合。

624Changle & 公路商店 酒吧

(长乐路624号;⊘14:00~24:00)这家著名的马路牙子酒吧,从几块钱的啤酒到上千元的洋酒都有,除了酒,就是整面墙贴得满满的拍立得。你可以直接买酒带走,也可以在这里喝,但严格说来这里并不算真正的酒吧,所以你会看到非常壮观的场面(尤其是夏天的夜晚)——人人拿着酒瓶子站在、蹲在、坐在店外的人行道上,认识的不认识的,一起聊着天喝着酒。

Odd Couple 酒吧¥¥

(见206页地图;新天地北里25号楼;人均150元;⊘18:00至次日2:00;Ⓜ10号线、13号线新天地站,1号线黄陂南路站)这家酒吧入选"亚洲50佳酒吧",它在新天地的位置有点隐蔽。沿着窄窄的楼梯上去,抬头便是吃豆人游戏机,一整面墙上满是复古Disco唱片,很电子风的感觉。日式和美式调酒师同场PK,鸡尾酒味道都不错。同一老板经营的**Speak Low**(见197页方框)口碑也极佳。

LeTAO
甜品 ¥

（见206页地图；马当路159号；人均100元；⊙11:00~23:00；Ⓜ1号线黄陂南路站，2号口）很多人说，去日本北海道吃过LeTAO的芝士蛋糕，其他一切芝士蛋糕就都是将就，我们深深认同这个说法。LeTAO自2015年走出日本，这家店是其登陆中国的首家，味道与原产地一模一样。经典款双层芝士蛋糕（60元）将马斯卡彭芝士慕斯和澳大利亚奶油芝士平衡得刚刚好，最佳搭配是北海道芝士乳茶（34元）。

Shanghai Brewery
酒吧 ¥¥

（见206页地图；东湖路20号；人均160元；⊙11:00~24:00；Ⓜ1号线、10号线、12号线陕西南路站，7号口）本职是啤酒工坊，有精酿啤酒，也有鸡尾酒，如今用餐的人数大大胜过专程来喝酒的人群。店内有适合喝酒的高脚凳，也有适合吃饭的矮圆桌。沿街一溜的落地玻璃窗，室内偏工业风设计。逢体育赛事时，格外热闹。边吃边喝的话，德国猪肘必点，也有各种香肠、烤串适合大口吃肉者。

Dokidoki
甜品 ¥

（见206页地图；南昌路150号；人均80元；⊙11:00~19:00；Ⓜ13号线淮海中路站，1号口）上海的核心街区尽是局促的小咖啡馆，甚至店外排队者比店内就餐的人更多，这家店2楼的空间称得上宽敞、舒适，风格主复古、小清新路线，没有网红店那种颜值胜过美味的"气质"，还有一个被午后阳光洒满的小院。饮品中规中矩，蛋糕很棒，柚子啫喱豆腐慕斯和巴斯克蛋糕常年供应，冬季推出的红茶栗子奶油蛋糕不可不尝。

The Camel Sports Bar & Kitchen
体育酒吧 ¥¥

（见206页地图；襄阳北路97号；人均120元；⊙10:30~24:00；Ⓜ1号线、10号线、12号线陕西南路站，2号口）如果你喜欢和志同道合的球迷们一起，一边喝酒一边为支持的球队加油，来这里就对了，所以也别太计较食物的品质。店内各个角度都能看到液晶电视，有球赛的日子，这里便会人满为患。

☑ 不要错过
老字号的跨界之作

上海人无疑是念旧的，别看网红店月月出新，阿姨爷叔吃了大半辈子的老字号门前也是天天排长队。而且，上海的老字号不但没有日落西山，还能与时俱进地更新自己。

从愚园路的上海富春小笼（见190页）向西，你会发现，同一装饰色调的富麦面包、富麦包子、富麦COFFEE一直开到了镇宁路口，它们都属于富春旗下。正对镇宁路街角位置的**富麦COFFEE**（见208页地图；愚园路658号；咖啡25元起；⊙9:00~21:00），内部装修得极有格调。沿着木质扶手楼梯上到2楼，明黄色的墙壁，墨绿色门框、窗框，齐腰的木质墙框，红色方格子的桌布和窗帘，入眼强烈的对比色，带出了浓浓的老上海复古情调。外面还有一圈狭窄的露台。虽为咖啡馆，你也同样可以点小笼，想象一下，喝一口咖啡，吃一口小笼，这种混搭是不是很挑战想象力？咖啡品种不多，都是基本款，也有蛋糕、果汁、简餐等供应。至于出品，如果咖啡的味道再好喝些，便完美了。

另一家玩跨界的老字号是乔家栅，位于常熟路口的**乔咖啡**（见212页地图；淮海中路1314号；咖啡20元起；⊙8:00~19:00）装修简约，大大的落地玻璃门内，敞亮的环境，简单的吧台、桌椅，半间咖啡屋、半间糕点铺的模式，依然带着国营店的气质。咖啡虽然品种不多，倒是特调、手冲皆有，普通咖啡的价格非常便宜。其位于龙腾大道的西岸新店则走起了Ins风，咖啡丰富一些，还供应咖啡配九宫格糕点的下午茶。

武康路和衡山路一带

★ O.P.S　　　　　　　咖啡馆¥

（见212页地图；太原路177弄1号；人均50元；10:00~18:00，每月第一个周一公休日）很小的一家咖啡店，剑走偏锋只做特调咖啡，但并非简单的配料堆叠，咖啡师天马行空的创意都有好的技法来作支撑。每季都会更换菜单，从夏天的Summer Breeze到冬天的肉桂风味，对咖啡客来说是一季一会的期待。每一杯咖啡做完后，咖啡师会为客人解说创作灵感和风味，体验感极好。我们无法向你具体推荐哪一款咖啡，不如把你的口味喜好直接告诉咖啡师吧。

★ E.P.I.C　　　　　　　酒吧¥

（见212页地图；高邮路17号；人均100元起；18:00至次日1:00）这家酒吧获奖无数，口碑也持续多年。冠军级调酒师是他们的法宝，所以最好坐吧台，可以欣赏调酒师的手艺，并趁机偷学鸡尾酒知识，他们也很乐意和顾客互动。Naked Pama（108元）被呈上时，调酒师会点上一枚烟熏气泡，戳破的那一瞬非常梦幻，口感是威士忌带点巧克力香甜。富士山下（108元）、Brave Heart（128元）是点单率最高的几款，盲点也不会踩雷。你也可以放开思路，说出你想要的口感，坐等调酒师即兴发挥。食物也可圈可点，鸭舌、炸鸡、抄手都很好吃。

★ 月球咖啡　　　　　　咖啡馆¥

（见212页地图；汾阳路64弄1号2楼；人均35元起；11:00~20:00）昔日安福路上仅两张桌子的月球咖啡，搬进了汾阳路、复兴路口的这栋老公寓，位置非常隐蔽，不过入内别有洞天，而且有阁楼有阳台，终于令喝咖啡回归到可静心品尝的本位。月球在沪上咖啡圈有口皆碑，这里培养过不少优秀的咖啡师。手冲豆单很丰富，平均2个月就会更换一次。小月球拿铁和三个埃塞的澳白是其制胜法宝。在店里寻找各种"小宇航员"是除喝咖啡之外的趣事。

YEAST　　　　　　　咖啡馆¥

（见212页地图；延庆路25号；人均28元起；8:00~19:00）菜单很简单，三款意式（美式、拿铁、Dirty），两款单品咖啡，一款创意特调（刺梨），每款都非常拿得出手。拉花是一绝——这里有冠军拉花师坐镇！果味的精酿啤酒同样惊艳，简餐也广受好评。

茶是一枝花·泡茶店　　　甜品¥

（见212页地图；永康路46号；人均60元起；9:00~21:00；1号线、10号线、12号线陕西南路站）名为泡茶店，拥有日本茶道证书的老板确实可以给你认真泡一碗薄茶。不过显然你更会被菜单上奇奇怪怪的名字吸引过去，玉露鸡汤刺身、卡布tea诺、冰tea凌、Tea拉米苏、饼干杯奶盖茶，以及2020年特别款"滚蛋吧！病毒君"……放心点，不是玩噱头，每样都美味，创意无限，你会喜欢这种意式与日式、中式与日式的混搭乐趣，茶具也很精美。

Rumors鲁马滋咖啡　　　咖啡馆¥

（见212页地图；兴国路372弄1号；人均60元起；11:00~22:00；10号线、11号线交通大学站，7号口）赫赫有名的日式烘焙手冲咖啡店，出品非常稳定，生意也一贯地好。日本老板曾跟随日本咖啡烘焙大师学习多年，对咖啡品质和口感的把握自有一套见解，他坚持每天亲自烘焙咖啡豆，也乐于为客人推荐适合的咖啡。这里没有奶咖，专营单品咖啡。最受欢迎的是曼特宁，强烈推荐手工芝士蛋糕。

REVEL　　　　　　　酒吧¥¥

（见212页地图；襄阳南路222号；鸡尾酒100元左右，餐食人均100元起；18:00至次日3:30；1号线、10号线、12号线陕西南路站，7号口）这家洞穴酒吧的设计师一定是高迪的粉丝，这里几乎没有一个尖角、没有一条直线，它借鉴了洞穴的不规整理念，但空间又不真如洞穴般逼仄，难怪能拿下"红棉中国设计奖·2020室内设计奖"。鸡尾酒口感、颜值俱佳，我们很喜欢自带仙气出场的特调鸡尾酒"烦恼丝"，以葡萄酒为基酒的"邂逅弗拉明戈"更适合不善酒精的女士。餐食为西班牙风味，海鲜烩饭（108元）、蜜汁辣鸡翅膀（48元）、蒜味虾仁（58元）、土豆八爪鱼（78元）都很好吃，还有6款达帕斯和西班牙火腿可选。

Bathe Coffee　　　　　　　　　咖啡馆 ¥

（见212页地图；永康路70号；人均约50元；◎10:00~19:00；Ⓜ1号线、12号线陕西南路站，7号口）澡堂和咖啡听起来有点不和谐，然而，在这个有着淋浴装置和流不出水的水龙头装饰的咖啡馆里，咖啡确实品质不俗。特调很突出，每杯都有故事，每杯都层次丰富，也都颜值很高，价格又非常亲民。我们最喜欢的是"桃园三结义"（38元），它最接近咖啡本身的味道，冰博克牛奶的加入又为口感提升了一个层次。"红白舞会"（58元）是奶盖、热红酒与咖啡的混搭，喜欢酒精的人应该试试。

大可堂普洱茶馆　　　　　　　茶馆 ¥¥

（见212页地图；📞6467 6577；襄阳南路388弄25号；人均200元起；◎10:00~23:00）这里是上海最"权威"的普洱文化会所，各种产地、年份的普洱齐全，服务员很专业，价格也够分量——大堂人均消费200元，包厢设四位数以上的最低消费门槛。就算不喝茶，仅来此小小参观下建筑和古老又贵气的室内布置，以及在陈列室了解一下普洱茶也无妨。这栋建于1933年的花园洋房，为装饰艺术风格，有着多边形塔楼和骑楼式门廊，原主人是国民党高官。院内一方石碑上刻着余秋雨写的《大可堂茶园记》。沪上著名的访谈节目《可凡倾听》也是在这里录制的。

Senator Saloon　　　　　　　　酒吧 ¥

（见212页地图；五原路98号；人均70元起；◎17:00至次日2:00；Ⓜ1号线、7号线常熟路站，8号口）这家复古美式酒吧看起来很低调，门头毫不显山露水，但在酒吧圈内名声很

饮品 **197**

暗藏玄机的 Speakeasy Bar

1920年，美国颁布禁酒令，凡是制造、售卖乃至运输酒精含量超过0.5%的饮料均属违法。于是这期间，美国出现了很多神秘的"地下"酒吧——通常藏身于小巷，设置暗门机关或有神秘通道，看门人还要有能识别禁酒探员的火眼金睛。尽管禁酒令早已解除，但这种神神秘秘、偷偷摸摸的喝酒形式流传了下来。上海是国内最早风行Speakeasy酒吧的城市，寻找酒吧入口（有时是冰柜，有时是书柜……）的猎奇风已经吹过，能保持一贯的好口碑，归根结底还是靠酒本身的品质。

Speak Low（见206页地图；复兴中路579号；人均120元起；◎18:00至次日1:30）沪上此类酒吧中的圣殿级别。共4层，1楼入口是调酒器具店，门在书柜里。2楼和3楼分别是美式和日式酒吧风格。酒单也很有趣，从芥末、瑶柱到伯爵茶无奇不有。店名同款鸡尾酒曾在调酒大赛上摘得冠军，仅在3楼供应，进入3楼的机关是地图。第4层要加收20%的服务费。

HATS & CAPS（汾阳路51号；人均120元起；◎周六至周四18:30至次日2:00，周五和周六 18:30至次日3点；Ⓜ1号线、7号线常熟路站，2号口）1楼的橱窗看起来是个帽子店，里面还有一个深夜理发店，喝酒这件正事藏得够深。酒吧分两个楼层，一层属于鸡尾酒，一层属于威士忌。酒很好喝，小吃也美味。

BARBER SHOP（见212页地图；永嘉路615号；人均120元起；◎18:30至次日2:00；Ⓜ1号线衡山路站，4号口）入门的洗头椅、洗发用品伪装得确实很像那么回事，不过，相信眼尖的你一定能找到那个代表开关的酒瓶。酒吧内的装饰也很迎合禁酒令的年代——红色砖墙、穿西装马甲的侍者、20世纪20年代的爵士乐……

响。一定要试试过桶款,这种成品鸡尾酒是预调后放在美国橡木桶中陈酿60天而成,并用枫糖浆代替方糖,配合橡木桶的香味,令人很有记忆点。最惊喜的是,这里百元以下的鸡尾酒大把,可说是鸡尾酒圈最亲民的价格了。小食也是一致好评。

聚福　　　　　　　　　　　　　　咖啡馆¥

（见212页地图；五原路92号；人均50元；⏰8:00~18:00；Ⓜ1号线、7号线常熟路站,8号口）大红色书写的店名很难让人相信这是一家咖啡馆,迈入其中,又有沪上咖啡店难得的宽敞和安静,居然还有空间摆下一架钢琴。咸蛋黄千层蛋糕很好吃,盛放甜品的搪瓷盘怀旧感十足。早上有面包+咖啡的套餐,28元的套餐是指定面包,38元可任选面包。

Cotton's 棉花酒吧　　　　　　　　　酒吧¥

（见212页地图；安亭路132号；人均100元；⏰11:00~24:00；Ⓜ1号线衡山路站,1号口）一座带花园的3层小洋房,服务员与被服务者都以外籍人士居多。有早午餐也有下午茶供应,味道不算特别,倒不如喝酒、抽水烟,享受下老洋房的慵懒氛围。平日20:00前是欢乐时光,酒吧位于安亭路、建国西路转角处,隔壁是警卫把门的波兰领事馆。

🍴 南京西路和静安寺

★星巴克甄选上海烘焙工坊　　　咖啡馆¥¥

（见208页地图；南京西路789号；人均100元起；⏰8:00~23:00,周五和周六营业至24:00；Ⓜ2号线、12号线、13号南京西路站,5号口）"全球最大"这四个字够吸引星巴克粉了吧,也因此,2700平方米的上下两层空间,座位够多,依然座无虚席,还常常需要排队进店。它也是全球首家海外咖啡烘焙工坊、全球首家全沉浸式咖啡体验门店。顶着如此含金量的title,这里从喝的到吃的,都比别家贵,选择也丰富得多。咖啡有各种特调

聚福。

口味，例如黄酒玛奇朵、花生牛轧风味拿铁，还有各种比萨和甜品、面包等，提拉米苏（88元）卖得最好。它同时也是一家酒吧，有葡萄酒、精酿啤酒、特调鸡尾酒等。1楼还有500多款咖啡周边产品出售。

即便你对咖啡和星巴克都无感，纯粹进店参观一圈，同样不虚此行。8米高、4吨重、刻满中国古汉字的巨型铜罐是全店的视觉中心，六角形拼片式天花板设计来自意式浓缩咖啡机的增压手柄，而巨大的烘焙机器能让你看到咖啡生产的全过程。

SUZU BAR　　　　　　　　　酒吧 ¥¥

（见208页地图；华山路301号MORE华山1楼；人均120元起；⏰19:00至次日2:00）被"酒鬼"们公认为沪上最好的日式酒吧，这里有日本顶尖调酒师坐镇。招牌马提尼被誉为沪上最出众的一款。威士忌酸酒也很精细，泥煤风味被相对抑制，凸显出了花果香。以金酒为基酒的MORI口感柔和又纯净，带着淡

星巴克甄选。

淡茉莉花香的Dial是朗姆与雪莉酒的优雅融合。作为日式酒吧，关东煮、冷面等配餐也不负期望。

LAVAZZA　　　　　　　　　咖啡馆 ¥

（见208页地图；愚园路8号晶品购物中心1层；人均35元起；⏰7:30~22:00；Ⓜ2号线、7号线静安寺站，3号口）创建于1895年的LAVAZZA，是意大利咖啡的第一品牌，2020年开到了魔都。环境和咖啡都出众，蓝色主基调无处不在。黑摩卡咖啡（中杯/大杯：32/35元）很适合口感偏甜者，铺陈在咖啡顶部的是奥利奥奶油。大多数咖啡的颜值都很高，比如顶端铺着一半奶泡和一半巧克力粉的维也纳风情咖啡（38元）。造型很特别的悬崖卡布（38元）是一杯"固体咖啡"。

Mingo　　　　　　　　　　　酒吧 ¥

（见208页地图；泰州路200号；人均100元起；⏰19:00至次日2:00）Timeout年度最佳调酒师、世界级调酒大师赛中国区冠军——这么多荣誉加持的调酒师Tree本身就代表了实力。酒单按照风味作了非常专业的分类，喜欢浓一点还是淡一点，一目了然。威士忌酸酒难能可贵地将酒精感隐藏得很好，古典酒（Old Fashioned）又是有棱有角的利落，干马提尼居然很柔和。这里的大馄饨被不少上海人评为全上海最佳。

Lab whisky & cocktail　　　酒吧 ¥

（见208页地图；📞6225 1195；武定路1093号；人均100元起；⏰18:00至次日2:00；Ⓜ7号线昌平站，3号口）这个取名为实验室的酒吧，店内的酒瓶如化学药品般排满了整面墙，在朦胧的背光下散发着酒精的诱惑。令众多人慕名而来的是这里的波本威士忌和单一麦芽威士忌，威士忌有500多瓶，无疑，这里的威士忌比鸡尾酒更出彩。周五和周末提前预约很有必要。

千彩书坊　　　　　　　　　书吧 ¥

（见208页地图；常德路195号，常德公

☑ 不要错过

大同坊

位于延安路高架南边的**大同坊**（见206页地图；巨鹿路158号）又名FOUND 158，是一座下沉式广场，里面藏着不少酒吧，是入夜后沪上潮人的聚集地，老牌爵士酒吧JZ Club（见200页）也是其中之一。其实白天来，你才会发现这座广场的美。不规则的环形围墙上绘着色彩艳丽的涂鸦，乍看有点西班牙高迪的作品古埃尔公园的痕迹，一粉一蓝两条滑梯般的楼梯带你步入广场内。在淮海路逛街时，不妨绕来这里看看，白天这里又清静又美丽，很适合拍照。

寓1楼；咖啡 45元起；⊙10:00~22:00；M 2号线、7号线静安寺站，7号口）咖啡馆所在的常德公寓，曾经住过一位著名的作家——张爱玲，这里也顺理成章地以张爱玲为主题。店内是海派复古装饰风格，嵌入墙面的书柜、印花壁布、皮质圈椅、墙角的老唱机，加上暖暖的色调，令它既不像书店也不像咖啡店，倒更像家里的会客厅或书房。咖啡不便宜，最简单的美式都要45元，不过大多数人来这里都不是为了咖啡。

✪ 娱乐

上海的剧场、剧院众多，演唱会、音乐会、歌剧、话剧、戏剧等演出365天不间断。除了以下所列，新落成的**上音歌剧院**和**上海大戏院**也是市中心看剧的好去处。而老牌的**美琪大戏院**和**兰心大戏院**是欣赏传统戏剧的首选，如有《繁花》上演，千万别错过，它曾获第二届华语戏剧盛典6项提名，基本上每年都会上演一次。你可以通过各个剧场的公众号或大麦网、永乐票务购票。

JZ Club爵士上海 现场音乐

（见206页地图；☏6431 0269；巨鹿路158号大同坊B1层；门票 100元；⊙周一至周四和周日20:00至次日2:00，周五和周六20:00至次日4:00；M 13号线淮海中路站，3号口）沪上著名的老牌爵士乐酒吧，乐队演出水准很高，也很会调动气氛，乐队常有轮换。卡座设最低消费（1000元）。鸡尾酒差强人意，常有客人吐槽卫生间，所以最好控制一下你的酒量。

Beehive 夜店

（见206页地图；淮海中路283号4楼；⊙21:00至次日4:00；M 1号线黄陂南路站，2号口）音响、灯光、舞池都极佳，场子很炸，仿佛被蜂巢包围。无论你来时带着什么样的心情，都能在这里high翻天。

百乐门 舞厅

（见208页地图；愚园路218号；门票 580元；⊙20:00~24:00；M 2号线、7号线静安寺站，3号口）百乐门是新中国成立前赫赫有名的上海滩四大舞厅之一，如今已重新开放，不过怀旧的成本不低。门票除了跳舞也包含了饮料、酒水和多款小吃、甜品。

上海话剧中心 话剧

（见212页地图；☏6473 4567；www.china-drama.com；安福路288号）安福路的文艺之源，这里每天都有话剧开演，迄今已经上演了500多部中西方话剧作品。3个剧场各有特色，尤其D6空间的舞台与观众席持平，不会有大剧场的距离感。官网上能查到最新话剧信息，也可以直接在线购票。

上海文化广场 舞台剧

（见206页地图；☏5461 9961；陕西南路225号；M 1号线、10号线、12号线陕西南路站）上海文化广场坐拥复兴路至永嘉路的一大片花园绿地。下沉式广场和灯光喷泉，配合流线型剧场外观，尽显气派。这里定期上演一些舞台剧和音乐剧，双层剧场相当宽敞，音效更是堪称一绝，还有7个配备了独立卫生间的VIP包房。

MAO Livehouse 现场音乐

（见206页地图；☎6445 0086；重庆南路308号3楼；Ⓜ9号线打浦桥站）众多国内外乐队来沪的演出地，这里有宽敞的空间、顶尖的音响设备，是上海乐队现场演出的翘楚。白日冷清如仓库的大门，夜里挤满了文艺青年和摇滚青年。关注其新浪微博或豆瓣小站，能获得第一手演出信息。

🛍 购物

位于淮海中路上的**全国土特产商店**、**哈尔滨食品厂**（见193页方框）、**长春食品商店**和**老大昌**（见193页方框）是本地特产店，4家店挨得很近，临近过年就成了排队"重灾区"。如果想尝尝"上海味道"，蝴蝶酥、哈斗、杏仁排、掼奶油、奶油蛋筒、西番尼、白脱别司忌都是海派西点中的基本款。

各大品牌在淮海中路、南京西路攻城略地，购物中心、专卖店、旗舰店多得让人目不暇接。你可以去**iapm**、**芮欧**、**嘉里中心**、**新天地时尚**、**兴业太古汇**逛商场，**百盛**和**久光**的打折货品可能会更多些，**TX淮海年轻力中心**的潮牌很多，**K11**中也有很多你没见过的品牌。魔都还有不少品牌集合店、买手店和独具设计感的小店，这片区域几乎任意一家小店走进去，都能令女孩子打起十二分精神。想要"复制"一件《花样年华》中的旗袍，就去长乐路，不过2020年后这条街上的旗袍店也大变样了。

★ 幸福集荟 书店

（见212页地图；复兴中路1331号黑石公寓1楼；⏲10:00~22:00；Ⓜ1号线、7号线常熟路站，4号口）所谓集荟，是书籍、音乐、生活方式、咖啡馆四合一的场所。这家书店设在赫赫有名的黑石公寓（见170页）1楼，进门一条风格清新的长廊正对着楼上居民楼的廊道，连色调、装饰都彼此呼应。书店也按照公寓原本的房间格局分布在长廊两侧，划分出灵感、文化、视野、音乐等7个主题集室，里面

还有一个黑胶唱片视听区。书店内的Drops咖啡吧空间很大,沙发相当舒服,很有家里会客厅的感觉。

思南书局　　　　　　　　　　　　书店

(见206页地图;复兴中路517号;◉10:00~19:00;Ⓜ10号线、13号线新天地站,5号口)开在思南公馆内的书店,也得益于思南公馆的名声,它或可称为景点。不过撇开这些,冲着建筑还是值得进来逛逛。建筑原为冯玉祥故居,别看才3层楼,竟然还有电梯。书店各楼层的布局很有意思,看看你能不能将各层的选书与大脑、耳目、心脏、潜意识的分类联系起来。

TX淮海年轻力中心　　　　　　　商场

(见206页地图;淮海中路523号;◉11:00~22:00;Ⓜ13号线淮海中路站,1号口)2020年新开业的商场,有很多潮牌、设计师店入驻,高层还有一些奢侈品Vintage。不时举办的快闪活动、互动展、艺术空间等,令这里聚集了很高的人气。

LOLO LOVE VINTAGE　　　　　　服装

(见212页地图;永福路2号,靠近五原路;◉12:00~21:00)古着爱好者一定会喜欢这里。古董连衣裙、中古婚纱、鞋帽、手包都至少有50年了,触摸着每件衣服,眼前不禁浮现出了奥黛丽·赫本的经典形象和20世纪派对的场景。所有衣物都保存得很好,每件都很特别,且每样衣物都标明了具体年代,也有一些原创服饰。

niko and…　　　　　　　　　服装/百货店

(见206页地图;淮海中路775号;◉10:00~22:00;Ⓜ13号线淮海中路站,1号口)niko and…是日系生活方式品牌,2019年,其全球最大旗舰店落户魔都。整整3层楼面,以服装为主,还有各种有趣的日用杂货、美妆配饰等,所有东西都称得上是好看又好用。3楼是餐饮区,供应精致的下午茶。

吴江路口还有一家2020年开业的niko and…概念店,同样适合日杂控们。

LOOKNOW　　　　　　　　　　　服装

(见212页地图;武康路286号;◉10:00~22:00;Ⓜ13号线上海图书馆站,1号口)老洋房化身为品牌集合店,红砖外墙和略带三角形的建筑似乎在与街口的武康大楼呼应。在武康路上逛街,视线很难不被LOOKNOW的玻璃橱窗吸引,店内集结全球40多个设计师品牌,独一无二的款式、漂亮的店铺陈列,都

☑ 不要错过

上海主题书店巡礼

书店在这个城市几乎遍地开花,从大规模的上海书城,到率先刮起书店颜值风潮的钟书阁(见238页),以及形形色色的独立书店,有些大而全,有些小而美,有些高高在上赏风景,还有些专攻垂直领域,满足买书目标明确的书虫们。

朵云书院·戏剧店(见206页地图;长乐路398号;◉10:00~21:00;Ⓜ1号线、10号线、12号线陕西南路站,3号口)由设计师吕永中操刀。书店聚焦于戏剧主题,选址也很精妙,隔壁就是著名的兰心大戏院。1楼全部是戏剧类书籍,2楼有影视、音乐、动漫等方面的书籍。书架上悬垂的白色帘幕、嵌于书架间的丝绒座椅,灵感来源于火车车厢,倒也很像舞台剧幕。路牌、五线谱音符、戏剧魔方等文创产品也很有趣。2楼的花园庭院式露台非常舒服,在梧桐树下捧一本书喝一杯咖啡是极惬意的事。负1层还有一家居酒屋。

思南书局·诗歌店(见206页地图;皋兰路16号;◉周一至周四11:00~18:00,周五至周日

让人在此逛得挪不动步。

K11购物艺术中心 购物中心

（见206页地图；www.shanghaik11.com；淮海中路300号；⊙10:00~22:00；Ⓜ1号线黄陂南路站）原本冷清的一栋写字楼，华丽转身为K11后，将购物体验提升到了艺术的高度。这里的每个角落都能发现新奇的艺术品，还有整整一个地下3层约3000平方米的"chiK11艺术空间"，用于举办各类艺术展览。如果坐地铁到达，跟着"香港新世界"出口的标志就能直接进入，若是从地面走过来，1楼入口处有个卢浮宫般的玻璃顶。

多抓鱼循环商店 书店

（见212页地图；安福路300号；⊙工作日13:00~22:00，周末和节假日10:00~22:00）多抓鱼是著名的二手书网络交易平台，2020年底，多抓鱼上海落地店开业。和"魔都"大多数独立书店精致到每一个角落不同，简易书架、水磨石地面、白炽灯、钢窗……看起来一切从简，2楼的书店像学校阅览室，3楼的二手服装店像跳蚤市场或商场内的临时打折区，或许这正对应了循环经济的理念，而所售书也依然是二手书的价格。入门一面墙上是405块多抓鱼手绘LOGO组成的拼图，并有多抓鱼二手回收的过程演示。这里除了大量二手书，也有部分自营新书，有些书上贴着编辑手写的推荐理由。店内的鲜鱼榜是根据线上销售量、售出速度、到货提醒三项指标评出的书单。

星光摄影器材城 电子产品

（见206页地图；鲁班路300号；⊙9:00~17:30；Ⓜ9号线鲁班路站，1号口）星光的名字在摄影发烧友中无人不知，这里的相机从普通入门级到专业大师级，应有尽有，可以说只有你不知道的相机，没有你淘不到的款式。价格有砍价空间，真心购买的话，多看几家店很有必要。

11:00~19:00；Ⓜ13号线淮海中路站，1号口）设在圣尼古拉斯教堂内，空间不大，但得益于教堂的基因，尤其是高耸的穹顶，书店颜值很高。墙上书写了卞之琳、歌德、松尾芭蕉的3首诗（以3位作者各自的母语呈现）。所有书都是诗歌主题，按国家分成11个区，陈列于灰色镂空格子书架上，也有英文专区和豆瓣区、少量签名本，还有不少中国诗集和小众诗集。

FILM电影时光书店（安福路322号；⊙10:00~19:00）前身是上海电影发行放映公司，有600多种与电影相关的书籍。2楼不定期举办电影沙龙、艺术分享活动。

上戏艺术书店（华山路620号；⊙10:00~22:00）上海戏剧学院新开的书店，绿色的门窗框、绿色的天花板、绿色的卡座沙发，搭配胡桃木书架和红丝绒窗帘，配色复古又高级。沙龙区会定期举办戏剧表演。不过，这里只有三成是戏剧、影视类书籍，依然保留了不少大众书单。

思南书局·诗歌店。

黄浦和静安核心区索引地图

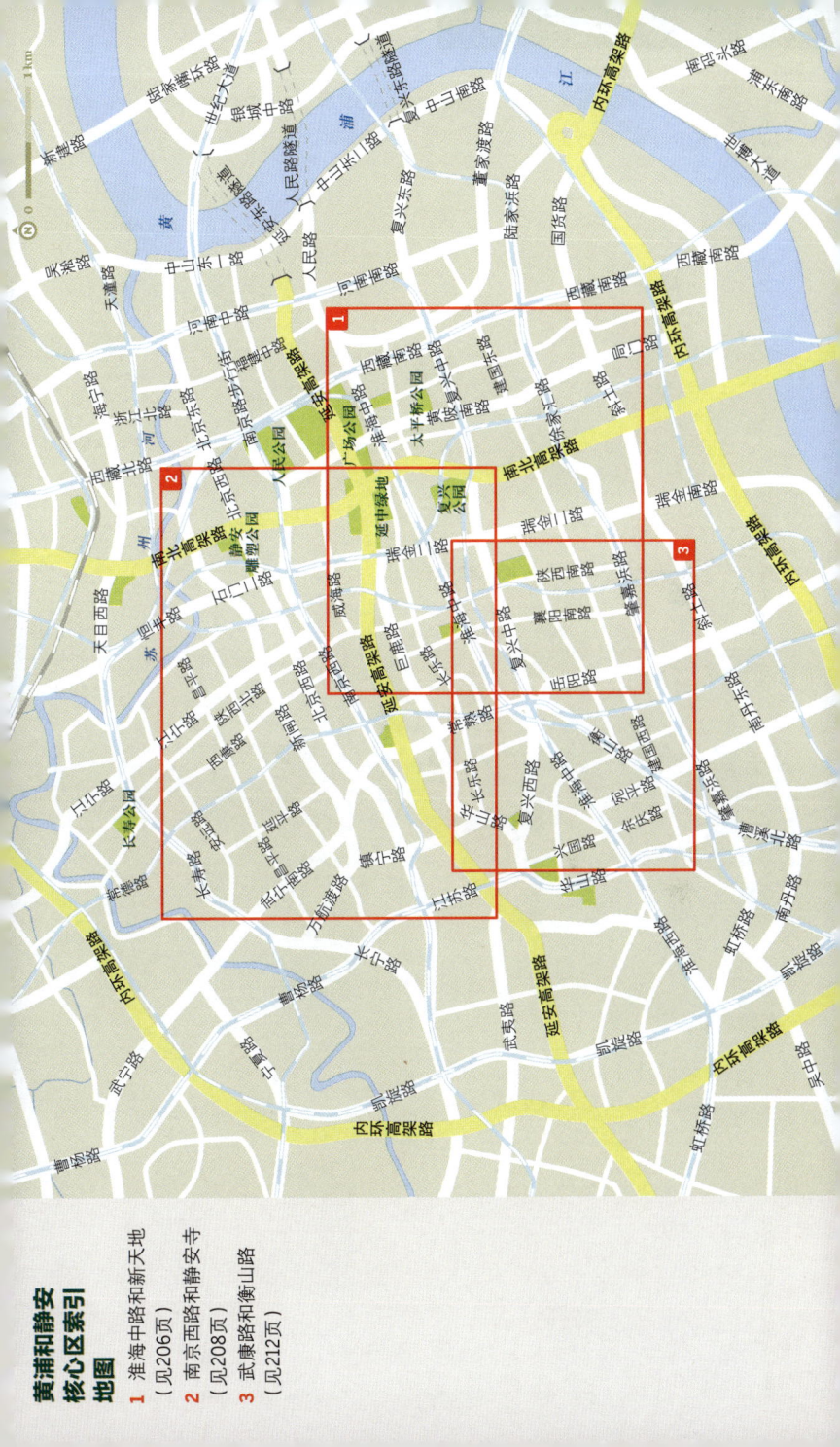

1 淮海中路和新天地（见206页）
2 南京西路和静安寺（见208页）
3 武康路和衡山路（见212页）

淮海中路和新天地

0
250 m
E
F
G
H
1
2
3
4
5
6
7
大沽路
延中绿地
延安高架路
广场公园
普安路
8号线
淮海东路
人民路
青莲街
黄陂南路
金陵中路
西藏南路
21
大境路
延中绿地
金陵西路
桃源路
柳林路
淮海中路
48
43
淮海公园
普安路
延中绿地
黄陂南路
嵩山路
会稽路
15
太仓路
兴安路
崇德路
东台路
方浜中路
2
28
新天地
太仓路
55
兴安路
36
31
顺昌路
吉安路
中华路
50
20
马当路
34
雁荡路
淡水路
湖滨路
济南路
8
12
自忠路
兴业路
太平桥公园
南北高架路
老西门
自忠路
黄陂南路
顺昌路
东台路
复兴中路
盐城路
吉安路
复兴公园
3
淡水路
济南路
肇周路
新天地
西藏南路
14
肇周路
56
合肥路
9
合肥路
顺昌路
建国新路
马当路
大吉路
淡水路
方斜路
大林路
永年路
9号线
顺昌路
陆家浜路
建国东路
黄陂南路
南北高架路
徐家汇路
制造局路
建国中路
44
29
马当路
思南路
局门路
徐家汇路
蒙自路
11
丽园路
泰康路
6
蒙自西路
蒙自东路
丽园路
丽园路
斜土路
徐家汇路
南北高架路
17
打浦路
局门路
斜土路
至驿程精舍
酒店(500m)
58

208 南京西路和静安寺

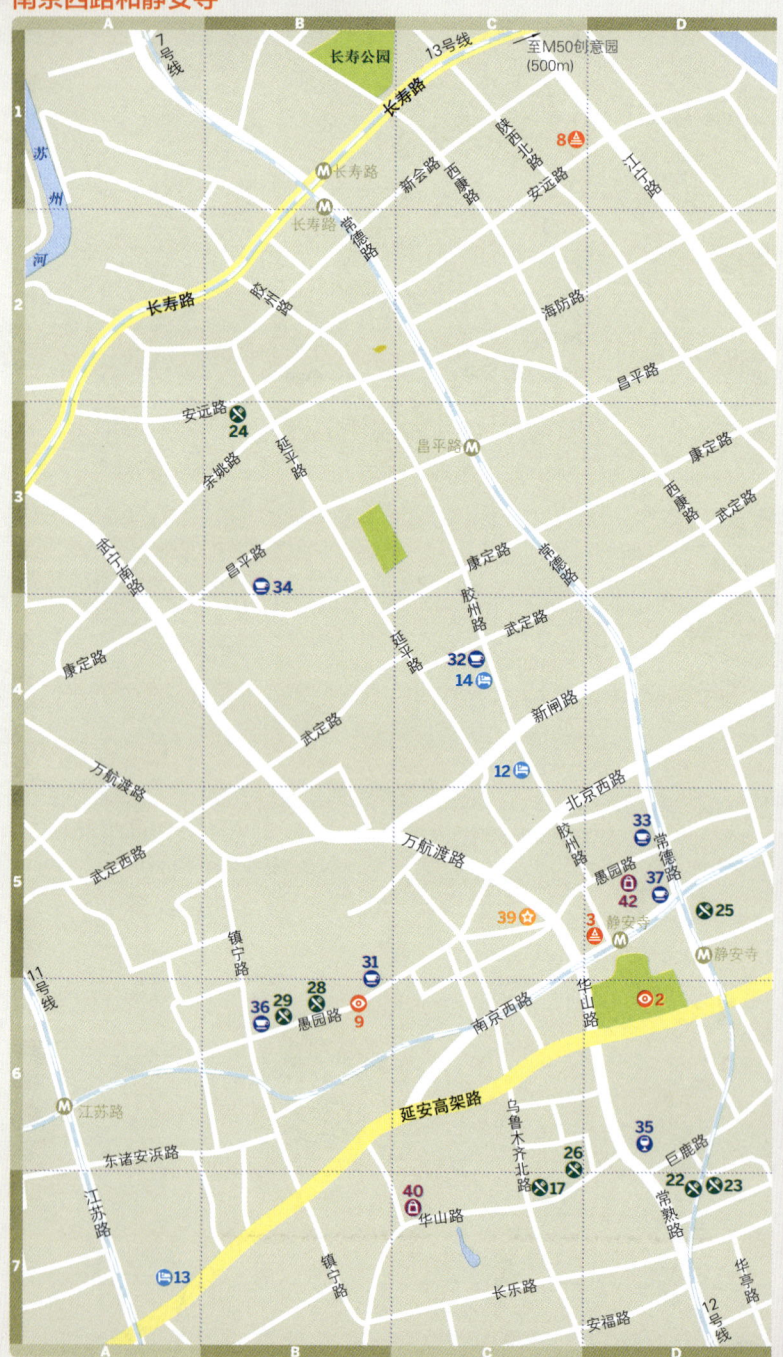

0
400 m
E
F
G
H
1
2
3
4
5
6
7
恒丰路
恒通路
长安路
大统路
乌镇路
12号线
苏州河
长安路
汉中路
海防路
西苏州路
光复路
汉中路
南北高架路
国庆路
光复路
新闸路
新闸路
1号线
昌平路
大田路
新闸路
石门二路
昌化路
康定路
武定路
自然博物馆
山海关路
新昌路
上海自然博物馆
1
静安雕塑公园
黄河路
江宁路
泰兴路
北京西路
凤阳路
陕西北路
新闸路
15
凤阳路
2号线
南京西路
奉贤路
38
21
黄陂北路
30
41
4
7
北京西路
南京西路
奉贤路
南汇路
16
10
27
石门一路
青海路
南北高架路
泰兴路
西康路
南京西路
武胜路
威海路
5
陕西北路
茂名北路
大沽路
延中绿地
11
6
延安高架路
延安高架路
铜仁路
巨鹿路
延中绿地
成都南路
瑞金一路
长乐路
18
淮海中路
陕西南路
茂名南路
淮海中路
富民路
南昌路
19
20
襄阳北路
13号线
长乐路
新乐路
陕西南路
南昌路
襄阳公园
瑞金二路
思南路
复兴公园
南北高架路
东湖路
淮海中路
陕西南路
延庆路
复兴中路
1号线
10号线

淮海中路和新天地

◎ 最佳景点
- **1** 淮海中路 D3
- **2** 新天地 F2

◎ 景点
- **3** 复兴公园 E3
- **4** 嘉善老市 C6
- **5** 马勒别墅 B2
- **6** 上海琉璃艺术博物馆 E6
- **7** 绍兴路 C6
- **8** 石库门·屋里厢博物馆 F3
- **9** 思南公馆 E4
- **10** 孙中山故居纪念馆 D4
- **11** 田子坊 E6
- **12** 中共一大会址纪念馆 F3
- **13** 周公馆 D4
- **14** 诸圣堂 F4

◎ 住宿
- **15** 漫心酒店 F2
- **16** 宿适精选 D3
- **17** 心宿酒店 E7
- **18** 昔舍民宿 D6

◎ 就餐
- **19** 博多新记 B4
- **20** 大江户 G2
- **21** 东香酱肉铺 G1
- **22** 光明邨大酒家 D2
- **23** 兰心餐厅 B2
- **24** 玲珑餐厅 B3
- **25** 瑞福园 C4
- **26** 深井陈记烧鹅茶冰厅 B4
- **27** 文餐厅 B2
- **28** 蟹黄鱼 F2
- **29** 星洲小馆 E6
- **30** 永兴餐厅 C4
- **31** 誉八仙 F2

◎ 饮品
- **32** Blacksheep Espresso D6
- **33** Dokidoki D3
- **34** LeTAO F2
- **35** Metal Hands D3
- **36** Odd Couple F2
- **37** Shanghai Brewery A4
- **38** Speak Low D4
- **39** The Camel Sports Bar & Kitchen A3
- **40** 蔡嘉法式甜品 B4
- **41** 大同坊 D2
- **42** 集社 B2
- 香港发记甜品 ....(见26)

◎ 娱乐
- **43** Beehive F2
- JZ Club爵士上海 ....(见40)
- **44** MAO Livehouse E5
- **45** 上海大戏院 B4
- **46** 上海文化广场 C5
- **47** 上音歌剧院 A4

◎ 购物
- **48** K11购物艺术中心 F2
- **49** niko and… C2
- **50** TX淮海年轻力中心 E2
- **51** 长春食品商店 D3
- **52** 朵云书院·戏剧店 C2
- **53** 哈尔滨食品厂 D3
- **54** 老大昌 D2
- **55** 全国土特产商店 E2
- **56** 思南书局 E4
- **57** 思南书局·诗歌店 D3
- **58** 星光摄影器材城 F7

南京西路和静安寺

◎ 最佳景点
1 上海自然博物馆..................................G3

◎ 景点
2 静安公园..................................D6
3 静安寺..................................D5
4 南京西路..................................F4
5 荣宅..................................F4
6 上海展览中心..................................E5
7 吴江路休闲街..................................F4
8 玉佛寺..................................C1
9 愚园路..................................B6
10 张园..................................F4
11 中共二大会址..................................H5

🛏 住宿
12 艾本精品酒店..................................C4
13 登巴客栈..................................A7
14 曝阁酒店..................................C4
15 上海静安CitiGO酒店..................................E3
16 一间森林青年旅舍..................................E4
铺舍..................................（见41）

🍴 就餐
17 Mercado 505..................................C7
18 More than eat..................................E6
seul&SEUL..................................（见41）
19 Q太郎..................................E6
20 保罗酒楼..................................E6
21 功德林..................................H4
22 黄鱼馆JHOUSE..................................D7
23 龙凤楼..................................D7
24 洪齐林老镇..................................B3
25 家全七福..................................D5
26 静安面包房..................................C6
27 凯司令..................................F4
28 鳗重..................................B6
29 上海富春小笼..................................B6
天泰..................................（见25）
30 王家沙..................................G4
小杨生煎..................................（见7）
醉东..................................（见25）

🍷 饮品
31 Basdban..................................B6
32 Lab whisky & cocktail..................................C4
33 LAVAZZA..................................D5
34 Mingo..................................B3
35 SUZU BAR..................................D6
36 富麦COFFEE..................................B6
37 千彩书坊..................................D5
38 星巴克甄选上海烘焙工坊..................................G4

⭐ 娱乐
39 百乐门..................................C5

🛍 购物
40 上戏艺术书店..................................C7
41 兴业太古汇..................................G4
嘉里中心..................................（见25）
42 久光百货..................................D5

武康路和衡山路

武康路和衡山路

◎ 最佳景点

1 武康大楼..A3
2 武康路..B2

◎ 景点

3 安福路..B1
4 巴金故居..B2
5 东方乐器博物馆............................B3
6 国际礼拜堂....................................C3
7 黑石公寓..C2
8 衡复风貌馆....................................B2
9 华山路..A1
10 上海交响音乐博物馆..................C1
11 上海工艺美术博物馆..................D2
12 宋庆龄故居纪念馆......................A3
13 武康庭..A3
14 乌鲁木齐中路..............................B2
15 夏衍故居......................................C3
16 永康路..D2
17 张乐平旧居..................................B1

🛏 住宿

黑石M+酒店..............................(见7)

18 建业里嘉佩乐酒店......................C3
19 苏荷精选花园别墅酒店..............A3
20 兴国丽宝生馆..............................A2
21 隐居繁华武康路公馆..................A1

✗ 就餐

22 Alimentari....................................B1
23 BREAD etc..................................D3
24 Fine Cafe & Canteen.................B1
25 Green & Safe..............................C2

26 La Creperie.................................C2
Pistacchio.................................(见13)
27 RAC..A1
28 老吉士...A3

☕ 饮品

29 BARBER SHOP...........................C3
30 Bathe Coffee...............................D2
31 Cotton's 棉花酒吧......................C3
32 E.P.I.C..A2
33 HATS&CAPS..............................D2

34 O.P.S...D3
35 REVEL...D2
36 Rumors鲁马滋咖啡...................A3
37 Senator Saloon..........................C1
38 YEAST..C1
39 茶是一枝花·泡茶店...................D2
40 大可堂普洱茶馆........................D2
41 聚福..C1
42 乔咖啡..C1
43 月球咖啡....................................D2

✪ 娱乐

44 上海话剧中心...............................B1
45 上海交响乐团音乐厅.................C2

🛍 购物

FILM电影时光书店.................(见27)
46 LOLO LOVE VINTAG................B2
47 LOOKNOW.................................A2
48 多抓鱼循环商店..........................B1
幸福集荟....................................(见7)

在路上
本书作者 钱晓艳

走在徐汇滨江的栈道上,白鹭、夜鹭和江鸥时而掠过,龙美术馆面前的广场上,滑板高手、艺术团体和宠物家长形成一幅超和谐的画面。

进一步了解我们的作者,见311页。

1933老场坊。

市区其他区域

市区其他区域

上海的风头都被寸土寸金地段的高大上气质抢尽了吗?当然不会。相对于市中心的"螺蛳壳里做道场",其他区域反而有了更广阔的舞台,老上海遗风与创意园区并进,将上海的文化艺术空间又推上一层楼。

一百多年前,徐光启和西方传教士在土山湾一带引入"西学东渐"之风,一步步形成了今天繁华的徐家汇;昔日的跨界筑路,将欧陆风情向西推进不少,在小说作品里,西区故事总是小资而暧昧;艺术气氛一路推向了滨江,上海西岸和杨浦的工业风正在成为一南一北的网红。跨过苏州河,犹太难民生活过的"小维也纳",鲁迅等中国近代进步人士的故居,将欧洲古典元素嫁接上石库门;继续向北,五角场焕然新生,旧时"大上海计划"留下的雕栏玉砌与活力四射的大学路形成了强烈反差。

历史建筑改造的小小园区藏在市井之间,随时能让你坐下来喝一杯咖啡,读一本书,拍几张美照,享受一餐美食。在公园和绿地甚至不算太远的古镇中,领略当地人的悠闲生活,也能感受落英缤纷和桂香怡人。你已经不再是一个走马观花的游客,而是真正融入上海人日常生活里的那一分子了,这才是最有趣之处,不是吗?

☑ 精彩呈现

上海西岸	224
徐家汇源	226
上生·新所	230
七宝古镇	234
上海犹太难民纪念馆	239
1933老场坊	240
杨浦滨江	243

危险和麻烦

➡ 火车站、汽车站附近常有扒手出没,看管好背包!

➡ 看清交通标志,延安西路没有非机动车道,骑行与步行共享人行道,骑错车道会被处以交通罚款。

➡ 若在徐家汇、中山公园、古北一带用餐,最好错开11:30~13:00和17:30~19:00的高峰饭点,别将宝贵的旅游时间浪费在吃饭排队上。

➡ 上海体育场若举办演唱会,黄牛猖獗。

市区其他区域 217

★ **市区其他区域亮点**（见220页）
① 上生·新所　② 滨江的美好时光　③ 徐家汇天主堂
④ "小维也纳"的犹太遗风　⑤ 老洋房里的旧时光　⑥ 逛逛大学路

交通

➡ 地铁1号线经过徐汇区、上海火车站、上海南站，2号线经过长宁区、虹桥机场，8号线、12号线连接静安区、虹口区，10号线连接杨浦区、长宁区和虹桥机场、虹桥火车站，3号线、4号线连接徐汇区、长宁区和虹口区。

➡ 从上海火车站和虹桥火车站到达，换乘地铁都可以不用出站。

➡ 不受堵车影响的71路也能帮你缓解一下高峰出行问题。

如果你有

1天 上午逛一下徐家汇源（见226页），下午在上生·新所（见230页），然后游览周边的长宁区老洋房（见226页方框），晚上去古北或者"老外街"（见235页）吃吃喝喝。

2天 第二天参观上海犹太难民纪念馆（见239页）、提篮桥历史风貌保护区（见239页方框）和多伦路文化街（见240页），晚上可以去走一走杨浦滨江（见243页）的工业遗址，夜色特别美。

当地人推荐
滨江西岸的艺术气息

徐佳和，专注当代艺术领域的艺术评论人

如何看待西岸这些艺术场馆的价值？

西岸美术馆由英国建筑师戴卫·奇普菲尔德（David Chipperfield）建筑事务所担当建筑设计，展厅呈三角形排布，包裹着如玉石般的玻璃外墙，斑斓的日光由此被带入了建筑，在夜间，绚丽的灯光也会从这里向外扩散。3栋主要建筑均为17米高，上层为通过顶部采光的展览空间，下层空间的功能更为多样，包含多功能厅、盒子和智造展厅——这些半地下空间，利用侧高窗采光。

与西岸美术馆几乎毗邻的油罐艺术中心由储存航空用油的5个油罐改建而来，曾经寂寞地空置了几十年，改建耗资过亿元，如今，油罐艺术中心以展示当代艺术为主，空间的感染力似乎能与各种艺术形式相互包容，相映成趣。

你自己喜欢哪一间美术馆？

我更喜欢西岸美术馆，因为它与全球最著名的当代艺术中心之一——蓬皮杜有5年合作展陈计划，还拥有一个无敌江景的咖啡厅。从美术馆滨江侧首层的咖啡厅落地窗向外望去，黄浦江对岸的建筑以简洁的线条构成了极其现代感的天际线，让人仿佛置身于泰晤士河畔的泰特现代美术馆。咖啡厅里的蛋糕也堪称艺术品——蒙德里安的绘画作品、波洛克的滴彩抽象作品等元素组成的蛋糕，惟妙惟肖。

樱花盛开时的龙美术馆。

徐汇滨江,你有没有特别的玩法?

春天的阳光最适合在水岸边散步,行走在徐汇滨江,身边频频掠过奔跑者的身姿,目光所及之处尽是攀岩者在挥洒汗水,耳边传来篮板下少年们的呼喊和笑语。一切,都令人感受到西岸蓬勃的活力。看一场展览,喝一杯艺术的咖啡,春日里的行走令人感到艺术的力量。

旅行者未来能有什么期待?

上海西岸迸发出的蓬勃活力深深根植于过去,又从厚重的历史中吸取养料,汇聚了当下人们对建筑、艺术以及未来、区域的思考。它将不断成长,有望成为与巴黎左岸、伦敦南岸比肩的独具魅力的城市文化新地标。

☑ 不要错过

◎ 最佳建筑

➡ **徐家汇天主堂** 高耸大气、内部华美的哥特式建筑。(见226页)

➡ **邬达克旧居** 英国乡村风格,有漂亮的红瓦斜坡屋顶。(见232页)

➡ **1933老场坊** 将"天圆地方"的风水学理念融入古罗马巴西利卡式建筑中。(见240页)

➡ **杨浦区图书馆** 仿照鼓楼建造的门头和工字形大楼被称为"小故宫"。(见242页)

➡ **绿之丘** 犹如建在杨浦滨江的一座巴比伦空中花园。(见243页)

◎ 最佳街区

➡ **愚园路历史名人墙** 老洋房与新园区并存的状态特别适合闲逛探寻。(见233页)

➡ **提篮桥历史风貌保护区** 昔日犹太人聚居区、古老的庙宇和即将改造的监狱相互碰撞。(见239页)

➡ **徐汇滨江** 西岸的艺术气息已经养成,看着江景一路感受吧。(见224页)

➡ **大学路** 年轻的马路汇聚了年轻的心,文艺和创意一同来袭。(见242页)

❌ 最佳餐饮

➡ **福系列** 名厨倾力打造的上海之梦,可谓本帮菜的"华丽天花板"。(见236页)

➡ **蘩楼** 好吃的饮茶点心,浓郁的西关气氛。(见236页)

➡ **万寿斋** 夏天来吃一碗冷面,让你认识真正的上海街头风味。(见246页)

➡ **屋有鲜** 舌尖细细品味蟹粉馅与姜醋发生的奇妙"化学反应"。(见237页)

➡ **啤酒阿姨** 沪上精酿啤酒大全。(见237页)

市区其他区域亮点

❶ 上生·新所

沉寂多年的上生所终于被改造成上生·新所,也把人带回到昔日越界筑路时代的上海西区。日本著名的茑屋书店进驻哥伦比亚乡村俱乐部,海军俱乐部里的游泳池永远受到最多注目,孙科别墅也揭开了神秘的面纱,老房子散发着迷人的光彩,新兴人类不断更新自己的游览方式。周边还是邬达克建筑的聚集地,来一场致敬打卡之旅也很合适。

❷ 滨江的美好时光

黄浦江畔正在以前所未有的速度演进发展,过往工业和码头聚集之地,如今正在变成人们认识上海甚至认识自己的开放水域。徐汇滨江以"上海西岸"出道,美术馆和艺术中心带动着人们在这里自发演出;杨浦滨江没落的工业遗风成为都市大片的源头,妆容精致的帅哥靓女时有出入。滨江的风和绿地,滋润着所有走在栈道上的人们。

❸ 徐家汇天主堂

相比徐家汇的发展和变迁,这座身姿优雅的天主教堂更像是一位万变不离其宗的见证者。从外观上看,教堂高大漂亮,两座哥特式风格的塔楼直插天际;进入内部,大殿庄严典雅,有着优美的穹顶和造型别致的楹柱。这里也是多部影视剧的取景地,参观之余你或许还能观摩一场现代婚礼。一个隐秘的观景点是从漕溪路上建国宾馆楼上的咖啡厅俯瞰。

❹ "小维也纳"的犹太遗风

第二次世界大战期间,上海曾是数万犹太难民的"挪亚方舟"。虽然随着战争结束,当时的犹太人也纷纷回迁,但犹太人生活过的

市区其他区域亮点 221

左图：孙科别墅；
右图：黄浦江滨江。

"小维也纳"遗风犹存。昔日犹太人做礼拜的摩西会堂如今改建为上海犹太难民纪念馆，以沉浸式的体验诉说那段历史。附近还有多处与犹太难民相关的建筑旧址，重建的白马咖啡馆更是值得怀旧一番。

❺ 老洋房里的旧时光

只要放慢一些脚步，就能发现梧桐掩映后的一栋栋老洋房，有着西班牙花园、德式别墅、英国乡村风格，还有藏身城堡里的少年宫和学校里的巴洛克风情。它们昔日的主人，既有历史风流人物，也有革命的"潜伏者"，它们如今的样貌，是咖啡馆或者个性买手店。选一条"外国弄堂"逛逛吧，你中意"好莱坞弄堂"还是"哥伦比亚住宅圈"？

❻ 逛逛大学路

路名特别有书卷气，当然也自带学院派气质。这条神奇的小路建成才十几年，连接着上海的著名高校和新晋的创意园区。路上餐厅的风味像校园里的学生一样来自五湖四海甚至大洋彼岸，不同主题的咖啡馆也在这里找到一席之地，几步一遇的超大墙面画和色彩感、设计感并存的店铺，让你的眼睛也得到不少享受，不禁感叹一句"年轻真好"。

徐家汇天主堂。

市区其他区域亮点 223

上海犹太难民纪念馆。

长宁少年宫。

大学路上的楼体彩绘。

龙美术馆。

★ 最佳景点
上海西岸

黄浦江"西岸"很长,最著名的当然是外滩,但徐汇滨江率先在2011年打出了"上海西岸"这张名片,拉开了后世博时代滨江品牌化的大幕。从历经百年的水陆空工业重地到今天的西岸,只用了短短10年。

全长11.4公里的上海西岸,北起日晖港,南至关港,东临黄浦江,目前滨江区域为8.4公里。艺术爱好者可以在这里的数座美术馆中欣赏最新的展览,也能在百年前的传统工业遗存面前细细品味。户外爱好者更能在这里大展拳脚——跑步、骑行、攀岩、滑板、篮球……这里还是上海国际马拉松赛的最美赛段。"汪星人"在这里聚会,小众艺术在这里演出,孩子们在广场上嬉戏奔跑,老人家在栈道上走走停停,哪怕只是开车行驶在龙腾大道上也是一种享受。对面是浦东世博园区和后滩花园,远景是卢浦大桥,江上有飞鸟和穿梭的轮船,日夜交替,生生不息。

今日之地,寻找往昔

徐汇滨江地区曾是近代上海重要的交通运输、物流仓储和生产基地,这里汇集了上海工业史上无数个"第一":1907年上海唯一自备专用码头日晖港货栈,1922年上海首个军用机场龙华机场,1923年中国首家湿法水泥厂……曾经聚集了铁路南浦站、北票煤码头、上海飞机制造厂、白猫集团等大工业厂区。

铁路南浦站始建于清光绪三十三年(1907年),是当时全国3个可以进行水陆转运的站场之一。20世纪50年代定名为上海南站,并于20世纪80年代被改造成码头,成为当时上海唯一拥有自备专用码头的车站。岸边那架巨大的绿色吊车立在昔日码头旁,地上的铁轨见证了一切。

北票码头上两台黄色吊车如今是艺术广场的守护者;龙美术馆门前的巨大建筑物是码头上的煤漏斗,如今已然成为时尚空间;几个废弃的巨大油罐组成了油罐艺术公园;龙华机场的大机库变成了艺术场馆。

西岸艺术中心。

见251页地图；www.westbund.com；M2号线龙华中路站、11号线云锦路站，向东步行5~10分钟可达西岸艺术场馆

亮点速览

➜ **西岸美术馆** 近年与法国蓬皮杜中心推出了一些高质量展览。

➜ **龙美术馆** 颜值和展品都在线的私人美术馆，门口的工业遗存很"出片"。

➜ **沿江步道** 跑步道、漫步道、骑行道"三道合一"，车道风景也很美。

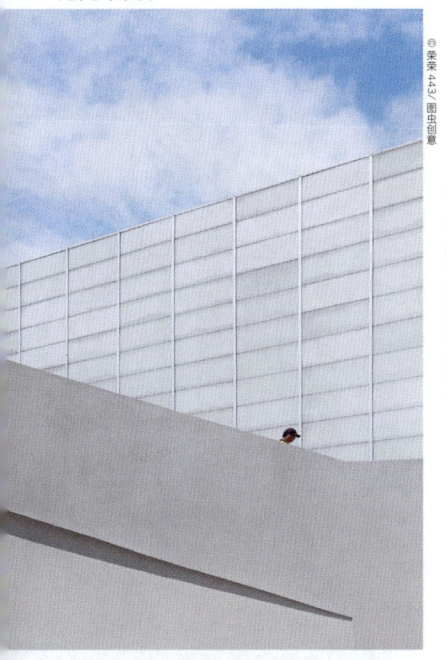

艺术场馆，密集度高

从龙腾大道南边开始你的艺术旅程，首先是由5座白色巨大油罐组成的**油罐艺术公园**（龙腾大道2350号；10:00~17:30，周一闭馆），斜对面是由上海飞机制造厂厂房改造的**西岸艺术中心**，只在举行大型艺术活动时才对外开放。边上的**上海摄影艺术中心**（龙腾大道2555号-1；10:30~17:00，周一闭馆；40元）由国际著名摄影艺术家刘香成先生创办。

继续往前，呈风车式布局的**西岸美术馆**（3101 1011；龙腾大道2600号；10:00~16:00，周一闭馆；门票根据展览价格不同）由英国建筑师戴卫·奇普菲尔德爵士及其团队设计，最大限度地让参观者看到江景。西岸集团与法国蓬皮杜艺术中心签订了5年的合作协议，常有高质量展览。斜对面由机库改造而成的则是**余德耀美术馆**（6426 1901；丰谷路35号；10:00~17:30，周一闭馆；门票根据展览价格不同），它由著名印尼华人收藏家余德耀先生及其基金会投资，玻璃大厅和老机库的融合特别有冲击力。

沿着滨江走2公里，便是由中国收藏家刘益谦、王薇夫妇创办的**龙美术馆（西岸馆）**（6422 7636；龙腾大道3398号；10:30~16:30，周一闭馆；150元），一色清水混凝土让巨大的空间看起来更野性和直白，无论内外都吸引许多人拍照打卡。至于展览，应该是私人美术馆里最顶尖的了。

未来，徐汇滨江将建成20多座公共文化设施，值得期待。

配套设施，以人为本

滨江地带地域广阔，徐汇滨江的配套设施充分考虑了游人的需要。这里的路标路牌和公共卫生间的出现频率很高。徐汇滨江以"走路5分钟可抵达"为目标设立了20处**水岸汇**，小屋不仅可以为人挡风遮雨，还提供了包括充电、日用购买等自助服务机，旗舰店是位于龙美术馆边的玻璃房子。

龙美术馆附近遛狗的人群自发扎堆，相互交流，连星巴克都是宠物友好店。

只是餐饮地不多，艺术场馆通常有咖啡馆和餐厅，经营西餐的**小小花园**（龙腾大道3268号；11:00~23:00）情调很棒，老字号乔家栅最新推出**乔咖啡**（龙腾大道2900号；7:30~19:30），融合了中西点心。

市区西部

西区核心地带的繁华程度不输市中心任何区域。徐汇区的中心徐家汇商圈,一直是上海最重要的副中心之一,也是与淮海路、南京路并列的时尚前沿,主打"西岸"的徐汇滨江(见224页最佳景点)正在成为潮人新宠。长宁区有两大焦点,江苏路以西承袭了"老上海"气质,越来越多怀旧的老弄堂、老洋房夹杂着新潮流出现在人们面前,尤其以邬达克(见230页方框)建筑圈最为突出。古北则刮起浓浓的日韩风,是吃寿司拉面、啤酒炸鸡的正宗之选。闵行虽远,七宝和召稼楼两大古镇却值得美食爱好者专门造访。

◎ 景点

◎ 徐汇

★ 徐家汇源 街区

(见251页地图;☏5425 9260;www.xujiahuiorigin.com;M1、9、11号线徐家汇站)徐家汇,汇肇嘉浜、蒲汇塘、李漎泾三水,因徐光启在此结庐著书而得名。它有着300多年"西学东渐""中学西传"的历史文化积淀。1847年,法国耶稣会在此传教,宗教、慈善、教育、科技机构随之兴建,令此地成为中国近代新工艺、新技术的发源地之一。2012年起,东至宛平南路、西至凯旋路、南至中山南二路、北至淮海西路的区域被统称为徐家汇源。下文提及的多个场馆均可以在微信公众号"徐汇文旅"预约。

徐家汇天主堂(见250页地图;蒲西路158号;免费)1910年落成的徐家汇天主堂建筑风格为中世纪哥特式,它是影视剧里的常客,正式名称为"圣依纳爵堂",曾被称为远东第一大教堂。两座57米的塔楼高高耸立,优美的穹顶、雕刻精美的楹柱和祭台令人驻足。

每天早上(6:00~7:30)有两场弥撒,周末多加两场(周六16:30、18:00,周日10:00、18:00)。周末下午会有义工带领游客参观教堂,每半小时一批。注意,教堂内不得拍照。

土山湾博物馆(见250页地图;蒲汇塘路55号;免费;⏰9:00~16:30,周一闭馆)19世纪六七十年代,西方传教士在徐家汇创办土

🚶 步行游览
探访西区老洋房

起点: 3号线、4号线延安西路地铁站
终点: 中山公园
距离: 5.5公里
需时: 半天
难度等级: 初级

在地铁站出发,找辆共享单车,骑行与步行相结合,走完这段西区之旅。沿凯旋路向南,拐入新华路。593弄的 ❶ **梅泉别墅** 由中国第一代建筑师奚福泉设计。相连的211弄、329弄是昔日"哥伦比亚住宅圈"的核心部分,被称为 ❷ **外国弄堂**,邬达克在此奉献了13种风格的建筑遗产。出弄堂,马路

市区西部 227

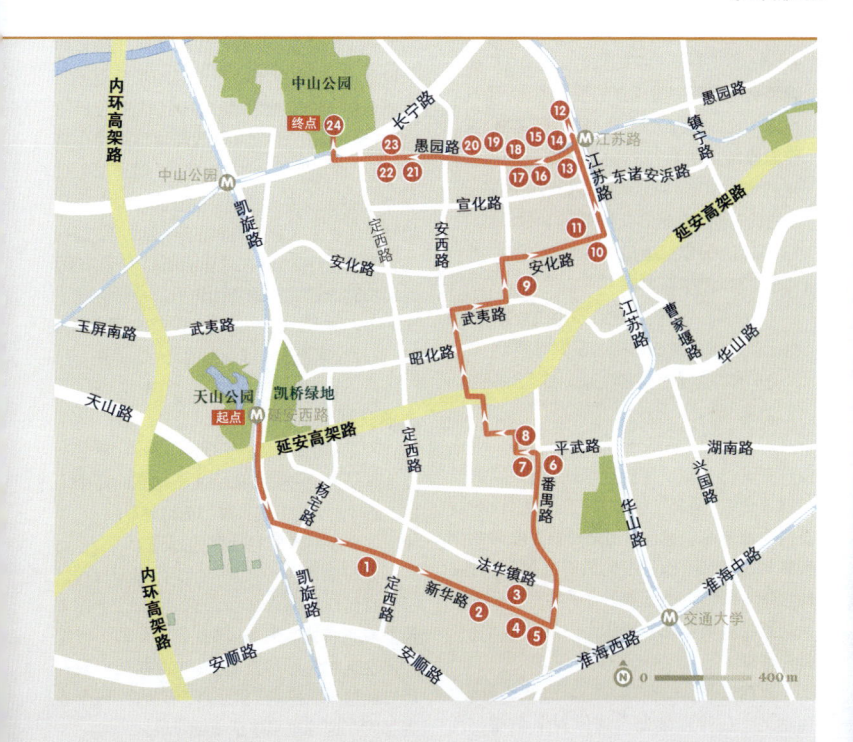

对面的 ❸ 陈果夫旧居（新华路200号）将中国传统重檐大屋顶和欧式立柱完美合体。继续前行，❹ 新华路179号的德式花园别墅有着三角形山墙，旁边弄堂里有一幢英国乡村风格的 ❺ 红砖别墅。

向北转入番禺路，❻ 邬达克旧居（见232页）是大师当年为自己建造的家，斜对面是 ❼ 上生·新所（见230页）的入口，几栋著名的老建筑值得打卡，别漏了 ❽ 孙科别墅，它也是邬达克的作品。从延安西路的大门出发，左拐进入安西路，可以向北骑行，到武夷路右拐。从 ❾ 比利时驻上海总领事馆旁的巷子进，转入利西路向东，不一会儿巷子就拐了一条优美的弧线，❿ 淡黄色法式小楼也依势呈圆角，据说它和对面小院里的 ⓫ 灰色建筑都与李鸿章有关。

进入江苏路，一路向北，路的西侧、地铁站附近是 ⓬ 安定坊，著名翻译家傅雷曾住在5号。

向西转入愚园路，路不长，看点平均分布在马路两侧，停车步行更方便。马路左面 ⓭ 福1015餐厅所在的法式黄色别墅曾是国民党将军杜聿明公馆，对面的 ⓮ 愚园百货公司（见238页）曾是施蛰存故居，边上1032弄的 ⓯ 岐山村内住过钱学森、祝希娟等名人。继续前行，对面1065号 ⓰ 愚园路历史名人墙值得一看，后面还别有洞天。向前可以到 ⓱ 我慢咖啡馆里坐一会儿，据说这是愚园路西段第一家咖啡馆。对面1088弄的 ⓲ 宏业花园过去是段祺瑞之子的置业，如今有活力四射的愚园公共市集。1136弄内的 ⓳ 长宁区少年宫如同城堡，曾是国民党政要 ➡

左图：邬达克纪念馆。

© 新能源 / 图虫创意

← 何应钦之弟王伯群的私宅。1210弄的 ⑳ **沪西别墅**在新中国成立前被称为"好莱坞弄堂"。过马路，1315弄4号的 ㉑ **路易·艾黎旧居**是中国共产党地下工作者的接头处。边上1381号的新地标 ㉒ **愚巷**里的开放式植物园成了社区的公共客厅。再过马路，1376弄的 ㉓ **亨昌里**是中共中央机关刊物《布尔塞维克》诞生地。

西行不久便到了终点 ㉔ **中山公园**，在百余年前曾是英国富商的私家花园，公园内有一棵华东最大的悬铃木，这里也是西区地标。Ⓛ

山湾孤儿工艺院，教授西洋画、雕刻、彩绘玻璃等技艺，培养了很多工艺美术人才。曾被美国芝加哥菲尔德自然历史博物馆收藏的金碧辉煌的牌楼、徐家汇的旧时老照片、曾在1915年美国旧金山巴拿马太平洋博览会上参展的彩绘玻璃雕花橱柜和土山湾出品的佳作都是亮点。

光启公园（见250页地图；南丹路17号；免费）里安葬着徐光启这位对上海做出巨大贡献的人物，还有**徐光启纪念馆**（免费；⊙9:00~16:30，周一闭馆）对他的生平进行了详细介绍。**上海气象博物馆（徐家汇观象台旧址）**（见250页地图；蒲西路166号；⊙10:00，14:00开放参观，周一闭馆）曾是徐家汇观象台，须提前通过微信公众号"上海气象博物馆"预约。另外，徐汇中学内的崇思楼曾是徐汇公学旧址，上海老站餐厅是昔日徐家汇圣母院，徐家汇藏书楼则是上海现存最早的近代图书馆。

醒目的**徐家汇源游客中心**（见250页地图；漕溪北路451号，地铁2号口旁；⊙9:00~17:00）里的互动体验做得很好，3层楼的丰富内容据说比逛景点还有意思。

徐家汇公园　　公园

（见250页地图；肇嘉浜路889号；免费；Ⓜ1线、9、11号线徐家汇站）这个城市公共绿地公园原为大中华橡胶厂、中国唱片厂的所在地，它模拟了上海版图和黄浦江的走向来设计，沿着空中步道行走时的景色更美。那根红砖烟囱，是20世纪20年代橡胶厂的遗存。衡山路一侧有1座**西洋建筑百代小楼**（9:00~16:30，周一休息，免费，需通过微信公众号徐汇文旅预约），它是昔日东方百代唱片公司亚太区总部的所在地，1935年，国歌《义勇军进行曲》就在这里灌制诞生。公园附近衡山路天平路口的**衡山坊**里都是适合坐下来的小资地点，再走几步就是古老的**衡山电影院**。这片徐家汇闹中取静之地，值得一游。

上海交通大学　　大学

（见250页地图；华山路1954号；Ⓜ10、11号线交通大学站）在徐家汇林立的高楼之间，交通大学的中式古典门头格外显眼，它是中国如今唯一跨越3个世纪的大学。

走进明清宫殿式样的大门，漫步校园，可以找到13栋列入文物保护的建筑：老图书馆兼有哥特式和罗马风格；回字形的工程馆出自建筑大师邬达克之手；中院是校内现存历史最悠久的建筑，蔡元培、邹韬奋、钱学森等都曾在这栋楼里生活或学习过。

中院后面的新中院是**董浩云航运博物馆**（免费；⊙9:00~17:00，周一闭馆），它以香港第一任特首董建华的父亲、曾经的船王董浩云的名字命名，在此参观就如同阅读了一部中国海运史。

接近淮海路口的巨大铁红色建筑，是2011年为纪念钱学森100周年诞辰而建成的**钱学森图书馆**（华山路1800号；免费；⊙9:00~17:00，周一闭馆），钱老微笑的面庞被"刻"在了面向华山路的外墙上。

上海电影博物馆　　博物馆

（见250页地图；✆6426 8666；www.shfilmmuseum.com；漕溪北路595号；门票60元；⊙9:00~16:30，周一闭馆，Ⓜ1、4号上海体育馆站）上海电影制片厂在中国电影史上的地位显赫，厂内这间行业博物馆规模庞大、布展华丽，是了解上海电影百年发展的窗口。

林公园。

参观从4楼逐层往下。走出4楼电梯,自动声控掌声迎接你踏上"星光大道",仿若明星走上红毯。展厅内大量运用镜面设计,多媒体互动游戏也很有趣。你将在《天涯歌女》等老电影音乐的伴奏下,欣赏胡蝶、阮玲玉、周璇、孙道临等明星和一些电影的海报、《良友》杂志的系列封面等。3楼展厅追溯了上海电影的发展,电影胶片布满背景墙,成排的摄影机、放映机陈列着,还有大量电影道具、剧本等展出。2楼有正在工作中的录音棚、摄影棚、动画工作室等,可以直观地了解影视创作的过程。

桂林公园　　公园

(见251页地图;桂林路128号;免费;⊙6:00~18:00;Ⓜ12号线桂林公园站)名气比不得上海五大名园,却颇得苏州园林的"真传"。园内假山造型别致,龙墙蜿蜒,花墙漂亮,还有四面厅等经典园林建筑。桂林公园原是上海黑社会大佬黄金荣的私家别墅,抗战时遭日军纵火,新中国成立后辟为公园。公园因遍植桂花树而得名。每年农历八月,公园都会举办"桂花节"(免费),20多个品种、1000多株桂树竞相吐露芬芳,香气四溢。

龙华寺　　寺庙

(见251页地图;龙华路2853号;门票10元;⊙8:00~16:30;Ⓜ11、12号线龙华路站)这是上海地区历史最悠久、规模最大的古

徐光启,奠定徐汇之基

说起徐家汇,不能不提徐光启。他生于斯,葬于斯,一生奉献于斯,徐家汇也因纪念他而得名。

徐光启(1562~1633年)是明朝崇祯年间的"跨界人才",他在数学、农业、天文、军事、水利等行业均有建树,同时也是政界精英——礼部尚书。他编撰的《农政全书》是中国古代最完备的农学百科全书,他编写的另一部《崇祯历书》奠定了中国300多年历法的基础。

徐光启最大的贡献是对中西文化交流的推动。他介绍西学,翻译西方科学著作,师从意大利传教士利玛窦,学习西方科学知识,为利玛窦绘制的《坤舆万国全图》作诠释,两人还合作翻译了希腊数学家欧几里得的《几何原本》前六卷。

徐光启与西方传教士私交甚好,并协助西方传教士在华传教。1616年,礼部侍郎沈榷上书要求禁天主教,发起南京教难,徐光启挺身而出,上《辩学章疏》,为传教士辩护。

值得一提的是,徐家汇天主堂虽为清光绪年间所建,但其缘起也与徐光启有关。徐光启是上海地区最早的天主教徒,是当时的"圣教三柱石"之首,他的后人有不少虔诚的教徒,为徐家汇的天主教传播打下了基础。鸦片战争后,清政府取消了对天主教长达一百多年的禁令,徐家汇天主教堂应运而生。Ⓛ

刹,寺庙名取自佛经中弥勒于龙华树下得道成佛的故事。寺庙建筑为宋代伽蓝七堂制,沿着中轴线,将依次进入弥勒殿、天王殿、大雄宝殿、三圣殿、方丈室与藏经楼。大雄宝殿内的释迦牟尼像和千手观音殿内的千手观音像都极为壮观。东西两侧有钟鼓楼,重约6.5吨的青龙铜钟是龙华寺的重要法器,新年聆听108响的龙华钟声是沪上善男信女的一桩要事。

寺庙山门外的龙华塔,塔高7层,精巧玲珑。唐朝黄巢作乱时龙华塔和寺庙皆毁于一旦,后于北宋太平兴国二年(977年)重建,宋、明、清、民国期间也是屡毁屡修,不过塔身和塔基仍是北宋原物。

由于地面沉降,龙华塔还是一座"斜塔",现在离塔最近的主干道已被改为步行街,以避免它进一步倾斜。庙内的**龙华素斋**(人均15元起;⏲7:00~15:30)的素食很有名,罗汉面配素鸭是地道的本土体验。

龙华烈士陵园　　　　　　　　　陵墓

(见251页地图;龙华路180号;免费;⏲6:00~17:00,纪念馆9:00~16:00;Ⓜ11、12号线龙华路站)龙华烈士陵园与龙华寺相邻,有"上海雨花台"之称。这里曾是国民党淞沪警备司令部和看守所、刑场的所在地,也是上海"四一二"事变中24位烈士(包括左联5位作家)的遇难地,"二战"期间又是日军的收容所和机场,它还出现在斯皮尔伯格导演的电影《太阳帝国》中。园内分为纪念瞻仰区、烈士墓区、就义地、碑林区等区域,松柏、香樟、红枫、蜡梅等花木与主题雕塑相互映衬。陵园东门外侧种有500余株桃树,因此有人用"墙外桃花墙里血"来形容该陵园。

◎ 长宁

★上生·新所　　　　　　　　创意园区

(见251页地图;延安西路1262号;免费;⏲24小时,餐饮店有各自营业时间;Ⓜ10、11号线交通大学站、3、4号线延安西路站)虽然门口巨大的"Columbia Circle"更确

📖 逃亡战俘书写的建筑传奇

谈到上海的近代建筑,有一个人不可不提,他有着短短29年内贡献50多个项目、百余幢建筑的惊人业绩,自外滩源至西郊的各区域都有他的作品。除了高产,这其中的一半还被列为优秀历史保护建筑,你今天游览的武康大楼、国际饭店、大光明影院、沐恩堂等地标都出自其手,这个人就是邬达克。

拉斯洛·邬达克(Laszlo Hudec;1893~1958年)出生于斯洛伐克的一个建筑世家,9岁便在父亲的工地上学习,进大学前已握有木匠、石匠、泥水匠3张证书,21岁毕业于匈牙利皇家约瑟夫理工大学建筑系。第一次世界大战时,他应征入伍,1916年在俄罗斯前线被俘,被押往西伯利亚战俘集中营。1918年,在转移战俘的途中,他跳下列车,一路向东逃亡,经哈尔滨辗转来到上海。

一个逃犯想要谋生本非易事,但在乱世

市区西部 231

孙科别墅中的立柱；上图：息焉堂。©水缸座PLUS/图虫创意；©小萍萍的史迪仔/图虫创意。

的上海，英雄不问出处。邬达克很快在克利洋行谋得一职，并迅速在上海建筑行业崭露头角。他指挥修建了美国总会、四行储蓄会联合大楼等，凭借美国学院派哥特风格的完美设计赢得了中西女塾的竞标，而他最重要的作品之一——大名鼎鼎的**诺曼底公寓**（武康大楼，见168页）也诞生在这一时期。

邬达克在克利洋行的早期作品多为古典主义风格，这既是应业主需求，也与当时各大洋行所推崇的主流建筑风格同步。1925年，邬达克自立门户，此后他不断寻求突破，在作品中实践了各种风格。位于**外滩源**（见71页方框）的广学会和真光大楼，邬达克对建筑主体采用现代派装饰艺术风格，而在哥特式尖券和壁柱的处理上加入了德国表现主义风格。邬达克流离的人生和多元的文化背景也令他很容易"入乡随俗"，他甚至学会了"螺蛳壳里做道场"，最典型的便是**大光明大戏院**。戏院地处错综复杂的旧建筑夹缝中，地基狭长且不规则，邬达克将观众台布置成钟形，与门厅轴线形成30度的扭转，两层休息厅设计成腰果形，充分做到了因地制宜。邬达克还为上海打造了第一栋摩天大楼，1934年底竣工的**国际饭店**（见87页）被称为"远东第一高楼"，高度称霸上海半个世纪。20世纪30年代是邬达克创作的黄金时代，他是那时上海滩最炙手可热的建筑师。

邬达克本人是路德教派的信徒，不过他在上海设计的教堂并不拘泥于路德教派。天主教堂**息焉堂**（可乐路17号；免费；⊙8:30~16:30）是典型的东欧拜占庭式建筑，由14扇尖券窗围成南瓜状的穹顶很有特色，基督教沐恩堂则为美国流行的学院式哥特建筑。

除了公共设施，邬达克也设计过不少私宅——上海市作家协会所在地**爱神花园**（巨鹿路675号）是当时上海最美丽的花园住宅之一；新华路**外国弄堂**（见232页）里十几栋别墅风

← 格迥异；吴同文（北京西路、铜仁路口）的私人住宅**绿房子**是邬达克在上海的最后一件作品，曾被誉为"远东第一豪宅"。

邬达克在上海曾四度为自己设计和建造寓所，如今保留下来三幢。1929~1931年，邬达克在他当时参与设计的"哥伦比亚住宅圈"附近建造新居，后为感谢孙中山之子孙科为其解决沐恩堂项目出现的问题，完工后一天未住就低价转让给了孙科，"邬达克住宅"就此成了"**孙科别墅**"，之后邬达克在附近重新觅地盖房，也就是今天的**邬达克旧居**（见232页）。**孙科别墅**（见232页）为多种风格混搭的花园洋房，红色筒瓦屋面、尖券门廊、鱼鳞状拉毛等为西班牙式风格，窗间几何图案装饰的浅壁柱和壁炉装饰偏意大利文艺复兴风格，贝壳形拱券窗框又带有巴洛克的味道。建筑的内部细节也极为考究，柚木楼梯、柳桉木镶拼的罗席纹地板、古希腊爱奥尼立柱，无不精细古雅。**达华公寓**为邬达克自行投资兴建，1937年落成后邬达克便搬入这座公寓的底层，直到1947年离开上海前一直住在这里。邬达克在设计时彻底摒弃了欧式建筑的繁复装饰，以简洁明快、流畅大气的风格，充分体现了"Less is more"（少即是多）的设计理念。

战争将一位建筑奇才推向上海，他一生中最重要的作品都诞生在上海，这些建筑历经岁月洗礼如今依然闪烁着熠熠光辉，邬达克称得上是上海近代的一张建筑名片。邬达克的大多数作品集中在人民广场周边和新华路、番禺路一带，可以在游览时顺路探访。*lp*

切地说是指新华路上的外国弄堂（1928年，见226页步行游览），但园内1924年建成的哥伦比亚乡村俱乐部确实是当时最早的建筑。从20世纪20年代的"哥伦比亚乡村俱乐部+孙科别墅+海军俱乐部"，到新中国成立后的"上海生物制品研究所"，再经城市更新，变身为与万科共同打造的"上生·新所"，这里

晋升为西区最火的网红打卡地也理所当然。

海军俱乐部里的泳池最受欢迎，泳池不再开放游泳，但围绕着水域的甜品店、咖啡馆和餐厅都设有氛围极佳的露天座，**朵艾萌动物泡芙**（⊙周一至周四10:30~21:00，周五至周日10:30~21:30）里的"小动物"们让你不舍得拍照。俱乐部的前半部分经常举办展览。

日本**茑屋书店**（⊙10:00~22:00，需要提前在小程序"茑屋书店"预约）占据了哥伦比亚乡村俱乐部的绝大部分，2020年12月开幕时引发了文艺青年的参观热潮。2层的书店汇集了书籍、艺术展、文创用品、日本文化产品、咖啡馆和餐厅，建筑细节也很值得一看。周末人流量很大，认真看书的人和摆拍的人旗鼓相当，可见吸引力多大。

另一边的**孙科别墅**（⊙10:00~17:00，需要提前在小程序"上生新所"预约，根据展览不同收费也有所不同）是一栋带草坪的住宅建筑。在邬达克修建沐恩堂的过程中，孙科慷慨解囊。出于感恩，邬达克便将这座原本作为自宅兴建的物业低价转让给孙科，同时在宅子对面另建新居。目前这里常常会举办为期数月的主题展览，根据不同内容收费。草坪并不能进入，很难拍到建筑正面。

上生新所里还有一些工业建筑作为办公楼，李佳琦的直播室就选在某一栋之中。这里不断更新餐饮内容和一些主题活动，夜景也不错。如果你在9:00左右到达园区，可以拥有很多私享空间。园区在延安西路、番禺路、安西路上各有出口，后者有停车场但车位不多，可以考虑在附近骑行或者步行，一网打尽真正的"Columbia Circle"吧。

邬达克旧居　　　　　　　　　故居

（见251页地图；番禺路129号；⊙周二至周五13:30~16:00，周六9:30~12:00，13:30~16:00）1931年，邬达克在参与设计哥伦比亚住宅圈时，也为自己觅得一处家园，盖了一幢英国乡村风格的别墅。外露的木结构仅为立面装饰，黏土红瓦斜坡屋顶非常陡

上生·新所中的泳池。

峭,屋顶有老虎窗和高耸的烟囱。住宅所用建材品种规格不一,有人分析可能是邬达克将其他在建项目的剩余物资进行再利用的结果。虽然只有一些文字介绍,但番禺路周边也是除人民广场之外的邬达克的作品集中地,都值得一看。

愚园路西段　　　　　　　　　　街区

(见227页步行游览)短短1.5公里的马路,隐藏着太多宝藏,甚至有人为它写了一首歌叫《此地是愚园路》。想探寻老上海痕迹,几乎每一条弄堂都可以进去瞧一瞧,不仅有好看的历史建筑,还很容易就能偶遇名人故居和名流房产;想扫货,大大小小的买手店、创意店铺和开了几十年的内衣店、裁缝铺并肩而立,就怕逛不完;想吃吃喝喝,众多有趣的咖啡馆和餐厅也不会让人失望。不要错过中段的**愚园路历史名人墙**,这是一个很好的科普点。

刘海粟美术馆　　　　　　　　　展览馆

(见251页地图;www.lhs-arts.org;延安西路1609号;免费;◯9:00~16:00,周一闭馆;Ⓜ3、4号线延安西路站)它以中国新美术运动奠基人之一的刘海粟的名字为名,是美术馆、小型博物馆和个人纪念馆三合一的展馆。这个2015年开放的新馆取了"云海山石"的立意,馆内有3个常规展厅:"走向后印象"展出了刘海粟早期的油画作品,包括临摹西方画家的作品,每幅作品都附有详细的创作背景介绍;"师友黄山"陈列了大师十上黄山并以黄山为主题创作的国画作品;"艺海藏珠"是大师捐赠的古画收藏展,包括仇英、文徵明、吴昌硕的国画佳作。3楼有刘海粟生平介绍和两个临时展馆。

宋庆龄陵园　　　　　　　　　　陵墓

(见251页地图;☎6275 4034;宋园路21号;免费;◯8:30~16:30;Ⓜ10号线宋园路站)宋庆龄的墓本身素净无华,与她父母的墓和陪伴她多年的保姆的墓相依，墓前有她生前喜爱的丁香、玉兰、紫薇、杜鹃等花木相伴。这里还曾是民国时期的万国公墓和名人墓园，两处规模都不大。你会在名人墓园中找到"三毛之父"张乐平、抗日英雄谢晋元（见88页）、京剧表演艺术大师周信芳、画家陈逸飞和表演艺术家孙道临的墓碑，陈逸飞墓上的碑文是由余秋雨所撰文。鲁迅的好友内山完造夫妇安葬在外籍人墓园中。陵园内还有1座宋庆龄纪念馆，本书调研期间不开放参观。

隔壁的**上海儿童博物馆**（见251页地图；免费；8:45～16:45，15:30停止进场，周一闭馆）以航海、航天主题为特色，适合3～10岁的小朋友。

闵行

上海宝龙美术馆　　　　　展览馆

（6221 9111；www.powerlongmuseum.com；漕宝路3055号；门票50元，其他根据展览收费不同；10:00～18:00，周一闭馆；9号线七宝站，10号线航中路站）这是宝龙集团在七宝的文化重头戏和2017年压轴登场的民营美术馆，足有十个展厅分布在三个楼层，除了三个是馆藏精品常设展，其他都是设备精良或空间设计出众的艺术展厅，经常推出高级别的艺术展，当然收费也不低（30～98元），美术馆更推崇会员制服务。本书调研时，这里展出的"公元前202"的汉风美学和"大美之颂"云冈石窟都很受艺术爱好者好评。美术馆空间感十足，也有艺术餐厅、艺术商店和咖啡厅等基本设施。

七宝古镇就在1公里开外，可以一同游览。

七宝古镇　　　　　　　　古镇

（古镇免费，景点联票45元；9号线七宝站）千年古镇七宝"缘寺得名"，宋代被称为"郡东第一刹"的七宝教寺就兴建于此，坊间也流传着这里有飞来佛、氽来钟、金字莲

上海宝龙美术馆。

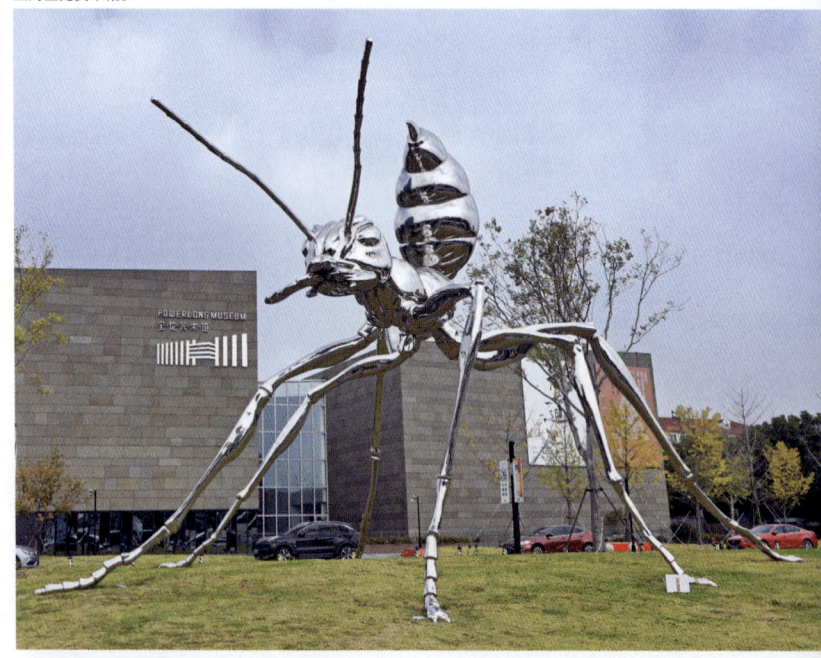

花经等"七件宝"的说法。过去的七宝遍布茶楼商铺，所产棉布有"七宝尖"之称，是沪西"衣被天下"的例证。

蒲汇塘河将古镇分为南北两段，北大街遍布旅游纪念品店，南大街经营特色小吃。古镇本身免费，凭联票可进入8个景点（◯9:00~18:00）参观。但展馆性价比不高，买票参观的意义不大，且最值得看的**张充仁纪念馆**本身就免费。张充仁少年时曾在土山湾学习绘画，是中国现代雕塑艺术奠基人之一，纪念馆展出了不少他的雕塑和油画作品。

古镇小吃众多，很多对上海人来说是旧美食，其中的明星是羊肉和汤圆（上海人称汤团）。

七宝茶馆（南大街9号；20元含茶水；◯9:00~22:00）每天12:30~14:30有评书，不妨挤在本地人中感受下江南古老的说唱。

不要选在周末前来，否则你将加入一场拥挤嘈杂的看人之旅中。

召稼楼古镇。

漕宝路七号桥碉堡　　　　　　遗址

（漕宝路2001号闵行文化公园；免费；◯4月至6月 5:00~18:00，7月至9月 5:00~19:00，10月至次年3月 6:00~18:00）抗日战争期间，漕宝路七号桥是从西面进入上海的战略要地，新四军曾在这里歼灭敌军。1949年1月，国民党上海守将汤恩伯在此修筑子母碉堡，解放军经三天三夜的激战撕开了这道防线，从而打开了解放上海的西大门。这座水泥碉堡被完整地保留了下来，作为闵行文化公园的一部分。

召稼楼古镇　　　　　　　　　古镇

（沈杜公路2059号；古镇免费）在黄浦江东边的召稼楼始建于宋末元初，明清渐成气候，真正的老建筑不多，大多为翻新品。古镇以老姚家浜河为中心，河南河北各一条东西向的主街。位于河南的**礼园**（门票20元；◯8:00~17:00）是古镇内唯一收费的景点，园林称得上博采众长，面积虽小，却清雅秀丽，廊、亭、池皆美，颇有苏州名园之风。河南还有1座残破的西洋门楼，属于清朝浦东望族的资训堂遗址。

这里规模不大，但被称为上海最好吃的古镇。除了三宝"拆蹄、羊肉、老白酒"，屋有鲜（见237页）小笼和下沙烧卖的分店都是值得打卡的美食。

前往古镇，可乘坐地铁8号线到航天博物馆站换乘"浦江8路"或"闵行10路"到达。

❌ 就餐

徐家汇和中山公园一带的美食集中在商场里，涵盖中西各种风味。虹桥一带是多国料理的集中地，正宗味道不输外滩。古北是沪上著名的日料集中地段。想吃韩国料理就去**"韩国街"**（见251页地图；虹泉路），**"老外街"**（见251页地图；虹梅路3338弄）则能让你遍尝"舌尖上的联合国"。

上生·新所附近的**定西路**（见251页地图）是汇聚了几十家店铺的美食街，涵盖了从小龙虾、火锅、烧烤到潮汕砂锅粥的多地美食，尤其适合夜宵。

蘩楼 粤式点心 ¥¥

（见250页地图；☎6426 9808；肇嘉浜路1000号汇金百货6楼；⏱9:00～21:30；人均130元；Ⓜ1号线、9号线、11号线徐家汇站）"百年传承，西关茗点"，这家源自深圳的茶楼自从2020年夏天开业以来就经常占据上海粤菜热门榜头牌，商场为此特开了员工电梯给早于商场开门前来的食客。装修充满浓浓的岭南风，饮茶点心很有诚意，服务员端着一列放蒸点的木格子来上菜时的场景值得拍个视频。口感紧致的香脆明虾红米肠（30元）、虾肉满满的露笋虾饺皇（33元）、超大个的传统手工炸油条（20元）都是招牌，服务也很周到。饭点总是排队，建议你在非周末9:00进场，还能抢到徐家汇的景观位。

上海老站 上海菜 ¥¥¥

（见250页地图；☎6427 2233；漕溪北路201号；人均250元；⏱11:30～14:00，17:00～22:00；Ⓜ1号线、9号线、11号线徐家汇站）就在徐家汇天主堂对面，建筑前身是建于1929年的徐家汇圣母院，内部装饰走老上海怀旧风，花园内停泊着两节据说曾是慈禧太后和宋庆龄专列的车厢，也被布置成了包房。上海熏鱼（98元）、清炒河虾仁（218元）、红烧肉（88元）都有很高的人气。虽然价格不菲，但也是难忘的用餐体验。

Tomacado花厨（ONE ITC店） 西餐 ¥¥¥

（见250页地图；☎130 2010 8466；ONE ITC国贸汇1楼，广元路天平路路口；人均250元；⏱周一至周五11:00～21:30，周六周日10:30～21:30；Ⓜ1号线、9号线、11号线徐家汇站）源自北京的品牌，餐厅的颜值太高了，白色空间处处见花，浪漫满屋。蜂蜜烤南瓜沙拉（68元）、香草烤三黄鸡（88元）和花厨彩虹卷（88元）几乎是每桌必点，当然也有牛排、比萨可选。大家都偏爱3层高的下午茶套餐（248元起）。通过微信公众号预订更为方便，从商场北侧更容易找到餐厅。

风潮顺·新派岭南菜 粤菜 ¥¥

（见251页地图；☎5280 6801；延安西路1209号；人均200元；⏱11:00～14:00，17:00～22:30；Ⓜ3、4号线延安西路站）走进青砖黛瓦的镂耳屋，迎面是贴满水钻的招财猫，这里主打潮汕、顺德的原汁原味，大盆里大鱼头、扇贝、虾和鸡拼成一铜盆，喜气满满；鲍鱼鸡里鸡嫩鲍鲜很实在；煲仔饭的味道很正。姜撞奶里用了黄姜，红豆薄撑撒了抹茶粉，口感层次进一步提升。这里包房比较多，适合好友相聚，也有一些散客坐席。就在上生·新所斜对面，从番禺路出口向北过延安路就是。

福和慧 素食 ¥¥¥

（见251页地图；☎3980 9188；愚园路1037号；套餐680元起；⏱11:30～14:00，17:30～22:30；Ⓜ2、11号线江苏路站）上海米其林榜单上唯一的素食餐厅，亚洲50佳餐厅之一，说这里是上海的素食金字塔尖应该不为过。不同于大多数素食餐厅，福和慧没有仿荤菜，还原了素菜本身的口感。这里不提供点餐，只有三种不同价位的套餐可选，每个套餐都有8道菜，每道菜分量不多，但有着法式甜品般精致的摆盘。虽然价格不菲，但食材、做法、搭配上都是精心设计，物有所值。

福系列是卢怿明主厨打造的家宴文化餐厅，复刻20世纪三四十年代上海富贵人家的家宴，除了福和慧是素餐厅，其他三家福1015、福1039、福1088都是开在愚园路上以门牌号为店名，主打老洋房里的高端本帮菜。

そば道·荞麦道 居酒屋 ¥¥

（见251页地图；☎6271 1258；仙霞路689号；人均135元；⏱周一至周五11:30～14:00，17:00至次日2:00，周六11:30至次日2:00，周日11:30～23:00；Ⓜ10号线水城路站）以荞麦面作为门店招牌，可见很自信，招牌的鸭肉蘸汁和黑咖喱蘸汁都能看得出用心，荞麦面本身分粗细两种可选，细面更受欢迎。令人惊喜的是，他家的日式烤物和天妇罗都做得非常好吃，尤其是鸡系列，外脆里嫩的鸡皮和鸡翅，火候刚刚好的鸡肝和鸡心，荞麦粒豆腐和芥末特别般配。记得预订或避开饭点。

玫瑰厅　　　　　　　　　　　　上海菜 ¥¥

（见251页地图；☏6299 0357；长宁路1139号来福士广场东区5层；人均165元；⏰周一至周五 11:00~14:30, 17:00~21:30，周六和周日 11:00~15:30, 17:00~21:30；Ⓜ2、3、4号线中山公园站）味道和装修一样精致的上海菜餐厅，有响油鳝糊、红烧肉、熏鱼、八宝辣酱这样的传统菜，也有陈年花雕胡椒鹅肝、五粮液豆苗这样的酒店菜——价格实惠不少。老上海葱油饼和核桃冰糕这样的点心也很受欢迎。另有一家分店开在兴国路的花园洋房里，价格高不少，但环境一流。

屋有鲜　　　　　　　　　　　　　小吃 ¥¥

（沈杜公路2073号召稼楼古镇外；人均110元起；⏰9:00~15:00, 周四歇业）你无法想象离市区那么远的地方居然有一间堪称"小笼届爱马仕"的小店，人均消费跟市中心的鼎泰丰平起平坐。店家主打蟹粉、蟹黄、蟹膏为馅的小笼包，毫无腥气的蟹累汤包非常考验店家水准。点单最多的**感蟹贵客**（110元）是纯蟹肉、纯蟹膏和纯蟹黄馅汤包，**上海蟹谢**（80元）则用了鲜肉和蟹肉混合馅。吃法也很独特：汤包上开一口，吃前先将姜汁从上灌入，轻咬破皮，吸掉汤汁后再吃馅。

🍷 饮品和娱乐

愚园路、番禺路、天平路包括徐家汇和中山公园，都不乏个性咖啡馆，古北的西餐吧下午大多有酒类买一送一或享受半价的欢乐时光。

上生·新所附近的**幸福里**（见251页地图；番禺路381号）由橡胶研究所改建，短短几十米的小街两边聚集了众多咖啡馆、甜品店、面包房、餐厅和酒吧，仿佛周边社区的公共客厅。占地最大的**幸福集荟**（⏰10:00~22:00）是集图书、文创、服装和咖啡馆于一体的综合书店，在黑石公寓里也有一家分店（见170页）。除了星巴克，物美价廉的街边小店**That Cafe**（⏰8:30~19:00）和藏在办公楼底层的**新参者**（⏰10:00~18:00）都出品很好喝的咖啡。Luneurs、LeTAO、Baker & Spice和Fascino四家面包甜品店足以让幸福里跟它的名字一样甜得很幸福。

Luneurs（幸福里店）　　　　甜品店 ¥

（见251页地图；☏199 2143 6838；番禺路381号幸福里E座107号；人均50元；⏰8:00~21:00；Ⓜ10号线交通大学站）武康路的著名面包店关闭之后，2018年主理人终于在幸福里开出了这家设计简约的甜品店。面包和甜点的品种被直接放在灰色柜台上陈列，可颂面包依然是主打款。冰激凌的口味只有三四种，很受欢迎，根据季节还会推出不同颜色和口味，但焦糖海盐始终在菜单上。纸杯装的冰激凌要比蛋筒装的分量大，无论哪一种，性价比都要比武康路街头的冰激凌高得多。1公里以外还有家华山店，店面更宽敞，还有很多衍生品出售。

啤酒阿姨　　　　　　　　　　　 酒吧 ¥¥

（见251页地图；☏6218 6891；延安西路1686号；人均120元；⏰11:00~3:00；Ⓜ3、4号线延安西路站）啤酒阿姨本人就是一个神奇的传说。巨大的店铺既是啤酒超市，也是酒吧。走进店内，满眼都是精酿啤酒，3000多种啤酒，其中百余瓶独此一家，还有十几种现打啤酒，价格从十来块到上千元不等。如果你是重度啤酒爱好者，一定要来这里"朝圣"，看看你认识、喝过多少种啤酒。

育音堂（音乐公园店）　　　　现场音乐

（见251页地图；愚园路1398号米域 B1-02；门票根据演出不同；⏰20:00~24:00；Ⓜ2号线中山公园站）成立于2004年的育音堂是上海老牌Live House。入夜后，这里便成了地下乐队"嗨翻天"的场子，台上摇滚音浪震动，台下的人跟着咆哮，氛围极为火爆。老店在天山公园附近，新店则在中山公园的米域地下场，很受年轻人喜爱。育音堂的演出日程简直可以用"终年无休"来形容，可以上豆瓣小组或官方微信公众号"育音堂音乐公园"了解信息。

上剧场　　　　　　　　　　　剧场
（见250页地图；www.theatreabove.com；肇嘉浜路1111号美罗城5楼；M1号线、9号线、11号线徐家汇站）2015年，著名戏剧艺术家赖声川老师在上海徐家汇拥有了自己的专属剧场，从此喜爱他作品的戏剧爱好者有了专门看戏的地方。演出既有《暗恋桃花源》《宝岛一村》这样经久不衰的剧目，也有《一夫二主》《隐藏的宝藏》这样的近年作品，《如梦之梦》和《曾经如是》这两部超长剧也是经典。这里还不定期推出"赖声川大讲堂""丁姐会客厅"这样的活动和戏剧工作坊课程。

🛍 购物

ONE ITC国贸汇　　　　　　购物中心
（见250页地图；华山路1901号；🕙10:00~22:00；M1号线、9号线、11号线徐家汇站）2019年底开幕的徐家汇新地标，由日本著名设计师操刀设计，走进去则是清新的白色基底，总有一股淡淡的香味伴随。这里汇集了很多奢侈品牌，也有一些小众设计潮牌，不少品牌都是中国首店。Tomacado花厨（见236页）就在1层，地下美食层的餐厅也是名声在外。3个露天广场也体现了设计的用心。

愚园百货公司　　　　百货店/购物中心
（见251页地图；愚园路1018号；🕙10:00~22:00；M1号线、9号线、11号线徐家汇站）90多年的老建筑原本是江苏路邮局的物流中心，2018年摇身一变成了愚园路的新地标，集咖啡馆、潮牌店、画廊于一体。1楼是简约的灰调工业风的设计，2楼以上是原来的施蛰存故居，这里也有室内和露台的咖啡座和一些展览空间。这里承办过很多快闪活动，本书调研时店里正在举办宝格丽香氛体验展。

长宁来福士　　　　　　　购物中心
（见251页地图；长宁路1139号；M2、3、4号线中山公园站）来福士旗下这家购物中心将5座历史建筑、一棵百年银杏树收入囊中。它选址于圣玛利亚女中，也就是张爱玲就读的母校，钟楼是原本就保留下来的，原女中的思卜堂、格致堂、膳堂、思孙堂被原样重建。除了高端、特色商铺入驻，这里还有大把餐饮业网红店。

钟书阁　　　　　　　　　　　书店
（沪闵路269号香樟时尚广场3楼；🕙9:30~21:00；M5号线东川路站）如果你

上海方舟

　　第二次世界大战时，纳粹在欧洲大陆对犹太人进行种族屠杀。1935年，《纽伦堡法案》通过，犹太人被剥夺国籍。1938年，在讨论犹太难民问题的法国埃维昂国际会议上，没有一个与会国愿意接收犹太难民。在几乎所有国家都向犹太人关上大门时，上海这个当时无须签证和任何官方文件许可就可入境的口岸，成了犹太难民可以依靠的"挪亚方舟"。

　　1933~1941年，至少有2.3万名犹太难民登陆上海。1940年6月前，犹太人从威尼斯坐船，在海上漂泊20多天后抵达上海，在那之后难民们得花更长时间经远东铁路辗转来到上海。这期间，约有1.4万犹太人生活在虹口区提篮桥一带。每周六早晨他们会到摩西会堂做礼拜，犹太学校、医院、咖啡馆、面包房也都一一开张，犹太人还在这里办报、开展文体活动，逐渐将这一区域发展成"小维也纳"。

　　然而好景不长，1943年2月18日，日本侵华当局宣布西起公平路、东至通北路、南起惠民路、北至周家嘴路的区域为"无国籍难民限定居住区"，将1937年后抵达上海的犹太难民赶入了隔离区。当时这个隔离区内还住着从华北、苏北逃来的10万中国难民，战时的上海本身就处对书店的定义还停留在实用的买书层面，那大可不必奔波大半个上海来这里。如果你是"书店颜控"，则相反。这是钟书阁的第二家店，与泰晤士小镇的第一家钟书阁风格不同，上下呼应的陀螺书架，天花板的木质弧拱与折尺状的书架对应起来，大量运用镜面元素延伸空间感。

市区北部

苏州河以北、黄浦江以西便是传统意义上的市区北部，三个个性鲜明的行政区均位于此。顶住抗战时期血雨腥风的虹口，由多位近代文学巨匠奠定了今日之文化底蕴；高校林立的杨浦区有着浓浓的书卷气，短暂执政过的国民党将"国""政"打头的路名永久留在了五角场；闸北是昔日棚户区的代名词，如今并入静安，实现了身份上的升级，不过亲民又地道的美味并未消亡。

◎ 景点

◎ 虹口

上海犹太难民纪念馆　　　纪念馆

（见253页地图；5513 3186；www.shhkjrm.com；长阳路62号；门票20元；9:00~16:00；12号线提篮桥站）2020年，纪念馆在历时三年的扩建之后崭新亮相，展览和广场面积都得到了提升。新展厅"沉浸式"的氛围令参观者在老房子里层层迂回穿梭，通过浏览影像资料、观看历史文物和复原场景、体验3D效果等方式重回这段凝重的历史当中。展厅全面解读了犹太难民逃往上海、在上海生活和最后离开的历史，陈列了很多图文资料、短片、雕塑、犹太难民捐献的物品，还有当时的难民签证、《上海犹太早报》的复印件等。被移到了广场上的**上海犹太难民名单墙**，名字已经增加到18,000多个，还在不断增补当中。

广场的另一边就是摩西会堂旧址。摩西会堂始建于1907年，1927年迁到此地，成为"二战"期间上海犹太难民聚会和举行宗教活动的重要场所，1956年随着犹太人的离去而关闭，直到近年依照最初的建筑图纸修缮成今天的样子。半圆形门顶上方悬犹太教标志"六芒星"，站在诵经台后的圣约柜侧面，你能看到存放在此的巨大妥拉卷轴，是2013年以色列政府赠送的。

纪念馆对面的**白马咖啡馆**（见246页）还原了当时的情景，周边街区也有不少昔日留存。不远处有着120年历史的**提篮桥监狱**已经确认要搬迁，这里将开发成监狱主题博物馆，也会打造一些文化地标。附近与"上海"

于水深火热之中，中国人的处境并没有比犹太难民好，甚至更贫穷，但中国难民们毫无保留地接纳并帮助犹太难民。当时很多被围困的犹太人就是靠中国邻居的"空投"食物存活了下来。

战争结束后，幸存的犹太难民们陆续离开了上海，如今，他们生活过的长阳路、舟山路、霍山路一带被划为**提篮桥历史风貌保护区**。长阳路138弄是当时上海7个犹太难民收容所中最大的一个，现为普通的居民楼。对面的**提篮桥监狱**曾有远东第一监狱之称，1945~1948年曾有上百名日本战犯关押于此。街角的**白马咖啡馆**是在设立隔离区前犹太人的聚会地点。舟山路上有一片兼具欧洲古典元素和上海石库门特征的砖混结构建筑，前美国财政部长、犹太人布鲁门赛尔在这里度过了青少年时代。在同样建筑风格的霍山路上，1933年宋庆龄在85号主持召开远东反战大会；121号是**美犹联合救济委员会**（JDC），如今都是居民。霍山路57号的罗伊屋顶花园是当时犹太难民的消夏处。不大的**霍山公园**（6:00~18:00）内立有一块犹太难民说明碑，1947年4月22日，8000名犹太难民聚集在此抗议英国当局处死4名"伊尔贡"（一个犹太复国组织）成员。

相对的**下海庙**是昔日渔民祈求平安的地方，现在被认为是求财最灵验之处。这些街区、景点未来将和纪念馆一起成为虹口"海上方舟"项目的中心，附近街区已经逐步拆迁。

1933老场坊 　　　　　　　　　创意园区

（见253页地图；www.1933shanghai.com；溧阳路611号；M 4、10号线海伦路站）这座打卡地标是昔日"牛羊升天"之地，它是1933年由原上海公共租界工部局出资、英国设计师设计的宰牲场。建筑融汇了东西元素，整体为古罗马巴西利卡式风格，外方内圆的结构又暗合了中国风水学说中"天圆地方"的传统理念。"方"与"圆"之间的部分为中空，由300根"伞形柱"和斜斜的"廊桥"连通。既有人走的楼梯，也有供牲畜走的牛道，中心的圆形车间内，上下由很多X形楼梯和旋转楼梯贯通。而所有这些充满流线型和看起来玄机重重的设计，出发点都是基于有效屠宰的考虑，精准无比。

除了各种中高端餐饮、精品店入驻其中之外，这里也举办各种活动和演出。

附近由溧阳路、辽宁路和哈尔滨路围起来的河畔区域汇集了音乐谷、半岛湾时尚文化创意园、哈尔滨大楼、德必·老洋行1913等新兴文化地标，也有不少老建筑，不妨顺路走走看看。

多伦路文化街 　　　　　　　　　街区

（见253页地图；M 3号线东宝兴路站）多伦路修建于20世纪初，原名窦乐安路，以被光绪皇帝接见过的英国传教士的名字命名。20世纪30年代，鲁迅、茅盾、郭沫若、叶圣陶等文学巨匠，以及丁玲、柔石等左联作家聚集在此展开文学活动，铸就了多伦路"现代文学重镇"的地位。

多伦路为L形，总长仅550米，东、北两端都与四川北路相接，沿街建筑兼收多国风格。北入口处的**孔公馆**是抗战胜利后孔祥熙的寓所，建筑十分华丽，有伊斯兰风格的券

上海犹太难民纪念馆。

柱，缀满纹案雕刻和彩色贴面。多伦路210号是新古典主义法式建筑，正面有4根科林斯柱，门廊两侧各有一个凹进去的半圆形大理石立式壁龛。**中国左翼作家联盟会址纪念馆**（多伦路201弄2号；免费；◎9:00~11:30，13:00~16:00，周一闭馆）是一栋漂亮的3层小洋房，站在后院看角度最好。这里原是中华艺术大学的所属地，1930年左联在此召开成立大会。建于1928年的基督教堂**鸿德堂**为青瓦青砖红柱、重檐攒尖顶的中国传统式样。

在主街旁边的横滨路35弄景云里，鲁迅、柔石、叶圣陶曾在此做过邻居。如果你是当代艺术的爱好者，还可去**上海多伦现代美术馆**（多伦路27号；◎10:00~17:30，周一闭馆）观展，也可以到老洋房里的**老电影咖啡馆**（多伦路123号；◎9:30~22:00）里喝杯咖啡。

鲁迅故居　　　　　　　　　故居

（见253页地图；山阴路132弄大陆新村9号；门票8元；◎9:00~11:20和12:00~16:00，每20分钟开放参观；M 3、8号线虹口足球场站）鲁迅生前最后的居所，门口有郭沫若题写的"鲁迅故居"四个字。1933年4月11日，鲁迅携妻儿搬到这里，之后的3年半里，他在此会见了瞿秋白、茅盾、冯雪峰、内山完造、史沫特莱等中外进步人士，并创作了小说《故事新编》和7本杂文集，翻译了《死魂灵》等4部外国文学作品。

屋内陈设按照鲁迅生前居住时的情景复原，底层为客厅、餐厅，二三层为卧室、书房。屋内陈列了鲁迅生前使用过的珍贵物品和写作用具。让人略感悲伤的细节是撕到1936年10月19日那一天的日历和停留在5:25的闹钟——正是鲁迅先生辞世的那一刻。

附近还有鲁迅搬到大陆新村前住过的两处居所，分别是位于多伦路上的景云里（横滨路35弄）和拉摩斯公寓（四川北路2093号），如今都是民居，不能入内参观。

鲁迅公园　　　　　　　　　公园

（见253页地图；甜爱路200号；免费；◎6:00~18:00；M 3、8号线虹口足球场站1号出口）鲁迅公园原名虹口公园，1956年为纪念鲁迅逝世二十周年，将鲁迅墓从西郊的万国公墓迁至此地，这里也随之改名为鲁迅公园。鲁迅墓位于公园西北隅，简洁朴素的花岗石墓，有鲁迅生前喜爱的广玉兰相伴，墓碑上的"鲁迅先生之墓"为毛泽东所题。公园里还有普希金、托尔斯泰、狄更斯等十大文豪的雕像。

鲁迅纪念馆（免费；◎9:00~16:00）也在公园里，馆内图文并茂地介绍了鲁迅的生活、文学创作和战斗生涯，展出了大量珍贵的鲁迅手稿、作品初版资料、录像等，还复制了一个"内山书店"。

公园东门所在的甜爱路只有500多米长，它被誉为上海最浪漫的路，南端有一个爱心邮筒。

打开昔日"大上海计划"

在颠沛的中国近代史上,五角场一带曾短暂做过旧上海的市中心。1929年,旧上海市政府划定翔殷路以北、闸殷路以南、淞沪路以东、浦江以西的区域,另行开辟一个新的上海市中心,以打破原"公共租界"与原"法租界"垄断城市中心的局面,被称作"大上海计划"。从美国归来的清华毕业生——中国建筑师学会会长董大酉成为建筑师办事处的主任建筑师,主持大上海计划的建筑设计工作,亲自设计了主要建筑。"中"字形市区中心,汇聚了市政府、图书馆、博物馆、体育场等市政配套设施,并陆续开建,都是兼具美观和实用的新古典主义中式建筑。

令人扼腕的是,1937年8月13日淞沪会战打响,江湾地带成为两军交锋的主战场,修建好的道路反而为日军铁蹄长驱直入提供了方便,这片新市区也很快被占领。抗战胜利后,上海市政府便被设在受战争影响较小的市区中心,直到现在。

今天,五角场的繁华与过往不可同日而语。但我们依然可以在这里找到"大上海计划"建设时期已完工的主要建筑,**江湾体育中心**和**杨浦区图书馆**都在其中,其他几座建筑也都与之相距不远,古建筑爱好者不妨前去走访一番。

旧上海市政府大厦(见253页地图;长海路399号)现位于上海体育学院内,是"大上海计划"中最早完工的一座,1933年10月10日举行落成典礼。建筑如皇家宫殿,有着青砖琉璃瓦、雕栏玉砌、大红立柱,精美的斗拱,气派而沉稳。

旧市立博物馆(见253页地图;长海路174号)位于长海医院内,是现在的影像楼,建筑主体模仿城墙,中央门楼有着与旧市立图书馆相似的歇山顶。医院内还有一栋飞机楼(俯瞰如一架战斗机),如今是上海第二军医大学校史馆。 ⓛⓟ

⊙ 杨浦

杨浦区图书馆　　　　　　图书馆

(见253页地图;长海路366号;⊙9:00~21:00,周五上午闭馆;Ⓜ10号线江湾体育场站)很难想象这座气势恢宏的建筑只是一座区级图书馆,它曾经是20世纪30年代"大上海计划"中建设的上海市图书馆,由著名建筑师董大酉设计,于1936年建成。主楼中央仿照北京鼓楼设计,设传统门楼,上覆黄色琉璃瓦的重檐歇山顶,整个平面呈"工"字形,体量很大。2014年,"旧上海市图书馆修缮扩建工程"启动,2018年10月1日,崭新的杨浦区图书馆正式对外开放,吸引了许多市民慕名而来,当年参观者就达到约50万人次,被网友亲切地称为"小故宫"。

江湾体育中心　　　　　　体育场

(见253页地图;淞沪路245号;Ⓜ10号线江湾体育场站)原名江湾体育场,曾有"远东第一体育场"之称,是20世纪30年代国民党政府主持并斥百万重金兴建的上海体育场,也是昔日"大上海计划"的重要建筑之一。由建筑大师董大酉设计,1935年完工。看台东西两侧的司令台为三孔券门牌楼的式样,高8米,以人造白石筑成,大量运用中国传统的云纹、火焰纹、莲花纹等雕饰,敦厚大气又不失东方式的典雅。

自20世纪50年代起,这里就是上海申花足球队的训练基地,见证了球队的风雨历程,1977年球王贝利也在这里踢过一场比赛。

大学路　　　　　　　　　街区

(见253页地图)这条只有700米长的马路,西边是复旦大学和财大学,东边是创智天地,它是瑞安集团在打造创智天地片区时生生造出来的一条路,如今已经成为颜值与内涵并存的文艺街道。

梧桐相伴街两侧,小清新风格的咖啡馆、酒吧、餐厅和创意小店林立,学院派文静气质和个性张扬风格交相辉映,造就了它的高颜值。在四处可见的墙画前面留影,推开任何一家小店的门都会有些小惊喜,在疫情期间，**茶是一枝花泡茶店**（见246页）里就推出"滚蛋吧！病毒君"这样的甜品。年轻人喜爱的哔哩哔哩把大学路变成了线下基地，开出了由纪录片衍生的**人生一串**和**生活如沸**两家餐饮体验店，以及和日本著名二次元名牌**animate**合作的独立门店。

大学路的共创共享概念从未停歇，作为首条获政府认可的"外摆位"道路，校区、园区和居民区相互融合，充满了浓浓的人情味，才是这里的真正内涵，你可以到大学路夜市上感受一下。

在东头穿过智星路，走大隐书局边上向下的台阶**大学路·下壹站**，地下一家家丰富的餐饮店和小商店让人有一种在日本的地下商店街里游逛的错觉，从这里可以一直走到五角场中心的下沉式广场，也是地铁10号线五角场站的所在。

★ 杨浦滨江　　　　　　　　　　街区

（见253页地图）45公里的上海滨江，15.5公里落在杨浦，"工业风"是这里的关键词。作为上海近代工业的发源地，杨浦拥有目前世界上最大的滨江工业遗存带，同时也拥有同济大学建筑系这样得天独厚的设计力量，杨浦滨江一期工程——杨浦大桥以西2.8公里区域在2019年摘得世界建筑节"年度景观大奖"。如今杨浦大桥以东2.7公里也已经贯通。虽然离市中心有些距离，搭乘地铁4号线到杨树浦路站下车，就能开始这段旅程。

秦皇岛路码头曾是**黄浦码头旧址**，也是杨浦滨江的起点。至今还在使用的杨树浦水厂里的**上海自来水科技馆**（见253页地图；杨树浦路830号；◐每周二 9:00～11:00，13:30～15:30）犹如城堡般的建筑很是夺目。边上的**东方渔人码头**（见253页地图，杨树浦路1088号）前身是建于1938年的上海中心水产品批发交易市场，如今成为杨浦滨江的餐饮休闲落脚地。巨大的橘黄色起重机下是**绿之丘**（见253页地图，杨树浦路1426号），这栋如同空中花园的建筑曾是废弃的烟草公司机修仓库，层叠的露台和超大的旋转楼梯令它瞬间走红。过去国棉九厂、十厂的厂房和仓库依然是旧时模样，**上海制皂厂**（见253页地图，杨树浦路2310号）里开出了白七咖啡——店名拼起来就是"皂"字。由原国棉十七厂改造的**上海国际时尚中心**（见253页地图，杨树浦路2866号）举办各种时尚活动，不仅有漂亮的联排红砖房，还有折扣力度不错的奥特莱斯（Outlets）商场。

漂亮的大学校园

上海大学多、名校多，且各有各的精彩之处，长久以来，"吃在同济，玩在复旦，住在交大，爱在华师大"的说法就在高校间流传。撇开新建的大学城、新校区，已有年头的大学本部集中在城市东北（五角场）和西部（徐家汇和中山公园）。除了上海交通大学（见228页），以下这些大学也都是好看又有"料"。

有大量古建筑坐镇、前身都是教会大学的华东政法大学和上海理工大学可谓校园颜值担当。**华东政法大学**（万航渡路1517号）创建于1879年，起初为圣约翰大学。四合院式的韬奋楼是学校的建筑名片，有歇山顶、方形钟楼；孙中山曾在四十号楼发表演讲；交谊楼是淞沪会战中解放军第一宿营地；其他如同仁楼、校政楼、格致楼、63楼和白色小洋楼等也都很别致。**上海理工大学**（见253页地图；军工路516号）的北校区保留着很多清水红砖、青砖的老洋房，包括音乐堂、大礼堂等，它们大多在近年进行过翻修，美丽指数不输新天地，长长的梧桐林荫道蔓延着浪漫的气息，校内新盖的建筑也继承着"老古董"们的气场。

除了古建出名，还有些大学拥有令人呼吸畅快的良好生态。**复旦大学江湾校区**（见253页地图；淞沪路2005号）依托天然湿地而建，国家二级保护鸟类都来此伴读。人间四月天时，最浪漫莫过于**同济大学**（见253页地图；四平路1239号）的樱花大道，它还以美食出众，不妨找同学借张饭卡尝尝胜过网红店的食堂味道。

⊙ 其他
⊙ 景点

上海玻璃博物馆　　　　　　　博物馆

(☎6618 1970; www.shmog.org; 长江西路685号; 门票主馆/儿童玻璃博物馆/玻璃迷宫/破碎特展/热力剧场 各60元, 工作日与周末推出不同价格的通票60~120元; ◎10:00~17:00, 周一闭馆; Ⓜ3号线长江南路站)由昔日玻璃厂窑炉车间改造的博物馆, 展品闪亮又有趣, 包括用3万个部件做成的玻璃迪士尼城堡、1453个电镀"漂流瓶"拼成的一段爱情故事, 漂亮的樱花杯、玻璃船、鼻烟壶、玻璃做的自行车等。除了欣赏艺术品, 还有关于玻璃的知识介绍和一些多媒体互动项目, 运气好还可以观摩烧制玻璃或吹玻璃, 甚至还能DIY一番。这里甚至还有4间艺术公寓可以预订。

儿童玻璃博物馆和玻璃迷宫很适合小朋友, 前者展示了各种富有童趣的玻璃制品, 在迷宫里"闯关"可要小心撞头哦, 亲子游可以在这里待一整天。

博物馆距地铁站2公里, 可以坐宝山88路公交车在三转炉站下。

上海铁路博物馆　　　　　　　博物馆

(见253页地图; 天目东路200号; 门票10元; ◎9:00~11:00, 13:30~16:00, 周一闭馆; Ⓜ3号线宝山路站)火车迷可以到这家专门的博物馆来打卡。它是上海老北站的所在地, 参观从吴淞铁路的第一台蒸汽机车开始到和谐号结束。馆内详细介绍了中国铁路的发展、铁路工具、铁路养护等, 馆外停着一辆蒸汽列车。

✕ 餐饮

誉八仙（大悦城店）　　　　　粤菜¥¥

(见253页地图; ☎6180 7577; 西藏北路198号大悦城北座7楼; 人均230元; ◎11:00~16:00, 17:00~21:00; Ⓜ8、12号线曲阜路站)被本地人评为"苏州河以北最好吃的粤菜", 是誉八仙在上海的第一家餐厅, 比不得新天地分店的豪华装饰, 但装潢也很考究, 胜在价格实惠, 饭点排队也是必然。传

🚶 步行游览
北区的老房子

起点: 乍浦路桥
终点: 四川北路
距离: 4.5公里
需时: 半天

从苏州河畔的乍浦路桥出发, 沿乍浦路向北。拐入塘沽路, 390号是❶**西童女校旧址**, 有着红瓦屋顶、三角形山墙、券柱式外廊。回到乍浦路, 昆山路口"顶着金钟罩"的❷**景林庐小区**, 有半圆形、弧形、三角形等多种形式券窗。右转不久就到了❸**景灵堂**, 宋氏家族是这座教堂的信徒, 1930年蒋介石也在此受洗。

穿过海宁路，街角的圆形建筑是建于1929年的 ④ **胜利电影院旧址**。继续沿着乍浦路走，路西侧 ⑤ **439号** 建筑为日式门头，⑥ **455号** 是仿日本西本愿寺的建筑，站到马路对面可看到饰着莲花浮雕的半圆形火焰形券面。沿着武进路上联排的 ⑦ **清水红砖建筑** 向东走到十字路口，红白相间、向内凹弧形的建筑是 ⑧ **虹口救火会**。

接下来的1公里比较无趣，不如就近找辆共享单车快速通过。沿武进路原路返回，向北转入四川北路，如果对革命历史感兴趣，可以去四川北路公园里的 ⑨ **中共四大纪念馆**（免费；9:00~11:00，13:30~16:00，周一闭馆）参观。继续向北穿过现代建筑群，过河后停车，再度步行。

⑩ **创造出版部旧址** 位于四川北路西侧1811弄尽头。1999弄丰乐里32号是 ⑪ **太阳社旧址**。进入溧阳路，1159号是昔日的 ⑫ **鲁迅藏书室**。在前面一片规模较大的住宅区内，看起来有点破败的1269号曾是 ⑬ **郭沫若寓所**。

原路返回，从长山路转入山阴路，⑭ **茅盾故居** 和 ⑮ **鲁迅故居**（见241页）都在132弄里，与 ⑯ **瞿秋白故居** 隔街相对。穿过小巷，进入 ⑰ **鲁迅公园**（见241页），参观鲁迅纪念馆和鲁迅墓。之后沿着刻了28首爱情诗的甜爱路向南，回到四川北路，路口西侧的学校曾是 ⑱ **西童公学**。路口东侧的工商银行是 ⑲ **内山书店旧址**，曾是鲁迅在上海的重要活动场所。

过马路向西，经过 ⑳ **拉摩斯公寓**，➡

上图：中共四大纪念馆。
©人民视觉/视觉中国

← 从 ㉑ **孔公馆**（见240页）转入多伦路，参观完 ㉒ **中国左翼作家联盟会址纪念馆**（见241页），在 ㉓ **老电影咖啡馆**（见241页）喝一杯，再去 ㉔ **鸿德堂**（见241页）、㉕ **多伦现代美术馆**（见241页）看看。最后回到四川北路，结束行程。ⓛⓟ

统粤菜和点心美味而精致，还有很多别处粤菜馆不常见的菜肴。

万寿斋　　　　　　　　　　　　小吃¥

（见253页地图；山阴路123号；人均25元；◐5:00~21:30；Ⓜ3、8号线虹口足球场站）很多上海人是吃着这家店的小笼长大的。店位于鲁迅故居对面，其貌不扬，但每到饭点就很难有空位。小笼皮薄汁多，口感微甜。夏天，这里是上海冷面的重点消费地，火爆时连调味用的醋都会用光，可以选不同的浇头，三丝（绿豆芽或茭白、青椒、肉丝）是最上海的口味。附近还有一家**光头生煎**（山阴路139号，6:00~20:00）也很不错。

白马咖啡馆　　　　　　　　　咖啡馆¥

（见253页地图；长阳路、舟山路路口；◐9:30~18:00；人均40元；Ⓜ12号线提篮桥站）咖啡馆是按20世纪20年代犹太人鲁道夫·莫思伯格所开的咖啡馆复建的，位于犹太难民纪念馆对面，有着漂亮的圆形阳台。参观完纪念馆，可以到这里来坐一会儿，独自在2楼喝一杯咖啡，的确会有一种穿越感。本书调研时，门前的小花园正在整修中。

茶是一枝花泡茶店　　　　　咖啡馆¥

（见253页地图；大学路296号；◐9:00~22:00；人均80元；Ⓜ10号线五角场站）从点餐前的免费薄荷茶里就能喝到满满诚意，更别说那些甜品和饮品的创意。店家把茶、咖啡、酒这三样东西发挥到了一个层级，时而混合时而散打，很让人出其不意。卡布tea诺、萨瓦迪咖、熊出墨……十几种听上去就很

有趣的甜品让你很有兴趣坐下来。服务员很有眼光，为了让客人拍出美图，还会帮你重新搭配HAY餐盘的颜色。

☆ 娱乐

上海马戏城　　　　　　　　　　马戏

（见253页地图；共和新路2266号；www.shanghaimaxicheng.com；票价200~600元；Ⓜ1号线上海马戏城站）金灿灿的穹顶式屋顶本身就非常惹眼。建筑内的圆形舞台、高空轨道和环绕音响都是为杂技表演定制的。"Era-时空之旅"每周末19:30开演，已经连演了十几年，节目融杂技、舞蹈、音乐、戏剧和世界一流的多媒体技术为一体，原创音乐、超大水幕、巨型镜墙营造出十分梦幻的氛围，堪比中国元素结合国际制作的杂技大秀。除了这个经典的保留节目，马戏城也会不定期邀请国内外杂技团前来演出。

🔒 购物

四川北路是虹口古老的商业街，虽然常年不温不火，逛起来却挺方便；五角场商圈是杨浦最热闹的地方，近年更是夜色迷人；苏州河畔和大宁商圈则是新静安的两处亮点。

2021年7月，由东、西塔组成的北外滩来福士崭新开业，商场B2推出"城市集市"主题街区，将20世纪90年代的弄堂场景、古老物件和人们曾经的流行语都搬到了街区里，引发沪上怀旧热潮。

大悦城　　　　　　　　　　购物中心

（见253页地图；西藏北路198号；◐10:00~22:00；Ⓜ8、12号线曲阜路站）大悦城称得上是个好看又好玩的购物中心。楼顶有座摩天轮，7楼有多家拉面馆同场"竞技"，8楼有很多木匠、皮具等手工坊，更别说各种有意思的主题展。

七浦路　　　　　　　　　　　　市场

（见253页地图；◐6:00~16:30；Ⓜ10、12号线天潼路站）七浦路泛指位于这条路上的几个大型服装批发市场，大多销售廉价的

汤浦滨江,绿之丘。

服装,也有档次稍高的市场。撇开质量不谈,在70%的同类款外,总能淘到一些个性款,所以你得有耐心。

经世书局　　　　　　　　　　　　　书店

(见253页地图;国年路286号;◎9:30~21:00)书店拼颜值的这股风潮连复旦大学出版社的直营书店都被传染了,2020年6月书店搬迁重开,不但面积翻倍,设计也更具现代感:钢结构、原木色、大面积玻璃、挑高、绿植、露台,就是不提供无线网,让你全心全意学习。新店还承载了一些展览空间的功能,同时还能找到不少复旦大学相关的衍生文创产品。

钟书阁书店。

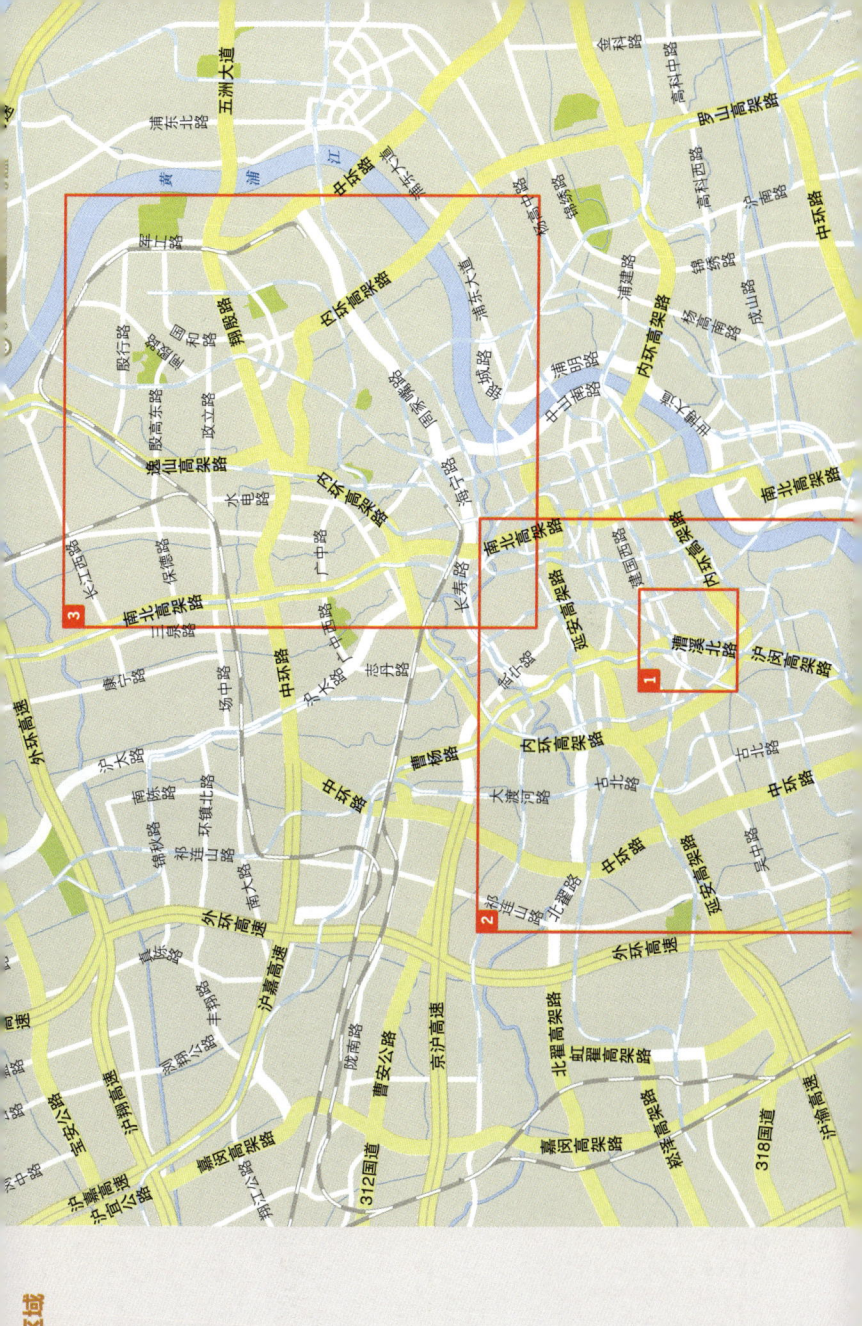

市区其他区域索引地图

1 徐家汇
（见250页）
2 市区西部
（见251页）
3 市区北部
（见252页）

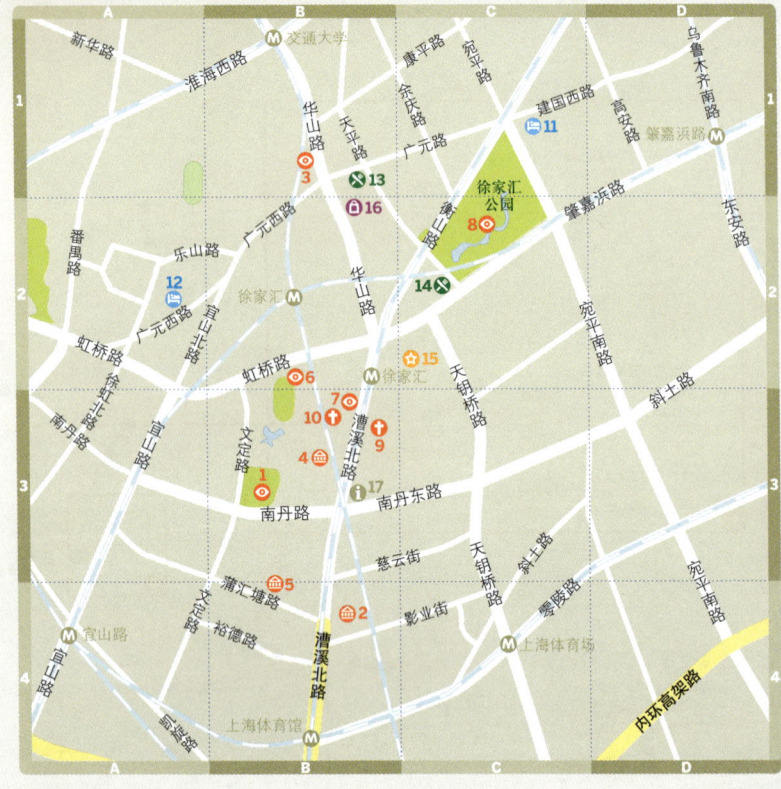

徐家汇

◉ 景点
1 光启公园	B3
2 上海电影博物馆	B4
3 上海交通大学	B1
4 上海气象博物馆（徐家汇观象台旧址）	B3
5 土山湾博物馆	B3
6 徐汇公学旧址	B2
7 徐家汇藏书楼	B3
8 徐家汇公园	C2
9 徐家汇圣母院	B3
10 徐家汇天主堂	B3

🛏 住宿
11 美豪丽致酒店	C1
12 上海交大轻居酒店	A2

🍴 就餐
13 Tomacado花厨（One ITC店）	B1
14 蕨楼	C2
上海老站	（见9）

⭐ 娱乐
15 上剧场	C2

🛍 购物
16 ONE ITC国贸汇	B2

ℹ 实用信息
17 徐家汇源游客中心	B3

市区西部

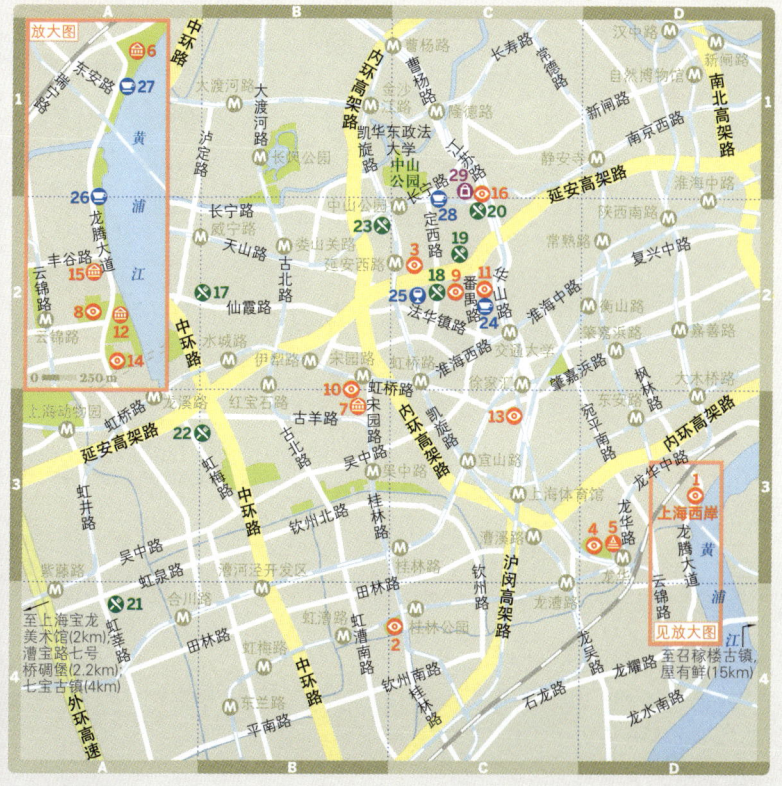

市区西部

◎ 最佳景点
1 上海西岸..D3

◎ 景点
2 桂林公园..C4
3 刘海粟美术馆..C2
4 龙华烈士陵园..D3
5 龙华寺..D3
6 龙美术馆（西岸馆）..............................A1
7 上海儿童博物馆......................................B3
8 上海摄影艺术中心..................................A2
9 上生·新所..C2
10 宋庆龄陵园..B3
    孙科别墅..(见9)
11 邬达克旧居..C2
12 西岸美术馆..A2
13 徐家汇源..C3
14 油罐艺术公园..A2
15 余德耀美术馆..A2
16 愚园路西段..C1

◎ 就餐
17 そば道·荞麦道...B2
18 定西路..C2
    朵艾萌动物泡芙.................................(见9)
19 风潮顺·新派岭南菜................................C2
20 福和慧..C2
21 韩国街..A4
22 老外街..B3
23 玫瑰厅..B2

◎ 饮品和夜生活
24 Luneurs（幸福里店）............................C2
25 啤酒阿姨..C2
26 乔咖啡..A1
27 小小花园..A1
    幸福里..(见24)
28 育音堂（音乐公园店）..........................C1

◎ 购物
    茑屋书店..(见9)
29 愚园百货公司..C1
    长宁来福士...(见23)

市区北部

市区北部

🔴 景点
1 1933老场坊 C6
2 大学路 D3
3 东方渔人码头 E6
4 多伦路文化街 E7
5 复旦大学江湾校区 D1
6 江湾体育中心 D3
7 旧上海市政府大厦 E2
8 旧市立博物馆 E3
9 鲁迅公园 C5
10 鲁迅故居 F7
11 绿之丘 E6
12 上海国际时尚中心 F5
13 上海理工大学 F3
14 上海铁路博物馆 B6
15 上海犹太难民纪念馆 A1
16 上海制皂厂 F5
17 上海自来水科技馆 E6
18 提篮桥监狱 A1
19 同济大学 D4
20 下海庙 A1
21 杨浦滨江 E6
22 杨浦区图书馆 E3

🔵 住宿
23 上海石库门文化民宿 F6
24 外滩悦榕庄 A2

🟢 就餐
25 万寿斋 F7
26 誉八仙（大悦城店）.................................. B6

🟣 饮品和夜生活
27 白马咖啡馆 A1
28 茶是一枝花泡茶店 D3

⭐ 娱乐
29 上海马戏城 A4

🔴 购物
大悦城 .... （见27）
30 经世书局 D4
31 七浦路 C6

在路上
本书作者 钱晓艳

偶入宝山寺，不禁惊叹在上海竟然藏着这样一方宝地，瞬间把人带回唐代。在庭院里坐一会儿，竟忘了今夕何夕。

进一步了解我们的作者，见311页。

宝山寺。

市 郊

©三月飞春雪/图虫创意

市郊

上海用了7000年光阴,从汪洋走向陆地,发展为今日的大都会,你所熟悉的那个"魔都"并非最初便是如此,整个发展变迁有一个由外而内的过程。松江是申城文明之根,4000多年前龙山文化的部族跋山涉水而来,始有上海先民。

沪郊有山有海有森林,有着市区不可匹敌的生态。滚滚长江从这里东流入海,滩涂成为候鸟喜爱的湿地,陌上花开的乡野之风营造出都市人舒压的后花园,花开时节城里人纷纷出动——"梅桃梨樱荷桂"是保底,粉黛乱子草是新宠。上海亦有着与其气质相当的小桥流水与城市山林,东南西北各片区域都保留着一两处"弹硌"路面的古镇、老街。

市区寸土寸金,逼仄空间里的最大发挥只能是建筑的"勇创新高",而沪郊的广阔天地则以年年推陈出新的姿态,创造出更多的可能性:中国唯一的F1赛车场和中国大陆首家迪士尼之外,Discovery探索乐园、全球规模最大的室内滑雪胜地都将在这里登场。辰山植物园"召唤"齐了七大洲的植物,建筑大师更乐意在郊外打造颜值爆表的代表作。

逃离钢筋丛林的"魔都",自驾路途景美,地铁也给力,上海的"诗和远方"不过一两个小时就到了。

☑ 精彩呈现

上海迪士尼度假区 264
佘山 266
朱家角 269
青浦 273
南翔老街 276
宝山寺 278
临港新城 281

何时去

大多数景点不受季节限制,避开周末仍是明智之选,尤其是朱家角、南翔。

11月至次年2月 候鸟飞抵湿地越冬,适合带上长焦相机去海边观鸟。

3月至6月 踏青赏花季节,早春樱花、油菜花同期绽放,初夏由薰衣草花海收尾。

4月 一年一度的F1赛车来了,去嘉定看比赛,也顺便去南翔吃小笼包。

9月和10月 秋高气爽,最适合在周六晚上赏一出朱家角园林实景版《牡丹亭》。

★市郊亮点（见260页）

① 上海迪士尼度假区　② 朱家角　③ 佘山观景
④ 吃一笼正宗的南翔小笼　⑤ 宝山寺的唐风　⑥ 骑行崇明岛

交通

➡ 自驾依然是游玩市郊的最佳方式，郊野的风景和农家风情都在路上。

➡ 除了朱家角和崇明岛，其他景点即使有直达景点的公交，也不建议搭乘，堵车是家常便饭，即使是走高速的公交线路，在周末和节假日也照堵不误。

➡ 地铁9号线开往松江，11号线途经嘉定，16号线前往杭州湾滴水湖。但大多数景点并不在地铁站旁，还需要转公交或打车。

如果你有

1天 在**迪士尼**（见264页）就可以花上一整天，或者去**朱家角**（见269页）闲晃一天。

2天 第二天去**松江**，行程有点紧，要赶早出发。先上**佘山**（见266页）登高览胜，然后前往**辰山植物园**（见267页）看"花花世界"。接下来，如果想逛园林就去**醉白池**（见267页）和**松山方塔园**（见267页），也可以去**广富林遗址公园**（见268页）看看考古发现和文化荟萃，晚上到**泰晤士小镇**（见269页）逛逛钟书阁。

青西郊野公园。

当地人推荐
上海的野趣在哪里？

何鑫，上海自然博物馆副研究员，生态学博士

上海的自然环境这几年有什么变化？

整体而言，上海地区的自然环境继续在改善。

首先是城区的绿地面积继续增加；其次是各种类型的郊野公园不断涌现，在设计理念上也不断吸取国内外优秀经验，从而提供了更多除建筑、农田以外的生态环境类型；最后是上海各种类型的自然保护地，包括崇明东滩、南汇东滩、横沙东滩、松江佘山山系等自然保护区等，一直都是野生动物的乐园。越来越多的市民意识到环境保护的重要性并主动参与其中，这也成为推动环境保护的重要力量。

有推荐的郊野公园吗？

近年来上海市郊兴建的郊野公园都很值得推荐，青西郊野公园最近很受欢迎。但年代更久远一些的共青森林公园、上海滨江森林公园也是不错的选择。尤其是后者，2009年我们课题组还在这里野放了獐。如果幸运的话，在这里能够体会到与"小鹿"不期而遇的惊喜与幸福感。

观鸟之地有什么推荐吗？

浦东新区东南角的南汇东滩无疑是上海最佳观鸟点，也是中国最著名的观鸟地点之一。无论是春秋季鸟类迁徙期还是冬季越冬

期，这里的滩涂、鱼塘、荒地、树林乃至滴水湖都可能有令人惊喜的鸟种发现。黑脸琵鹭、白头鹤、小天鹅、震旦鸦雀等珍稀鸟类和獐、狗獾、小灵猫等罕见兽类都值得关注。

市郊的建设跟环保有冲突吗？

有一定的冲突。很多地方也许就是因为人类暂时没有开发，逐渐荒废才成为净土，吸引了众多野生动物栖息。如果新的建设能够考量更多的自然生态理念，留出一些更为自然的区域进行较少的开发乃至不开发，那么就能够在保护自然环境上找到一定的平衡点。

有没有喜欢的市郊人文景点？

市郊的人文景点，我推荐松江的佘山山系，佘山的九峰十二山既有很多的自然风貌，也有众多人文历史景观，从古代至近代都有，很有文化气息和历史内涵。

☑ 不要错过
◎ 最佳建筑

➡ **佘山圣母大殿** 4种西洋建筑风格融为一体，还兼顾了中国传统元素。（见266页）

➡ **宝山寺** 非洲红花梨和全榫卯结构告诉你，只要用心，新建筑也能充满古风。（见278页方框）

➡ **课植园** 看过了这个园林加田园的大宅子，你会明白古镇建筑并非千篇一律。（见270页）

➡ **嘉定图书馆新馆** "全球最佳公共图书馆"，没有理由不去膜拜一番。（见277页方框）

◎ 最适合孩子

➡ **上海迪士尼度假区** 大概是全世界父母最乐意陪孩子一起玩的游乐园。（见264页）

➡ **辰山植物园** 不出国门，看尽世界各大洲的植物，开了眼界，也是寓教于乐的一次"课外活动"。（见267页）

➡ **欢乐谷** 规模很大，游乐设施齐全，有适合各年龄层的项目。（见268页）

➡ **上海天文馆** 全球最大的天文馆，"上知天文"环节就在这里愉快地完成吧。（见282页）

🛏 最佳食宿

➡ **朱家角安麓酒店** 品质与服务无可挑剔的精品酒店，还能触摸明清时的古建筑。（见269页方框）

➡ **上海佘山世茂洲际酒店** 跳进全世界最深的"坑"里，点一杯饮料也是好的。（见269页方框）

➡ **上海古猗园餐厅** 到发源地品一笼南翔小笼，跟城隍庙的那家必然有所不同。（见278页）

市郊亮点

❶ 上海迪士尼度假区

这里不仅有经典的动画形象和各种舞台表演,也有让人肾上腺素飙升的刺激体验。想玩得悠闲,游园之余可以在乐园附近的酒店区住下,顺便去旁边的迪士尼小镇看看话剧,逛逛街;如果时间紧张,就早些到,通过官方App领取快速通行证,按照提前安排好的路线高效游玩,在闭园前看上一场浪漫的烟花秀,保准你在离开乐园时,满足感大于疲惫感。

❷ 朱家角

千年前的朱家角有着不输上海的繁荣,当水乡化作江南的符号淡出城市发展视线时,艺术家们却被这里静谧的气质吸引而来,园林景色和《牡丹亭》的天作之合更是给昆曲和古镇都带来耳目一新的感觉。今天的朱家角是多面的,既有古桥、古宅、古树等江南印迹,也融入了文艺、时尚、高端的新气象。游人如织很无奈,留宿一晚看得更真切。

❸ 佘山观景

高度不足百米,连陆家嘴摩天大楼"海拔"的六分之一都不到,还没来得及大口喘气便已登顶,这也算山?佘山的看点当然不在登山本身。佘山圣母大殿屹立在山巅,集西方多种建筑风格于一体,气势之磅礴即使90°仰视也难以览全。隔壁的天文台里有座同样体量的庞大望远镜坐镇。除了西佘山,东佘山、天马山都是佘山山系中景色优美的山峰。

❹ 吃一笼正宗的南翔小笼

别说你已吃过城隍庙那家每天不间断排长队的南翔馒头店了,黑松露、香辣、蛋黄馅

的南翔小笼你见过吗？一饱口福还得到它的发源地。南翔小笼个不大，一口吞一个不在话下，不过小心烫嘴。品尝美味不宜操之过急，先轻咬破皮，吸掉汤汁，然后蘸上米醋吃，感受薄面皮和鲜肉馅与唇齿的摩挲。南翔派跟老庙派口感并不同，你爱哪一种？

❺ 宝山寺的唐风

一座宋代寺庙，重建后居然充满了浓郁的唐风，但这毫不违和，我们心目中的寺庙就该是这样，恢宏而低调，如信奉宗教般虔诚地注重建筑细节，清静美好。这座全国唯一获得鲁班奖的寺庙占地面积很大，建成10年来从未停止过建设，直到现在才引起人们注意。到祇园里坐一坐，恍惚间竟有一种置身于京都的感觉，摆拍是次要的，感受气氛才是要紧。

❻ 骑行崇明岛

上海将最好的生态留给了崇明岛，两大湿地和森林公园是天然的氧吧，岛上尽是可举目平望的田园美景。公共交通不算给力，但平整的道路、清新的空气令其成为单车爱好者的乐园，前人早已探好路，为你规划好数条骑行线路，沿途设有多个自行车租还点，你可以轻松骑行前往各个景点，或者一路环岛去看长江、吹海风。

佘山圣母大殿。

上海古猗园餐厅的小笼。

市郊亮点 263

宝山寺。

崇明的湿地。

★ 最佳景点
上海迪士尼度假区

作为全球第6座迪士尼,这里自开放之日起就成了上海的新名片和最受欢迎的景点之一。如果你能忍受拥挤的人群和偶尔不太合理的消费——总比出国便宜,那么这座乐园仍旧会带给你特有的"迪士尼快乐"。

如果行程很紧,可以通过合理安排时间,在一天内体会到乐园的精华;如果时间充裕,在这里住上一晚也是不错的选择。度假区内的酒店、星愿公园、迪士尼小镇等也都各具特色,让你能够在童话般的环境中度过美好的假期。

见257页地图;申迪路753号;www.shanghaidisneyresort.com;⊙非高峰周末与工作日10:00~20:30(具体每日运营时间安排请参考网站);成人非高峰票399元(票价详细信息见网站);M11号线迪士尼站

绝佳体验

2020年由大众选出的TOP3体验实至名归,排队时间也最长。下载上海迪士尼官方App,大大提高游玩效率,别忘了预约你的**快速通行证**。

加勒比海盗——沉落宝藏之战 乘上海盗船,与杰克船长一起经历一段刺激的寻宝冒险和激烈的海战。这里最大的亮点当数裸眼3D技术和逼真布景带来的沉浸感。

创极速光轮 是全球迪士尼乐园中速度最快的过山车项目,在短短几秒内接近高速行驶汽车的加速度,绝对会让你有肾上腺素飙升的真实赛车体验。

翱翔·飞越地平线 坐在4D巨幕前,像鸟儿一样翱翔于天际并俯瞰广袤世界的同时,你还会感受到太平洋扑面而来的浪花,以及来自非洲小象热情的问候。

以下两项是遛娃党的心仪之选,当然也别忘了带着小朋友在"梦幻童话城堡"中接受

© 仙人板板／图虫创意

亮点速览

➡ **创极速光轮** 目前全球迪士尼乐园中时速最快的过山车项目。如果喜欢冒险刺激，一定不要错过。

➡ **"米奇童话专列"花车巡游** 当伴随我们度过童年的一个个经典人物形象从身边列队走过时，每个人都会有一份关于迪士尼的专属记忆涌上心头。

➡ **徽章交换** 用任意一个迪士尼徽章都可以与迪士尼工作人员以及其他游客交换，有机会交换到限量版的徽章，是排队时打发时间的好办法。

白雪公主的问候，走一走爱丽丝梦游仙境的迷宫，在漫威总部一睹"复联"英雄的英姿。

巴斯光年星际营救 你将加入《玩具总动员》中巴斯光年的太空骑警队伍，坐上"太空飞船"，通过发射彩色激光来射击敌人。

小飞侠天空奇遇 这里很适合低年龄的小朋友，让他们有机会和小飞侠一起打开一扇扇奇妙的大门，感受梦幻般的冒险生活。

精彩演出

入园的时候记得拿一份当天的演出时间安排表，在赶着参加热门项目之余，不妨花些时间坐下来观看几场演出，毕竟一次完美的童话世界之旅不应该只有无尽的排队和匆忙的购物。

"米奇童话专列"花车巡游 是迪士尼乐园中最不容错过的传统之一，伴随着欢快的音乐，耳熟能详的迪士尼经典角色一个个从米奇大街上走过。至少提前15分钟到达大街旁，城堡正对面的路段更容易站到前排。

冰雪奇缘：欢唱盛会 如果想和台上主角互动，甚至与他们一起跳舞的话，请尽量坐到靠前的位置上。舞台剧中的大部分角色都由外国演员扮演，他们中文台词说得有点费劲，要认真听才行。

"点亮奇梦"盛大烟花秀 会在闭园之前1小时进行，上海迪士尼乐园烟花绽放的瞬间很好地衬托出了城堡的轮廓，设计非常巧妙。花木兰作为具有中国特色的卡通形象，第一次在迪士尼乐园表演中登场。

配套服务和乐园周边

尽管很多人都在吐槽园内餐饮性价比太差，乐园也允许携带未开封的食品进入，但吃一个玉米形状的热狗，咬一口比脸还大的火鸡腿，拿一根米奇头造型的冰激凌走在米奇大街上，也是独有的体验。

如果你想要在迪士尼度过相对休闲的一天或者打算在度假区住一晚，周边也有不少好去处。那里有性价比更高的餐饮购物选择，奕欧来奥特莱斯可以满足购物欲望。

迪士尼小镇 紧邻迪士尼乐园的购物、餐饮、娱乐综合区域。这里的餐饮比乐园里面选择更多，价格通常只比同等菜品在市区的价格高10%左右。

松江

华亭,云间,松江的古称都很美。当外滩和陆家嘴还在海平面以下的时候,松江就存在了,广富林遗址的挖掘表明这里是上海历史文化的发源地。4000年前鲁豫皖地区龙山文化的部族为躲避洪灾和战乱迁居于此,诞生了上海先民,之后几千年,此地一直都是吴越重镇,明清时经济文化达到鼎盛,也诞生了陆云、陆机、董其昌等文化名人。

在一马平川的上海平原,松江有山有林,生态极优。这里有"最初的上海"遗留的数个文明遗址,也有唐代的经幢、宋代的方塔,人工打造的植物园、影视基地、英伦小镇,无不叫人"摄无止境"。

⊙ 景点

从上海市区出发,借助地铁9号线可以方便地一日往返。景点周边、松江老城和新城都有不错的餐馆,餐食以农家菜为主,笋豆、酱菜和农家土糕等都是特色。

佘山　　　　　　　　　　　山

(见本页地图)尽管它高不过百米,却已是上海陆地的制高点。山不在高,倒也蜿蜒连绵了"九峰十二山"。佘山分西佘山、东佘山、天马山、小昆山等4个独立的景区。

最值得去的是**西佘山国家森林公园**(⊙5月至10月7日 8:00~17:00,10月8日至次年4月8:00~16:30;免费),十来分钟就能轻松登顶的爬山体验可能让你意犹未尽,但山顶的两座建筑会让你感叹不虚此行。

佘山天文台(⊙8:30~16:00)也是上海天文博物馆,1900年由法国天主教会建立,是中国第一座建有天文圆顶和拥有大型天文望远镜的近代天文台,在20世纪徐家汇观象台所参与的3次国际经度联测中,佘山天文台也有份参与,当时所使用的子午仪便陈列在博物馆里。本书写作时,天文台迎来120周年诞辰,进入全面闭馆修缮升级中。

红砖外墙的**佘山圣母大殿**气势磅礴,由法国传教士于1874年创建,是当时远东唯一一座荣获罗马教宗敕封的乙级圣殿。如今的教堂源于20世纪20年代,融合多国建筑元

松江和青浦

素：哥特式尖顶、以色列式橄榄形钟楼、希腊式廊柱、罗马式拱顶和甬道，也不乏中式琉璃瓦。

天马山（门票10元）坐拥佘山最高峰（99.8米），因为收费隔绝了人群。山顶的**护珠宝光塔**比意大利的比萨斜塔还要斜1°多。春是彼岸花，秋是换锦花，走在幽静的山道上看漫山鲜花，风光极美。

小昆山（门票6元）为西晋文学家陆机、陆云的故乡，有二陆读书台等纪念遗址。**东佘山**（免费）则是理想的赏竹之地。

前往佘山，可从市区先坐地铁9号线至佘山站，再转青松专线、沪陈线、松江92路等公交。

辰山植物园　　　公园

（见266页地图；www.csnbgsh.cn；辰花路3888号；门票60元；☉3月至10月 8:00～17:30，11月至次年2月 8:00～17:00，温室提前半小时闭馆）作为上海面积最大的植物园，刚刚过了十周年的辰山植物园在2021年初推出主打红色系的新年花展，很是吸睛。园区根据花期会推出不同展览，每年5月这里也是**辰山草地广播音乐节**的主场。

主要游览点包括原为采石场的矿坑花园、岩石和药用植物园、展览温室、水生植物园、盲人植物园，矿坑花园背后便是辰山。其中展览温室是亮点：沙生植物馆集中展示了美洲、非洲、大洋洲的植物，有不同种类的仙人掌和芦荟，多肉爱好者也会喜欢这里；珍奇植物馆能让你了解"无肉不欢"的食虫蝇，例如猪笼草、捕虫堇、捕蝇草，几个会动的"恐龙"深得小朋友喜爱；如果你曾在云南品尝过小粒咖啡，不妨在热带花果馆中找这它的原型。

植物园很大，可遮蔽处也不多，你可以坐游览车（10元）前往各游览区，1号门综合楼和展览温室里有就餐区。

从市区坐9号线地铁在洞泾站下车，然后换乘松江19路公交可到1号门。

醉白池　　　园林

（见266页地图；人民南路64号；门票12元；☉8:00～16:30；M9号线醉白池站）上海五大园林中历史最悠久的一个，原是宋代松江进士朱之纯的私家宅园，清朝重建。有推测"醉白池"之名是为了向李白和白居易致敬。明清时期这里是很多文人雅士吟诗作画的地方。1912年12月孙中山曾在这里做重要演讲。醉白池留下了诸多宝贵的艺术真迹，如董其昌的书法、赵孟《前赤壁赋》《后赤壁赋》石刻等，游览时不妨仔细找找。原大门上的额枋透雕保留完整，不要错过。

园内还有超过100年的牡丹、蜡梅和300岁高龄的香樟，春天这里会举办牡丹展、杜鹃花展等。

新晋的**云间粮仓文创园**（☉8:00～20:00）由旧时粮食仓库改建，与醉白池隔河而对，巨大的灰色建筑很适合外拍，这里还有一间**云间艺术馆**（☉9:00～16:30，周一闭馆）。

松江方塔园　　　塔

（见266页地图；中山东路235号；门票12元；☉5月至9月5:30～17:30，10月至次年4月6:00～17:00）这里原是唐宋时古华亭的闹市。公园虽是1978年才修建的，但方塔由来已久，是北宋兴圣教寺的文物，后历经数次修葺，建筑中仍有60%以上为宋代原物。塔高9层，从第2层开始向上逐层收缩，层高降低，造型大气又不失精致。塔檐翘角共悬挂36只铜铃，又称"警鸟"，一阵风吹过，铃声叮叮当当响彻方圆数里。登塔需另外购票（5元）。

20世纪70年代考古发现塔底下有地宫，并在此找到释迦牟尼舍利子。地宫不能参观，不过你若感兴趣，别错过方塔园隔壁的**松江博物馆**（☉9:00～16:00，周一闭馆），馆内收藏着地宫出土的石函、卧佛涅槃鎏金铜像、象牙等。

距塔不远的望仙桥同样为宋代遗留。方塔前有一块距今已630多年的照壁，由近百块细泥青砖雕琢而成，也是上海地区最早的大型砖雕壁画，砖雕内容寓意深刻。

从醉白池坐松江26路公交车到方塔公园下。

广富林遗址公园　　　　　　　　　　遗址

（见266页地图；☎5780 0000；广富林路3260弄；www.gflpark.com；门票 平日/假日 40/50元；⊙9:00~16:30）1958年，当地村民找到了这处遗址，之后历经3次挖掘，不仅发现了4200年前的新石器文化遗存，还被考古学家认为此地极可能是上海最早的城镇。广富林出土的大量器物属于豫鲁皖地区的龙山文化。

遗址公园占地非常大，更像一个文化大杂烩。先民文化遗址的留存，道观和寺院等宗教建筑群，不同主题的展览馆，各色餐饮和文创，都在这里汇集，很多人甚至一次走不完。还没入园就能看到的、一半在水下的奇特建筑是**广富林文化展示馆**，展区打造了一种跟远古相连的幽深气氛；**广富林文化遗址考古研究展示馆**则展出考古发现的文物珍品。

每到天气晴好，总有很多人在这里外拍，尤以古风为主。公园还不定期开放夜游，灯光与湖水相映下的广富林遗址公园最是美丽，可以关注官网信息。与之相邻的是**广富林郊野公园**，大片的桃林、花园、麦田、荷塘营造了田园风情，也是一处休闲之地。

前往广富林遗址公园，坐9号线地铁到松江大学城地铁站，换15路在华东政法大学下。

欢乐谷　　　　　　　　　　游乐园

（见266页地图；☎3779 2222；sh.happyvalley.cn；林湖路888号；门票 日场/夜场 230/150元；⊙9:30~18:00，夜场 16:00~21:00）会令孩子们尖叫的大型主题公园，拥有七大主题区、百余项游乐项目。光是过山车就有木质过山车、巷道式矿山车、悬挂过山车、60米跌落式过山车等。还有大型实景水秀《天幕水极》、特技实景剧《新上海滩风云》、大型马战实景表演《满江红》和魔术大剧等。欢乐谷很大，带孩子可以玩上一整天。

9号线地铁佘山站下车，过街搭乘欢乐谷接驳车到公园。

广富林遗址公园。

泰晤士小镇　　　　　　　　　　街区

（见266页地图；三新北路900弄）街区名和建筑复制了英伦风格，如果你曾去过莎士比亚的故乡斯特拉福特小镇，会发现这两处有些相似。第一家**钟书阁**（泰晤士小镇930号；◎周一11:00~21:00，周二至周日10:00~21:00）在这里开幕时，引起了不小的轰动。入店之后脚踏"书柜"前行，脚下是"书"，天花板也是"书"。2楼有着尖拱顶的阅读区仿佛白色圣殿，咖啡吧的"天空"则灿若星辰。坐地铁9号线到松江大学城地铁站，换15路在三新北路新松江路站下。

上海影视乐园　　　　　　　　影视基地

（车墩镇影佳路366号；门票80元；◎8:30~15:30）不但是《新上海滩》《色·戒》《情深深雨濛濛》《功夫》等影视作品的取景地，也是追忆民国风情的怀旧专属。园内复制了"三十年代南京路""百乐门舞厅""马勒公寓""民国监狱""浙江路桥"等半个多世纪前的旧上海场景。你可以坐一坐**有轨电车**（免费；◎9:00~15:30，每半小时1班），租件民国服饰或洋装在"上海滩"大大的广告牌前拍套照片，或去3D魔幻世界与电影主角进行奇妙的合影。在这里遇上剧组的概率也很高，说不定就能邂逅偶像。坐地铁9号线到醉白池站，换松江6路公交在车墩站下车。

❶ 到达和离开

从市区到松江可以坐地铁9号线。你也可以在中山南二路上的上海体育馆站坐上佘定班线公交，在欢乐谷、佘山森林公园、佘山天文台皆有站点。景点大多就在地铁站附近，或距地铁站不超过半小时的公交车程。

松江33路串联起了松江大部分景点，有时比地铁更靠近景点。

朱家角

对上海人来说，朱家角就是后花园。从摩天大楼到水乡古镇，它可能是离开都市喧嚣所能最快到达的地方，过去需要一脚油门，地铁

藏在市郊的传奇酒店

市中心的高端酒店层出不穷，也有些酒店偏偏寻找市郊的静谧之处落脚。地盘更大，设计更为精到，比景点更迷人。哪怕价位很高，进去喝一杯就能一览全貌，何乐而不为？

上海佘山世茂洲际酒店（☏6766 1888；松江辰花路5888弄）的另一个昵称是"深坑酒店"，从一个想法到最终落成花了12年。这座全世界海拔最低的五星级酒店建在一座深达80米的废弃采石场内，沿崖壁而建，地上2层、地平面以下16层，所有客房都可以观景，夜里还有水幕秀。各项服务都符合五星标准，屡次被吐槽性价比不高，但住在全世界最深的"坑"里，这种体验恐怕也没有第二家。

朱家角安麓酒店（☏5127 0808；朱家角镇珠湖路505号）占据了朱家角两面临水的一角，这是安麓在中国开业的第一家度假酒店。600年历史的明代"江南第一官厅"和对面的晚清戏台是核心，表达了对中国古建筑的敬意，据说匠人修复重建就耗费经年。35间联排别墅式客房安静私密，公共区域的"琴棋书画"、图书室和茶室很舒服，亲子活动安排得特别多，很适合周末家庭度假。夜晚安静下来的朱家角与安麓的夜特别般配。

养云安缦（☏8011 9999；上海市闵行区元江路6161弄），这是安缦旗下最大的一间酒店，源自一个古建保护梦想。林影湖畔，26座明清古宅都是从江西抚州悉心搬来一砖一瓦再重新复原，打造成24间标准套房和13间古宅院落。正中央的"楠书房"以金丝楠木为主要载体，每一位客人都可以从书、香、茶、画中体验古代士大夫生活，在新天地有一间分号。门外需要七人才能围抱的老樟树，也是千里迁徙而来。背后的故事很多也很感人，值得进去听一听。 Ⓛ

17号线开通之后,一部地铁就能到达。

宋元时期,朱家角依靠织布业享誉江南,明清时米业又异军突起,形成"长街三里,店铺千家"的兴旺集市,古镇素有"三泾(朱泾、枫泾、泗泾)不如一角(朱家角)"之说。它是上海周边规模最大、发展最成熟的一个水乡,即使放眼江浙,朱家角也自有其独门必杀绝技。

因河成街的古镇中,放生桥以西的河道细密纵横,西井街临水而建,北大街有保留完整的明清街市,而放生桥以东,河道渐宽,格局广阔。得益于艺术家的青睐和改造,朱家角的风格很混搭,仿古、新锐、文艺、小清新等各种风格并存,河畔的尚都里又为小镇添上不少摩登气质。景点可能没那么重要,避开周末,漫步小镇寻找古老痕迹,才是江南水乡的正确打开方式。

◎ 景点

进入朱家角古镇(www.zhujiajiao.com)免费,古镇里共有8个独立的景点:课植园、圆津禅院、城隍庙、大清邮局、童天和药号、人文艺术馆、上海手工艺展示馆、上海全华水彩艺术馆,均可单独购票,也可以在**朱家角旅游咨询服务中心**(见285页地图; ☎5924 0077; 新风路美周路交界口; ⓧ8:00~16:30)购买3种联票:80元(8个景点加游船)、60元(8个景点)、30元(含课植园、大清邮局、童天和药号、人文艺术馆)。但除了以下列出的景点,其他都看点泛泛,但套票胜在价格。各景点开放时间为8:00~16:30。

朱家角很早就吸引了很多艺术家入驻,有一些小小的民间艺术场馆和小店隐藏在街头,有兴趣也可以进去逛逛。如果有时间和预算,可以去周边的一些村落,淀山湖上的彩虹桥也值得看看。

课植园 园林
(见285页地图;西井街111号;门票25元)建于1912年,集宅、林、田于一体,是朱家角规模最大的建筑。园主马文卿曾遍游江南园林,耗银30万两,历时15年将其建成。朱家角虽仿建了豫园风格的荷花池、九曲桥和苏州狮子林中的倒挂狮子等,但由于布局精妙、有自己的风格,也丝毫没有山寨感。

课植园得名于"课读之余,不忘耕植",因此,田园文化是其有别于其他江南园林之处。整个园林分课园(园林区)和植园(田园区)两部分,古色古香的藏书楼是课园的点睛之作,植园如今依然果蔬满园。园中还有1座5层高的方楼和1座半桥半假山的石拱桥,这在江南园林中同样极为少见。

放生桥 桥
(见285页地图)三步并两桥是几乎所有江南古镇的特色,朱家角也不例外,放生桥是其中最著名的一座。它已有近500年的历史,全长70米,为五拱石桥,非常大气,这在以秀气见长的江南水乡很独特。桥顶龙门石桥面上雕着8条盘龙,中间缀有一颗耀眼的明珠。明清年间,每逢农历初一、十五,当地僧人都要在桥上举行仪式,将活鱼投入河中放生,这便是放生桥得名的由来。如今,桥畔临水之地都是黄金地带,要落座须趁早。

泰安桥 桥
(见285页地图)俗称何家桥,始建于明万历年间,清康熙年间重建。这是座单孔石拱桥,桥身为青石,桥拱高4.8米,拱跨8.6米,是朱家角坡度最大的一座桥,西端桥肩上有一根旗杆石,古时用以悬挂灯笼,为往来船只引路。

大清邮局 历史建筑
(见285页地图;西湖街35号;门票10元)清光绪二十九年(1903年),朱家角始设邮驿,是清朝上海13个主要的通邮站之一,如今这里是华东地区唯一留存的清朝邮局遗址。门口的黑铜龙纹邮筒非常吸引眼球。内部像一个小型的邮政博物馆,陈列了很多老照片,回顾了中国古代邮驿发展史和朱家角作为水陆商埠的繁华往事。邮局后门连着一个小码头,是当年水路送信的历史遗存。时髦的"寄给未来自己的信"业务也"拓展"到了这里。

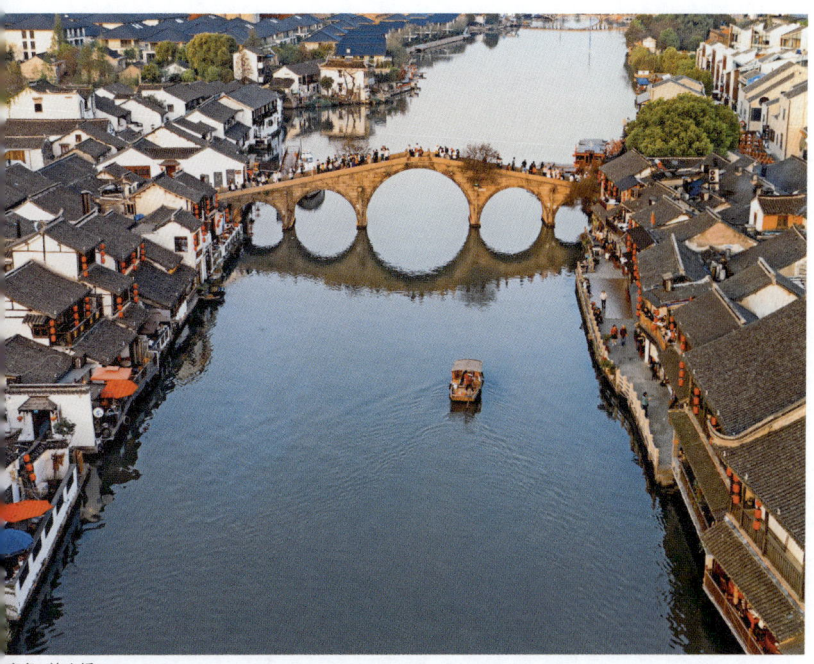

家角，放生桥。

圆津禅院　　　　　　　　　　　　　　　寺庙
（见285页地图；泰安桥西堍漕河街187号；门票10元）禅院始建于元代，经过多次扩建后形成了现在的规模。这里除了是一座供奉观音的"娘娘庙"，还出了好几位精通书画的高僧，珍藏了不少名家字画，也是明清时期文人聚会之所。

朱家角天主教堂　　　　　　　　　　　　教堂
（见285页地图；漕河街317弄27号）依水而立的天主教堂是朱家角不同于其他古镇的又一大亮点。教堂建于清末，取名耶稣升天堂，可容纳700人。红白相间的建筑是哥特式钟楼，教堂为白墙黑瓦、飞檐翘角式的中式建筑。

🟠 活动

游船　　　　　　　　　　　　　　　　　游船
你可以坐船游朱家角，路线有圆津禅院—课植园、圆津禅院—城隍庙、圆津禅院—课植园—城隍庙等3条，每条线路都有两种行程可供选择：10分钟/80元；20分钟/150元。

夜游朱家角　　　　　　　　　　　　　　夜游
2020年夏天（7月25日至10月30日）朱家角首次推出以课植园灯光秀和阿婆茶楼评弹品茶为主打的夜游活动（88元，⏱18:00~20:00）。

朱家角水乡音乐节　　　　　　　　　　音乐节
2007年开始创办的音乐节，通常在9月或10月进行，即便在全年都受新冠肺炎疫情影响的2020年，依然在十一黄金周如期举办。

🛏 住宿

朱家角交通便利，不必非要住，但在水乡住宿除了枕水而眠，还可以在游客到来前和离开后体会到古镇原有的清静。**朱家角安麓酒店**（见269页方框）无疑是这里最美的酒店，但也有很多丰俭由人的住宿地。

临河有很多老宅子都改成了民宿或者短租房，住宿体验未必很舒适，但胜在气氛。旅悦集团旗下的民宿酒店品牌**花筑**在景区至少有五家客栈，大多在沿街或沿河的老房子里，价格在300~800元，是不错的中档选择。景区外围的居民区也开了不少别墅类民宿，适合聚会或者亲子游。周末这里的住宿价可能会上涨100元左右。

上海青白瓦宿　　　　　　客栈￥

（见285页地图；☎186 0168 1455；西井街29弄10号；标单/双 168/368元；❄️🛜）从景区北门进入，沿着西井街走一段就能看到这家白色的民宿，四间屋子一个院子，塑造了一个很好的气氛。店主服务热情周到，有免费的咖啡和茶，早餐比想象中的丰富，温馨体验永远是留宿古镇的亮点。

朱家角井亭民宿　　　　精品酒店￥￥￥

（见285页地图；☎180 1742 1262；西井街56号；标单/双 1460起；❄️🛜）这家2020年新开的住宿地虽然叫民宿，其实是一间高品质的古宅酒店，由拥有300多年历史的杨氏古宅改建，一共9间客房。除了建筑本身古色古香，还配备了戴森吹风机、AESOP洗护用品等，每晚五点还提供铺夜床服务，不输于高端度假酒店。客人甚至可以坐船来到这里，还能预约京昆造型装扮，直接来个旅拍。

❂ 餐饮

老街上有不少农家菜馆，大多数店家的味道都让人满意，扎肉、肉榨摊遍布各条街巷。野生鱼虾类、酱爆螺蛳等水乡菜、草鸡、时令蔬菜是点单率最高的菜式。扎肉是"朱家角一绝"，用粽叶包裹的浓油赤酱、肥瘦相间的五花肉块，无肉不欢者不会愿意错过这道菜。文艺气息浓郁的咖啡馆和小酒吧在古镇随处可见，尚都里有国际连锁的咖啡馆。

"阿婆茶"是青浦地区的一种饮茶方式，一杯盖碗绿茶，搭配着青豆、萝卜干等茶点，边吃边聊，它已经是上海的一个非物质文化遗产。

阿婆茶楼　　　　　　　　茶楼￥￥

（见285页地图；☎133 0160 0055；东井街122号；喝茶100元起，点菜 人均120元；⏰茶馆 8:30~17:00，饭馆 10:00~21:00）到阿婆茶楼喝茶听评弹，是朱家角一项必须体验的活动。位于古镇中心的阿婆茶楼是栋有着150多年历史的古宅，毗邻放生桥，面朝圆津禅院，视野开阔。这里分茶楼与饭馆两部分。茶楼也是匾额博物馆，展出了明清状元、宰相、皇帝亲书的多块匾额。相较而言，饭馆比茶楼价格亲民，你可以尝尝古镇特色扎肉、稻香扎蹄和白水鱼、河虾、螺蛳等各种河鲜。隔着河的**江南第一茶楼**也是古镇上的老字号，只是景观略逊一筹。

渔水之家柴火菜饭　　　　上海菜￥￥

（见285页地图；☎187 0181 8960；西井街131号；人均90元；⏰10:00~21:00）除了大家喜欢的水乡菜——白水鱼、扎肉、银鱼炒蛋、土鸡汤、河虾、螺蛳和新鲜时蔬之外，主打的柴火菜也是勾起上海人儿时记忆的经典菜，尤其以带锅巴的最香。就在景区北门边上，适合逛完来吃一顿。

⭐ 娱乐

水乐堂·天顶上的一滴水　　实景演出

（见285页地图；西井街漕港滩3号；门票因座位不同而不同；⏰演出时间不定）谭盾与日本矶崎新工作室联合打造的实景水乐演出。演出场所是老宅改造的一个多功能艺术空间，与圆津禅院隔河相望。对岸摇曳着灯笼的禅院里传出夜诵之声，水滴从屋顶滴落的声音被放大了无数倍涌入耳中，建筑在这里都变成了一件乐器，让听者感受禅音与巴赫的奇妙结合。

实景园林版昆曲《牡丹亭》　　戏曲

（课植园内；门票因座位不同而不同；⏰演出时间不定）多年前，主创、演员阵容强大（艺术总监谭盾、舞蹈设计黄豆豆、主演张军）的园林版《牡丹亭》推出时，不仅为昆曲的发展带来了生机，也着实让当时这个名不见经传的古镇惊艳了一把。夜幕拉开，小桥流水、亭台楼榭衬托着良辰美景,杜丽娘与柳梦梅在"牡丹亭"前轻抚水袖,华丽婉转,演绎一出令人柔肠寸断的爱情传奇。

❶ 到达和离开

在市区人民广场(普安路延安东路)坐**沪朱高速快线车**(6:00~22:00,每20分钟1班,票价12元,约1小时)直达朱家角,返程末班车21:00发车。回程时上车前问清楚是不是走高速,如果不是,得在申昆公路枢纽换乘71路公交到市区,总行程可能超过2小时。

从虹桥火车站出发的地铁17号线可以直达朱家角,下车离古镇大约2公里,可以搭乘游船(30元)、乘坐人力车(20元)到达景区,或是乘坐公交1510路到珠湖路课植园路站下车。

青浦

青浦是上海的西大门,与江苏一水之隔,这水便是上海最大的天然淡水湖——淀山湖,相当于11.5个西湖那么大,有"风吹芦苇倒,湖上渔舟漂,池塘荷花笑"的景象。93个湖泊、1934条河道,"水"是青浦的绝对主题,围绕着水的是自然风光和生态旅游,赏湖景、玩皮划艇、体验农家生活是特色,即便是青浦城区也建成了环城水系公园,夜景迷人。对考古遗址感兴趣者,还可以去**崧泽遗址博物馆**(见266页地图;📞5975 5777;沪青平公路3993号;免费;⏰9:00~16:00,周一闭馆)追溯6000年前上海先民的生活足迹。令奢侈品拥趸无法淡定的**百联奥特莱斯购物中心**也位于青浦。地铁17号线开通后,到青浦旅行更为便捷。

◉ 景点

上海大观园　　　　　　　　　　园林

(见266页地图;金商公路701号;门票55元;⏰4月至10月 8:15~16:45;11月至次年3月 8:15~16:15)这个仿古建筑群是20世纪80年代,根据《红楼梦》中对大观园的描写,

水乐堂・天顶上的一滴水。

园林与水乡，上海的江南气质

上海，乍看是以开放之姿与国际接轨的摩登代名词，但其大后方紧挨着江浙两省，怎么可能"温柔乡里过，片叶不沾身"。

上海有5座古典园林，除了赫赫有名的**豫园**（见112页）位于市中心，其余4座皆散落在周边。嘉定有2座，分别是5座园林中规模最大的**古猗园**（见275页）和历史最悠久的**秋霞圃**（1502年），青浦的**曲水园**和松江的**醉白池**（见267页）建成于清朝（其余建于明代）。相较于苏州园林，上海园林中"宅"的部分可圈可点之处并不多，而"园"的部分则尽显"城市山林"本色，往往以池为核，石山环绕，曲廊亭榭，遍植林木花卉。

早在十多年前，周庄、乌镇、西塘就已抢尽水乡风头，而音乐家、戏曲大师等却选择了与名不见经传的朱家角合作，这或许得益于上海的多元性和兼容性，也由此揭开了上海水乡的神秘面纱。除了**朱家角**（见269页），**七宝古镇**（见234页）和**召稼楼古镇**（见235页）以美食深得上海人喜爱，不过这三个古镇的商业化和游客量与江浙名镇不相上下。想寻个清静的话，**新场古镇**（见283页）虽已灯笼摇曳开发完毕，好在游人还不多；**金泽古镇**（见本页）据说将成为继朱家角后下一个艺术家据点，也许开发在即；位于金山的**枫泾古镇**（地铁1号线锦江乐园站转枫梅线公交）更靠近浙江嘉善，看点很多，50多座古桥形状各异，相距不远的**金山农民画村**（朱枫公路8258弄169号）也可顺道一游。其他还有青浦的练塘古镇、嘉定的娄塘古镇、松江的仓城老街、宝山的罗店古镇（见278页方框）等。

虽然这些古镇不如苏杭的古镇出色，但有机会路过，也别错过"魔都"背后的江南风韵。至少各大酒店集团在这里努力营造的"江南"不会令你失望。 ⓛⓟ

设计建造而成。整个建筑为假山池水、亭台楼榭式的江南园林，不过相对真正的园林，这里少了点灵气，古建也不够精致，它更适合有《红楼梦》情结的旅行者。大观园为一个环形参观路线，可参观宝玉住的怡红院、林黛玉的潇湘馆等，园内的戏台每天9:00、10:00、13:00有越剧表演。

乘坐地铁17号线到东方绿舟站，再换乘青商线或沪商线公交车即可到达。

金泽古镇　　　　　　　　　古镇

（见266页地图；金泽镇金溪路，近沪青平公路）这是一座"素面朝天"的古镇，完全没有被改造过，你找不到一家客栈、餐馆、纪念品店。小镇是两街夹一河的格局，民居并没有像江南古民居那样古朴且雕刻精致的门窗。真正的看点是镇上还保存着古时所建的7座桥梁，跨越宋元明清和当代，也揭示了小镇的悠久历史。其中建于宋朝咸淳三年（1267年）的**普济桥**是上海地区最古老的石拱桥，记得要走一走。

乘坐地铁17号线到东方绿舟站再换乘青金线区间、示范区2路公交车即可到达。

青西郊野公园　　　　　　　公园

（见266页地图；金泽镇紫莲路500号；免费，观光车 单程/往返 10/20元；⏰8:00～17:30）上海生态环境的改善跟城市的发展齐头并进，未来"人均公园绿地面积力争达到13平方米以上"的目标如何达成？郊野公园会告诉我们答案。

2020年秋天，目前上海7大郊野公园（全部免费）之一的**青西郊野公园**忽然成为网红之地，主要因为园中60多亩的**水上森林**。森林以池杉等耐水树种为主，入秋变色时，水上的红和水中的倒影形成了绚丽的画面，被网友形容为"烟锁水上杉，霞染半边天"。无论是沿着木栈道深入其中，还是操控着无人机航拍，都令人叹为观止。如果有时间也可以去附近的莲湖村看看。

乘坐地铁17号线到朱家角站，再换乘青浦28路公交车即可到达。

西郊野公园。

东方绿舟　　　　　　　　　　　　公园

（见266页地图；沪青平公路6888号；门票50~150元；⊗8:30~16:30；Ⓜ17号线东方绿舟站）上海老牌的亲子游之地，即便如此依然不断推出新地标，春节新开的"风铃道"又成为崭新的打卡地。自然环境很好、面积很大的公园，也是上海人喜欢的周末郊游胜地。公园毗邻淀山湖，长达2.5公里的亲水平台很适合骑行或散步，园内有170座古今中外的名人雕塑和各种游乐项目，科学探索区很适合亲子游，夏季还有水上活动区。门票价格高低取决于你所选择的娱乐项目。17号线的终点站就在这里，不过如果你对踏青、野餐、露营等家庭游不感兴趣，也不必赶远路。

❶ 到达和离开

上海市区每天有6班沪商高速专线直达大观园，在淡水路、长乐路乘坐，发车时间7:30、9:30、12:00、14:30、17:00、19:00，返程时间6:10、7:45、9:55、12:25、14:55、17:15。从朱家角发出的青商线可至大观园、东方绿舟。

地铁17号线串起了青浦城区和大部分景点，可以利用地铁+公交的形式，尽可能贴近景点。

嘉定

低调的嘉定是上海汽车工业的自豪，1984年上海大众正式在这里成立，同年上海第一条高速公路（沪嘉高速）开建，时过境未迁，中国唯一的F1赛场和有趣的上海汽车博物馆都在这里。

地铁11号线贯通后，前往游览非常方便。嘉定的看点很多元，大多集中在南翔镇，既有上海最大园林坐镇，也是南翔小笼的诞生地，它还有座颜值爆表的图书馆和上海最大的购物中心南翔印象城。

◎ 景点

古猗园　　　　　　　　　　　　园林

（见276页地图；南翔镇沪宜公路218号；

门票12元；⊙7月至9月7:00~18:30，10月至次年6月7:00~18:00；Ⓜ11号线南翔站）古猗园是上海五大园林中最大的一座。它建于明万历年间，同样具备亭、榭、廊、阁、舫、池、假山等苏州园林的要素，风格更偏"城市山林"。园内绿植丰富，春赏百花开，夏日则有"接天莲叶无穷碧，映日荷花别样红"的景致。建筑方面有清代的洛阳桥、唐代的两座形状不同的经幢、宋代的普同塔、明代的庭院等。逸野堂为典型的"四面厅"（即四堵墙为玻璃门窗的四面通透式），堂内有明代书法家董其昌所题的匾额，厅外有两棵造型奇特的古盘槐，已历经5个世纪的风雨。古猗园曾在抗日战争时被日军炸得面目全非，经多次修复才有了今天的重生。

南翔老街 老街

（见276页地图；南翔镇人民街；Ⓜ11号线南翔站）南翔老街是指人民街一带保留了"弹硌"路面的老街。最大看点是建于南宋年间的**双塔**，高1.1米，为八面7层的仿木结构楼阁式砖塔，这里本有一座寺——即现在边上重建的仿唐风格寺院**云翔寺**，在清乾隆年间毁于火灾，双塔于1986年在原址修复。塔前有两口梁朝时期的古井，是新近挖掘出的。老街四水交汇处有太平桥、吉利桥、隆兴桥，这3座桥的位置互为"八字"。

除此之外，老街上还有**历史文化陈列馆**、**檀园**和**南翔小笼馒头文化体验馆**可参观，后者隔壁的**南翔小笼馆总店**（生产街137号；小笼20元/10只；⊙6:30~17:30）是品牌名店，很受游客欢迎。

嘉定和崇明

在嘉定各镇遍地开花的**我嘉书房**(共和街28号;◎9:30~17:00)在古色古香的老宅名士居里开了一家,以收藏4000多册连环画为特色,不仅有个咖啡馆,也兼具24小时自助图书室、文化交流等功能。

嘉定孔庙 历史建筑

(见276页地图;⊠5992 8800;南翔镇人民街;◎8:30~17:00)嘉定孔庙始建于南宋嘉定十二年(1219年),在古代江南有"吴中第一孔庙"之称。孔庙现有棂星门、泮池、大成门、大成殿、明伦堂、当湖书院等建筑,不妨数数72头石狮子,它们代表了孔子72个学生。孔庙内还设有中国科举博物馆。

嘉定博物馆(博乐路215号;免费;◎8:30~17:00)、**秋霞圃**(东大街314号;门票10元;◎8:30~17:00)和**州桥老街**也都在附近。

上海国际赛车场 赛车场

(见276页地图;⊠6956 8800;安亭镇伊宁路2000号;◎9:00~16:00;M11号线上海赛车场站)中国唯一的F1赛车场地,赛道形状设计为上海的"上"字,总长度5451.24米,有7处左转弯道和9处右转弯道。自2004年举办F1赛事以来,这个场地上舒马赫1次夺冠、汉密尔顿5次夺冠。除了比赛期间,平时这里也作为旅游区对外开放,含卡丁车赛道、赛马场、高尔夫球场(在景区外)等3个部分。

上海汽车博物馆 博物馆

(见276页地图;⊠6955 0055;安亭镇博园路7565号;门票60元;◎9:30~16:00,周一闭馆;M11号线上海汽车城站)虽然远,但汽车迷值得前来。博物馆由历史馆、珍藏馆、探索馆和临展馆4个展厅组成,其中珍藏馆里展出了20世纪的40多辆欧美古董车。探索馆中有很多互动体验,即使不会开车也可以模拟一次"无照驾驶"。博物馆距地铁站还有1公里。

❌ 就餐

南翔是真的会为小笼包举办美食节的地

两间图书馆,一位设计师

开阔明亮的空间、整齐排列的书架、安静肃穆的氛围……印象中的图书馆向来属于勤学苦读的学子,从来不以容貌取胜,也没人在意这一点。在上海市郊藏着这样两间建在水边的图书馆,1座在青浦,1座在嘉定,颜值可以位列上海市区图书馆的前三,居然还是同一位设计师的杰作。

马清运,毕业于清华大学建筑系,获得美国宾夕法尼亚大学美术研究生院建筑学硕士学位,2006年出任美国南加州大学建筑学院院长。1999年他就在中国设立马达思班建筑设计事务所,总部就在上海,基于此,他为上海设计了不少现代建筑,也担任了上海迪士尼的项目顾问。

青浦图书馆(见266页地图;青浦区青龙路60号;◎9:00~19:00)即夏阳湖上的浦阳阁,设计师的理念是将建筑物作为景观向湖中心延伸的绿色半岛。起伏变化中形成不同高度的建筑空间,如同湖中一块巨石,两侧阳光照射进来后变得通透。屋顶由两个波浪形屋面组成,绿化与周边环境相映成趣,人们随时可以攀上屋顶观景。2007年建成后,这里以"水上图书馆"著称,也被纳入了青浦城区最新的环城水系公园之中。

嘉定图书馆新馆(见276页地图;嘉定新城裕民南路1288号;◎8:30~20:00)位于嘉定新城的远香湖上,完美融合了江南传统古建风格和现代设计元素。灰色调的外墙和坡形屋顶延续了粉墙黛瓦式的徽派建筑,又不乏玻璃幕墙这样的当代元素,夜晚亮灯时分美不胜收。馆内的竹园天井、亲水平台又与山水园林的概念异曲同工。2013年开馆后,嘉定图书馆新馆就被美国设计杂志 *Interior Design* 评为"全球最佳公共图书馆"。

★ 值得一游
宝山寺

在上海北郊藏着这样一座寺庙,明明是新修而成,但比古建筑还有古朴味道。深褐色的木色调和严谨的榫卯结构跟别处寺院略有不同,进入边上的祇园更是有误入京都之感,如果不是众多游客因无法出国而在此地拍拍拍,恐怕它还会继续低调下去。

宝山寺(☎56862411;罗店镇罗溪路518号;门票10元,只收现金;◉8:00~16:00)始建于明朝正德六年(1511年),距今已有500多年的历史。乾隆年间曾经重修,但后来也接近荒废。2005年新的宝山寺正式奠基,历经5年多,于2011年对外开放,它是全国唯一获得鲁班奖的寺院。站在山门前,延伸得很长的飞檐和厚重的建筑令人立刻感到庄严肃穆。寺院并没有就此停止建设的脚步,2020年陆续建成了祇园、万佛宝塔。住持世良法师对建筑细节十分追求,从用材到工艺都很到位。新寺院采用传统伽蓝纵轴式布局,为晚唐宫殿式建筑风格,以非洲红花梨纯木榫卯构造,屋檐下的层叠、大殿中的柱子乃至门环上的搭扣都看得出用心。祇园之中临水而建的楼阁令人想到京都的金阁寺和宇治的凤凰堂,风过宝塔,铃铛声声悦耳,哪怕在这里只是休憩片刻也很让人愉悦。门票只收现金,记得提前准备。

离寺院不到一公里处就是**罗店古镇**,基本没开发过的沿河老街——尤其后半段依然是当地人生活之地,日用品店铺里可以找到怀旧老物,还有一个农贸市场在街尾。

乘坐地铁7号线到终点美兰湖站下车,换乘宝山31路到宝山寺下即可。

方,哪怕到了现在,"到底是哪一家先做出南翔小笼"这个话题在当地依然被争论不休。2020年8月,上海老城隍庙餐饮(集团)有限公司和上海南翔食品股份有限公司为"南翔小笼"这个商标打起了官司,将120年前南翔黄师傅闯上海的旧事又牵扯出来。南翔小笼在老城厢和南翔各自发展,口感也有差别,但"这里的小笼比市内好吃"也是上海人的普遍认知。哪怕一般的餐厅里都会卖小笼,但必须是现蒸才好,可参考我们如下的推荐。

老街小笼馆　　　　　　　　　　小吃
(☎6912 0286;南翔生产街137号;小笼25元/笼起;◉7:30~17:30)坐落在河畔的2层小楼白墙黛瓦,干干净净地挂着店名。店面不大,蓝印花布铺桌,小笼都是现蒸,味道比附近的名店好吃。想吃正宗味道还是点鲜肉的最好,25元10个,再加一碗汤,搞定美味一餐,如果是夏天,记得点绿豆汤,苏式风味跟市内完全不同。

上海古猗园餐厅　　　　　　　小吃
(☎5912 1335;南翔沪宜公路218号;小笼 30元/笼起;◉周一至周五 8:00~17:00,周六和周日 8:00~20:00)古猗园外的这家小笼店是南翔名气最大的。原味的鲜肉馅最好吃,一笼有16个。最"夺人眼球"的**全家福**(68元/10只)有白色的原味、黑色的黑松露、红色的香辣、黄色的蛋黄和绿色的香菇5种馅。

长兴楼　　　　　　　　　　上海菜
(☎133 1019 6662;南翔人民街75号;小笼 30元/笼起,点菜人均60元;◉7:00~20:00)老街上的老字号,当年南翔小笼创始人到城隍庙开的店就叫长兴楼,因此他家也会标榜自己才是正宗小笼的发源地。无论如何,本帮菜做得有声有色,尤其响油鳝丝很受推崇,跟市内比起来真的是性价比太高。

❶ 到达和离开

嘉定在地铁11号线沿线;从南翔站下车走10分钟就能到古猗园和老街;嘉定北站下车后换乘嘉定12路公交在博乐广场下,秋霞圃、嘉定博物馆、州桥老街都在附近;白银路站下车转乘嘉定15路公交在裕民南路塔秀路下,便是嘉定图书馆新馆。

滩湿地公园。

崇明

亿万年的变迁有了崇明岛,崇明东临东海,长江将其环绕,是仅次于台湾岛和海南岛的中国第三大岛,也是中国最大的河口冲击岛。一派田园风光的它与"魔都"的灯红酒绿完全不是一个调调,甚至连语言都不一样,倒是与一衣带水的江苏启东一带更接近。沉寂多年之后,曾经作为知青插队之用的崇明农场再度走红,很多立志有机种植的人们都在崇明岛创业,周末有不少旅行者来这里体验农家生活,经常能看到公路和大桥上的车辆排起长队。

崇明共有3座岛屿,以下所列景点都在崇明岛上,如果时间多,你还可以去长兴岛和横沙岛转转,它们比崇明岛小得多,同样有阡陌田园。

前往崇明岛路途遥远,公共交通仍需辗转,但经过漫长的长江隧道,再驶上跨海大桥,若能赶上晨昏时刻,便不虚此行。

◎ 景点

东滩和西沙分列崇明岛两头,是滩涂湿地和自然野趣的集中体现。近年来,越来越多的综合性农场成为上海人周末休闲的去处,以各类花卉和水果为主要种植物,兼顾了游乐、餐饮甚至科普的功能,其中也不乏小资情调。

上海光明田原景区(🕿3159 5200;长征农场北沿公路2696弄318号;⊙8:00~17:00)以培育各色花海为主;**西岸氧吧**(🕿5936 5178;庙镇庙南村1438号;⊙8:00~17:00)则以乡野体验和特色民宿为主题;**瑞华果园**(新海镇北沿公路3176号;⊙8:00~16:00)是春夏的瓜果采摘体验地。

2021年5月至7月,崇明举办了中国第十届花博会,落幕后场地转为**花博文化园**(⊙9:00~16:30;个人/团队 70/40元起)对外开放。

东滩湿地公园　　　　　　　湿地

（见276页地图；☎3936 7000；崇明东旺大道风车处；门票工作日/周末及节假日50/80元；⏰8:30~16:00，周一休息）东滩湿地公园是长江口规模最大、发育最完善的河口型潮汐滩涂湿地，是国家级鸟类保护区和国际湿地公约确定的国际重要湿地。在水禽越冬的秋冬季，可以看到东方白鹳、黑鹳等国家一级保护鸟类和更多的国家二级保护鸟类，运气好还会看见中国特有的珍稀鸟种、被称为"鸟中熊猫"的震旦鸦雀。游览时，留意可能忽起狂躁的海风。

湿地公园距崇明岛陈家镇枢纽站19公里，仅周末和节假日发4趟班车（8:20、10:10、12:55、14:40，8元，30分钟），返程末班车15:30发车，平时前往需打车60元。

东平国家森林公园　　　　　森林公园

（见276页地图；北沿公路2188；门票70元；⏰8:00~16:30）华东地区最大的平原人工森林，森林覆盖率达90%。这里树木繁茂，是天然的氧吧，园内还有荷兰风车、小木屋等亮丽的点缀。森林公园距崇明岛南门15公里，可在南门汽车站坐南东线（4元，35分钟）前往。

西沙湿地公园　　　　　　　湿地

（见276页地图；绿华镇堡湖路；免费；⏰9:00~17:00）经过两年半休整之后，公园重新开放。这里是上海唯一具有自然潮汐现象和成片滩涂林地的自然湿地，潮汐作用也创造了丰富的地形地貌。公园里的木栈桥延伸到了7公里，让人们有机会徜徉在芦苇和丛林之中。

边上明珠湖景区（25元）也是鸟类栖息地，明珠湖度假村还可以住宿。

湿地公园距崇明岛南门21公里，可在南门汽车站乘坐南建线（8元，75分钟），下车后还得步行近3公里。

崇明学宫　　　　　　　　历史建筑

（见276页地图；鳌山路696号；免费；⏰8:30~11:00，14:00~17:00，周一闭馆）距南门码头不远的崇明学宫是上海仅存的3座学宫（文庙）之一，最早建于元朝，后多次迁建，如今这座建筑完成于明天启二年（1622年），有棂星门、戟门、大成殿等。内部为崇明县博物馆，介绍了崇明岛的形成和发展历史。

🎯 活动

崇明岛有清新的空气、田园风光和适合骑行的林荫小道，这种天然气质很令骑行者着迷。崇明岛和单车文化的渊源由来已久，崇明自行车赛已经连续举办了12年，其中女子公路世界杯赛是世界顶级赛事之一，一般在每年四五月举行。

一米单车（www.cmyimi.net；租车15~20元/小时，75~100元/天）在崇明学宫、南门码头、西沙湿地、森林公园等都设有租车点，并已为骑行者设计好了短程、中程、环岛游等线路，从6公里至30公里不等，强度和主题也各不相同，骑行路线、公里数、所需时间等信息都详尽列出。如果你搭乘公共交通而来，骑行或许是最经济的方式。

🛏 食宿

崇明糕、老白酒（米酒）和羊肉都是崇明特色。南门附近有不少餐饮选择，可以去**邻家小厨**（☎189 3997 3998；八一路38号；人均80元；⏰10:00~14:00，16:00~21:00）尝尝崇明特色的农家菜。西沙湿地公园外面正是一个农贸市场，可以尝尝正宗的崇明糕。

岛上不乏农家乐，可以在其中就餐和投宿，也有不少特色住宿地。

上海花厢沈家院子（☎5968 7818；新河镇天新村163号；房850元起，含早餐；❄🛜🅿）2019年新开的酒店，由一个占地面积15亩的百年老宅改建而来，同时也是一家"开心农场"。装修是简约的新中式风格，房间饮料免费畅饮，餐厅出品的崇明菜也很好。如果订一间带私汤的套房，就更舒服了。

金茂凯悦酒店（☎6703 1234；陈家镇揽海路799弄；标单/双 650元起；❄🛜🅿）是岛上的高端度假选择，性价比非常高，亲子房很受孩子们欢迎，且可带宠物入住。

临港新城 281

❶ 到达和离开

从上海市区前往崇明岛，可以在汶水路共和新路交通枢纽坐申崇一线(12元,80分钟)至陈家镇枢纽站，或坐申崇三线(20元,90分钟)至南门，也可以在上海科技馆坐申崇二线至崇明岛陈家镇枢纽站。返程末班车都是21:00发车。

你也可以坐船去崇明岛，上海宝杨码头与崇明岛南门码头之间6:00~17:30每半小时发1班船，船程45分钟，船票16~18元。

如果直接去长兴岛，可在上海科技馆坐申崇四线(9元,60分钟)至长兴岛枢纽站。

❶ 当地交通

南裕线公交(12元,85分钟)连接崇明岛上的陈家镇枢纽站和南门。

崇明岛陈家镇枢纽站的陈凤线(6:00~18:45,共18班,6元,20分钟)或南门的长南线(6:40、11:30、14:00、17:00,16元,85分钟)发往长兴岛枢纽站，再从长兴岛转乘横长线(7:00、10:00、13:30、16:45,4元)到渡口，换客轮(5元)至横沙岛。

临港新城

"上海在海边吧？"站在外滩，很多人会这么问。然而，此处离海还有80公里。

从长江口出海，上海东南部才真正面朝东海。开发了十多年，直到2019年国家才将它定义为"中国(上海)自由贸易试验区临港新片区"。上海的"海"字在这里真正得到了践行，不过这里并非水清沙白，也没有黏湿的海风，更多的是人造之景，一点也不浪漫。但，毕竟在那里。中国第一座真正意义上的外海跨海大桥——东海大桥如长虹卧波，一眼看不到头。滴水湖是这里的中心，围绕湖畔就有不少景点，再向外辐射可以到达上海海昌洋公园、鲜花港、上海滨海森林公园等地。

◎ 景点

滴水湖　　　　　　　　　　　　　　湖泊

(见本页地图；浦东临港新区；Ⓜ16号线滴水湖站)这是一座直径2.5公里的圆形人工湖泊。环湖有8公里长的景观带，湖中有3个

临港新城和其他景点

东海大桥。

小岛，湖中心是一个水滴形状的雕塑，即滴水湖名字的由来。湖水并不清澈，虽树木葱茏，风光并不如其宣传照上那般美，不过周末很热闹，放风筝、野营、快艇环湖等活动项目吸引了大批前来亲子游的本地家庭。滴水湖周边会建设很多场馆，目前最热门的则是5公里外的**海昌海洋公园**（☏400 601 6699；银飞路166号；门票 平日/假日 299/360元；◷9:30～17:00，暑假9:30～20:30）。

中国航海博物馆

（见281页地图；☏68283691；申港大道197号；◷9:30～15:30，周一闭馆；Ⓜ16号线滴水湖站）滴水湖旁犹如即将乘风破浪的两片大帆就是航海博物馆，大量的航海知识对大小朋友都有极强的吸引力，非常值得一看。在那座按照1:1的比例制作的明代大船面前，你可以想象一下郑和下西洋时的情形。看完博物馆再去观海，就更有感触了。

2021年7月开放的**上海天文馆**（见281页地图；临港大道与环湖北三路口）就在2公里开外，这座如同行星轨迹一般的博物馆已经一跃成为全球最大、最先进的天文馆之一。

南汇嘴观海公园　　　　　　　广场

（见281页地图；浦东临港新区；Ⓜ16号线滴水湖站）上海陆地的东南端，踞东海之滨，可远眺东海大桥。广场的标志性建筑是一个巨大的"司南鱼"，是不锈钢管做成的双层网架结构，从侧面看如一头巨鲸，站在其下仰视又仿如罩在银色渔网中。你可以沿着海堤观海，也可以下到滩涂走走，逗逗从其趾缝穿过的沙蟹，天晴时、退潮时的浅滩分分钟都是"天空之镜"。

从滴水湖地铁站坐浦东33路公交可到这里。

❶ 到达和离开

远归远，但地铁16号线直通滴水湖，也能到达临港大道等地，对旅行者来说算是友好。

其他景点

上海野生动物园　　　　　　　动物园

（见281页地图；三灶镇南六公路178号；门票130元，与俄罗斯大马戏联票220元；☉3月至11月 9:00~16:00，12月至次年2月 9:00~15:30；M16号线野生动物园站）作为上海仅有的3个5A景区之一，园内汇集了世界各地的动物，种类逾200种，总数上万，包括大熊猫、金丝猴、白犀牛、东北虎、非洲狮、非洲猎豹、长颈鹿、火烈鸟、袋鼠等。园内还有**俄罗斯大马戏**（门票100元起；☉周一至周五 13:00，周末和节假日 13:00、15:00）的剧场表演。夏天（7月1日至8月31日）这里还会推出夜游活动，会一直开放到20:00。

野生动物园距地铁站2公里，可以坐惠南6路公交前往，周末和节假日有专门往返地铁站和动物园的短驳线公交。

新场古镇　　　　　　　　　　古镇

（见281页地图；南汇新场镇；M16号线新场站）古镇不大，不过能吸引《色·戒》剧组来此取景，必有其独特之处。主街新场大街南北穿过古镇，建于明正德年间的洪福桥占据了古镇中心。新昌大街南端重建的三世二品牌坊是古镇重要的牌楼，核心区域的**第一楼茶园**就是《色·戒》取景地。洪东街上的奚家厅和奚家备弄兼有西式的立柱和中式的木窗木雕，热播剧《三十而已》剧组曾在此地取景。街东端的千秋桥建于清朝，另有一石梁桥与之形成江南水乡著名的双桥格局。古镇的开发模式与其他江南水乡如出一辙，也正在从默默无闻到开始走红，你也可以去**新场历史文化陈列馆**了解古镇的历史。

古镇距地铁站尚有3公里多，可以坐628路公交前往。

金山城市沙滩　　　　　　　　沙滩

（见281页地图；金山区石化镇海滨；门票6月20日至9月10日 周一至周四 30元，周五至周日 50元，9月11日至次年6月19日 周一至周四 10元，周五至周日 20元；☉3月1日至11月30日 8:30~20:00，12月1日至次年2月28日 8:30~17:00）上海周边东海的海水都是黄黄的，但是城市沙滩把人们"不出上海便能看到碧海蓝天"的憧憬变成了现实，生生地人工造出来一个海滨：运来金色细沙，围起来净化过的海水，连浪浪都是人造的。这里有游艇、帆板、冲浪等娱乐项目。海上浮动游泳池是上海首个天然潜水点。沙滩上则有摩天轮、沙滩排球等游玩设施。

前往金山城市沙滩，在1号线锦江乐园地铁站坐石梅线在石化车站下。

在上海滩观鸟？

你也许不会想到，看起来不以自然生态见长的上海，竟然是亚太地区候鸟迁徙的重要栖息地。但是别忘了，扼"长江入海"之口的上海本就占尽天机，东海长江之滨坐拥滩涂湿地，岂会被火眼金睛的候鸟放过。在真正的上海滩——上海的滩涂上，你会有许多发现。

除了崇明岛**东滩湿地公园**（见280页），**崇明北湖**（见276页地图）也是水鸟的越冬地，常见鸟类有野鸭、鹬类、鸥类、鹭类、小型雀鸟等。临港新城附近的**南汇东滩湿地滨海**（见281页地图）和**奉贤海湾国家森林公园**（见281页地图）最适合观鸟的季节分别是9月和12月，除了常见的鸻鹬类涉禽，黑脸琵鹭、白头鹤、小天鹅、震旦鸦雀这些特别的鸟类也在近年频频露脸。宝山区的**上海上海吴淞炮台湾湿地森林公园**（见276页地图），每年3月有大批候鸟飞临，宝钢水库适合在冬季观鸟。市内的共青森林公园、江湾湿地、上海植物园、世纪公园等也都是观察林鸟的胜地。**上海野鸟会**（www.shwbs.org）定期会组织观鸟活动，在网站论坛可以获得最新观鸟和活动资讯。

市郊索引地图

1 朱家角（见285页）

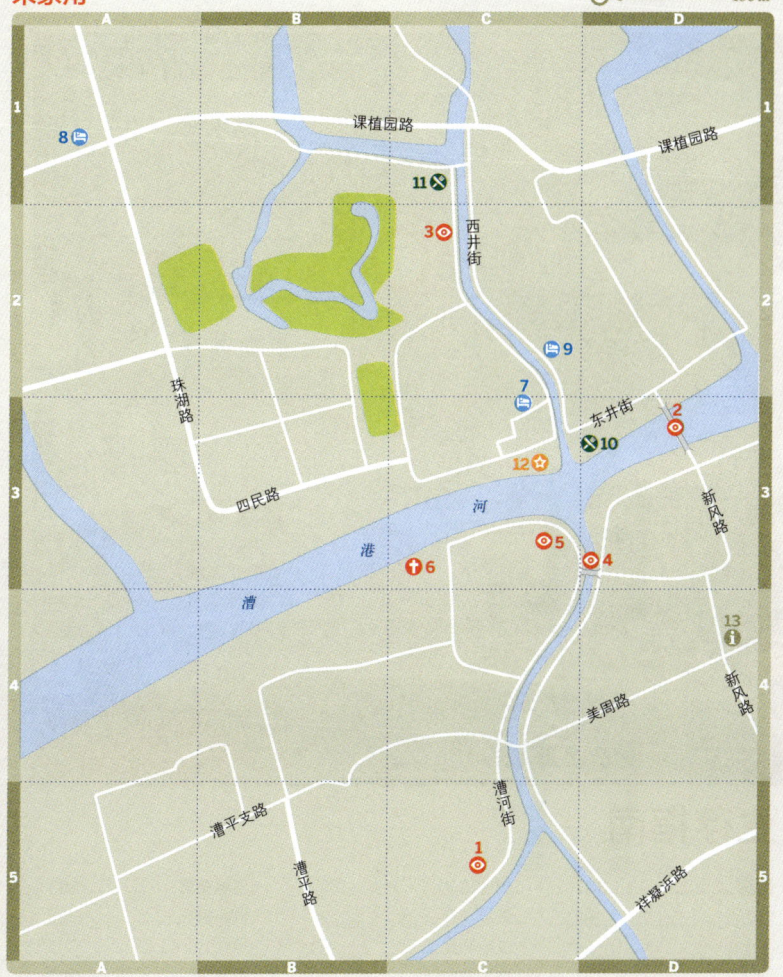

朱家角

朱家角
◎ 景点
- **1** 大清邮局 C5
- **2** 放生桥 D3
- **3** 课植园 C2
- **4** 泰安桥 D3
- **5** 圆津禅院 C3
- **6** 朱家角天主教堂 C3

🛏 住宿
- **7** 上海青白瓦宿 C3
- **8** 朱家角安麓酒店 A1
- **9** 朱家角井亭民宿 C2

🍴 餐饮
- **10** 阿婆茶楼 D3
- **11** 渔水之家柴火菜饭 C1

☆ 娱乐
- **12** 水乐堂·天顶上的一滴水 C3

ℹ 实用信息
- **13** 朱家角旅游咨询服务中心 D4

上海市区的出租车。

生存指南

住宿 **287**
住宿类型 287
住哪儿 289
最佳住宿 290

出行指南 **296**
证件 296
保险 296
银行 296
购物 296
邮政 297
电话 298
上网 298
地图 298
工作时间 298
气候 298

旅游信息 299
医疗信息 299
危险和麻烦 299
摄影和摄像 300
独自旅行者 300
无障碍旅行 300
女性旅行者 300
同性恋旅行者 300
志愿服务 300

交通指南 **301**
到达和离开 **301**
飞机 301
火车 301
长途汽车 302
轮船 302

当地交通 **303**
抵离机场 303
地铁 303
公交车 303
出租车 303
轮渡 304
租车 304
自行车 304
观光巴士 304

幕后 **305**
索引 **306**
如何使用本书 **310**
我们的作者 **311**

住宿

上海的住宿选择颇丰，从青年旅舍到连锁酒店，从星级酒店到精品酒店，甚至一些独具特色的花园洋房酒店，可以说应有尽有。但住宿价格总体上要贵于中国大多数城市，即便快捷酒店也不例外，住宿极有可能成为你旅行支出的大头。节假日热门地段的酒店会预订一空，但不太会发生全城一床难求的现象。

住宿类型
青年旅舍

目前，上海加盟**国际青年旅舍组织**（YHA China；www.yhachina.com）的旅舍缩减到仅剩2家，床位价格在70元左右，持YHA会员卡（年费50元）可以享受会员价，通常是每个铺位便宜5元。事实上，上海有上百家非YHA旗下的青年旅舍，价格要便宜些，同样以床位间为主，主要分布在人民广场、外滩、黄浦和静安等交通便利的位置，它们大多干净整洁，配备公共区域、自助洗衣服务等，能提供有用的旅游信息咨询，青旅氛围也都不错。

旅行者可以通过携程（www.ctrip.com）、大众点评（www.dianping.com）、美团（www.meituan.com）、飞猪旅行（www.alitrip.com）等订房网站或相应App，挑选并预订酒店。

快捷连锁酒店

如家、汉庭、7天、锦江之星、海友、宜必思、布丁等快捷连锁酒店遍布各个区域，大多离地铁站不远。这类酒店虽缺少个性、陈设简单，但服务、设施、卫生状况都有一定的保障。价格上要比其他城市同品牌旗下的分店高出百分之五十甚至更多，但已属上海市内的性价比之选。

如家和颐、全季、白玉兰等连锁酒店旗下的中高端品牌，与快捷连锁相比，房间更精致，床品更舒适，价格也更高。全季在上海的铺设率非常高，黄浦和静安、人民广场、老城厢的主要地铁枢纽都能找到。一般来说，这类酒店在订房网站上的价格优势不明显，如果经常住，办张会员卡更实惠，且能赠送早餐，有些可以比非会员晚退房，通常可以在酒店前台直接办理会员卡。

豪华酒店

你能在上海找到几乎所有国际连锁的高端酒店品牌，尤以外滩和陆家嘴的黄浦江沿岸最集中、最奢华。这类酒店有超过本土五星级酒店的硬件设施和管理服务，比后者更注重设计感和智能化，无论是价格，还是入住体验，都体现着"高大上"。它们大多有自己的网站，可提前了解，选择自己喜欢的设计风格。崇明岛、佘山、朱家角等城市外围，也有一些高端酒店，并主打度假风格。

西郊宾馆、建国宾馆、锦江饭店、华亭宾馆等一些沪上老牌的本土星级酒店，价格要便宜些，不过设施陈旧也是普遍的问题。我们的经验是，如果500元左右可以住进一家老牌星级酒店，不如选择新开业的同等价位的商务酒店或连锁酒店的高端品牌。

精品/设计酒店

这类酒店集中在外滩、黄浦和静安，有些建在历史建筑内，很有怀旧感。它们通常由著名设计师打造，有着装饰艺术风、法式风情、中式复古、Ins工业风等设计风格，强调

房价范围

书中我们标注的价格，一般为标间价，即包含一张大床（标单）或两张小床（标双），以及独立卫生间，青年旅舍或设多人床位的住处会加标床位价格。除非特别注明，否则房价不含早餐。所有的价钱都是我们调研时了解到的实际价格。

分类	价格范围
¥（经济）	200元
¥¥（中档）	200~600元
¥¥¥（高档）	600元以上

个性，也注重本地特色，往往能将现代化设计与老上海元素结合得恰到好处。这类酒店的服务很用心，并且注重私密性。

METROPOLO锦江都城和**亚朵酒店**是两家连锁精品酒店。前者是锦江国际集团下的轻艺术酒店品牌，主要分布于南京东路、人民广场、外滩和静安寺周边，有些位于百年历史建筑中，每座酒店的装修风格都不同，价格也因地段而不同，一般在300~400元。亚朵主打轻居、轻奢概念，设计简约，各店风格相对统一，价格在300~500元。这两家旗下的所有酒店都能在携程等订房网站上查到，所以我们不再单列于"最佳住宿"列表中。

民宿

老房子改造的民宿如今已不胜枚举，大多位于黄浦核心区。你是真正住在民居里弄内，你的邻居是讲一口上海话的本地人。不过这类住宿的通病是隔音不好。你可以通过**Airbnb**（www.airbnb.com）预订。**昔舍**旗下在黄浦和静安的核心区有多个公寓民宿，皆为一室一厅的套房，价格在400~700元不等。

另一个民宿集中区是迪士尼度假村附近，都是独栋式的民宿，各家设计风格不一，住宿体验都不差。

花园洋房酒店

黄浦历史文化街区的历史建筑改造而成的酒店，是你体验老洋房的不二之选，当然价格也非常高，是目前沪上所有住宿价格之巅。这些洋房酒店的房间都不多，有些甚至是独门独院，洋房本身可能是西班牙式、英国乡村式等建筑，基本保留房子的原貌，房间内部的设计和摆设一般也会与建筑本身统一，以中式复古或欧式复古风为主，会引入一些"老物件""老元素"。**昔舍系列**（ 199 4573 3132）在上海有3家花园洋房酒店，分别是愚园路532弄柳林别业内的昔舍·家宅、南阳路134号的昔舍·红公馆和华山路303弄蔡元培故居旁的昔舍·筑梦高阁，价格都在2000元以上。

住哪儿

区域	其他优点	缺点
外滩	全国高端住宿密度最高的区域之一，五星级酒店云集，其中不少由历史建筑改建而来，外观、设施和服务俱佳，部分房间推开窗就能畅享黄浦江景。也有一些现代高端设计酒店，露台更有无敌江景。	酒店很"吃地段"，大多价格偏高，青年旅舍选择少，再加上周边餐饮消费不便宜，落脚此区得有大幅拉高旅行预算的心理准备。
人民广场	上海正中心，地理位置非常优越，步行15分钟便可到达外滩，还是3条地铁线的交会点。黄河路、云南南路、浙江中路美味的平民小吃都在不远处，晚上逛完南京路步行街直接回去休息也很方便。住宿价格区间大，选择多元。	周边人流量大，可能会遭遇一些坑蒙拐骗的套路。邻街的房间可能有些嘈杂，晚间人民广场周边几条街比较黑，独行的人要留意，注意安全。
黄浦和静安核心区	这里是上海的核心所在，海派情调滋生，轨道交通也非常方便。各种住宿选择都有，也集中了沪上最多的洋房酒店和民宿。如果想找性价比高的住宿地，可以在这片区域的边缘搜寻一下。	"上只角"很考验荷包分量，想要体验一份独特，四位数一晚的价格在所难免。几乎所有老房改造的花园洋房酒店、设计酒店、民宿等，都多少会有隔音差的弊端。房间面积小、没有停车位也是很多酒店的通病。
老城厢	住宿价格相对便宜，经济实惠的酒店居多，当然也有个别高档精品酒店，价格同样要比黄浦和静安核心区低一些。这里离淮海路、新天地、外滩、人民广场都只是咫尺之遥，交通也方便，称得上是性价比之选。	酒店选择比较有限，数量不多。部分酒店设施比较老，如果是老房改造的，一般都有地漏问题。如果有意住青旅或连锁酒店，建议向北靠近南京东路处找找看，步行至豫园也就十来分钟。
浦东	陆家嘴和浦江沿岸高档酒店很多，住宿条件和服务设施都是国际标准。稍微远离陆家嘴中心，价格会便宜得多。住在2号线、9号线沿线的话，去浦西非常方便。	高档型酒店周围的消费比较高，平时折扣力度不大。整体来说，浦东的餐饮不如浦西有特色，也不便宜，如果吃也是选择住宿的一大标准，浦东不占优势。
市区西部	市区西部地铁沿线的住宿选择也很丰富，周边美食多，出行方便，而且同档次酒店的价格要比市中心合理很多，静安寺和中山公园周边是不错的落脚点。	除徐家汇、长宁之外还有很多优质的酒店，但非常分散，离目的地可能会有些远，出行是个大问题。
市区北部	北外滩的精品酒店已成为新晋地标，有着外滩的无敌江景。苏州河以北的中低端酒店相比其他区域价格优势明显，且距市中心很近。	除北外滩一带的精品酒店外，其他酒店品质相对较差且参差不齐。火车站附近住宿地多但鱼龙混杂，性价比高的可能比较远。

最佳住宿

名字	区域	介绍	实用信息	类型
和平饭店 ¥¥¥	外滩	这是上海最具历史感的酒店,已经超过了90年,算是上海酒店界的"老克勒",如果预算足够,一掷千金回到过去还是很值得。无论从设施和服务都很令人满意,还能预约一场酒店探访之旅,了解更多昔日上海的故事。	(见100页地图;☏6321 6888;南京东路20号;房1500元起;❄☎P;Ⓜ2号线、10号线南京东路站)	豪华酒店
锦江都城经典上海外滩酒店 ¥¥	外滩	毗邻和平饭店,地处南京东路上的绝佳地段,由百年老建筑改造而成。服务、卫生到位,装修也相当精致,绝对是外滩的性价比担当。	(见100页地图;☏6321 1666;南京东路98号;标双570元起;❄☎;Ⓜ2号线、10号线南京东路站)	精品酒店
上海艾迪逊酒店 ¥¥¥	外滩	由电力公司大楼改建的酒店,秉承了全球艾迪逊的一贯特色,随处可见的仿皮草毛毯是家的味道。9间餐厅酒吧让你在任何地方都能喝到饮料。顶层露台观景甚好,如果你愿意多花500元,就可以把这些风景搬到房间。	(见100页地图;☏5368 9999;南京东路199号;标双1770元起;❄☎P;Ⓜ2号线、10号线南京东路站)	豪华酒店
多园国际青年旅舍 ¥	外滩	虽位于公寓楼内,但占了整整一个楼层,宿舍区、学习区、公用厨房、洗衣间、观影室等等以良好划分,竟然还有电话房和化妆间。宿舍分四人、六人、八人间三种,所有房间都含卫生间,每个铺位都有帘子,唯一的缺点是房间很局促。	(见100页地图;☏176 2130 3860;广东路339号3楼;铺60元起;❄☎Ⓜ10号线豫园站,1号口)	青年旅舍
国际饭店 ¥¥	人民广场	当年的"远东第一楼"也许可以满足你想住进历史酒店又不至于消费太贵的愿望。有些房间比较局促,但胜在交通非常方便,你真的住在了上海原点上,也无须排队就可以预订著名的蝴蝶酥。	(见97页地图;☏6327 5225;南京西路170号;房500元起;❄☎;Ⓜ1号线、2号线、8号线人民广场站)	精品酒店
上海雅居乐万豪酒店 ¥¥¥	人民广场	交通便利,餐饮服务出色,工作人员友善而有效率。高楼层面朝浦江的房间景观不输外滩,如果遇到淡季,免费升行政景观房的可能性很大。这里即将升级成为中国首家、全球第九家万豪侯爵品牌酒店。	(见97页地图;☏2312 9888;西藏中路555号;房750元起;❄☎P;Ⓜ1号线、2号线、8号线人民广场站)	豪华酒店

续表

名字	区域	介绍	实用信息	类型
锦江之星（南京东路步行街店）¥¥	人民广场	带塔楼的洋楼1917年建成，相当雅致有情调，它的前身是东亚饭店，东亚饭店之前是昔日赫赫有名的先施公司。虽然是连锁酒店，但光这个历史建筑和地段就很超值。就在南京路步行街上，尽可能要高一点的楼层。	（见97页地图；☎6322 3223；南京东路680号；标双248元起；❄☎；Ⓜ1号线、2号线、8号线人民广场站）	连锁酒店
老陕客栈 ¥	人民广场	市中心的两位数住宿几乎绝迹，这家门口是同名饺子馆，进去后会发现很有青旅风格，木头床铺也比较舒服，住客大多都留宿挺长时间。必须要去露台上晒晒太阳。出门就是云南路美食街和大世界，到周边景点也很方便。	（见97页地图；☎6328 8680；云南南路17号；铺65元起，房270元起；❄☎；Ⓜ8号线大世界站）	客栈
Z:OTEL & URSIDE ¥	老城厢	亚朵旗下的品牌，以江南造船厂的厂房改建而成，酷酷的工业风设计。住宿分Loft风格的复式房间和集装箱式的单人房。后者非常小，但也称得上五脏俱全，不但书桌、浴袍、吹风机一应俱全，还备有投影仪，公共卫浴也非常干净。	（见139页地图；☎6335 3090；花园港路60号B4-3A；单间(公共卫浴)120元，标间500元起；❄☎ⓅⓂ4号线、8号线西藏南路站，2号口）	设计酒店
渝舍 ¥¥¥	老城厢	老宅改建的设计酒店，总共有14间客房，每间设计都不同，有些为中式，有些偏工业风，有些带禅意，但总体都简洁素雅，细节也都很到位。卫浴、床品都是很好的品牌。	（见139页地图；☎6333 3739；复兴东路439号；标间880元起；❄☎Ⓟ）	精品酒店
禧玥酒店 ¥¥¥	浦东	2020年开业的禧玥是华住旗下的高端品牌，紧挨着浦江，陆家嘴"三件套"和对岸浦西的高楼一览无遗。房间非常漂亮，带点中国风的元素。洗手间很大，配备毛巾烘干架。酒店的早餐由高端餐饮新荣记供应。	（见138页地图；☎6012 8218；浦明路868弄3号楼；标单/双1067元起；❄☎Ⓟ✈）	酒店
逸扉酒店 ¥¥	浦东	2020年开业的酒店，为凯悦旗下的新品牌。房间为智能化控制，设计简约大气，配备戴森吹风机和凯悦同款洗护用品。酒店提供免费洗衣机、烘干机服务。	（见140页地图；☎5898 5877；浦东南路2266号3号楼；标单/双450元起；❄☎Ⓟ）	酒店
金茂君悦大酒店 ¥¥¥	浦东	这家老牌五星级酒店已经营多年，设施难免陈旧，早餐也一般，不过江景房视野开阔，可坐拥近270°的陆家嘴景观。87楼的九重天酒廊更是赏景的不二之选。	（见138页地图；☎8024 1234；世纪大道88号；标单/双1038元起；❄☎ⓅⓂ2号线陆家嘴站）	酒店

续表

名字	区域	介绍	实用信息	类型
丽思卡尔顿酒店 ¥¥¥	浦东	令丽思卡尔顿在陆家嘴众豪华酒店中脱颖而出的是其拥有无敌景观的露台餐吧——住店客人可优先订座。住宿体验本身无可挑剔,符合五星级酒店的所有标准,服务、细节都很到位。	(见138页地图;☎20201888;世纪大道8号上海国金中心;豪华房2099元起;❄🛜🅿🛌Ⓜ2号线陆家嘴站)	豪华酒店
曒阁酒店 ¥¥	黄浦和静安核心区	2020年新开的酒店,为简洁的日式风格。房间干净,床品也很舒适,洗浴干湿分离,配智能马桶。不过洗手盆容易往外溅水,隔音也不理想。房价含早餐。总的来说,性价比不错。	(见208页地图;☎60889166;胶州路339号;标间460元起;❄🛜🅿Ⓜ7号线昌平路站,3号口)	精品酒店
苏荷精选花园别墅酒店 ¥¥	黄浦和静安核心区	别被花园别墅的名字吓退了,这里与连锁酒店价位相同。确实是位于老洋房内,只是没有经过设计师的升级装修,房间比较小,但非常干净。这里离武康路非常近,如果想体验老洋房,又不舍得多掏钱,这里很合适。	(见212页地图;☎62147727;泰安路115弄9号;标单/双280/360元;❄🛜🅿Ⓜ10号线、11号线交通大学站,7号口)	花园洋房酒店
黑石M+酒店 ¥¥¥	黄浦和静安核心区	2020年新开的酒店,紧挨着黑石公寓。酒店总共有24间客房,设计带有装饰艺术风格。最便宜的房间布局非常紧凑,双人床仅1.5米。其他房型皆有沙发,也宽敞、舒适得多。贵一点的房间配备爱马仕洗护用品。	(见212页地图;☎64681331;复兴中路1331号2幢;标间1280元起;❄🛜🅿Ⓜ1号线常熟路站,4号口)	设计酒店
隐居繁华武康路公馆 ¥¥¥	黄浦和静安核心区	花园洋房改造的酒店,房间设计得古典、浪漫又贵气,每个房间以沪语命名。洗浴用品为日本POLA品牌,部分房型还会赠送爱马仕洗浴套装。缺点是隔音不太好。	(见212页地图;☎33568388;武康路100弄1-4号;标间1200元起;❄🛜)	花园洋房酒店
上海静安CitiGO酒店 ¥¥	黄浦和静安核心区	没有星级酒店的厚重感和商务感,设计感和智能化是它的招牌。地段闹中取静。房间一尘不染,卫生间还有烘衣架。上海地图被绘上了墙。	(见208页地图;☎62280880;武定西路1189号;标单/双300/422元;❄🛜)	连锁酒店
昔舍民宿 ¥¥	黄浦和静安核心区	一室一厅的套房,房型很紧凑,且带厨房。房间非常干净,设计也极具心思,温馨之余能让你体会"螺蛳壳里做道场"之妙。	(见206页地图;☎26137886;建国西路66弄2号;套房500元起;❄🛜Ⓜ9号线打浦桥站,1号口)	民宿

名字	区域	介绍	实用信息	类型
建业里嘉佩乐酒店 ¥¥¥	黄浦和静安核心区	联排石库门建筑群改造而成的55栋别墅酒店，由璞丽酒店的设计师打造。古老的外壳、奢华的内里，每栋别墅都是三层楼的套房，私密性很好，硬件也无可挑剔。	（见212页地图；📞54666688；建国西路480弄；别墅3700元起；❄🛜🅿Ⓜ1号线肇嘉浜路站，2号口）	花园洋房酒店
漫心酒店 ¥¥	黄浦和静安核心区	老房改造的酒店，从家具到电话机，以及黑胶唱片机，都很复古，三层窗户也有效解决了隔音问题。部分房间的硬件设施存在硬伤，入住前有必要挑选一下房间。酒店距离淮海路和新天地都很近。	（见206页地图；📞63288668；太仓路68号；标间460元起；❄🛜🅿Ⓜ1号线黄陂南路站，2号口）	酒店
艾本精品酒店 ¥¥	黄浦和静安核心区	旧仓库改造而成的酒店，倡导低碳理念，装修部分采用回收材料。26间客房为北欧风格，每种房型都很有设计感，床很舒适，不过部分最便宜的房间略显陈旧。	（见208页地图；📞51534600；胶州路183号；标间700元起；❄🛜🅿Ⓜ2号线静安寺站，1号口）	设计酒店
宿适精选 ¥¥	黄浦和静安核心区	地段无可挑剔，房间虽然很小，但也干净整洁，还配有滚筒洗衣机。对硬件条件放宽点要求的话，性价比称得上高，不过，入住前先选下房极有必要。	（见206页地图；📞63303818；思南路30号；标单/双200/300元起；❄🛜Ⓜ13号线淮海中路站，1号线陕西南路站）	连锁酒店
镛舍 ¥¥¥	黄浦和静安核心区	酒店设计大气、高雅，房型和价格按照面积从50平方米到110平方米不等，所有房间都有浴缸，最贵的套房带露台。洗浴用品为英国品牌，mini bar中有不少免费饮料。	（见208页地图；📞32168199；石门一路366号；标单/双2000/1900元起；❄🛜Ⓜ）	豪华酒店
兴国丽笙宾馆 ¥¥¥	黄浦和静安核心区	满足五星级酒店的标准化配置，房间很大，配有舒适的丝涟床垫、戴森吹风机、智能马桶。是同类型酒店中的性价比之选。	（见212页地图；📞62129998；兴国路78号；标间900元起；❄🛜🅿✈）	豪华酒店
登巴客栈 ¥	黄浦和静安核心区	青旅氛围浓郁，打理得也很干净。床位间分四人、六人、十人和十二人4种，都非男女混住，四人间和六人间含独立卫浴，所有房间都很小。	（见208页地图；📞177 2117 2014；延安西路576号；铺40元起；❄🛜🅿）	青年旅舍

续表

名字	区域	介绍	实用信息	类型
一间森林青年旅舍 ¥	黄浦和静安核心区	如果你不介意公共空间小、青旅氛围不太浓厚,这家位置优越、干净卫生的青旅会令你满意。多人间含卫生间,每个床位有椅子,并配有阅读灯和充电口。	(见208页地图;☎133 7027 6981;北京西路1213号;铺60元起,标单/双150/170元起;❄️🛜)	青年旅舍
白玉兰酒店 ¥¥	黄浦和静安核心区	接近纯白色的房间十分素雅,墙上绘有白玉兰图案。房间宽敞、干净。除了隔音不好,其他都过关,记得要避开面朝高架的房间。	(☎6302 9910;斜土路456号;标单/双280/380元;❄️🛜Ⓜ️9号线、13号线马当路站,3号口)	酒店
驿程精舍酒店 ¥	黄浦和静安核心区	酒店离鲁班路地铁站10分钟脚程。房间面积不大,不过设计精巧。舒适的床铺和智能马桶是加分项。	(☎6352 7358;打浦路475号;标间200元起;❄️🛜)	酒店
美豪丽致酒店 ¥¥	市区西部	美豪丽致被称为"酒店业的海底捞",设施配备非常贴心,管家服务贴心周到,停车也是免费。从下午茶到水果到深夜的面条,都让人感受到用心。这一家就在徐家汇绿地后面,有空可以去附近衡山宾馆吃一个著名的栗子蛋糕。	(见250页地图;☎6415 5688;建国西路691号;标单/双500元起;❄️🛜🅿️Ⓜ️1号线、9号线、11号线徐家汇站)	连锁酒店
上海交大轻居酒店 ¥¥	市区西部	2021年崭新开业的酒店,秉承了亚朵的一贯特色,小而美。离交大和徐家汇都很近,公交站和地铁站也很容易到达。房间里的床品很舒服,早餐品种不多但质量不错。送外卖的机器人也是一个亮点。	(见250页地图;☎6447 1000;广元西路319号;标单/双525元起;❄️🛜🅿️Ⓜ️1号线、9号线、11号线徐家汇站)	连锁酒店
外滩悦榕庄 ¥¥¥	市区北部	环境、服务、硬件都对得起悦榕庄这个品牌,特别适合度假。酒店坐落于北外滩,江景很美,在露台上的玻璃房里吃饭很享受。这里离提篮桥历史风貌保护区很近,还能惬意地漫步到杨浦滨江或者陆家嘴北部。	(见252页地图;☎2509 1188;公平路19号;标单/双1980元起;❄️🛜🅿️Ⓜ️12号线提篮桥站)	豪华酒店
上海石库门文化民宿 ¥¥	市区北部	走进这间藏在石库门里的民宿,感觉就像到了上海人家里做客,老板也很热情。6间客房不算大,但挺干净,晚上很安静。离鲁迅故居和山阴路美食很近,也可以自己做饭。需要提前跟主人确认有无空房,有些房间的卫生间有些小。	(见252页地图;☎137 0169 3232;宝安路279弄7号;标单/双265元起;❄️🛜🅿️Ⓜ️3号线、8号线虹口足球场站)	民宿

续表

名字	区域	介绍	实用信息	类型
迪士尼玩具总动员酒店	迪士尼	这是两间迪士尼主题酒店里相对便宜的那间，顾名思义都是跟《玩具总动员》有关的房间，享有提前入园和观看烟火的便利。各方面服务都不错，只是卫生间冲水的声音特别"响亮"。	(✆4001 800 000；申迪西路360号；标单/双 1100元起；❆ ⌂ P ✈；M11号线迪士尼站)	豪华酒店

出行指南
证件

有效身份证件是出行的必备物品。在上海住宿,购买火车票、长途汽车票等都需要用到身份证,一些可以免费参观的博物馆、展览馆,也大多需要凭身份证进行登记换票。

中小学生、65岁以上的年长者、军人可以凭证件享受购票优惠。一般来说,1.2米以下的儿童能够跟随家长免票进入大部分景点,不过还要以每个景点的具体规定为准。

各大热门景点门票几乎都可以在淘宝网、大众点评网找到优惠票。

国际青年旅舍联盟(YHA)会员卡和各个酒店集团的会员卡,可以在住宿方面帮你省钱。

保险

购买保险是旅行必不可少的准备。虽然上海治安情况良好,但未雨绸缪才能玩得更加安心。旅行者应根据前来上海的具体行程计划选择不同险种。如果以购物、市区观光为主,那么普通的旅行意外险就可以满足需求。如果计划开车自驾,并且连同其他城市一起游玩,那么除基本的车辆保险(以及租车公司提供的保险)外,车辆相关的补充保险、贵重物品的财产险等或可纳入考虑范围。但不论如何,旅行意外险是最基本也最必需的险种,对于在旅途中发生的因人身意外、财物丢失、医疗急救等造成的损失会进行一定比例的赔偿,能够大大降低旅行的风险,因此推荐旅行者购买。众多保险网站均提供各类旅行险种并可直接在线购买,如**慧择保险**(www.hzins.com)、**美亚保险**(www.aiginsurance.com.cn)、**700度保险**(700du.cn)等,后者理赔服务做得比较好。

在长途汽车站售票窗口购买车票时,售票员一般会默认搭售保险,根据保险自愿的原则,旅客有权拒绝(最好购票前声明)。即使没有另外购买保险,票面也已经包含了承运者的保险责任,如果发生意外,依然有权进行索赔,所以一路上的各种票据务必妥善保管,以备不时之需。另外,旅游意外险通常包括了航空意外,有时候比购买航空意外险更加优惠,而且保额更高。

银行

作为亚太金融中心,在上海几乎能找到各个国内外银行的网点和ATM。市中心、商务区银行网点最为密集,商场内、地铁站里通常也能找到ATM。如果不是办理特别复杂的业务,不用前往银行网点柜台,在ATM上就可以自助操作,存取款、转账、信用卡还款等都没有问题。如今越来越多的银行还推出了可视柜台、机器人服务等,协助用户自主完成更多业务。

你也不必取太多现金,几乎所有场合都可以手机支付,微信、支付宝、云闪付等各种手机钱包在上海非常普及,手机支付还有优惠。

购物

上海一直以来都是购物天堂,从过去买丝绸、买"上海制造",到如今买大牌、买"国际时尚","魔都"始终引领着消费的潮流。虽然现在网购越来越发达,但上海风格各异的各大商场、隐藏在弄堂里的精品小店以及良好的购物氛围,都让人忍不住加入血拼的队列,哪怕只是"橱窗消费"(window shopping)也能让人过一把逛街的瘾。

如果打算购买特产,豫园老街是一站式购买特产和手信的地方。南京东路的沈大成、邵万生,淮海中路的全国土特产商店、哈尔滨食品厂、长春食品商店,都可以买到五香豆、蝴蝶酥、梨膏糖、杏仁排等上海味道。淘古玩去豫园附近的新藏宝楼,文房四宝集中在福州路,文庙周边还有些二手书店,周日文庙会有书市。豫园老街可以买到纪念品,但是没什么上海特色,倒不如各个独立书店的文创用品更吸引人。购买服饰的话,沿着淮海中路和南京西路、南京东路逛逛即可,除了各大购物中心之外,也有各大品牌的专卖店、旗舰店,以及潮牌、日系生活方式的集合店。善于淘货的人,七浦路服装批发市场不容错过。迪士尼旗舰店已在陆家嘴东方明珠对面开业,虽然商品种类不比迪士尼度假区内丰富,但这是迪士尼在上海市区唯一一家官方旗舰店。自然博物馆的纪念品店也有颜值很高的礼品和公仔。更多关于购物的内容,可以参见"在路上"各章节的购物部分。

购物广场

如果喜欢逛商场,认准这几个地铁站:静安寺、南京西路、人民广场、陕西南路、徐家汇、中山公园、陆家嘴,这些著名的商圈都有不止一家大而全的购物中心。这些商场内早已从单一的购物发展为集餐饮、娱乐、活动、亲子等于一体的体验式商圈。淮海中路的K11、iapm,南京西路的恒隆、梅龙镇、静安嘉里中心,陆家嘴的IFC等都是一线品牌聚集处。不仅如此,很多大品牌流行的"快闪店"(在商业发达地区设置的临时性铺位,短时间内销售一些季节性商品)也都集中在这些区域。

定制成衣

"上海裁缝"的名气从明末清初开始就传遍全中国了。那时宁波红帮裁缝在上海专门为外国人做衣服,以手法精细、剪裁得体著称。如今,定制成衣早已不是豪富人士的专利,但"上海裁缝"的品质仍然始终如一。很多上海本地人,包括年轻人也还保留着找裁缝做衣服的传统,特别是西装、旗袍这些比较传统和正式的服装,量身定制要比买来的衣服更加合体。来到上海为自己或者朋友做一身出自"上海裁缝"的衣服绝对是别出心裁的礼物。在老城厢的十六铺轻纺面料城和南外滩轻纺面料城中,售卖各色布料的摊位一个挨着一个,而每一家都有裁缝可以帮你现场量尺寸。只需挑好布料样式,或者自带图片设计,留下地址,几天之后量身定做的衣服就会寄回家中了。市中心原租界区里也有定制成衣的精品店,店内服务更加细致、布料品质更好,价格当然也不便宜。

特色小店

上海核心区的多条小马路上有不少有意思的小店,例如陕西南路、长乐路、新乐路、武康路、安福路等,想要不撞衫,逛小店就对了。这些店包括设计师店、买手店、古着店等,既有原创设计,也有仅此一件的限量款。大多价格不便宜,请做好看到价签时"吓一跳"的心理准备。

书籍

虽然网络碎片化阅读一点点地侵蚀着我们的阅读习惯,但总有一些好的书店会让人重拾翻看纸质书籍的热情。上海从来都不缺优秀的书店。如果想去大型书店,福州路上的上海书城是老牌综合性大书店,各种类型的图书应有尽有,上图书店有关于"上海"主题最全的书。这个城市更多的是独立书店,都是好看又好逛。不少书店本身所在的建筑就十分吸引眼球,比如开在黑石公寓1楼的幸福集荟、思南公馆内的思南书局、圣尼古拉斯教堂内的思南书局·诗歌店,以及抢占上海中心大厦52层的朵云书店旗舰店等。2020年,来自日本的茑屋书店登陆上生·新所,著名的二手书店多抓鱼也落地上海,又为魔都书虫们带来了新的购书体验。

电子产品

旅行中如果需要购买摄影器材,可以去鲁班路的星光摄影器材城,全上海的摄影爱好者都喜欢来这里淘货,从入门级到大师级,新品或者二手,各种各样的摄影器材都可以在此处找到。

如果需要补充一些其他的电子产品,与其前往传统的"数码广场",不如选择次日送达的网络购物,也避免了与那些掮客纠缠的麻烦。

邮政

中国邮政(11185.cn)的网站上可以查到供参考的邮政资费。包裹有普包、快包、EMS等多种服务。但旅行过程中,邮局最大的意义莫过于给亲朋好友或者自己寄去一张带有邮戳的明信片了。以下这些邮局会给你带来惊喜:

中国最高的空中邮局 上海中心大厦上海之巅观光厅。

东方明珠邮政所 世纪大道1号,东方明珠第二个球。

快递

几乎在上海的每一个社区附近都有民营物流可提供便利的服务，顺丰、申通、圆通等公司网点分布都很广。若是市内的快递，顺丰还推出即日达的服务。

电话

移动、联通、电信各大主要运营商的手机信号覆盖全上海，大部分情况下使用顺畅。偶尔在地铁上、地下停车场等出现短暂的信号延迟属于正常现象。

因为手机太方便，公用电话正在不断减少。如果你要拨打报警电话，尽量使用座机，方便警方迅速定位。有些宾馆、旅馆和电信有合作，在客房有免费畅打国内长途的座机。

上网

上海市区4G和5G信号全覆盖，能够满足正常的上网需求。同时，i-shanghai 无线公共网络已经覆盖上海大部分的公共场所和空间，如主要景点、中心街区、公园、交通枢纽等，即使没有手机上网流量套餐也可以使用网络（下载 i-shanghai App 之后连接无线网络效果更佳）。除此之外，肯德基、麦当劳、星巴克等餐厅和咖啡馆，在机场、火车站等都有免费Wi-Fi，能满足基本的用网需求。但是，连接免费公共Wi-Fi时，务必注意网络安全。大部分免费网络通过手机号码和验证码连接，或者关注微信连接，并不需要其他额外信息。如果遇到可疑的Wi-Fi热点索取私人信息，请不要轻信，可能会导致个人信息的泄露。

地图

智能手机和手机网络成为标配的今天，基本上手机地图导航可以解决绝大多数关于出行的问题。共享单车普及之后，很多手机地图软件还推出了"自行车导航"选项，方便不熟悉线路的旅行者骑行游览。大部分手机地图软件都可以下载离线地图，既方便又节省手机流量。不过，步行或骑行的时候，不要只顾着低头看地图，插上耳机（为安全起见只戴一边更好）就可以听到所有指路提示，留意周围的交通状况更加重要。

上海主要的机场、火车站和旅游咨询中心都提供免费的城市地图。有的上面还会有区域详细图或者步行线路，对手机地图软件是一个不错的补充。

工作时间

上海大部分景点实行淡旺季制度，每个景点不同季节开放时间差异大，游玩之前需要花一点时间了解一下。通常来说，博物馆、展览馆类的景点星期一都闭馆（遇节假日或特殊情况除外），开放时间在9:00左右，闭馆前1小时停止售票或入场，出行时请安排好时间。个别需要预约的景点请提前访问其官方网站或微信公众号了解如何操作。主要公园开门的时间是在6:00~6:30，停止售票的时间为17:30~18:00，闭园时间为17:00~21:30。

银行和邮局营业时间多为9:00~17:00（或17:30）。大部分银行周六营业时间会有所缩短，周日只有部分网点营业，平日的12:00~14:00也会关闭部分窗口。一些餐厅仅在饭点开门迎客，14:00~17:00前往可能会吃闭门羹。商场通常10:00开门，22:00结束营业。

气候

关于前往上海的最佳时节信息，请见40页。**中国天气网**（www.weather.com.cn）和智能手机自带的天气软件上都能提供详尽的实时天气预报和7天内天气预报。上海属亚热带季风气候，四季分明，日照充分，雨量充沛。总体来说，上海气候温和湿润，春秋较短，冬夏较长，年平均气温17.1℃。每年6月上旬至7月上旬是梅雨季节，几乎天天下雨，出门需要携带雨具。梅雨季过后的七八月就进入了上海一年当中最热的时节，俗称"蒸笼天"。气温高，体感闷热，如果恰逢此时出游，需要额外准备防晒、防蚊虫以及防暑降温用品。上海的冬天绝对温度一般都不算低，0℃以下的日子屈指可数，但由于湿度大，总体感觉还是很阴冷，但好在上海的公共场所，包括商场、地铁、餐厅、酒店等都会开足空调,所以室内还是比较舒适。每逢梅雨季和冬季,衣服洗了很不容易干。夏秋两季的空气质量最好,冬季最差。

旅游信息

上海旅游咨询服务中心 在各大景区和交通枢纽中心附近都有网点分布,全方位、公益性地提供相关的旅游资源、景区、旅游产品、交通线路信息,及有关各大星级酒店、宾馆和餐饮场所等信息的问询服务,还有免费的中英文上海旅游地图、城市概况、美食地图等资料,以及介绍上海风土人情的宣传册。同时,该中心也负责接待旅行者对上海各类旅游相关的消费投诉。

以下为部分上海旅游咨询中心:

南京路步行街(📞5321 0018;中山东一路341号)

城隍庙(📞6355 5032;豫园老街华宝楼1层)

陆家嘴(📞3383 0210;世纪大道1号东方明珠1号门附近)

徐家汇(📞5425 9260;蒲西路166-1号)

静安寺(📞6248 3259;南京西路1678弄19号)

上海火车站(📞6317 2970;天目西路298号,近火车站北广场东北口)

浦东机场(📞6150 9094;浦东机场T2候机楼到达层,中央步道电梯下)

医疗信息

医院

作为国际化大城市,医疗方面基本不需担忧,但也请注意甄别医院的资质,部分民营医院口碑不佳,选择公立医院更有保证。

药店

药店在上海的主要街道及社区周边很常见,现在一些医药网和送餐网还提供送药快递服务,足不出户就能买到药物。

危险和麻烦

交通安全

上海人多车多,过马路时一定要注意两边交通状况。交通枢纽和重要商圈通常会有地下过街通道(或者地铁站)、天桥,切忌在主马路上横冲直撞。

高峰时段的地铁非常拥挤,一定要保管好自己的随身物品,照看好小孩,以免被人流挤散。候车时注意站在警戒线以外,避免被人流挤进轨道。宁可多等一班车,也不要抢上抢下,被地铁门夹到非常危险。

上海单行线很多,不论是自驾开车还是骑自行车,一定要注意观察路标。不熟悉路况的情况下可以使用手机地图导航,语音提示会告知限行路段等重要信息。特别留意,有些路段不允许自行车逆行或是不允许自行车上机动车道,违者将被罚款。不论是开车还是骑车,找好停车位置都十分重要,随意在路边乱停车很可能被处罚。

上海老城区很多地方道路狭窄,且拐弯很多,稍不留意很容易迷路,如老城厢、衡复风貌区等。建议步行或骑行游览的时候多查看手机地图导航软件。

扒窃

地铁、公交车、火车站、热门景点等人流密集的地方,一定要看管好随身物品,谨防偷盗、扒窃行为的发生。钱包放在包内袋,必要的时候把双肩包背到前面。在地铁站、火车站等入口处检查行李时,一定要盯紧,防止别有用心的人"顺手牵羊"。上海火车站、延安路和西藏路天桥都是盗窃案件高发区,经过上述区域时应多加小心。

住酒店时,如有必要应将贵重物品放入保险柜内保管。如果条件不允许,应该随身携带并且出门时锁好门窗。入住青年旅舍多人间时,前去洗浴时,不要将背包、钱包、手机等留在床铺,如果房间里没有柜子,最好给背包加一把锁。

租车自驾时、停车时应特别注意不要将包和贵重物品留在车座上,给不法分子可乘之机。如果的确不方便拿,可以放在后备厢内,并且锁好车门车窗。

旅游陷阱

坐火车抵达上海时,会在站外遇到一些推销酒店、包车游上海的"热心人",对于这种现象,应该不听不信,按照自己原定的计划行事。如果的确有住店、租车的需求,也不要和他们搭话,以免被套话,泄露个人信息,应找工作人员询问,并且最好事先在网络上了解相关情况。

上海公共交通非常发达,加上现在手机地图软件可以智能推荐乘车线路,基本上在上海旅行时没有必要参加"一日游"这样的短途跟团游,自行游玩就很方便实惠。如果的确有需要参加跟团游,请务必选择正规的旅行社,地铁上、公园内发放的小广告上面写着"xxx旅行社"的低价线路都不可信,其中很有可能包含强制购物。

毒品

中国对于毒品的管控十分严格,但在一些娱乐性场所还是会出现不法分子兜售软性毒品、新型毒品的情况。一旦遇到,应保持警惕,坚决拒绝,并且找准时机报警。

摄影和摄像

几乎所有景点都允许拍照,除了一些古迹出于保护文物的需要而禁止使用闪光灯,想拍照前先看清现场的摄影标志。一些艺术展览或演出也是禁止拍照或使用闪光灯的。对于不允许拍照的地点,应尊重场地的规定。

独自旅行者

在上海,独自旅行毫无难度,也很有趣。独自旅行时能有更多的机会和当地人交流,体验当地风俗文化,品尝特色美食,并且按照自己的喜好安排行程。上海良好的治安、便捷的公共交通都能解除独自旅行者的顾虑,不过在前往郊区、城乡接合部等地区时,仍不建议夜晚独自出行。一个人去酒吧也要长个心眼。

独自旅行有的时候还会得到一些特殊优待。在迪士尼乐园内有专门的"单人通道",可以比较快地排队游玩;吃饭等位的时候,可以告知服务员是单人接受拼桌,往往能缩短排队时间。

上海的青年旅舍大多硬件不错,很适合独自旅行者,一方面可以节省住宿费用,另一方面也方便和别的旅行者互相交流,说不定还能碰到兴趣相投的朋友一起出行。

无障碍旅行

上海的无障碍设施在全国都属拔尖,残障人士在机场、地铁、公共机构、四星级以上的酒店和4A级以上的景区,都有合适的通道。马路上盲道也很完善,但有些盲道会被路边乱停的车辆和小摊贩占用。大众(📞96822)、强生(📞6258 0000)、巴士(📞96840)等出租车公司推出了专门的无障碍巴士,可以电话预约。

女性旅行者

女性旅行者在上海不必太担心人身安全方面的问题。尽管如此,女性旅行者仍然应该保持必要的警惕,特别是夜晚出行,如果在郊区、城乡接合部等有治安隐患的地区活动,最好有人陪同,并且搭乘正规的公共交通或者出租车。夜晚独自出行时,尽量打扮低调些。出入夜间娱乐场所时,要提防另有企图的不法分子,控制一下酒量也是必要的。

同性恋旅行者

上海是中国对同性恋态度最开放的城市之一,一些面向同志的文化娱乐事业也发展蓬勃,同志酒吧不在少数。但主流社会对同性恋还是存在一定的偏见,尤其是部分中老年人对此类话题还是闭口不提,甚至相当排斥。已经举办了九届的"上海骄傲节"(Shannghai Pride; www.shpride.com)是国内大型的同性恋狂欢活动,活动期间会有电影放映会、摄影展等活动来分享他们的生活,并且呼吁社会更多的理解和包容。

志愿服务

很多国际NGO(非政府组织)都在上海设有办事处,比较著名的如世界自然基金会(WWF)等。同时,上海也有很多本土公益组织。另外在上海志愿者网(www.volunteer.sh.cn)和中华义工网(www.zhyg.org)的上海市版块里都能找到更多关于志愿服务的信息。

交通指南
到达和离开
飞机

上海的两个主要机场——**上海浦东国际机场和上海虹桥国际机场**分别位于市区的东西两头，彼此相距约60公里。乘坐飞机之前一定要仔细查看航班起降机场，以免耽误行程。这两个机场均有国际和国内航班进出港，浦东机场的国际航班数量更多一些。关于机场的航班信息、地面交通、乘机指南等可以访问上海机场的官方网站（www.shanghaiairport.com）查询或者致电 ☏96990，也可以下载官方的"航旅"App。两个机场均内提供免费不限时的Wi-Fi。

机场

上海浦东国际机场（Ⓜ2号线浦东国际机场站）是国内第一座拥有4条跑道的机场，于1999年投入使用。开通航线200多条，与国内外100多个城市通航。机场设计与巴黎戴高乐机场一样，都出自著名设计师保罗·安德鲁之手。

机场有T1、T2两个航站楼，并由S1、S2两个卫星厅分别与之相连，旅客通过乘坐地下小火车从卫星厅抵达航站楼，小火车为全天运营。如果从浦东机场返程，旅行者需要预留足够时间，国内航班需至少提前1.5小时抵达机场。

上海虹桥国际机场（Ⓜ10号线虹桥1号航站楼站，2号线、10号线虹桥2号航站楼站）由旧机场改造扩建而来，中华人民共和国成立后上海首条国际航线诞生于此。机场位于上海市西郊，T2航站楼紧邻虹桥火车站和长途汽车站，是上海虹桥综合交通枢纽的重要组成部分。

虹桥机场的两个航站楼之间距离比较远，需要乘坐交通工具前往。免费摆渡车运营时间为6:30~23:00，约15分钟一班，车程约20分钟，本书调研期间，因疫情暂时取消了摆渡车。乘坐地铁10号线来往于两航站楼之间需要约10分钟。

航空公司

经营往返上海航线的主要航空公司包括：

中国国际航空（95583；www.airchina.com.cn；浦东机场T2航站楼、虹桥机场T2航站楼）

中国东方航空（95530；www.ceair.com；浦东机场T1航站楼、虹桥机场T1航站楼）

南方航空（95539；www.csair.com；浦东机场T2航站楼、虹桥机场T2航站楼）

吉祥航空（95520；http://www.juneyaoair.com/；浦东机场T2航站楼、虹桥机场T2航站楼）

春秋航空（95524；www.china-sss.com；浦东机场T2航站楼、虹桥机场T1航站楼）

机票

中国东方航空、吉祥航空、春秋航空的总部就在上海，这3家航空公司的机票折扣力度常常很大，可多关注官网或官方微信公众号。其中春秋航空更是以低价优惠出名的，官方微信号上有时会有"1元机票"秒杀活动，可以多多留意。

如果觉得分别打开每个航空公司的官网比价不方便，也可以通过各大机票代理网站或App查询、预订机票。比如**携程旅行**（www.ctrip.com）、**飞猪旅行**（https://www.fliggy.com）和**去哪儿**（www.qunar.com）。

火车

上海有三个主要的火车站：上海站、上海南站和上海虹桥站。虽然三个火车站都在市区范围内，但位于城市三个不同的方向，相距并不近。购票乘车时请务必留意车站名称，以防走错车站，错过乘车时间。如今乘火车已经不需要取票（除非需要凭票报销），可以直接刷身份证上车，节约了不少时间。

上海火车站（☏9510 5105；Ⓜ1号线、3号线、4号线上海火车站）承运了所有从上海始发北上的普通列车、部分沪宁城际高铁、杭州方向的高铁，以及北京方向的动卧车，是上海最主要的交通枢纽之一。上海站有南北两个广场，地铁1号线连接南广场，3号线、4号线连接北广场，两个广场之间有地下通道相连。南北两个广场的主要公交线路几乎覆盖了主要城区，其中北广场始发的公交车主要前往市区北部（静安北部、虹口、杨浦等），南广场的公交线路则前往其他区域。

上海南站（9510 5105、5436 9511；1号线、3号线上海南站）主要始发沪昆铁路的列车，途经长三角、珠三角以及华南经济地区。另外，经停上海的普通列车也都在南站停靠上客。前往金山卫的金山城际铁路也从这里发车。

上海南站的外形设计非常独特，远处看起来好像一个飞碟。南站的底楼是火车停靠站，1楼是候车室，2楼是进站口，被设计成环形并包围了整个候车室。地铁直通站内，出地铁后由扶梯直接上楼就是候车室。

上海虹桥火车站（3466 1820；2号线、10号线虹桥火车站）所有京沪高铁车次、绝大部分沪杭甬高铁车次和相当一部分沪宁城际车次都从这里始发，前往义乌、南昌、长沙、武汉、温州、厦门等地的动车也从这里发出。

上海虹桥火车站是上海最大的火车站，地铁2号线、10号线和17号线可以直通站内。不过需要注意的是，虹桥火车站由于人流量极大，地铁站入口排队非常长，进站很缓慢，如果你下了火车要借助地铁赶赴机场的话，还需多预留一些时间。

位于浦东新区的上海东站也将在2021年投入建设，这是浦东的首个火车站。

长途汽车

上海有多个长途汽车站，分布在城市各区域，前往乘车十分便利。各个长途客运站都有相应的地铁站，交通非常方便。你可以在各客运站的官网或"巴士管家"微信公众号上直接购票，支持各类银行卡以及手机支付方式，到站之后凭身份证换取纸质票或者直接用电子确认信息上车。

上海长途汽车客运总站（6605 0000；www.zxjt.sh.cn；中兴路1666号；5:00~22:00；1号线、3号线、4号线上海火车站）的线路很多，从江苏抵沪，大多停靠在此站。交通极其便捷，乘坐地铁3号线、4号线到达上海火车站北广场，步行即可到达汽车客运总站，坐地铁1号线的话，需要走一段地下通道。另有20余条市内公交线路分布在东、西、北三个方向，可以方便地前往上海周边众多景点游玩。

上海长途客运南站（962 168；石龙路666号；6:00~21:00；1号线、3号线上海南站）紧邻上海南站，前往浙江、江苏、安徽的汽车班次多，发车频率高。

虹桥长途西站（3466 1821；申虹路298号；2号线、10号线虹桥火车站）紧邻虹桥火车站西侧，以江苏、浙江方向的短途线路为主。为方便虹桥交通枢纽内的乘客换乘，枢纽内提供多种换乘方式，使得换乘时间可以控制在15分钟之内。**上海浦东东站长途客运站**（5883 6764；浦东南路3843路（高科西路口）；7号线云台路站、高科西路站）紧邻上海世博园区，主要服务从浦东地区出发的乘客。这里提供与南汇站、川沙站、高桥站等其他浦东地区长途客运站之间"班线互动免费换乘"的服务，大大减小了从浦东出行的难度。

轮船

自古以来，上海的船运就非常发达。在很多曾经繁华的码头（如十六铺）退出历史舞台后，新建的上海港国际码头和吴淞码头承担起了上海船运的重担。**上海港国际客运中心码头**（6181 8000；东大名路500号；12号线国际客运中心站）由原来的公平路码头旧址扩建而来，入口处还保留了一幢老建筑。这里于2011年通过英国劳氏船级社质量体系认证，成为世界首批获得劳氏认证的游轮码头，很多国际航线邮轮都从这里出发。**上海吴淞口国际邮轮港口**（6659 3501；宝杨路1号；3号线宝杨路）是亚太区最繁忙的国际邮轮母港之一，有很多前往境外的高档游轮航线，如"海洋光谱号"，长三角地区的旅行者可以很方便地到此乘坐游轮。

当地交通

抵离机场

上海浦东国际机场 距离市区比较远（距人民广场约40公里），从市中心打车前往费用也比较高（从人民广场出发约需180元，夜晚约220元）。一般抵离浦东机场的公共交通方式主要有以下3种：

磁悬浮列车 是其中最为快捷的。时速高达430公里的列车从浦东机场到龙阳路站仅需8分钟，列车间隔约20分钟。磁悬浮列车的龙阳站无缝衔接地铁2号线、7号线。单程普通席票价为50元，如果刷上海公交卡或当日机票可以享受40元的优惠票价。龙阳路至浦东机场方向运营时间为6:45~21:40，浦东机场至龙阳路方向运营时间为7:02~21:42。其他具体信息可以登录上海磁浮交通发展有限公司网站（www.smtdc.com）进行查询。

地铁2号线 相比磁悬浮列车价格亲民很多，从浦东机场到达市区票价在7元左右。但耗时较长，约1.5小时（到达人民广场）。由浦东机场往市区方向运营时间为6:00~22:30。

机场大巴 共有6条线路，分别发往静安寺、虹口足球场、上海火车站、上海南站、虹桥机场等市区的各个方向。机场大巴白天的运营时间多为6:30/7:00~23:00，为方便乘坐夜晚航班的旅客，23:00至当日最晚航班到达，有途经世纪大道地铁站、人民广场、静安寺等站，并最终到达虹桥枢纽交通站的守航夜宵线，班车间隔不超过45分钟，票价为18~34元。

上海虹桥国际机场 距离市区约13公里，乘坐出租车至人民广场附近约70元。除此之外，其他的公共交通方式也十分便捷。地铁2号线、10号线可以直接到达市区，机场1线直达浦东机场，夜宵巴士抵达陆家嘴，公交941路、316路（夜班）等也都可以方便地抵达市区。

更多抵离机场的交通信息，可以登录**上海机场官网**（www.shanghaiairport.com）查询。

地铁

自1993年第一条线路正式运营开始，**上海地铁**（☎6437 0000；www.shmetro.com）以惊人的速度延伸，大大缓解了上海这座国际大都市的地面交通压力，让城市运行得更有效率。

截至本书出版，上海地铁已经正式投入使用的线路有17条，2020年底开通的15号线被称为最美地铁线，尤其是吴中路站突破性地采用无柱拱顶结构，并在站厅拱廊两侧打造了一幅70米长的LED画卷。在各条线路之间的换乘很方便，较大的换乘枢纽，如人民广场、徐家汇、世纪大道、陕西南路等有至少3条轨道交通线路相交，个别站点需要在地面上步行一小段再换乘。对于旅行者来说，最有用的莫过于1号线和2号线，1号线连接上海火车站、淮海路、徐家汇、上海南站，2号线串起浦东、虹桥两大机场和1座高铁站，并在人民广场与1号线、8号线实现换乘。

上海地铁实行按里程计价的多级票价，6公里以内3元，超过6公里每10公里增加1元，最高票价10元。

乘坐地铁可使用"大都会"App支付。

公交车

上海全市有数千条公共汽车和电车线路。随着轨道交通客流量日益攀升，城市交通开始呈现出"轨交为主，公交为辅"的趋势。公交车上早已没有了过去拥挤不堪的景象，很多线路甚至在高峰时段也会有空座。虽然不及地铁那么快捷，但坐公交车可以欣赏地面风景。市内公交车大多为空调车，推行单一票价2元，上车刷卡或者投币，可以使用支付宝、微信、云闪付。郊区也有分段计价的售票公交车。上海的公交站点多采用"经纬度定位法"来命名，例如"复兴中路重庆南路"，说明车站位于复兴中路上、近重庆南路路口的地方。

出租车

上海出租车起价为14元（电动出租车16元），超过3公里之后每公里2.5元，15公里以上，超出部分按照3.6元/公里收取。夜晚11点到凌晨5

观光巴士

坐观光巴士是饱览城市风景的最懒惰方式，上海市内有4条观光巴士线路（📞6333 0578；www.bustourchina.com），是漂亮的双层观光敞篷巴士，可在各站点随意上下。运营时间为5月至10月9:00~20:30，11月至次年4月9:00~18:00。观光车分多种票价：30元车票，可在24小时内任意换乘1号线和2号线；40元车票，可在24小时内任意换乘1号线、2号线、3号线和5号线；50元车票，可在48小时内任意换乘4条观光巴士，外加黄浦江世博轮渡。

➡ 1号线（红线）：从城市规划展览馆出发，途经人民广场、南京东路步行街、外滩、豫园、新天地、淮海中路等。

➡ 2号线（绿线）：从上海博物馆出发，途经城市规划馆、东方明珠、金茂大厦、上海博物馆等。

➡ 3号线（黄线）：从外白渡桥出发，途经外滩、豫园、世博源、南外滩等。

➡ 5号线（紫线）：从金陵东路码头出发，途经外滩、上海大厦、犹太人纪念馆、苏州河码头、外白渡桥等。

点，起步价为18元，超过3公里后每公里3.1元，15公里以上，超出部分按照4.7元/公里收取。

上海的主要出租车公司有大众、强生、锦江、海博等。目前主要的出租车公司均已加入滴滴等网络叫车平台，用手机打车更加方便快捷。不过，高峰时段繁华路段难免会出现打不到车的情况，选择坐地铁可能会更加高效。

上海出租车的服务水平在全国名列前茅，车内环境干净整洁，司机态度良好，对道路熟悉。万一遇到不如意的情况，记得保留好发票，可以拨打📞6323 2150投诉。

轮渡

上海轮渡（📞3376 7766）公司经营多条来往于浦西、浦东的过江摆渡线路，单程票在2元左右。对旅行者来说，最值得乘坐的路线是**东金线**（金陵东路外滩—东昌路）和**东复线**（复兴东路—东昌路），能在黄浦江上仰望陆家嘴直指天际的摩天大楼群，可以说是最实惠的浦江观景方式了。

以观光为主的浦江游览游船（📞6374 0091；www.pjrivercruise.com），有各种路线和船型、票价（120元/人起），有些含餐。游船一般在金陵东路码头或陆家嘴东方明珠码头起航，夜间乘坐体验最佳。另外还有途径四行仓库、M50、外滩源等景点的苏州河游览。

如果要去崇明岛，除了乘坐公交，还可以从宝杨码头坐船前往。

租车

如果仅在上海市区游玩，租车大可不必，景点周围常常停车困难，加上不熟悉道路很容易绕路耽误时间，公共交通已足够方便完善，就不要自己花时间去研究单行线、停车等问题了。相比之下，如果想在市郊游玩，租一辆车确实会节省时间。可在连锁租车店如**神州租车**（www.zuche.com）、**一嗨租车**（www.1hai.cn）等租借，每个公司的线下取车点不同，应先上网查看地址再选取附近的租车点。

自行车

骑自行车探索上海是一种越来越受欢迎的旅行方式，满大街的共享单车更是令人倍感方便，最常见的共享单车有青桔、美团、哈罗等，但要注意停放位置。另外，上海有124条禁行路段，一定要看清，还要注意一些单行线的路段，自行车违反交规也是会被罚款的。

幕后

作者致谢

何望若

感谢上海人兼Lonely Planet中文作者的Cookie、顾晓一、谢滢、董驰迪,在调研前后都为我提供各种信息和人脉,感谢左丽再度陪吃陪逛,并在我写稿后期替我信息拾遗,感谢卢晓星、吴舒舒、李奕蕾的推荐,感谢庄方在最冷的冬日提供温暖舒适的休息空间,感谢俞菱、陈思玮接受采访。感谢这座城市,让我总有新鲜感。

钱晓艳

感谢两位编辑大人,感谢何小姐,陪我一起努力到交稿时刻。衷心感谢接受我采访的张解之、徐佳和、何鑫三位老师,你们的精彩分享也给我很多启示。也感谢陪我一起出游的许乾来、郑峻、孙钰涵、潘文渊、杨韵等好友,以及一直支持我的长宁团和美食团。感谢出行时候的好天气,也感谢爸妈在写作期间为我做的每一餐。这些都是最好的动力,谢谢你们。

声明

本书地图由中国地图出版社提供,审图号GS(2021)4994号。

封面图片:清晨的外滩里巷和远处的东方明珠;©视觉中国。

本书拉页由李小棠设计。

关于本书

这是Lonely Planet IN系列《上海》的第3版。本书的作者为何望若、钱晓艳。在此一并致谢上一版作者黄采薇、王木子。

本书由以下人员制作完成:

项目负责 关嫒嫒
项目执行 丁立松
内容策划 涂识
视觉设计 陈斌 庹桢珍
协调调度 沈竹颖

总　　编 朱萌
执行出版 马珊
终　　审 林紫秋
责任编辑 叶思婧
执行编辑 周琳
编　　辑 戴舒　喻乐　朱思旸
地图编辑 刘红艳
流　　程 王若玢
制　　图 张晓棠
排　　版 北京梧桐影电脑科技有限公司

感谢武嫒嫒对本书的帮助。

说出你的想法

➡ 我们很重视旅行者的反馈——你的评价将鼓励我们前行,把书做得更好。我们同样热爱旅行的团队会认真阅读你的来信,无论表扬还是批评都很欢迎。虽然很难一一回复,但我们保证会将你的反馈信息及时交到相关作者手中,使下一版更完美。我们也会在下一版中特别鸣谢来信读者。

➡ 请把你的想法发送到**china@cn.lonelyplanet.com**,谢谢!

➡ 请注意:我们可能会将你的意见编辑、复制并整合到Lonely Planet的系列产品中,例如旅行指南、网站和数字产品。如果不希望书中出现自己的意见或不希望提及自己的名字,请提前告知。请访问lonelyplanet.com/privacy了解我们的隐私政策。

索引

B
巴金故居 171
白云观 117
滨江大道 127, **138**

C
城隍庙 116
川沙古城墙公园 131

D
大北电报公司大楼 67
大自然野生昆虫馆 128
东方汇理银行大楼 70~71
东方乐器博物馆 176
东方明珠 126~127, **138**
多伦路文化街 240~241

F
复星艺术中心 116
复兴公园 162~163

G
光启公园 228
桂林公园 229

H
海关大楼 68
和平饭店（北楼）60~61, **100**
横滨正金银行大楼 69
衡复风貌馆 169~170
后滩公园 130~131
华胜大楼 68
环球金融中心 115
黄浦公园 71~72
汇丰银行大楼 64~65
汇中饭店 69

J
嘉善老市 167
江湾体育中心 242
交通银行大楼 68
金茂大厦 115, **138**
静安公园 158
静安寺 158
旧上海市政府大厦 242
旧市立博物馆 242

L
刘海粟美术馆 233
龙华烈士陵园 230
龙华寺 229~230
龙美术馆（西岸馆）225
鲁迅公园 241
鲁迅故居 241
轮船招商局大楼 67
洛克·外滩源 71
绿之丘 243

M
马勒别墅 164
麦加利银行大楼 68

N
内史第（黄炎培故居）131

P
浦东美术馆 127
浦东图书馆 130
浦江饭店 80

R
人民公园 85, **98**
日清大楼 66
荣宅 181

S
三山会馆 120~122
上海博物馆 62~63
上海城市规划展览馆 86~87
上海大厦 80~81
上海大世界 87~88
上海电信博物馆 82
上海电影博物馆 228~229
上海儿童博物馆 234
上海工艺美术博物馆 170
上海国际时尚中心 243
上海海洋水族馆 127~128
上海交通大学 228
上海交响音乐博物馆 176
上海科技馆 129
上海历史博物馆
（上海革命历史博物馆）86
上海琉璃艺术博物馆 166~167
上海气象博物馆
（徐家汇观象台）228
上海摄影艺术中心 225
上海市档案馆
（外滩新馆）82
上海铁路博物馆 244
上海图书馆东馆 130
上海邮政博物馆 81
上海犹太难民纪念馆 239~240
上海展览中心 159
上海制皂厂 243
上海中心大厦 114~115
上海自来水科技馆 243
上海自然博物馆 177~179
上海总会 66
上生·新所 230, 232
圣三一堂 87
世博会博物馆 122~123
世博源 130
世纪公园 129
思南公馆 160
宋庆龄故居纪念馆 169
宋庆龄陵园 233~234
孙科别墅 232
孙中山故居纪念馆 163~164

T
泰安桥 270
田子坊 166
同济大学 243
土山湾博物馆 226, 228

地图页码 **000**

W

外白渡桥 79~80
邬达克旧居 232~233
吴昌硕纪念馆 128
武康庭 153

X

西岸美术馆 218
夏衍故居 172
徐汇公学旧址 228

Y

亚细亚大楼 65~66
扬子保险大楼 70
杨浦滨江 243
杨浦区图书馆 242
怡和洋行大楼 70
艺仓美术馆 131
益丰·外滩源 71
油罐艺术公园 225
有利大楼 66
玉佛寺 183
豫园 112~113, **139**
原英国驻沪领事馆和领事官邸 71
圆津禅院 271

Z

张乐平旧居 172
张园 180, 182
震旦博物馆 127
中共二大会址 182
中共一大会址纪念馆 155
中国当代艺术博物馆 123
中国乒乓球博物馆 123
中国通商银行大楼 66
中国银行大楼 69
中华艺术宫 130
周公馆 160, 162

如何使用本书

以下符号能够帮助你找到所需内容：

- ◉ 景点
- ✈ 活动
- ⊜ 课程
- ⊙ 团队游
- ✹ 节日和活动
- 🛏 住宿
- ✗ 就餐
- ♀ 饮品
- ✪ 娱乐
- 🔒 购物
- ⓘ 实用信息和交通

这些图标代表了我们的推荐和特别策划，帮助你获得最佳体验：

- 🔍 当地人推荐
- ☑ 不要错过
- 🗺 另辟蹊径
- ★ 值得一游
- 📖 深度了解
- 🚶 步行游览
- ⓘ 实用信息

下列符号所代表的都是重要信息：

★ 作者的大力推荐　　🍃 绿色或环保选择　　**免费** 不需要任何费用

☎ 电话号码	❄ 空调	🥗 素食菜品	🚌 巴士
🕐 营业时间	@ 上网	📋 英语菜单	⛴ 轮渡
Ⓟ 停车场	📶 无线网络	👨‍👩‍👧 适合家庭	🚊 轻轨
🚭 禁止抽烟	🏊 游泳池	🐾 允许携带宠物	🚆 火车

景点
- 佛寺
- 城堡
- 教堂
- 清真寺
- 纪念碑
- 孔庙
- 道观
- 世界遗产
- 博物馆
- 遗址
- 酒窖
- 动物园
- 温泉
- 剧院
- 一般景点

活动、课程和团队游
- 潜水/浮潜
- 划艇
- 滑雪
- 冲浪
- 游泳/游泳池
- 蹦极
- 徒步
- 帆板
- 其他活动、课程、团队游

住宿
- 酒店
- 露营

就餐
- 就餐

饮品
- 酒吧
- 咖啡

娱乐
- 娱乐

购物
- 购物

实用信息
- 银行
- 使馆
- 医院/药店
- 网吧
- 公安局
- 邮局/邮筒
- 公共电话
- 卫生间
- 旅游信息
- 无障碍通道
- 其他信息

交通
- 机场
- 过境处
- 公共汽车
- 渡船
- 地铁
- 停车场
- 加油站
- 自行车租赁
- 出租车
- 火车站
- 有轨电车
- 索道缆车
- 其他交通工具

境界
- 国界
- 未定国界
- 省界
- 未定省界
- 特别行政区界
- 地级界
- 县级界
- 海洋公园界
- 城墙
- 悬崖

行政区划
- 首都
- 省级行政中心
- 地级市行政中心
- 自治州行政中心
- 县级行政中心
- 乡、镇、街道
- ○ 村

道路
- 高速公路
- G213 国道
- S203 省道
- X013 县、乡道
- 铁路
- 地铁
- 收费公路
- 高速公路
- 一级公路
- 二级公路
- 三级公路
- 小路
- 未封闭道路
- 广场/商业街
- 台阶
- 隧道
- 步行天桥

水系
- 河流、小溪
- 间歇性河流
- 沼泽
- 礁石
- 运河
- 湖泊
- 干/盐/间歇性湖
- 冰川

地区特征
- 海滩/沙漠
- 基督教墓地
- 其他墓地
- 公园/森林
- 运动场所
- 重要景点(建筑)
- 一般景点(建筑)

地理
- 海滩
- 灯塔
- 瞭望台
- 山峰
- 栖身所、棚屋

注：并非所有图例都在此显示。

我们的作者

涂识

内容策划 远离时尚的他，一直觉得上海是一个既遥远又陌生的城市。于是他决定用做这本书的方式来了解这个中国最时髦的城市。

何望若

黄浦和静安核心区 老城厢和浦东 对上海这座城市总有股说不清道不明的感情，在此工作过几年，写过上一版《IN·上海》，却不敢说自己很了解这座城市，好像有种朋友间的社交距离感，不时要来看看，不时会有新发现，这大概就是"魔都"之魔力或魔性吧。这一次，在梧桐叶掉光的冬季，穿行于衡复风貌区的各条小马路上，她发现自己再次爱上了上海。何望若还为本书撰写了"享乐主义在上海"和部分了解方框。

钱晓艳

外滩和人民广场 市区其他区域 市郊 从第一版《IN·上海》的内容策划到两度成为作者，身为上海人，每一次深入的探寻都让她对这座城市更多一点爱和珍惜。这一次她重新在上海市中心找到了更多有趣的游玩方式，也在更广阔的外围发现了上海的另一面。作为入行多年的作者，她参与了超过30本Lonely Planet旅行指南和旅行读物的调研和写作。钱晓艳还为本书撰写了部分"计划你的行程""带孩子旅行"和部分了解方框。

上海

中文第三版

© Lonely Planet 2021
本中文版由中国地图出版社出版

© 书中图片由图片提供者持有版权，2021

版权所有。未经出版方许可，不得擅自以任何方式，如电子、机械、录制等手段复制，在检索系统中储存或传播本书中的任何章节，除非出于评论目的的简短摘录，也不得擅自将本书用于商业目的。

图书在版编目（CIP）数据

上海 = Shanghai / 爱尔兰Lonely Planet公司编；何望若, 钱晓艳著. -- 3版. -- 北京：中国地图出版社, 2021.11

（IN）

ISBN 978-7-5204-2445-5

Ⅰ.①上… Ⅱ.①爱…②何…③钱… Ⅲ.①旅游指南－上海 Ⅳ.①K928.951

中国版本图书馆CIP数据核字(2021)第229527号

出版发行	中国地图出版社
社　　址	北京市白纸坊西街3号
邮政编码	100054
网　　址	www.sinomaps.com
印　　刷	北京华联印刷有限公司
经　　销	新华书店
成品规格	197mm×128mm
印　　张	9.75
字　　数	486千字
版　　次	2021年11月第3版
印　　次	2021年11月北京第1次印刷
定　　价	89.00元
书　　号	ISBN 978-7-5204-2445-5
审 图 号	GS（2021）4994号
图　　字	01-2014-8454

*如有印装质量问题，请与我社发行部（010-83543956）联系

> 虽然本书作者、信息提供者以及出版者在写作和储备过程中全力保证本书质量，但是作者、信息提供者以及出版者不能完全对本书内容之准确性、完整性做出任何明示或暗示之声明或保证，并只在法律规定范围内承担责任。

Lonely Planet 与其标志系Lonely Planet之商标，已在美国专利商标局和其他国家进行登记。
不允许如零售商、餐厅或酒店等商业机构使用Lonely Planet之名称或商标。如有发现，急请告知：lonelyplanet.com/ip。